普通高等教育系列教材

# 技术经济学

## 第2版

主　编　方　勇　王　璞
副主编　吴卫红　张爱美　任继勤

机械工业出版社

本书系统地论述了技术经济学的理论体系，其主要内容包括绪论、战略分析方法与预测技术、资金时间价值与等值计算、投资估算与融资方案分析、财务效益与费用估算、财务分析、经济费用效益分析、项目风险与不确定性分析、建设项目其他相关评价、建设项目多方案比选方法与实务、项目可行性研究及其报告撰写和技术创新。本书体系完整，内容全面，深入浅出，例题和思考题丰富，方便学生学习。本书与全国咨询工程师（投资）职业资格考试的知识体系对接，评价指标与报表格式符合最新国家规范。

本书可作为高等院校经管类、工程技术类专业技术经济学、工程经济学课程的教材或教学参考书，还可供项目投资主体、行政主管部门、工程设计单位、工程咨询单位、金融信贷机构的工作人员参考。

### 图书在版编目（CIP）数据

技术经济学/方勇，王璞主编．—2 版．—北京：机械工业出版社，2018.11
（2023.6 重印）
　普通高等教育系列教材
　ISBN 978-7-111-61067-0

Ⅰ．①技⋯　Ⅱ．①方⋯②王⋯　Ⅲ．①技术经济学–高等学校–教材
Ⅳ．①F062.4

中国版本图书馆 CIP 数据核字（2018）第 228537 号

机械工业出版社（北京市百万庄大街 22 号　邮政编码 100037）
策划编辑：曹俊玲　责任编辑：曹俊玲　刘　静
责任校对：郑　婕　封面设计：张　静
责任印制：邓　敏
北京富资园科技发展有限公司印刷
2023 年 6 月第 2 版第 4 次印刷
184mm×260mm·20.5 印张·504 千字
标准书号：ISBN 978-7-111-61067-0
定价：49.00 元

电话服务　　　　　　　　　网络服务
客服电话：010-88361066　　机　工　官　网：www.cmpbook.com
　　　　　010-88379833　　机　工　官　博：weibo.com/cmp1952
　　　　　010-68326294　　金　书　网：www.golden-book.com
**封底无防伪标均为盗版**　机工教育服务网：www.cmpedu.com

# 前言

社会资源是稀缺的，就一项经济活动而言，最重要的事情就是有效利用社会资源，以满足人们的愿望和需求。投资一个项目，就是一项重要的经济活动，它要解决的一个重要问题就是如何投入最少的资源最大限度地满足社会的需要。这一问题可以在项目前期通过对项目进行可行性研究来解决。可行性研究的重要内容就是在项目建设前通过调查、预测、分析、论证等手段，对项目的技术和经济等方面的合理性与可行性进行研究。

技术经济学于 20 世纪 60 年代引入我国，它为建设项目可行性研究提供了理论基础，为建设项目投资决策分析建立了方法体系与评价指标体系。同时，技术经济学（或工程经济学）也是各高校普遍开设的一门课程，其目的是给学生介绍一些经济评价的基础知识。本书按照《建设项目经济评价方法与参数》（第 3 版）的规范要求，以建设项目可行性研究工作内容为主线，对建设项目投资决策分析的理论与方法进行了全面论述，并结合目前建设项目评价理论与实践的最新发展，增加了环境影响评价、社会评价、安全预评价和项目后评价等内容。本书在阐述技术经济理论与方法的同时，提供了大量的例题和思考题，为读者理解相关知识、快速提高建设项目评价实践能力提供了很大帮助。

参与本书编写的有北京化工大学的方勇、王璞、吴卫红、张爱美、任继勤、刘佳明、金杰、杨思佳、李倩，青岛农业大学的马龙波等。

本书配有电子课件，凡使用本书作为教材的教师可登录机械工业出版社教育服务网（www.cmpedu.com）注册后免费下载。

由于编者水平有限，书中难免有疏漏、不当之处，恳请广大读者批评指正。另外，对本书所列参考文献的作者表示衷心的感谢。

编　者

# 目 录

前 言

## 第1章 绪论 ... 1
学习目标 ... 1
1.1 技术经济学的产生与发展 ... 1
1.2 技术经济学的内涵 ... 2
1.3 技术经济学的方法体系 ... 2
1.4 项目技术经济评价的指标体系 ... 3
1.5 技术经济学的学科特点 ... 4
1.6 我国对企业投资项目核准的规定 ... 5
本章小结 ... 7
思考题 ... 7

## 第2章 战略分析方法与预测技术 ... 8
学习目标 ... 8
2.1 战略分析方法 ... 8
2.2 市场分析技术 ... 23
2.3 市场预测方法 ... 29
本章小结 ... 39
思考题 ... 40

## 第3章 资金时间价值与等值计算 ... 41
学习目标 ... 41
3.1 资金时间价值 ... 41
3.2 资金时间价值的计算 ... 44
3.3 现金流量与现金流量图 ... 48
3.4 资金等值计算 ... 49
本章小结 ... 59
思考题 ... 59

## 第4章 投资估算与融资方案分析 ... 60
学习目标 ... 60
4.1 概述 ... 60
4.2 建设投资估算 ... 65
4.3 建设期利息估算 ... 79
4.4 流动资金估算 ... 82

4.5 项目总投资与分年投资计划 ... 87
4.6 融资主体、资金来源和融资方式 ... 90
4.7 资本金筹措 ... 93
4.8 债务资金筹措 ... 96
4.9 其他融资方式——政府和社会资本合作（PPP） ... 99
4.10 融资方案设计与优化 ... 99
本章小结 ... 109
思考题 ... 109

## 第5章 财务效益与费用估算 ... 110
学习目标 ... 110
5.1 概述 ... 110
5.2 项目计算期、营业收入和补贴收入估算 ... 112
5.3 成本费用估算 ... 114
5.4 相关税费估算 ... 124
5.5 利润及利润分配估算 ... 138
5.6 借款还本付息估算 ... 140
本章小结 ... 142
思考题 ... 143

## 第6章 财务分析 ... 144
学习目标 ... 144
6.1 概述 ... 144
6.2 财务分析的价格体系 ... 148
6.3 财务盈利能力分析 ... 151
6.4 偿债能力和财务生存能力分析 ... 163
6.5 新建项目的财务分析 ... 170
6.6 改扩建项目的财务分析 ... 179
6.7 非经营性项目的财务分析 ... 187
本章小结 ... 189
思考题 ... 189

## 第7章 经济费用效益分析 ... 191

| 学习目标 | 191 |
| --- | --- |
| 7.1 概述 | 191 |
| 7.2 费用和效益 | 195 |
| 7.3 影子价格 | 198 |
| 7.4 经济费用效益分析指标和报表 | 205 |
| 7.5 费用效果分析 | 209 |
| 7.6 经济分析参数 | 213 |
| 本章小结 | 214 |
| 思考题 | 214 |

## 第8章 项目风险与不确定性分析 215

| 学习目标 | 215 |
| --- | --- |
| 8.1 概述 | 215 |
| 8.2 风险分析 | 219 |
| 8.3 平衡点分析 | 224 |
| 8.4 敏感性分析 | 229 |
| 8.5 概率分析 | 231 |
| 本章小结 | 235 |
| 思考题 | 235 |

## 第9章 建设项目其他相关评价 236

| 学习目标 | 236 |
| --- | --- |
| 9.1 项目环境影响评价 | 236 |
| 9.2 项目社会评价 | 242 |
| 9.3 项目安全预评价 | 249 |
| 9.4 项目后评价 | 254 |
| 本章小结 | 258 |
| 思考题 | 259 |

## 第10章 建设项目多方案比选方法与实务 260

| 学习目标 | 260 |
| --- | --- |
| 10.1 建设项目多方案之间的相互关系 | 260 |
| 10.2 互斥型方案比选 | 261 |
| 10.3 独立型方案比选 | 267 |
| 10.4 混合型方案比选 | 271 |
| 10.5 建设项目多方案比选决策的数学模型 | 275 |
| 本章小结 | 276 |
| 思考题 | 276 |

## 第11章 项目可行性研究及其报告撰写 279

| 学习目标 | 279 |
| --- | --- |
| 11.1 可行性研究 | 279 |
| 11.2 可行性研究报告的编制及其要求 | 286 |
| 11.3 可行性研究报告的内容及其要求 | 289 |
| 11.4 可行性研究报告和项目申请报告结论的撰写要求 | 292 |
| 本章小结 | 294 |
| 思考题 | 294 |

## 第12章 技术创新 295

| 学习目标 | 295 |
| --- | --- |
| 12.1 概述 | 295 |
| 12.2 企业技术创新 | 302 |
| 本章小结 | 305 |
| 思考题 | 305 |

## 附录 306

| 附录A 相关系数临界值表 | 306 |
| --- | --- |
| 附录B $t$分布表 | 307 |
| 附录C 复利系数表 | 308 |
| 附录D 标准正态分布表 | 320 |

参考文献 322

# 第1章 绪 论

**学习目标**

(1) 掌握技术经济学的含义及主要工作内容
(2) 熟悉技术经济学的方法体系与评价指标体系
(3) 熟悉技术经济学的学科特点

## 1.1 技术经济学的产生与发展

技术经济分析起源于西方发达国家,技术经济分析也称工程经济分析。1887年,美国铁路工程师阿瑟·M. 威林顿(Arthur M. Wellington)在其所著《铁路位置经济评价》一书中第一次把工程投资同经济分析结合起来。1920年,戈德曼(O. B. Goldman)在《财务工程》一书中首次将复利公式应用于工程方案评价。1930年,格兰特(Eugene L. Grant)教授出版了《工程经济原理》一书,该书以复利计算为基础对固定资产投资的经济评价原理做了系统阐述。由于格兰特对工程经济分析理论的发展做出了贡献,后人也称他为工程经济分析之父。

第二次世界大战结束后,随着西方经济的复兴,工业投资规模急剧增大,出现了资金短缺的局面。因此,如何使有限的资金得到最有效的利用,成为投资者与经营者普遍关心的问题。这种客观形势进一步推动了工程投资经济分析理论与实践的发展。1951年,乔尔·迪安(Joel Dean)在《投资预算》一书中具体阐述了贴现法(动态经济评价法)以及合理分配资金的某些方法在工程投资经济分析中的应用。在随后的几十年里,贴现现金流量法成为投资项目技术经济分析所采用的主要方法。与此同时,风险与不确定性投资决策、设备更新的经济分析与决策、多方案评价方法与决策、公共事业项目的费用效益分析等理论与方法相继发展建立。

随着计算技术的不断发展和计算机的广泛应用,技术经济评价的应用软件在项目评价中的作用越来越大。这使得技术经济评价理论已发展成为工程技术与经济相结合的具有广泛实用价值的应用经济学科。技术经济学理论与实践的发展趋势有以下几点:

(1) 由单一的技术经济评价发展为多目标的综合评价(财务评价、国民经济评价、社会评价、环境影响评价、安全预评价、节能评价、职业健康安全评价等)。
(2) 由单一方案评价发展为多方案评价,以优化资源配置。
(3) 由确定性经济评价发展为风险与不确定性经济评价。
(4) 技术经济评价方法与指标体系不断完善。

(5) 数据采集、分析与挖掘技术的发展使中长期预测的准确度不断提高。

(6) 计算技术、系统分析技术的应用不断提高技术经评价应用软件的开发水平。

## 1.2 技术经济学的内涵

### 1.2.1 工业项目的寿命周期

工业项目的寿命周期一般包括四个阶段，即决策阶段、实施阶段、运营与劣化阶段和报废阶段。决策阶段主要包括项目规划、构思、论证、评估、备案、核准及筹融资等工作；实施阶段主要包括项目勘察、设计、设备制造、施工安装调试及试运行等工作；运营与劣化阶段主要包括试运行、满负荷运行、维修保养、更新改造等工作；报废阶段主要包括废旧设施设备的拆除、再利用、销毁、环境恢复等工作。

### 1.2.2 技术经济学的含义

技术经济学是一门在项目决策阶段，以投资人的发展战略规划为基础，对拟建项目实施与运营过程的投入与产出进行预测，并对其技术的先进性、可靠性、运营过程中的安全性与稳定性及对投资人或国家在经济上的可行性进行系统、全面分析论证的学科。

### 1.2.3 技术经济学的主要工作内容及对社会经济发展的意义

在我国，技术经济学理论与方法主要应用于各类建设项目前期投资决策分析与评价工作，即常说的工程咨询。其主要工作包括项目规划、机会研究、编制项目建议书、编制项目可行性研究报告、编制项目申请书、编制项目资金申请报告、项目评估、资源及环境可持续性评价、社会评价、不确定性与风险分析及项目后评价等。加强技术经济学的学习、研究及应用对加强国家固定资产投资宏观调控能力，提高投资决策科学化水平，引导和促进资源合理配置，优化投资结构，降低投资风险，充分发挥投资效益，促进国家社会经济发展有重大的现实意义。

## 1.3 技术经济学的方法体系

技术经济分析方法是建立在工程技术、系统工程、运筹学、经济学、统计学、管理学、财务学、计算机技术等学科基础上的经济分析方法。建立完善的技术经济分析方法体系对技术经济理论与实践至关重要。

**1. 根据项目性质确定分析方法**

技术经济分析与评价源于项目，项目的性质不同，其分析评价方法也有所不同。按照项目的目标，可分为经营性项目和非经营性项目；按项目的产出属性，分为公共项目和非公共项目；按项目的投资管理形式，分为政府投资项目和企业投资项目；按项目与企业原有资产的关系，分为新建项目和改扩建项目；按项目的融资主体，分为新设法人项目和既有法人项目。我们应该根据项目的性质、目标、投资者、项目财务主体以及项目对经济、社会与环境的影响程度等确定分析方法与评价指标体系。

### 2. 根据工作阶段确定分析方法

项目的技术经济分析工作一般可分为项目规划、机会研究、项目建议书编制、可行性研究、项目及资金申请、评估决策及项目后评价等工作阶段，不同的工作阶段对技术经济分析评价要求的内容及深度不同。项目可行性研究是技术经济分析的核心，该工作阶段系统分析计算项目的效益和费用，通过多方案经济比选推荐最佳方案，对项目实施的必要性、技术的可靠性及先进性、财务可行性、经济合理性、投资风险等进行全面的分析评价。其他工作阶段的技术经济评价可根据评价内容和要求适当简化。

### 3. 根据技术经济分析工作要求确定分析方法

对项目的技术经济分析工作，要求做到：定性分析与定量分析相结合，以定量分析方法为主；静态分析与动态分析相结合，以动态分析方法为主；统计分析与预测分析相结合，以统计分析为基础，预测分析为目标。总之，应根据对项目评价的要求，选择适当的技术经济分析方法，得出客观科学的评价结论。

### 4. 根据技术经济分析的工作内容确定分析方法

项目技术经济分析的工作内容主要包括三部分：企业战略分析、市场预测和项目评价。

（1）企业战略分析。常用的方法包括：五因素模型、投资组合分析（Boston 矩阵、GE 矩阵）、SWOT 分析、PEST 分析等方法。

（2）市场预测。其方法主要包括：类推预测法、专家会议法、德尔菲（Delphi）法、因果分析法（回归分析、消费系数法、弹性系数法）、时间序列递推法（移动平均法、指数平滑法、成长曲线法、季节变动分析法）等。

（3）项目评价。其方法主要包括：财务评价法（现金流量分析）、国民经济评价方法（费用效益分析）、社会评价方法（逻辑框架法）、方案比较与优化方法（对比分析法、线性规划、价值工程）、风险分析方法（蒙特卡罗模拟法、概率分析法、平衡点分析法、敏感性分析）等。

## 1.4 项目技术经济评价的指标体系

为了满足政府和其他各类投资主体进行项目投资决策的需要，促进资源优化配置，降低投资风险，提高投资效益，增强技术经济评价结论的科学性，必须建立科学、完整的技术经济评价指标体系。

### 1.4.1 项目技术经济评价指标的分类

项目技术经济评价指标也称经济评价参数，主要是指用于计算、衡量项目费用与效益的基础数据及判断标准的基准值和参考值。

（1）根据项目评价的工作内容划分。按照项目评价的工作内容，技术经济评价指标可分为财务评价指标、国民经济评价指标、社会评价指标、环境影响评价指标、节能评价指标、安全评价指标、项目后评价指标等。

（2）根据评价指标的使用功能划分。按照评价指标的使用功能，技术经济评价指标可分为计算指标和判据指标。用于项目费用与效益计算的指标为计算指标，如投资回收期、财务净现值、财务内部收益率等；用于比较项目优劣、判定项目可行性的指标为判据指标，如财务基准收益率、社会折现率等。

(3) 根据评价指标的使用目的划分。按照评价指标的使用目的，可分为判断项目盈利能力指标和判断项目偿债能力指标。项目盈利能力指标一般包括财务净现值、财务内部收益率、总投资收益率、项目资本金净利润率等。项目偿债能力指标主要包括利息备付率、偿债备付率、资产负债率、流动比率、速动比率等。

(4) 根据评价指标是否考虑资金的时间价值划分。按照评价指标是否考虑资金的时间价值，可分为动态指标和静态指标。动态指标在计算过程中考虑了资金的时间价值，如财务净现值、财务内部收益率等；静态指标在计算过程中未考虑资金的时间价值，如静态投资回收期、总投资收益率等。

(5) 根据评价指标的数值划分。按照评价指标的数值，可分为差额指标和效率指标。数值为绝对数的评价指标为差额指标，如财务净现值、费用现值、费用年值等；数值为相对数的评价指标为效率指标，如财务内部收益率、总投资收益率等。

(6) 根据评价指标的提出过程划分。按照评价指标的提出过程，可分为定量指标和定性指标。定量指标是依据统计数据，建立合适的数学模型，通过科学计算提出的评价指标；定性指标是通过研究事物构成要素间的相互联系，通过逻辑分析判断提出的评价指标。

### 1.4.2 项目技术经济评价主要指标

根据《建设项目经济评价方法与参数》（第3版）的规定，项目技术经济评价常用的指标包括：

(1) 财务分析指标。财务分析指标具体包括：财务内部收益率（FIRR）、财务净现值（FNPV）、项目投资回收期（$P_t$）、总投资收益率（ROI）、项目资本金净利润率（ROE）、利息备付率（ICR）、偿债备付率（DSCR）、资产负债率（LOAR）等。

(2) 经济费用效益分析指标。经济费用效益分析（国民经济评价）指标一般包括：经济净现值（ENPV）、经济内部收益率（EIRR）、经济效益费用比（$R_{BC}$）等。

(3) 费用效果分析指标。费用效果分析指标一般包括：费用现值（PC）、费用年值（AC）、效果费用比（$R_{E/C}$）等。

(4) 风险与不确定性分析指标。风险与不确定性分析指标一般包括：盈亏平衡点（BEP）、敏感度系数（$S_{AF}$）、经济评价指标的累计概率、期望值、标准差等。

(5) 区域经济与宏观经济影响分析指标。区域经济与宏观经济影响分析指标一般包括：国民生产总值增加值、净产值、财政收入、人均纯收入、就业结构、影响力系数、贫困地区收益分配比重等。

• 除了上述评价指标之外，为了比较项目优劣、判定项目可行性，技术经济分析还需确定判据指标，如财务基准收益率、社会折现率等。本书将在后面的章节中详细介绍以上评价指标。

## 1.5 技术经济学的学科特点

技术经济学从学科研究的角度看，有如下特点：

**1. 预测性**

技术经济学的主要用途是为建设项目的投资决策提出咨询建议，属于建设项目前期工作内容。因此，技术经济评价所需的大量经济数据要通过科学的预测获取，而技术经济评价最终所得出的是对建设项目未来的实施及运营预测性的评价结论。因此预测性贯穿技术经济评价的始终。

**2. 不确定性**

由于技术经济学具有预测性特点，因此技术经济评价结论不可能绝对准确。为了提高技术经济评价的可靠性，必须提高基础财务数据的估算预测能力，进行充分的风险和不确定性分析，客观、科学、准确地编制评价报告，最大限度地降低评价结论的不确定性。在项目建成并稳定运行一段时间后（一般为2年），可以对建设项目进行后评价，以验证项目决策阶段技术经济评价结论的可靠性，发现问题，分析原因，控制调整，不断提高技术经济评价的水平和可靠性。

**3. 多学科交叉融合**

技术经济学属于典型的应用性学科，建设项目是学科研究的对象，而项目建设和运营涉及多方面的工程技术，如项目的勘察、设计、施工、设备制造、安装调试、系统控制等。而投资估算、成本估算、利润及税金测算、相关技术经济评价指标的计算又涉及大量经济学、会计学、财务管理的概念和理论，因此技术经济学具有多学科交叉融合的特点。

**4. 研究范围广泛**

技术经济学所研究的领域极为广泛，一方面是因为建设项目所涉及的领域很多，如农业、林业、石油、煤炭、冶金、化工、电力、交通、机械制造、新能源、城市建设等；另一方面是因为技术经济学所研究的内容广泛，如企业战略研究、工业区位理论研究、项目财务分析、费用效益分析、环境影响评价、社会影响评价、节能评价、安全预评价、项目后评价等。

**5. 研究成果构成项目投资决策的重要依据**

技术经济学的主要研究成果是建设项目的可行性研究报告，该报告是建设项目投资决策的主要依据，也是银行审贷、批贷的重要依据。同时，对部分建设项目，国家有关部门要依据法律法规进行备案或核准管理。因此，在项目投资决策过程中，必须充分、合理地运用技术经济学理论及方法对拟建项目的技术先进性、可靠性和经济可行性进行客观、科学论证与评价。

## 1.6 我国对企业投资项目核准的规定

国务院于2016年12月14日公布了《企业投资项目核准和备案管理条例》，该条例自2017年2月1日起施行。条例规定：对关系国家安全、涉及全国重大生产力布局、战略性资源开发和重大公共利益等项目，实行核准管理。具体项目范围以及核准机关、核准权限依照政府核准的投资项目目录执行。政府核准的投资项目目录由国务院投资主管部门会同国务院有关部门提出，报国务院批准后实施，并适时调整。国务院另有规定的，依照其规定。企业办理项目核准手续，应当向核准机关提交项目申请书；由国务院核准的项目，向国务院投资主管部门提交项目申请书。项目申请书应当包括下列内容：

(1) 企业基本情况。
(2) 项目情况，包括项目名称、建设地点、建设规模、建设内容等。
(3) 项目利用资源情况分析以及对生态环境的影响分析。
(4) 项目对经济和社会的影响分析。

企业应当对项目申请书内容的真实性负责。法律、行政法规规定办理相关手续作为项目核准前置条件的，企业应当提交已经办理相关手续的证明文件。

核准机关应当从下列几方面对项目进行审查：
(1) 是否危害经济安全、社会安全、生态安全等国家安全。
(2) 是否符合相关发展建设规划、技术标准和产业政策。
(3) 是否合理开发并有效利用资源。
(4) 是否对重大公共利益产生不利影响。

国务院同时发布了《政府核准的投资项目目录（2016年本）》，下面为需要相关政府管理部门核准的石油、石化、化工项目。

(1) 煤制燃料：年产超过20亿$m^3$的煤制天然气项目、年产超过100万t的煤制油项目，由国务院投资主管部门核准。

(2) 液化石油气接收、存储设施（不含油气田、炼油厂的配套项目）：由地方政府核准。

(3) 进口液化天然气接收、储运设施：新建（含异地扩建）项目由国务院行业管理部门核准，其中新建接收储运能力300万t及以上的项目由国务院投资主管部门核准并报国务院备案。其余项目由省级政府核准。

(4) 输油管网（不含油田集输管网）：跨境、跨省（区、市）干线管网项目由国务院投资主管部门核准，其中跨境项目报国务院备案。其余项目由地方政府核准。

(5) 输气管网（不含油气田集输管网）：跨境、跨省（区、市）干线管网项目由国务院投资主管部门核准，其中跨境项目报国务院备案。其余项目由地方政府核准。

(6) 炼油：新建炼油及扩建一次炼油项目由省级政府按照国家批准的相关规划核准。未列入国家批准的相关规划的新建炼油及扩建一次炼油项目，禁止建设。

(7) 变性燃料乙醇：由省级政府核准。

(8) 石化：新建乙烯、对二甲苯（PX）、二苯基甲烷二异氰酸酯（MDI）项目由省级政府按照国家批准的石化产业规划布局方案核准。未列入国家批准的相关规划的新建乙烯、对二甲苯（PX）、二苯基甲烷二异氰酸酯（MDI）项目，禁止建设。

(9) 煤化工：新建煤制烯烃、新建煤制对二甲苯（PX）项目，由省级政府按照国家批准的相关规划核准。新建年产超过100万t的煤制甲醇项目，由省级政府核准。其余项目禁止建设。

根据国家发展和改革委员会2017年第2号令《企业投资项目核准和备案管理办法》（2017年4月8日起施行）的规定，除涉及国家秘密的项目外，项目核准、备案通过全国投资项目在线审批监管平台实行网上受理、办理、监管和服务，实现核准、备案过程和结果的可查询、可监督。

项目核准和备案机关、行业管理、城乡规划（建设）、国家安全、国土（海洋）资源、环境保护、节能审查、金融监管、安全生产监管、审计等部门，应当按照谁审批谁监管、谁主管谁监管的原则,采取在线监测、现场核查等方式,依法加强对项目的事中事后监管。项目核准、备案机关应当根据法律法规和发展规划、产业政策、总量控制目标、技术政策、准入标准及相关环保要求等,对项目进行监管。城乡规划、国土(海洋)资源、环境保护、节能审查、安全监管、建设、行业管理等部门,应当履行法律法规赋予的监管职责,在各自职责范围内对项目进行监管。金融监管部门应当加强指导和监督,引导金融机构按照商业原则,依法独立审贷。审计部门应当依法加强对国有企业投资项目、申请使用政府投资资金的项目以及其他公共工程项目的审计监督。

## 本 章 小 结

本章通过对技术经济学的产生与发展、含义、主要工作内容的论述,阐述了本学科创立、发展的历程,明确了技术经济学的内涵及在我国经济发展中的重要地位,指出了技术经济学理论研究和实践的发展方向。通过分类比较的方法,高度概括地介绍了技术经济学的方法体系与指标体系。在对技术经济学的学科特点进行总结归纳的基础上,着重分析了学科在理论研究和应用方面的特性。最后,通过有关国家文件介绍了国家将建设项目审批制改为核准制或备案制的重大改革决定。

## 思 考 题

1. 简述技术经济学的含义及主要工作。
2. 项目评价方法主要包括哪些?
3. 根据《建设项目经济评价方法与参数》(第3版)的规定,财务分析指标主要包括哪些?
4. 简述技术经济学的学科特点。
5. 目前我国相关部门批准项目建设采取什么管理制度?

# 第2章 战略分析方法与预测技术

**学习目标**

(1) 熟悉企业战略的类型
(2) 理解战略分析的方法
(3) 了解市场调查和预测的内容、程序
(4) 掌握市场预测的基本方法

## 2.1 战略分析方法

### 2.1.1 企业战略规划与企业战略类型

项目投资决策,特别是重大项目投资决策,对企业而言,是非常重要的战略决策。它不单是项目的技术经济分析,更应建立在企业战略分析的基础之上。因此,必须站在战略的高度,全面分析企业的外部环境,发现企业的机会与存在的威胁;客观认识企业的内部条件,了解自身的优势与劣势,充分挖掘竞争能力,使投资决策服从企业的总体战略,才能抓住机会,扬长避短,在竞争中获胜。

**1. 企业战略规划**

企业战略是指企业在竞争环境中,为赢得竞争优势,实现企业的经营目标和使命,而着眼于长远发展,适应企业内外形势而做出的企业总体发展规划。它指明了在竞争环境中企业的生存态势和发展方向,决定企业的业务结构和竞争形势,并要求对企业的人力、财力、物力、技术、管理等资源进行相应配置。

企业战略规划是规划企业未来长期目标,并制订实施计划的过程。它包括对各种为实现组织目标和使命方案的拟订、评价以及实施方案选择,可以分为战略分析阶段、战略选择阶段、战略实施阶段。企业战略规划过程如图2-1所示。

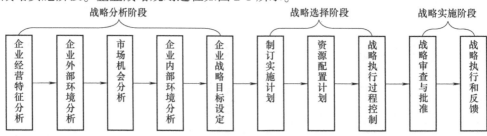

图2-1 企业战略规划过程

企业战略规划需要考虑企业外部和内部两大因素。社会文化、政治、法律、经济、技术和自然等因素都将制约着企业的生存和发展，它们构成企业的外部不可控因素，它们给企业带来机会，也带来威胁。如何趋利避险，在外部因素中发现机会、把握机会、利用机会，洞悉威胁、规避风险，是企业生死攸关的大事。在瞬息万变的动态市场中，企业是否具备快速应变能力，能否迅速适应市场变化，实现企业创新变革，决定着企业是否具有可持续发展的潜力。

企业的内部可控因素主要包括技术、资金、人力资源和所拥有的信息等，通过内部因素分析，可以准确把握企业的优势与劣势，从而知己知彼，扬长避短，发挥自身的竞争优势，确定企业的战略发展方向和目标，使目标、资源和战略三者达到最佳匹配。

借助外部因素评价矩阵、竞争态势矩阵、内部因素评价矩阵、SWOT 矩阵等方法，通过对外部机会、风险以及内部优势、劣势的综合分析，可以确定企业的长期战略发展目标，制定企业的发展战略。将企业目标、资源与所制定的战略相比较，利用波士顿矩阵、通用矩阵等分析工具，找出并建立外部与内部重要因素相匹配的、有效的备选战略。通过定量战略规划矩阵对备选战略的吸引力进行比较，确定企业最可能成功的战略。然后制定企业具体的年度目标，围绕这一确定的目标，合理地进行人力、财力、物力等各项资源的配置，有效地实施战略，并对已实施的战略进行控制、反馈与评价，再改进和完善企业战略，实现动态战略规划。

**2. 企业战略类型**

企业战略一般包括三个层次，即企业总体战略、企业竞争战略和企业职能战略。企业总体战略是确定企业的发展方向和目标，明确企业应该进入或退出哪些领域，选择或放弃哪些业务。企业竞争战略是确定开发哪些产品，进入哪些市场，如何与竞争者展开有效竞争等。企业职能战略研究企业的营销、财务、人力资源和生产等不同职能部门如何组织，为企业总体战略提供服务的问题，包括研发战略、营销战略、生产战略、财务战略和人力资源战略等，是实现企业目标的途径和方法。其中，与项目投资决策密切相关的是企业总体战略和企业竞争战略。

（1）企业总体战略。企业总体战略包括稳定战略、发展战略和撤退战略三大类。企业稳定战略又称防御型战略，是指受经营环境和内部条件的限制，企业基本保持现有战略起点和范围的战略，包括无变化战略、利润战略等。企业发展战略又称进攻型战略、增长型战略，是指企业充分利用外部机会，挖掘内部优势资源，向更高层次发展的战略。企业撤退战略也称退却型战略，是指退出没有发展或者发展潜力很小的企业战略，包括紧缩战略、转向战略和放弃战略。

企业发展战略是大多数企业的基本战略选择，包括新领域进入战略、一体化战略和多元化战略。企业发展战略实现的方式有内部发展与外部发展两种途径，包括产品开发、直接投资、并购、战略联盟等方式，其中并购是当前全球跨国投资的主要方式，全球直接投资的85%是以企业并购的方式进行的。

1）新领域进入战略。它是指企业为了摆脱现有产业的困境，或发现了新的产业成长机会，为培育新的增长点而采用的产业拓展或市场拓展战略，包括进入新的市场、新的行业等。例如，电器制造企业进入房地产行业，中国企业进入美国市场等。

2）一体化战略。它包括纵向一体化战略和横向一体化战略。纵向一体化战略又称垂直一体化战略，是将企业生产的上下游组合起来的发展战略。例如，纺织企业向上延伸到化纤原料生产，向下延伸到服装生产。横向一体化战略又称水平一体化战略，是企业为了扩大生产规模，降低生产成本，巩固企业市场地位，提高竞争能力而与同行的企业进行联合的一种战略。

3）多元化战略。它是由著名的战略学家安索夫（Igor Ansoff）在20世纪50年代提出的。多元化包括相关多元化和不相关多元化。相关多元化是以企业现有的设备和技术能力为基础，发展与现有产品或服务不同但相近的新产品或服务。例如制造电视机的家电企业扩展到空调、计算机、洗衣机等行业。不相关多元化则是企业进入完全无关的行业，例如，天津同仁堂收购天津"狗不理"等。

(2) 企业竞争战略。企业竞争战略包括成本领先战略、差别化战略和重点集中战略三大类。

1）成本领先战略。它是指企业通过扩大规模，控制成本，在研究与开发、生产、销售、服务和广告等环节最大限度地降低成本，成为行业中的成本领先者的一种战略。其核心就是在追求产量规模经济效益的基础上，降低产品的生产成本，以低于竞争对手的成本优势赢得竞争的胜利。例如，广东格兰仕采用了低成本领先战略，近年来迅速扩大生产规模，大幅度降低生产成本，逐步成为国内微波炉市场的主宰和全球最大规模的微波炉制造企业之一。

2）差别化战略。它是指企业向市场提供与众不同的产品或服务，用以满足客户的不同需求，从而形成竞争优势的一种战略。差别化可以表现在产品设计、生产技术、产品性能、产品品牌、产品销售等方面，实行产品差别化可以培养客户的品牌忠诚度，使企业获得高于行业平均利润的水平。差别化战略包括产品质量差别化战略、销售服务差别化战略、产品性能差别化战略、品牌差别化战略等。例如，索尼公司定位高品质家用电器的引领者，采用差别化战略，不断推陈出新，推出高品质的影音娱乐产品，以高档次、高质量、新时尚的形象立足市场。

3）重点集中战略。它是指企业把经营战略的重点放在一个特定的目标市场上，为特定的地区或特定的消费群体提供特殊的产品或服务的一种战略。重点集中战略与前两种基本竞争战略不同，成本领先战略与差别化战略面向全行业，在整个行业范围内进行活动，而重点集中战略则是围绕一个特定的目标进行密集型生产经营活动，要求能够比竞争对手提供更为有效的服务。企业一旦选择了目标市场，便可以通过产品差别化或者成本领先的方法，形成重点集中战略。因此，采用重点集中战略的企业，基本上就是采用特殊的差别化或特殊的成本领先战略。

重点集中战略也可使企业获得超过行业平均水平的收益。这种战略可以针对竞争对手最薄弱的环节采取行动，形成产品的差异化；或者为该目标市场的专门服务降低成本，形成低成本优势；或者兼有产品差异化和低成本优势。采用重点集中战略的企业由于市场面狭小，可以更好地了解市场和顾客，提供更好的产品与服务。由于重点集中战略的目标市场相对狭小，因此企业获得的市场份额总体水平较低。

三种基本竞争战略的特征和基本要求见表2-1。

表 2-1　三种基本竞争战略的特征和基本要求

| 战略<br>特征 | 成本领先战略 | 差别化战略 | 重点集中战略 |
| --- | --- | --- | --- |
| 产品多样化 | 较低 | 较高 | 围绕特定目标 |
| 市场分割 | 面向大众和普通顾客 | 市场细分 | 一个或少数几个市场分割 |
| 基本能力要求 | 持续的资本投资和良好的融资能力；工艺加工技能高；生产管理严格；产品易于制造和适合大批量生产；低成本的分销系统 | 强大的营销、产品加工能力；创新能力；销售渠道高度配合；强调品牌、设计、服务和质量 | 针对具体目标，确定相应的各项能力组合 |
| 特殊能力需求 | 制造、物料管理能力 | 研发能力 | 集中战略下的各种能力 |
| 基本组织要求 | 组织职责明确、严格的定量目标激励；严格的成本控制 | 研发、销售部门密切配合；重视主管评价和激励；宽松的工作氛围 | 针对具体战略目标，确定相应的组织要求 |

## 2.1.2　产品生命周期

**1. 基本概念**

产品生命周期是指一种产品从生产到推广、应用、普及和衰退的过程。是否投资一个项目，首先应分析产品的市场发展前景，分析产品所属的行业是处于上升期、稳定期，还是衰退期。虽然每个产业的发展不一样，但是每个产品的生命周期理论都是相同的，所以产品生命周期模型能观察、分析行业成长性，从而把握产业的战略特征，选择合适的企业战略。

**2. 产品生命周期的各个阶段**

一个产品的生命周期一般可分为四个阶段：导入期、成长期、成熟期和衰退期，如图 2-2 所示。

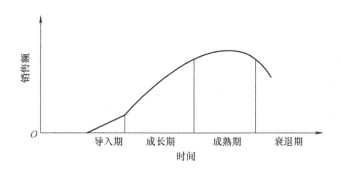

图 2-2　产品生命周期

第一阶段是导入期。产品开始逐步被市场所认同和接受，行业开始形成并初具规模，这是产品生命周期的幼年时期。在此阶段，行业内的企业很少，市场需求低，产品质量不稳定，批量不大，成本高，发展速度慢。对企业来说，在该阶段需要付出极大的代价来培育市场，完善产品。随着企业的发展和行业的发展，企业在行业中可能具有先入优势。

第二阶段是成长期。此阶段产品市场需求急剧膨胀，行业内的企业数量迅速增加，行业在经济结构中的地位得到提高，产品质量提高，成本下降。对企业来说，该阶段是进入该行业的理想时机。

第三阶段是成熟期。此阶段产品定型，技术成熟，成本下降，利润水平高。但是随之而来的是由于需求逐渐满足，行业增长速度减慢，行业内企业之间的竞争日趋激烈。这个时期，企业进入门槛很高，除非有强大的资金和技术实力，否则一般难以取得成功。

第四阶段是衰退期。由于技术进步或需求变化，可替代的新产品出现，原有产品的市场迅速萎缩，同时，由于技术的成熟，各企业所提供的产品无差异，质量差别小，行业进入了衰退期。此时，行业内的一些企业开始转移生产领域，并逐步退出该领域。对企业来说，该阶段不宜进入该行业。

产品属于产品生命周期的哪一个阶段，可以从市场容量、生产规模、生产成本、市场价格、产品质量、市场竞争、消费者认知程度等几个因素方面分析识别。产品生命周期各阶段的特点见表2-2。

表2-2 产品生命周期各阶段的特点

| 阶段<br>因素 | 导入期 | 成长期 | 成熟期 | 衰退期 |
|---|---|---|---|---|
| 市场容量 | 小 | 逐步扩大 | 逐渐饱和 | 迅速下降 |
| 生产规模 | 小 | 逐步扩大，生产能力不足 | 大规模生产，生产能力剩余 | 生产能力严重过剩，规模缩小，产品定制 |
| 生产成本 | 高 | 逐步降低 | 最低 | 提高 |
| 市场价格 | 高 | 不断降低 | 由竞争策略而定 | |
| 产品质量 | 技术不稳定<br>技术相互竞争<br>质量低 | 技术趋于稳定<br>标准化<br>质量改进 | 技术稳定<br>标准化<br>质量稳定 | 便利品 |
| 市场竞争 | 少数企业 | 企业数量增加 | 企业众多，竞争激烈 | 企业逐步退出 |
| 消费者认知程度 | 认知度低<br>面向高收入人群 | 逐步提高<br>向大众扩散 | 全面认同<br>重复购买 | 逐渐放弃<br>消费者逐渐放弃，出现可替代产品 |

**3. 产品生命周期各阶段的战略特点**

产品生命周期不同阶段的战略特点是不同的，企业关注的重点和采取的策略也不同，需要针对其所在市场的竞争地位，采取不同的投资策略，以巩固和改变企业的竞争地位，实现企业价值最大化。相应的战略包括投资、市场营销、生产经营、财务、人力资源、研发等方面。表2-3列出了产品生命周期不同阶段的战略特点。

表2-3 产品生命周期不同阶段的战略特点

| 阶段<br>战略 | 导入期 | 成长期 | 成熟期 | 衰退期 |
|---|---|---|---|---|
| 投资 | 加强研发 | 重视市场开发 | 盈利最大化 | 回收投资 |
| 市场营销 | 广告宣传<br>开辟销售渠道 | 建立商标信誉<br>拓展销售渠道 | 市场份额竞争 | 选择市场区域，改善企业形象 |

(续)

| 阶段<br>战略 | 导入期 | 成长期 | 成熟期 | 衰退期 |
|---|---|---|---|---|
| 生产经营 | 提高生产效率<br>开发标准产品 | 改进产品质量<br>增加产品品种 | 加强客户关系<br>降低生产成本 | 缩减生产能力<br>保持价格优势 |
| 财务 | 利用金融杠杆 | 支持生产改进 | 控制成本 | 提高管理效率 |
| 人力资源 | 促进员工适应生产和市场 | 发展生产和技术能力 | 提高生产效率 | — |
| 研发 | 掌握技术秘密 | 提高产品质量 | 降低成本<br>开发新品种 | 面向新的增长领域 |
| 成功关键点 | 产品创新<br>市场培育 | 生产工艺创新<br>创立品牌<br>建立销售网络 | 规模经济生产<br>提高产品质量 | 缩减生产能力<br>压缩开支<br>缩小市场 |

## 2.1.3 行业竞争结构分析

**1. 行业竞争结构**

不同行业中，企业竞争的激烈程度和竞争状态有很大不同，因而企业的竞争策略差异很大。行业竞争结构是指行业内企业的数量和规模的分布。理论上，竞争可以分为完全竞争、垄断竞争、寡头垄断、完全垄断四种，这四种竞争从市场集中程度、进入和退出障碍、产品差异和信息完全程度方面有不同的特征。四种竞争结构的特征见表2-4。

表2-4 四种竞争结构的特征

| 类型<br>特征 | 完全竞争 | 垄断竞争 | 寡头垄断 | 完全垄断 |
|---|---|---|---|---|
| 集中程度 | 大量公司 | 一些公司 | 少数几家公司 | 一家公司 |
| 进入和退出障碍 | 无障碍 | 明显障碍 | 很大障碍 | 严重障碍 |
| 产品差异 | 无差异 | 有潜在的产品差异可能 | | |
| 信息完全程度 | 完全信息 | 不完全信息 | | |

**2. 行业竞争结构分析模型**

20世纪80年代，哈佛大学教授迈克尔·波特（Michael Porter）在其著作《竞争战略》中，提出了一种结构化的竞争能力分析方法。波特认为，一个行业中的竞争，除了竞争对手外，还存在五种基本竞争力量，即行业新进入者的威胁、供应商讨价还价的能力、替代品的威胁、现有竞争对手之间的抗衡以及购买者讨价还价的能力。供应商和购买者讨价还价可视为来自"纵向"的竞争，新进入者和替代品的威胁可视为来自"横向"的竞争。因此，该方法有时也称为"五力分析""五因素模型"，如图2-3所示。

（1）行业新进入者的威胁。行业的新进入者对现有企业可能带来威胁，可能会挤占现有企业的一部分市场份额；也可能引起行业原材料等资源供应的竞争，抬高资源价格，引起行业生产成本上升，导致现有企业利润下降。行业新进入者威胁的大小取决于行业的进入障碍和可能遇到的现有企业的反击能力与策略。

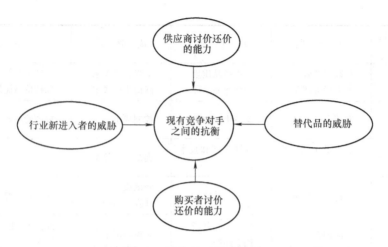

图 2-3 波特的五因素模型

（2）供应商讨价还价的能力。与供应商的关系方面，影响企业竞争优势的因素包括供应商的数量、品牌，产品特色和价格，企业在供应商销售战略中的地位，供应商之间的关系等。企业的讨价还价能力取决于企业原材料产品占成本的比例、企业与供应商是否具有战略合作关系等因素。

（3）替代品的威胁。替代品是指能够满足客户需求的其他产品或服务。新技术或社会需求的变化往往导致新产品的出现，替代原有产品，缩短了原有产品的生命周期，也影响了原有产品的定价和盈利水平。替代品的威胁包括三个方面：替代品在价格上的竞争力；替代品质量和性能的满意度；客户转向替代品的难易程度。虽然替代品对企业有威胁，但也可能带来机会。如果企业技术创新能力强，能够率先推出性价比高的新产品，就可以在竞争中取得领先优势。

（4）现有竞争对手之间的抗衡。这是五因素中最重要的竞争力量，包括行业内竞争者的数量、均衡程度、增长速度、固定成本比例、产品或服务的差异化程度、退出壁垒等，它决定了一个行业内的竞争激烈程度。同时，还要考虑竞争者目前的战略及未来可能的变化、竞争者对风险的态度、竞争者的核心竞争能力等方面。

（5）购买者讨价还价的能力。购买者总是期望能够获得价格更低、质量更好的产品，不断要求企业降低价格，提供高质量的产品和服务，并使行业内企业相互对立，从而导致行业盈利水平降低。购买者促使企业降低价格的能力称为购买者讨价还价的能力，它取决于购买者的集中程度、产品市场的集中程度、购买者自身垂直整合的能力、购买者对产品的了解、市场供求状况等因素。

从战略形成的角度看，这五种竞争力量共同决定了行业的竞争强度和获利能力。对同一行业或不同行业的不同时期，各种力量的作用是不同的。显然，对企业而言，最危险的环境是进入壁垒低、存在替代品、由供应商或买方控制、行业内竞争激烈的行业环境。行业的领先企业可以通过战略调整来改变行业的竞争格局，谋求相对优势的地位，从而获得更高的盈利。

**3. 行业吸引力分析**

行业吸引力是企业进行行业比较和选择的价值标准，也称为行业价值，它取决于行业的发展潜力、平均盈利水平等因素，同时也取决于行业的竞争结构。

行业吸引力分析是在行业特征分析和主要机会、威胁分析的基础上，找出关键的行业因素。其一般影响因素有：市场规模、市场增长率、行业盈利水平、市场竞争强度、技术要求、周期性、规模经济、资金要求、环境影响、社会政治与法律因素等。从中识别出几个关键的因素，然后根据每个关键因素相对重要程度确定各自的权重，所有因素的权重之和为1；再对每个因素按其对企业某项业务经营的有利程度逐个评级，其中，非常有吸引力为5，有利为4，无利害为3，不利为2，非常不利为1。最后用加权得出行业吸引力值。

因为行业结构和行业分析因素提供的信息是局部的和静态的，考虑到大多数情况下每个行业都处于不断变化之中，所处的宏观环境也在不断变化，并给行业带来新的机会和威胁，因此，行业吸引力的大小应该把行业本身的特征和宏观环境的变化带来的主要机会和威胁结合起来进行评价，才能真正作为企业战略选择的依据。

【例2-1】 当前电视机、洗衣机等家电市场已趋于饱和，但4G手机有良好的市场前景，家电企业纷纷进入手机制造行业。针对某家电企业，手机行业的吸引力评价表见表2-5。

表2-5　某家电企业手机行业的吸引力评价表

| 关键行业特征 | 权 重 | 得 分 | 关键行业特征 | 权 重 | 得 分 |
| --- | --- | --- | --- | --- | --- |
| 市场规模 | 0.12 | 4 | 技术要求 | 0.1 | 2 |
| 市场增长率 | 0.28 | 5 | 资金需求 | 0.07 | 1 |
| 行业盈利水平 | 0.15 | 5 | 社会环境可接受性 | 可接受 | |
| 市场竞争强度 | 0.13 | 3 | 合计 | 1 | 3.74 |
| 产业政策 | 0.15 | 3 | | | |

表2-5中关键行业特征的各项因素就是在此基础上确定的，权重表示该因素的重要程度，分值为0~1，所有权重之和为1。最后得出，手机制造行业的吸引力分数是3.74，具有较高的进入价值。

## 2.1.4　企业竞争能力分析

企业竞争能力分析主要基于企业内部要素进行分析评价，它取决于行业结构和企业的相对市场地位。企业核心竞争力对企业赢得竞争优势具有重要意义。企业竞争能力分析的工具有竞争态势矩阵、企业价值链分析、战略成本分析等，这里只介绍竞争态势矩阵。

**1. 企业竞争地位**

企业竞争能力分析需要考虑以下几个方面：

(1) 企业战略对企业市场位置的影响。

(2) 在竞争关键因素和竞争优势、资源能力的指标上，企业与关键对手的比较。

(3) 企业相对于竞争对手所处的地位。

(4) 在行业变革驱动因素、竞争压力下，企业对抗竞争对手、巩固市场地位的能力。

企业的竞争地位可以通过一些信号反映出来，具体评价指标包括成本、产品质量、客户服务、顾客满意度、财务资源、技术技能、新产品研发周期，是否拥有对竞争有重要意义的资源和能力。

**2. 竞争态势矩阵**

竞争态势矩阵是通过行业内关键战略因素的评价比较，分析企业的主要竞争对手及相对于企业战略地位所面临的机会与风险大小，为企业制定战略提供的一种竞争态势分析工具。

其分析步骤如下：

（1）确定行业中的关键战略因素。例如市场份额、生产规模、设备能力、研发水平、财务状况、管理水平、成本优势等，通常需要6~18个变量，这些变量或因素是行业成功的关键因素和竞争优势的决定因素。

（2）根据每个因素对该行业成功经营的相对重要程度，确定每个因素的权重，权重取值为0~1，数值大小表示重要程度，所有因素的权重之和为1。但同一因素对不同竞争对手成功的重要性不同，在不同行业中的权重值可能是不同的。

（3）筛选关键竞争对手，按每个指标对企业进行评分。对该行业中的各竞争者在每个要素上能力的相对强弱进行评价，评价分数为1、2、3、4、5。1表示最弱，2表示较弱，3表示相同，4表示较强，5表示最强。在特定指标上得分最高的企业就拥有在该指标上的竞争优势，其得分与竞争对手得分的差值反映出优势的大小。

（4）将各要素的评价值与相应的权重相乘，得出各竞争者在相应战略要素上的相对竞争力强弱的加权评分值。

（5）加总得到企业的总加权分，比较总加权分就可以确定与竞争能力最强和最弱地位的公司，以及公司之间的竞争优势的差异。

【例2-2】 房地产企业A在某城市主要经营高端住宅项目，该城市高端住宅市场竞争激烈，其中占据市场份额最高的房地产公司的市场份额为20%，且行业内企业的市场份额相差不大，A房地产企业与主要竞争对手B、C的竞争态势矩阵见表2-6。

表2-6　A、B、C公司的竞争态势矩阵

| 序号 | 关键竞争因素 | 权重 | 得分 A公司 | 得分 B公司 | 得分 C公司 |
|---|---|---|---|---|---|
| 1 | 项目规模 | 0.20 | 4 | 4 | 4 |
| 2 | 建造能力 | 0.15 | 3 | 5 | 3 |
| 3 | 产品质量 | 0.20 | 5 | 4 | 5 |
| 4 | 成本优势 | 0.15 | 5 | 1 | 4 |
| 5 | 配套能力 | 0.20 | 5 | 4 | 3 |
| 6 | 区位优势 | 0.10 | 1 | 4 | 3 |

问题：

为了进一步拓展业务范围，A公司欲进入该城市的中端住宅市场，为此委托了一家咨询公司进行调研。咨询公司认为，该城市中端住宅市场已经成熟，市场条件完善，正是进入该市场的最佳时机。

（1）该城市高端住宅市场的竞争格局属于哪种类型？并说明理由。

（2）与B、C公司相比，A公司的竞争优势体现在哪里？

（3）根据咨询公司提出的意见，试判断该城市的中端住宅市场处于产品的哪个生命周期？

（4）A公司是否应该接受咨询公司的建议？并说明理由。

**解**　（1）该城市住宅市场的市场竞争格局属于分散竞争。因为第一名的市场占有率为

20%，各企业市场份额相差不大，市场竞争异常激烈，各企业位置变化可能性很大。

（2）该城市高端住宅市场的竞争态势矩阵见表2-7。

表2-7　高端住宅市场的竞争态势矩阵

| 序号 | 关键竞争因素 | 权重 | A公司 | | B公司 | | C公司 | |
| --- | --- | --- | --- | --- | --- | --- | --- | --- |
| | | | 得分 | 加权值 | 得分 | 加权值 | 得分 | 加权值 |
| 1 | 项目规模 | 0.20 | 4 | 0.80 | 4 | 0.80 | 4 | 0.80 |
| 2 | 建造能力 | 0.15 | 3 | 0.45 | 5 | 0.75 | 3 | 0.45 |
| 3 | 产品质量 | 0.20 | 5 | 1.00 | 4 | 0.80 | 5 | 1.00 |
| 4 | 成本优势 | 0.15 | 5 | 0.75 | 1 | 0.15 | 4 | 0.60 |
| 5 | 配套能力 | 0.20 | 5 | 1.00 | 4 | 0.80 | 3 | 0.60 |
| 6 | 区位优势 | 0.10 | 1 | 0.10 | 4 | 0.40 | 3 | 0.30 |
| | | 1.00 | | 4.10 | | 3.70 | | 3.75 |

从计算结果来看，A公司的加权强势得分为4.10分，B公司的加权强势得分为3.70分，C公司的加权强势得分为3.75分，因此可以看出，A公司的竞争实力要明显强于B、C公司。

（3）该城市的中端住宅市场处于产品生命周期的成熟期。

（4）A公司不应该接受咨询公司的建议。因为进入某产品市场的最佳时期是成长期。在成熟期，市场竞争激烈，企业进入的门槛很高。A公司的资金和技术实力明显较为薄弱，不适合在成熟期进入中端住宅市场。

**3. 核心竞争力**

（1）基本概念。核心竞争力是一家企业在竞争中比其他企业拥有更具有优势的关键资源、知识或能力，它具有竞争对手难以模仿、不可移植、不随员工的离开而流失等特点。它对企业的竞争力、市场地位和盈利能力起着至关重要的作用。核心竞争力可能是完成某项业务所需要的优秀技能、技术诀窍或是企业的知识管理体系，也可能是那些能够产生很大竞争价值的生产能力的一系列具体技能的组合。

不同企业所表现出来的核心竞争力是多种多样的。例如，独特的企业文化，生产高质量产品的技能，创建和操作一个能够快速而准确地处理客户订单系统的诀窍，新产品的快速开发，良好的售后服务能力，产品研发和革新能力，采购和产品展销的技能，在重要技术上的特有知识，研究客户需求和品位以及准确把握市场变化趋势的良好方法体系，同客户就产品的新用途和使用方式进行合作的技能，综合使用多种技术制造一个全新产品的能力。

（2）核心竞争力的意义。核心竞争力在战略制定中的重要意义在于它能给企业带来具有某种宝贵竞争价值的能力，具有成为企业战略基石的潜力，可能为企业带来某种竞争优势。如果一家企业所拥有的某种竞争力是该企业取得成功的重要因素，它的竞争对手在该种竞争力上无法与之抗衡，而且模仿成本很高，那么，这家企业就容易建立竞争优势。

（3）竞争成功关键因素分析。竞争成功关键因素是指影响企业在市场上盈利能力的主要因素，是使企业在特定市场获利必须拥有的技能、条件或资产。它们可能是产品价格优势、产品性能优势，或是一种资本结构和消费组合，也可以是企业纵向一体化的行业结构。例如产品性能、竞争力、市场表现等。

竞争成功关键因素会因行业而异、因时而异，随竞争情况而改变。特别是传统的资源产业、制造业和新兴软件产业、生物工程等，成功的关键因素差异极大。常见的行业成功关键因素类型如下：

1）技术类行业，如软件开发行业，成功关键因素包括科研专家、工艺创新能力、产品创新能力、既定技术应用能力和网络营销能力。

2）制造类行业，如制造企业、家电行业，成功关键因素包括低成本厂址、低成本产品设计、低成本生产、高的固定资产能力利用率和劳工技能等。

3）资源加工类行业，如石油、煤炭、造纸业等，成功关键因素包括自然资源的控制能力、财务融资能力和成本控制能力等。

4）日用消费品制造行业，如食品、饮料行业，成功关键因素包括品质管理、品牌建设、成本控制和销售网络等。

5）服务类行业，如航空客运、旅游等，成功关键因素包括良好的企业形象/声誉、低成本、便利的设施选址、礼貌的员工和融资能力等。

6）分销类行业，成功关键因素包括强大的批发网或特约经销商网络、企业控制的零售点、拥有自己的分销渠道和网点、低销售成本和快速配送能力等。

## 2.1.5 SWOT 分析

SWOT 分析，即优势（Strengths）、劣势（Weaknesses）、机会（Opportunities）和威胁（Threats）分析，它是基于企业自身的实力，对比竞争对手，并分析企业外部环境变化及影响因素可能给企业带来的机会与企业面临的挑战，进而制定企业最佳战略的方法。

SWOT 分析实际上是将企业内、外部条件的各方面内容进行综合和概括，进而分析组织的优势和劣势，面临的机会和威胁的一种方法。其中，优势、劣势分析主要着眼于企业自身的实力及其与竞争对手的比较，而机会和威胁分析将注意力放在外部环境的变化及其对企业的可能影响上。但是，外部环境的同一变化给具有不同资源和能力的企业带来的机会和威胁却可能完全不同，因此，两者之间又有紧密联系。

SWOT 分析实际上是企业外部环境分析和企业内部因素分析的组合分析。因此，企业外部因素评价矩阵和内部因素评价矩阵构成了 SWOT 分析的方法基础。

**1. 优势与劣势分析**

竞争优势是指一个企业超越其竞争对手，实现企业目标的能力。企业的主要目标包括盈利、增长速度、市场份额等。因此，企业的竞争优势并不一定完全体现在较高的盈利率上，有时企业更希望保持增长速度、增加企业市场份额或者稳定雇员等。当两个企业处在同一市场或者说它们都有能力向同一顾客群体提供产品和服务时，如果其中一个企业有更高的盈利率、更快的增长速度或者更高的市场份额，则该企业比另外一个企业更具有竞争优势。

竞争优势是一个企业或它的产品有别于其竞争对手的任何优越的东西，它可以是产品线的宽度、产品质量、可靠性、适用性、风格和形象以及服务的及时性等。虽然竞争优势实际上是指一个企业比其竞争对手有较强的综合优势，但是明确企业究竟在哪一方面具有优势更加有意义，因为只有这样，才可以扬长避短。由于企业是一个整体，并且由于竞争优势来源的广泛性，在做优势、劣势分析时必须在整个价值链的每个环节，将企业与竞争对手做详细的比较，如产品是否新颖、制造工艺是否复杂、销售渠道是否畅通，以及价格是否具有竞争性等。如果一个企业在某一方面或者几个方面的优势正是该行业企业应该具备的关键成功要素，则该企业的综合竞争优势就强。

影响企业竞争优势的持续时间主要有三个关键因素：①建立这种优势要多长时间；②能够获得的竞争优势有多大；③竞争对手做出有力反应需要多长时间。只有分析清楚了这三个关键因素，企业才能明确建立和维持竞争优势。

企业的优势和劣势可以通过企业内部因素来评价，相对于竞争对手，企业的内部因素可以表现在研发能力、资金实力、生产设备、工艺水平、产品性能和质量、销售网络、管理能力等方面。可以采用企业内部因素评价矩阵（Internal Factor Evaluation Matrix，IFEM），通过加权计算，定量分析企业的优势和劣势。某企业内部因素评价矩阵见表2-8。

表2-8　某企业内部因素评价矩阵

| 项目 | 关键内部因素 | 权重 | 得分（-5~5） | 加权值 |
| --- | --- | --- | --- | --- |
| 优势 | 研发能力强大 | 0.20 | 4 | 0.80 |
|  | 产品性能和质量处于行业中游 | 0.15 | 0 | 0 |
|  | 销售网络完善 | 0.20 | 4 | 0.80 |
|  | 管理能力强 | 0.15 | 4 | 0.60 |
|  | 小计 |  |  | 2.20 |
| 劣势 | 资金紧张 | 0.10 | -3 | -0.30 |
|  | 生产设备落后 | 0.10 | -2 | -0.20 |
|  | 工艺水平不高 | 0.10 | -3 | -0.30 |
|  | 小计 |  |  | -0.80 |
| 综合 | 合计 | 1.00 |  | 1.40 |

### 2. 机会与威胁分析

机会与威胁分析主要着眼于企业的外部环境带来的机会和威胁。外部环境发展趋势分为两大类：一类表示环境威胁；另一类表示环境机会。

环境威胁是指环境中不利的发展趋势所形成的挑战，如果不采取果断的战略行为，这种不利趋势将会削弱公司的竞争地位。企业外部的不利因素包括新产品替代、销售商拖延结款、竞争对手结盟、市场成长放缓、供应商讨价还价能力增强等，这些都将影响企业目前的竞争地位。

环境机会是指企业面临的外部环境中对企业发展有利的因素，是对企业行为有吸引力的领域，在这一领域中发展壮大的企业将拥有竞争优势。外部机会如政策支持、技术进步、供应商良好关系、银行信贷支持等。

机会与威胁分析可以采用企业外部因素评价矩阵。某企业外部因素评价矩阵见表2-9。

表2-9　某企业外部因素评价矩阵

| 项目 | 关键外部因素 | 权重 | 得分（-5~5） | 加权值 |
| --- | --- | --- | --- | --- |
| 机会 | 政策支持 | 0.25 | 4 | 1.00 |
|  | 技术进步 | 0.15 | 3 | 0.45 |
|  | 金融信贷宽松 | 0.10 | 3 | 0.30 |
|  | 小计 |  |  | 1.75 |

(续)

| 项目 | 关键外部因素 | 权重 | 得分（-5~5） | 加权值 |
|---|---|---|---|---|
| 威胁 | 新替代产品出现 | 0.15 | -2 | -0.30 |
|  | 竞争对手结盟 | 0.10 | -4 | -0.40 |
|  | 市场成长放缓 | 0.15 | -4 | -0.60 |
|  | 供应商减少 | 0.10 | -3 | -0.30 |
|  | 小计 |  |  | -1.60 |
| 综合 | 合计 | 1.00 |  | 0.15 |

### 3. 企业战略选择

根据企业优势、劣势分析和机会、威胁分析，可以画出SWOT分析图，并据此制定企业所应采取的策略。企业SWOT分析图如图2-4所示。

企业SWOT分析图划分为四个象限，根据企业所处的不同位置，应采取不同的战略。SWOT分析提供了四种战略选择。处在第Ⅰ象限的企业拥有强大的内部优势和众多的机会，企业应采取增加投资、扩大生产、提高市场占有率的增长型战略。处在第Ⅳ象限的企业尽管具有较大的内部优势，但要面临严峻的外部挑战，应利用企业的自身优势，开展多元化经营，避免或降低外部威胁的打击，分散风险，寻找新的发展机会。处在第Ⅱ象限的企业，面临外部机会，但自身内部缺乏条件，应采取扭转型战略，改变企业内部的不利条件。处在第Ⅲ象限的企业既面临外部威胁，自身条件也存在问题，应采取防御型战略，避开威胁，消除劣势。

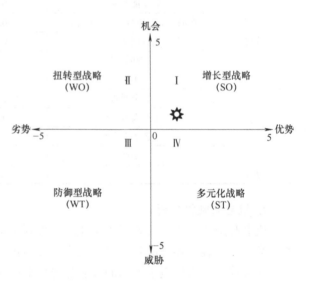

图2-4 企业SWOT分析图

根据前面SWOT分析的计算结果，在SWOT图上找到企业目前所处的战略位置（在图2-4中用☆表示），从而选择相应的企业战略。

【例2-3】 BCX公司SWOT分析。BCX公司是我国主要彩管生产企业之一，主要生产19in⊖、21in、25in和29in普通彩色显像管（简称彩管）。1999年，产量约300万只。随着国内外彩电市场的变化，彩电市场竞争日趋白热化，1998年全国有彩管生产企业11家，彩管生产能力约5000万只，实际产量3490万只，约占全球产量2.4亿只的14.5%。电视机生产企业利润日益摊薄，电视机企业对彩管企业的讨价还价能力增强，彩管价格不断下降；同时，大屏幕彩电、纯平彩电、背投电视、液晶电视、等离子电视等不断出现，对彩管的需求正在发生着变化。BCX公司的利润水平持续下降，面对市场变化，需要调整企业战略，2000年BCX公司经过企业内部外部环境分析，提出若干战略供决策层选择。其内部和外部

---

⊖ 1in = 2.54cm。

环境因素评价见表2-10。

表2-10 BCX公司内部和外部环境因素评价

| | 优势（S） | 劣势（W） |
|---|---|---|
| 内部条件 | 1. 企业组织与管理能力较强，有能力与同行竞争<br>2. 通过改制上市，企业负债率低，银行信誉好，具有较强的融资能力<br>3. 产品质量好，成本低，产品能够适应进一步降价的压力<br>4. 产品国际化率较高，受国际因素影响较小<br>5. 企业地处经济高度发达的沿海地区，交通运输便利，周围有国内著名的多家彩电生产企业，彩电生产能力约占全国彩电生产能力的50%<br>6. 员工素质较高，企业机制比较灵活 | 1. 自主开发和创新能力弱，大屏幕、纯平等技术来源不稳定，在技术上无法占领制高点<br>2. 彩管行业投资大，设备专用性强，行业退出能力弱<br>3. 企业为国有控股企业，与另外8家外资或台资企业相比，在技术、资金和管理上处于劣势<br>4. 缺乏国际市场渠道和营销经验，出口市场尚未启动，而其他彩管生产企业都有产品出口<br>5. 竞争对手大部分都是上、下游一体化，同时生产彩管和整机，而BCX公司较难进入上、下游行业<br>6. 产品品种单一，其他多元化产业未形成规模，抗风险能力弱 |
| | 机会（O） | 威胁（T） |
| 外部环境 | 1. 市场需求分析表明，彩管仍有较强的生命力，可能维持缓慢成长15年，还有市场空间和获利机会<br>2. 彩管行业进入壁垒较高，其他企业难以进入<br>3. 加入世界贸易组织（WTO）之后，出口机会较多<br>4. 存在低成本扩张机会 | 1. 大屏幕、超平纯平CRT、背投电视、等离子和LCD等能够大幅度降低成本，目前的产品将面临被替代的威胁<br>2. 彩管业竞争激烈、受彩电厂商的价格打压，讨价还价能力较弱，可能会引起利润下滑<br>3. 未来生产和利润可能受玻璃外壳供应紧张及涨价因素影响<br>4. 存在同行的竞争威胁 |
| 企业战略选择 | SO战略——增长型战略<br>利用优势和机会，保持现有的经营领域，并且继续全力以赴地在该领域扩大产品的规模和品种，加大技术研发，增加大屏幕产品，引进纯平产品生产线，积极拓展国内和国际市场 | ST战略——多元化战略<br>利用优势避免威胁，保持现在的经营领域，不再在该经营领域进行扩张。利用自身融资能力，向其他领域进军，发展LCD、PDP等相关显示产品，实现多元化经营 |
| | WO战略——扭转型战略<br>利用机会改进内部弱点，在保持、稳定、发展和提高现有经营领域的同时，开展多元化经营，增加CDT生产线，与电视机生产企业联合，培养核心竞争力 | WT战略——防御型战略<br>克服弱点，避免威胁，放弃现有的经营领域，全力以赴地转到高新技术领域，争取占领技术制高点 |

## 2.1.6 PEST分析

PEST分析是指宏观环境的分析，P是政治（Politics），E是经济（Economy），S是社会（Society），T是技术（Technology）。在分析一个企业集团所处背景的时候，通常通过这四个因素来分析其所面临的状况。

进行PEST分析需要掌握大量的、充分的相关研究资料，并且对所分析的企业有着深刻的认识；否则，这种分析很难进行下去。政治方面的因素有政治制度、政府政策、国家的产业政策、相关法律及法规等；经济方面的主要因素有经济发展水平、规模、增长率、政府收支、通货膨胀率等；社会方面的因素有人口、价值观念、道德水平等；技术方面的因素有高新技术、工艺技术和基础研究的突破性进展。

**1. 政治环境**

政治环境包括一个国家的社会制度，执政党的性质，政府的方针、政策、法令等。不同的国家有着不同的社会性质，不同的社会制度对组织活动有着不同的限制和要求。即使社会制度不变的同一国家，在不同时期，由于执政党的不同，其政府的方针、政策倾向对组织活动的态度和影响也是不断变化的。

政府的政策广泛影响着企业的经营行为，即使在市场经济中较为发达的国家，政府对市场和企业的干预似乎也是有增无减，如反托拉斯、最低工资限制、劳动保护、社会福利等方面。当然，政府的很多干预往往是间接的，常以税率、利率、汇率、银行存款准备金为杠杆，运用财政政策和货币政策来实现宏观经济的调控，以及通过干预外汇汇率来确保国际金融与贸易秩序。因此，在制定企业战略时，对政府政策的长期性和短期性的判断与预测十分重要，企业战略应对政府发挥长期作用的政策有必要的准备；对短期性的政策则可视其有效时间或有效周期而做出不同的对策。

**2. 经济环境**

经济环境主要包括宏观和微观两个方面的内容。宏观经济环境主要是指一个国家的人口数量及其增长趋势，国民收入、国民生产总值及其变化情况以及通过这些指标能够反映的国民经济发展水平和发展速度。微观经济环境主要是指企业所在地区或所服务地区的消费者的收入水平、消费偏好、储蓄情况、就业程度等因素。这些因素直接决定着企业目前及未来的市场大小。

主要关注的经济变量有：国内生产总值（GDP）及其增长率、中国向工业经济转变贷款的可得性、可支配收入水平、居民消费（储蓄）倾向、利率、通货膨胀率、规模经济、政府预算赤字、消费模式、失业趋势、劳动生产率水平、汇率、证券市场状况、外国经济状况、进出口因素、不同地区和消费群体间的收入差别、价格波动、货币与财政政策。

**3. 社会环境**

社会环境包括一个国家或地区的居民文化水平、宗教信仰、风俗习惯、价值观念、审美观点等。文化水平会影响居民的需求层次；宗教信仰和风俗习惯会禁止或抵制某些活动的进行；价值观念会影响居民对组织目标、组织活动以及组织存在本身的认可与否；审美观点则会影响人们对组织活动内容、活动方式以及活动成果的态度。

关键的社会环境因素有：妇女生育率、特殊利益集团数量、结婚人数、离婚人数、人口出生死亡率、人口移进移出率、社会保障计划、人口预期寿命、人均收入、生活方式、平均可支配收入、对政府的信任度、对政府的态度、对工作的态度、购买习惯、对道德的关切度、储蓄倾向、性别角色、投资倾向、种族平等状况、节育措施状况、平均受教育程度、对退休的态度、对质量的态度、对闲暇的态度、对服务的态度、对外国人的态度、污染控制、对能源的节约、社会活动项目、社会责任、对职业的态度、对权威的态度、城市城镇和农村的人口变化、宗教信仰状况。

**4. 技术环境**

技术环境除了要考察与企业所处领域的活动直接相关的技术手段的发展变化外，还应及时了解以下几方面情况：

（1）国家对科技开发的投资和支持重点。

(2) 该领域技术发展动态和研究开发费用总额。
(3) 技术转移和技术商品化速度。
(4) 专利及其保护情况等。

表 2-11 是一个典型的 PEST 分析。

表 2-11 典型的 PEST 分析

| 政治（包括法律） | 经　济 | 社　会 | 技　术 |
| --- | --- | --- | --- |
| 环保制度 | 经济增长 | 收入分布 | 政府研究开支 |
| 税收政策 | 利率与货币政策 | 人口统计、人口增长率与年龄分布 | 产业技术关注 |
| 国际贸易章程与限制 | 政府开支 | 劳动力与社会流动性 | 新型发明与技术发展 |
| 合同法<br>消费者保护法 | 失业政策 | 生活方式变革 | 技术转让率 |
| 劳动法 | 征税 | 职业与休闲态度<br>企业家精神 | 技术更新速度与生命周期 |
| 政府组织/态度 | 汇率 | 教育 | 能源利用与成本 |
| 竞争规则 | 通货膨胀率 | 潮流与风尚 | 信息技术变革 |
| 政治稳定性 | 商业周期的所处阶段 | 健康意识、社会福利及安全感 | 互联网的变革 |
| 安全规定 | 消费者信心 | 生活条件 | 移动技术变革 |

## 2.2 市场分析技术

### 2.2.1 市场调查

科学的投资决策建立在可靠的市场调查和准确的市场预测的基础上。市场调查是对现在市场和潜在市场各方面情况的研究和评价，目的在于收集市场信息，了解市场动态，把握市场现状和发展趋势，发现市场机会，为企业的投资决策提供科学依据。

**1. 市场调查的内容**

市场调查的内容因不同企业的不同需要而有差异。从投资项目决策分析与评价和市场分析的角度出发，市场调查的主要内容包括市场需求调查、市场供应调查、消费者调查和竞争者调查，企业可能进行其中一个方面的调查，也可能进行全面的综合调查。

(1) 市场需求调查。市场需求调查是指对产品或服务市场需求的数量、价格、质量、区域分布等的历史情况、现状和发展趋势等方面的调查。市场需求调查包括三个方面：有效需求、潜在需求、需求的增长速度。有效需求是指消费者现阶段能用货币支付的需求。潜在需求是指现在无法实现，但随着收入水平的提高或商品价格的降低等因素的变化，在今后可以实现的有效需求。需求的增长速度是影响项目建成后的市场需求的重要因素，是由现在的市场需求推测未来市场需求的关键因素。

(2) 市场供应调查。主要调查市场的供应能力、主要生产或服务企业的生产能力，了解市场供应与市场需求的差距。市场供应调查要调查供应现状、供应潜力以及正在或计划建设的相同产品的项目的生产能力。

(3) 消费者调查。消费者调查的内容包括产品或服务的消费者群体、消费者的购买能力和习惯、消费演变历史和趋势等。某一种具体产品针对某一特定的消费者群体，在经过市场细分明确了产品的消费者之后，需要对这部分消费者的消费层次、消费需求、心理状况、消费动机、消费方式进行调查和分析。只有了解消费动机与消费层次，才能在细分市场中把握企业的目标市场，正确预测市场需求。

(4) 竞争者调查。竞争者调查是对同类生产企业的生产技术水平高低、经营特点和生产规模、主要技术经济指标、市场占有率以及市场集中度等市场竞争特征的调查。它包括调查区域内同类及替代产品或服务的企业数量、各企业的市场占有率、生产能力、销售数量、销售渠道、成本水平、管理能力、盈利水平，可能的潜在竞争者的情况等。只有充分了解竞争对手，才能制定有效的竞争策略。

**2. 市场调查的程序**

不同的市场调查有不同的程序，根据国内外大量市场调查的实践，一般可以分为调查准备阶段、调查实施阶段、分析总结阶段。

(1) 调查准备阶段。调查准备阶段是调查工作的开端。准备是否充分周到，对调查工作的开展和调查的质量影响很大。准备阶段要研究确定调查的目的和要求、调查的范围和规模、调查力量的组织等问题，并在此基础上制订一个切实可行的调查工作计划。

(2) 调查实施阶段。实施调查计划、落实调查方案是市场调查最重要的环节。这个阶段的主要任务是组织调查人员深入实际，系统地收集各种可靠资料和证据。

1) 收集文案资料。文案资料是市场调查的基础资料，也是市场调查工作的基础。可以分别向各级统计机构、经济管理部门、金融债券机构、生产和销售企业等收集市场信息，也可以从各种文献、报刊中取得。

2) 收集一手资料。在市场调查中，只收集文案资料是不够的，还应收集原始资料，也称一手资料。收集的方法很多，如实地调查法、问卷调查法和实验调查法等。

(3) 分析总结阶段。分析总结阶段是得出调查结果的阶段。通过对调查资料的整理加工，使之系统化、条理化，以揭示市场需求和各种因素的内在联系，反映市场的客观规律。

1) 分析整理。市场获得的资料多数是分散的、零星的，某些资料是片面的、不准确的。需要对资料进行分析比较，剔除错误的信息，进行各种统计分析，并制成统一图表。

2) 综合分析。资料的综合分析是市场调查的核心，通过综合分析，全面掌握资料反映的情况和问题，探索事物之间的内在联系，从而审慎地得出合乎实际的结论。

3) 编写调查报告。调查报告是市场调查成果的最终体现，按照调查的要求和格式，编写调查报告，以便企业运用调查成果。

**3. 市场调查的类型**

按照调查样本的范围大小，可以将市场调查分为市场普查、重点调查、典型调查和抽样调查。

(1) 市场普查。市场普查是对市场进行逐一的、普遍的、全面的调查，以获取全面、完整、系统的市场信息。可以确定一定的市场范围进行普查，也可以就市场某一方面进行专项普查。

市场普查有其优点，但由于普查时间长、耗费大、难以深入等原因而受到限制。一般来说，市场范围较小、母体数量较少、调查时间比较充裕，可以选用市场普查的方法。

（2）重点调查。重点调查是指在市场调查对象总体中选定一部分在总行业中处于十分重要地位的企业，或者在总体某指标总量中占绝大比重的一些企业进行的调查。它能够以较少的人力和费用支出，较快地掌握调查对象的基本情况。

重点调查方式常用于产品需求和原材料资源需求的调查。例如，某家电生产企业市场销售中12家主要批发商占总销售量的80%左右，调查了解这12家批发企业的需求量，就足以掌握企业产品的需求情况。

（3）典型调查。典型调查是在调查对象总体中选择一些具有典型意义或具有代表性的市场区域或产品进行专门调查。典型调查的调查企业或范围比较少，人力和费用开支较省，运用比较灵活。

做好典型调查的关键在于把握调查对象的代表性，它直接关系到调查效果。典型调查对象代表性的具体标准，应根据每次市场调查的目的和调查对象的特点来确定。

（4）抽样调查。抽样调查是从所要研究的某种特定现象的总体中，随机抽取一部分作为样本，根据对样本的研究结果，在抽样置信水平上推断总体特征的调查方法。抽样调查工作量小、耗时短、费用低、信度高，应用比较广泛。

**4. 市场调查方法**

市场调查方法可分为文案调查、实地调查、问卷调查、实验调查等几类。选择调查方法时要考虑收集信息的能力、调查研究的成本、时间要求、样本控制和人员效应的控制程度。

（1）文案调查法。文案调查法是指对已经存在的各种资料档案，以查阅和归纳的方法进行的市场调查。文案调查法又称为二手资料调查或文献调查。

文案资料来源很多，主要有：①国际组织和政府机关资料；②行业资料；③公开出版物；④相关企业和行业网站；⑤有关企业的内部资料。

（2）实地调查法。实地调查法是调查人员通过跟踪、记录被调查事物和人物的行为痕迹来取得一手资料的调查方法。这种方法是调查人员直接到市场或某些场所（商品展销会、商品博览会、商场等），通过耳闻目睹和触摸的感受方式或借助于某些摄录设备和仪器，跟踪、记录被调查人员的活动、行为和事物的特点，获取所需信息资料。

（3）问卷调查法。问卷调查法是调查人员通过面谈、电话询问、网上填表或邮寄问卷等方式，了解调查对象的市场行为和方式，来收集市场信息的调查方法。问卷调查法是市场调查中的常用方法，尤其在消费者行为调查中大量应用，其核心工作是设计问卷，实施问卷调查。

（4）实验调查法。实验调查法是指调查人员在调查过程中，通过改变某些影响调查对象的因素，来观察调查对象消费行为的变化，从而获得消费行为和某些因素之间的内在因果关系的调查方法。

实验调查法主要应用于消费行为的调查，企业推出新产品、改变产品外形和包装、调整产品价格、改变广告方式，都可以采用实验调查法。

对于以上调查方法，相对而言，文案调查是一切调查方法中最简单、最一般和常用的方法，同时，也是其他调查方法的基础。实地调查能够控制调查对象，应用灵活，调查信息充分，但是调查周期长、费用高，调查对象容易受调查的心理暗示影响，存在不客观的可能性。问卷调查适用范围广、操作简单易行、费用相对较低，得到了大量的应用。实验调查是最复杂、费用最高、应用范围有限的方法，但调查结果可信度较高。

### 2.2.2　市场预测

市场预测是指对事物未来或未来事物的推测，是根据已知事件通过科学分析推测未知事件。市场预测是在市场调查取得一定资料的基础上，运用已有的知识、经验和科学方法，对市场未来的发展状态、行为、趋势进行分析并做出推断与判断，其中最为关键的是产品需求预测。市场预测是项目可行性研究的基本任务之一，是项目投资决策的基础。

**1. 市场预测要解决的主要问题及其内容**

（1）市场预测要解决的主要问题。

1）投资项目的方向。分析投资项目的产品是否符合社会需求，生产什么产品有利，产品的目标市场在哪里，销路如何。

2）投资项目的产品方案。社会需求什么就生产什么，市场不仅决定投资项目的投资方向，还决定投资的建设内容。

3）投资项目的生产规模。应通过市场分析确定市场需求量，了解竞争对手的情况，最终确定项目建成时的最佳生产规模，使企业在未来能够保持合理的盈利水平和持续发展能力。

（2）市场预测的内容。市场预测是市场调查内容在时间上的延伸。投资项目市场预测的内容侧重以下三个方面：

1）市场需求预测。国内的市场需求预测主要是预测需求量和销售量。需求量是指未来市场上有支付能力的需求总量，销售量是指拟建项目的产品在未来市场上的销售总量。

2）产品出口和进口替代分析。产品出口和进口替代涉及国外较高水平的竞争对手，可以综合反映项目的生命力。产品出口和进口替代分析，一般通过项目产品与有代表性的国外同类产品相对比进行，对比的内容包括产品价格、成本、生产效率、产品设计、质量、花色、包装以及服务等。应当了解国外产品的销量和市场占有率，找出自身产品的优势和劣势，劣势的原因和对策，并估计产品出口和进口替代可能的数量。

3）价格预测。在市场经济条件下，产品价格一般以均衡价格为基础，供求关系是价格形成的主要影响因素。价格预测除应考察市场供求状况以外，还应了解影响价格的其他因素，主要有产品生产和经营过程中的劳动生产率、成本和利润等。

**2. 市场预测的程序**

市场预测的程序如图 2-5 所示。

**3. 市场预测的基本方法**

（1）预测方法分类。市场预测方法一般可以分为定性预测和定量预测两大类。

定性预测是指根据所掌握的信息资料，凭借专家个人和群体的经验、知识，运用一定的方法，对市场未来的趋势、规律、状态做出主观判断和描述。定性预测法可以分为直观预测法和集合意见法两类，其核心都是专家预测，都是依据经验、智慧和能力在个人判断的基础上进行预测的方法。直观预测法主要有类推预测法，集合意见法包括专家会议法和德尔菲法等。

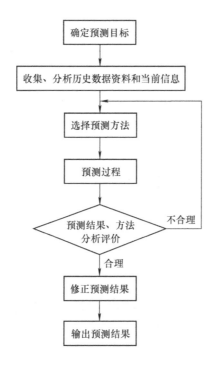

图 2-5　市场预测的程序

定量预测是依据市场历史和现在的统计数据资料，选择或建立合适的数学模型，分析研究其发展变化规律并对未来做出预测。定量预测法可归纳为因果性预测法、延伸性预测法和其他方法三大类。

因果性预测法是通过寻找变量之间的因果关系，分析自变量对因变量的影响程度，进而对未来进行预测的方法。一个事物的发展变化，经常与其他事物有直接或间接的联系。如居民收入水平的增加会引起多种商品销售量的增加。这种变量间的相关关系，只有通过统计分析才能找到其中的规律，并用确定的函数关系来描述。通过寻找变量间的因果关系，从而对因变量进行预测，这是广泛采用的因果分析法，它包括回归分析法、消费系数法和弹性系数法，主要适用于存在关联关系的数据预测。

延伸性预测法又称时间序列分析，是根据市场各种变量的历史数据的变化规律，对未来进行预测的定量预测方法。延伸性预测法主要包括移动平均法、指数平滑法、趋势外推法、季节变动分析法等，适用于具有时间序列关系的数据预测。它是以时间（$t$）为自变量，以预测对象为因变量，根据预测对象的历史数据，找出其中的变化规律，从而建立预测模型并进行预测。

其他方法包括经济计量分析、投入产出分析、系统动力模型、马尔可夫链等，这些预测方法主要借助复杂的数学模型模拟显示经济结构，分析经济现象的各种数量关系，从而提高人们认识经济现象的深度、广度和精确度，适用于显示经济生活中的中长期市场预测。

预测方法体系如图 2-6 所示。

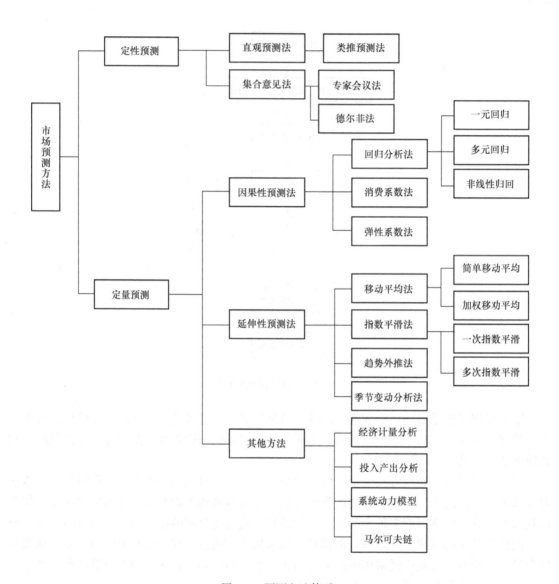

图 2-6　预测方法体系

（2）不同方法的比较。不同的市场预测方法有不同的使用范围、数据资料需求和预测精确度。咨询工程师可以根据预测周期、产品生命周期、预测对象、数据资料、精确度要求、时间与费用限制等因素选择适当的方法，也可以采用几种方法进行组合预测，相互验证或修正。在实践中，多采用定性预测与定量预测相结合的方法。

常用预测方法的特点见表 2-12。

表 2-12　常用预测方法的特点

| 预测方法 | 定性方法 | | | 定量方法 | | | | | |
|---|---|---|---|---|---|---|---|---|---|
| | | | | 因果性预测法 | | | 延伸性预测法（时间序列分析） | | |
| | 专家会议法 | 德尔菲法 | 类推预测法 | 回归分析法 | 消费系数法 | 弹性系数法 | 移动平均法 | 指数平滑法 | 趋势外推法 |
| 方法介绍 | 组织有关专家，通过会议形式进行预测，综合专家意见，得出预测结论 | 组织有关专家，通过匿名调查，进行多轮反馈整理分析，得出预测结论 | 运用相似性原理，对比类似产品发展过程，寻找变化规律，进行预测 | 运用因果关系，建立回归分析模型，包括一元回归、多元回归和非线性回归等 | 对产品在各行业的销售数量进行分析，结合行业规划，预测需求总量 | 运用两个变量之间的弹性系数进行预测 | 对于具有时间序列变化规律的事物，取时间序列中连续几个数据值的平均值，作为下期预测值 | 与移动平均法相似，只是考虑历史数据远近期作用不同，给予不同的权重 | 运用数学模型，拟合一条趋势线，外推未来事物的发展规律 |
| 适用范围 | 长期预测 | 长期预测 | 长期预测 | 短、中、长期预测 | 短、中、长期预测 | 中、长期预测 | 近期或短期预测 | 近期或短期预测 | 短、中、长期预测 |
| 数据资料需求 | 多年历史资料 | | | 需要多年数据 | | 数据最低要求5～10个 | | 至少5年数据 | |
| 精确度 | 较好 | 较好 | 尚好 | 很好 | 很好 | 较好 | 尚好 | 较好 | 较好 |

## 2.3　市场预测方法

### 2.3.1　德尔菲法

**1. 德尔菲法的特点**

德尔菲法是采用匿名函询的方法，通过一系列简明的调查征询表向专家进行调查，并通过有控制的反馈，取得尽可能一致的意见，对预测对象的未来做出推断。这个过程实际上是被调查专家集体交流信息的过程，它的主要特点是匿名性、反馈性和收敛性。

匿名性是指被调查的专家互不见面，不直接交流信息，由调查者组织书面讨论。各位专家通过匿名的方式传递信息，可在不必顾及面子的情况下改变自己的观点，有利于意见趋于统一。

反馈性是指在每一轮调查结束后，调查者综合整理调查结果，并在下一轮调查时随同调查表一起函送给各位专家，使专家了解预测调查的全面情况。这样可以促使专家进行再思考，完善或改变自己的观点，促进专家之间的信息交流和书面讨论。德尔菲法一般要进行三轮到四轮的专家意见征询。

收敛性是指经过多轮调查和反馈的过程，言之有理的见解会逐渐为大多数专家所接受，分散的意见会向其集中，呈现出收敛的趋势。

**2. 德尔菲法的预测步骤**

一般情况下，德尔菲法的实施有以下几个步骤：

（1）组成调查组。德尔菲法的实施需要一定的组织工作，首先应建立调查组，人数一般在 10~20 人，根据预测工作量大小而定。调查组的任务是组织整个调查预测工作，主要工作内容是对预测过程做计划、选择专家、设计调查表、组织调查、对调查结果进行汇总处理、做出预测。

（2）选择专家。选择专家主要是由所要预测问题的性质决定的，既要选择本学科有代表性的专家，也要选择边缘学科、社会学等方面的专家，要考虑专家所属部门和单位的广泛性。专家人数视预测问题的规模而定，一般以 10~50 人为宜。对于一些重大问题预测，可以扩大到 100 人以上，按照统计学样本数的要求，一般不少于 20 人。

（3）函询调查。德尔菲法是通过向专家函寄调查表的方式进行调查，调查表是进行预测的主要手段，调查表设计的质量直接影响调查和预测的效果。调查表没有统一的格式，应根据所要调查的内容和预测目标来设计。总的原则是提问明确、回答方式简练，便于对调查结果进行汇总处理。要充分说明填表要求，还应向专家提供有关资料和背景材料。

（4）调查结果分析整理。国外预测学者的研究结果表明，专家意见的概率分布一般服从或接近正态分布，这是对专家意见进行统计处理的重要理论依据。调查结果汇总后，对于定量调查结果，一般采用中位数法进行数据处理。即分别求出预测结果的中位数、上下四分位点。上下四分位点之差为四分位区间，其大小反映专家意见的离散程度，区间越小，专家意见集中程度越高。对于评分排序结果，用总分比重法进行处理，即用各要素的得分在总得分中的比重衡量其相对重要性的大小。对于主观概率，通常采用平均主观概率作为专家集体预测的结果。

**3. 德尔菲法的优缺点与适用范围**

德尔菲法的优点是简单易行，用途广泛，费用较低，在大多数情况下，可以得到比较准确的预测结果。特别是在历史数据缺乏的情况下，只能使用德尔菲法。例如对某些无先例事件和突发事件的预测、复杂的社会经济问题等。

德尔菲法的不足在于其预测是建立在专家主观判断的基础上的，专家的学识、兴趣和心理状态对预测结果影响较大，从而使预测结论不够稳定；采用函询方式调查，信息交流受到限制，缺少思想交流沟通；在综合整理数据时，容易忽视少数人的意见，而且提供的数据资料受组织者的主观影响。

鉴于以上优缺点，德尔菲法主要适用于以下四种情况：

（1）缺乏足够的资料。
（2）做长远规划或大趋势预测。
（3）影响预测事件的因素太多。
（4）主观因素对预测事件的影响较大。

## 2.3.2 一元线性回归法

回归分析法是分析相关因素相互关系的一种数理统计方法，通过建立一个或一组自变量与相关随机变量的回归分析模型，来预测相关随机变量的未来值。回归分析法按分析自变量的个数分为一元回归和多元回归，按自变量和因变量的关系分为线性回归与非线性回归。不论是一元回归模型还是多元回归模型，预测模型的建立要经过严格的统计检验，否则模型不能成立。

本节通过介绍一元线性回归方法来说明回归分析法在预测中的应用。

**1. 相关系数**

两个变量或因素之间是否存在一定的相互关系，需要通过一些数量指标来进行判断和检验。相关系数是描述两个变量之间的线性相关关系的密切程度的数量指标，用 $R$ 表示，其计算公式为

$$R = \frac{\sum(x_i - \bar{x})(y_i - \bar{y})}{\sqrt{\sum(x_i - \bar{x})^2 \sum(y_i - \bar{y})^2}} \tag{2-1}$$

式中，$x_i$、$y_i$ 分别为自变量 $x$ 和因变量 $y$ 的观察值；$\bar{x}$、$\bar{y}$ 分别为 $x$ 和 $y$ 的平均值；$n$ 为样本容量，$i = 1, 2, \cdots, n$。

$$\bar{x} = \frac{\sum x_i}{n}, \quad \bar{y} = \frac{\sum y_i}{n} \tag{2-2}$$

$R$ 的取值在 $-1$ 和 $1$ 之间，有以下几种情况：

(1) 当 $R = 1$ 时，变量 $x$ 和 $y$ 完全正相关。
(2) 当 $R = -1$ 时，变量 $x$ 和 $y$ 完全负相关。
(3) 当 $0 < R < 1$ 时，变量 $x$ 和 $y$ 正相关。
(4) 当 $-1 < R < 0$ 时，变量 $x$ 和 $y$ 负相关。
(5) 当 $R = 0$ 时，变量 $x$ 和 $y$ 没有线性关系。

$R$ 的绝对值越接近于 1，表明线性关系越好；反之，线性关系越不好。只有当 $R$ 的绝对值达到一定程度时，才能采用线性回归模型进行预测。在计算出 $R$ 值后，可以查附录 A "相关系数临界值表。"在自由度为 $n-2$ 和显著性水平 $\alpha$ 下，若 $R$ 大于临界值，则变量 $x$ 和 $y$ 之间的线性关系成立；否则，两个变量之间不存在线性关系。

**2. 一元线性回归基本公式**

如果预测对象与主要影响因素之间存在线性关系，将预测对象作为因变量 $y$，将主要影响因素作为自变量 $x$，对于每组可以观察到的变量 $x$、$y$ 的数值 $x_i$、$y_i$，它们之间的关系可以用一元回归模型表示为

$$y_i = a + bx_i + e_i \tag{2-3}$$

式中，$a$、$b$ 是描述 $x$ 和 $y$ 之间关系的系数，$a$ 为回归常数，$b$ 为回归系数，$e_i$ 是误差项或回归余项。

在实际预测中，$e_i$ 是无法预测的，回归预测是借助 $a + bx_i$ 得到预测对象的估计值 $y_i$。为了确定 $a$ 和 $b$，从而揭示变量 $y$ 和 $x$ 之间的关系，可表示为

$$y = a + bx \tag{2-4}$$

式（2-4）是对 $x$ 和 $y$ 的拟合曲线。$a$ 和 $b$ 可以利用普通最小二乘法原理求出。其基本原理是，对于确定的方程，使观察值对估算值偏差的平方和最小。由此，可以求得回归常数 $a$ 和回归系数 $b$ 分别为

$$a = \bar{y} - b\bar{x} \tag{2-5}$$

$$b = \frac{\sum(x_i - \bar{x})(y_i - \bar{y})}{\sum(x_i - \bar{x})^2} = \frac{\sum x_i y_i - \bar{x}\sum y_i}{\sum x_i^2 - \bar{x}\sum x_i} \tag{2-6}$$

**【例 2-4】** 2020 年某地区镀锌钢板消费量预测。2015 年某地区镀锌钢板消费量为 22.12 万 t，主要应用于家电业、轻工业和汽车工业等行业，2006—2015 年当地镀锌钢板消费量及同期第二产业产值见表 2-13。按照该地区"十三五"规划，"十三五"期间地方第二产业增长速度预计为 7%。用一元线性回归方法预测 2020 年当地镀锌钢板的消费量。

表 2-13　2006—2015 年某地镀锌钢板消费量与同期第二产业产值

| 年　　份 | 镀锌钢板消费量/万 t | 第二产业产值（千亿元） |
| --- | --- | --- |
| 2006 | 7.50 | 1.681 |
| 2007 | 8.50 | 1.886 |
| 2008 | 11.00 | 1.931 |
| 2009 | 13.45 | 2.028 |
| 2010 | 15.32 | 2.274 |
| 2011 | 16.22 | 2.435 |
| 2012 | 17.13 | 2.523 |
| 2013 | 19.00 | 2.599 |
| 2014 | 21.01 | 2.614 |
| 2015 | 22.12 | 2.835 |

**解**　（1）建立回归模型。设镀锌钢板消费量为因变量 $y$，第二产业产值为自变量 $x$，建立一元线性回归模型

$$y = a + bx$$

（2）计算相关系数。

$$R = \frac{\sum(x_i - \bar{x})(y_i - \bar{y})}{\sqrt{\sum(x_i - \bar{x})^2 \sum(y_i - \bar{y})^2}} = 0.978$$

$\alpha = 0.05$，自由度 $= n - 2 = 8$，查附录 A "相关系数临界值表"，得 $R_{0.05} = 0.632$。$R > R_{0.05}$，所以在 $\alpha = 0.05$ 的显著性检验水平下，第二产业产值与镀锌钢板消费量存在线性关系。

（3）参数计算。

$$b = \frac{\sum x_i y_i - \bar{x} \sum y_i}{\sum x_i^2 - \bar{x} \sum x_i} = 12.869$$

$$a = \bar{y} - b\bar{x} = -14.23$$

（4）预测。根据地方规划，2020 年地区第二产业产值将达到

$$x_{2020} = x_{2015}(1 + r)^5 = 2.835 \text{ 千亿元} \times (1 + 0.07)^5 = 3.976 \text{ 千亿元}$$

2020 年当地镀锌钢板消费量预测为

$$y_{2020} = a + bx_{2020} = (-14.23 + 12.869 \times 3.976) \text{ 万 t} = 36.94 \text{ 万 t}$$

### 2.3.3　简单移动平均法

**1. 简单移动平均公式**

简单移动平均法是以过去某一段时间的数据平均值作为将来某时期预测值的一种方法。该方法对过去若干历史数据求算术平均数，并把该数据作为以后时期的预测值。简单移动平

均可以表述为

$$F_{t+1} = \frac{1}{n} \sum_{i=t-n+1}^{t} x_i \qquad (2\text{-}7)$$

式中，$F_{t+1}$ 是 $t+1$ 时刻的预测值；$n$ 是计算移动平均值时所使用的历史数据的数目，即移动时段的长度。

数据波动的理论认为，一般经济变量的时间序列数据的变动包含随机变动、周期性变动和体现长期发展趋势的线性或非线性变动。其中随机变动是不规则的，周期性变动和长期趋势是有规律的。简单移动平均法通过对连续 $n$ 个时间段数据取平均值，需要对每一个 $t$ 计算出相应的 $F_{t+1}$，所有计算得出的数据形成一个新的数据序列。经过两到三次同样的处理，消除随机变动的影响后，历史数据序列的变化规律将会被揭示出来。

**2. $n$ 的选择**

采用移动平均法进行预测，用来求平均数的时期数 $n$ 的选择非常重要，这也是移动平均法的难点。事实上，不同 $n$ 的选择对所计算的平均数是有较大影响的。$n$ 值越小，表明对近期观测值预测的作用越重视，预测值对数据变化的反应速度也越快，但预测的修匀程度较低，估计值的精确度也可能降低，反之，$n$ 值越大，预测值的修匀程度越高，但对数据变化的反应程度较慢。因此，$n$ 值的选择无法二者兼顾，应视具体情况而定。

对于 $n$ 的取值，也不存在一个确定的规则。$n$ 一般在 $3 \sim 200$，根据序列长度和预测目标情况而定。一般对变化不大的数据，$n$ 值的选取较为随意；如果考虑历史上序列中含有大量随机成分，或者序列的基本发展趋势变化不大，则 $n$ 值取大一些。对于具有趋势性或跳跃性特点的数据，$n$ 值取小一些，能提高预测值对数据变化的反应速度，减小预测误差，移动平均值更能反映数据的发展变化趋势。

**3. 简单移动平均的应用范围**

移动平均法适用于短期预测，在大多数情况下只适用于以月或周为单位的近期预测。简单移动平均法的另外一个主要用途是对原始数据进行预处理，以消除数据中的异常因素或除去数据中的周期变动成分。

移动平均法的主要优点是简单易行，容易掌握。其缺点是只有在处理水平型历史数据时才有效，但是现实经济生活中，历史数据的类型远比水平型复杂，使移动平均法的应用范围受到较大限制。

**【例 2-5】** 某企业考虑增资建设一条高效能添加剂的生产线，当年 7～12 月该企业高效能添加剂的销量波动见表 2-14，用简单移动平均法预测下一年第一季度该企业高效能添加剂的销售量。($n = 3$)

表 2-14　某企业高效能添加剂的销量波动　　　　（单位：t）

| 时间 | 7月 | 8月 | 9月 | 10月 | 11月 | 12月 |
|---|---|---|---|---|---|---|
| 序号 | 1 | 2 | 3 | 4 | 5 | 6 |
| 销量 | 38 | 34 | 58 | 64 | 45 | 42 |

**解**　采用三个月移动平均法，下一年 1 月该企业高效能添加剂的销售量预测

$$Q_1 = \frac{x_4 + x_5 + x_6}{3} = \frac{64t + 45t + 42t}{3} \approx 50t$$

下一年 2 月高效能添加剂销售量预测

$$Q_2 = \frac{x_5 + x_6 + Q_1}{3} = \frac{45t + 42t + 50t}{3} \approx 46t$$

下一年 3 月高效能添加剂销售量预测

$$Q_3 = \frac{x_6 + Q_1 + Q_2}{3} = \frac{42t + 50t + 46t}{3} = 46t$$

下一年第一季度高效能添加剂销售量预测为

$$Q = Q_1 + Q_2 + Q_3 = 50t + 46t + 46t = 142t$$

## 2.3.4 指数平滑法

指数平滑法又称指数加权平均法，实际是加权移动平均法的一种变化，它是选取各时期权重数值为递减指数数列的均值方法。指数平滑法解决了移动平均法需要 $n$ 个观测值和不考虑 $t-n$ 前时期数据的缺点，通过某种平均方式，消除历史统计序列中的随机波动，找出其中主要的发展趋势。

**1. 指数平滑法公式**

根据平滑次数的不同，指数平滑有一次指数平滑、二次指数平滑、三次指数平滑和高次指数平滑。

对时间序列 $x_1, x_2, x_3, \cdots, x_t$，一次平滑指数公式为

$$F_t = \alpha x_t + (1-\alpha) F_{t-1} \tag{2-8}$$

式中，$\alpha$ 是平滑系数，$0 < \alpha < 1$；$x_t$ 是历史数据序列 $x$ 在 $t$ 时的观测值；$F_t$ 和 $F_{t-1}$ 是 $t$ 时和 $t-1$ 时的平滑值。

一次指数平滑（Single Exponential Smoothing）法又称简单指数平滑，是一种较为灵活的时间序列预测方法。这种方法在计算预测值时对于历史数据的观测值给予不同的权重。这种方法与简单移动平均法相似，都能够提供简单、适合的预测。两者之间的区别在于简单指数平滑法对先前预测结果的误差进行了修正。

一次指数平滑法适用于市场观测呈水平波动，无明显上升或下降趋势情况下的预测，它以本期指数平滑值作为下期的预测值，预测模型为

$$x'_{t+1} = F_t \tag{2-9}$$

即

$$x'_{t+1} = \alpha x_t + (1-\alpha) x'_t \tag{2-10}$$

**2. 平滑系数 $\alpha$**

平滑系数 $\alpha$ 实际上是前一平滑值和当前观测值之间的权重。当 $\alpha$ 接近于 1 时，新的预测值对前一个预测值的误差进行了较大的修正；当 $\alpha = 1$ 时，$F_t = x_t$，即 $t$ 期的平滑值就等于 $t$ 期的观测值；而当 $\alpha$ 接近于 0 时，新预测值只包含较小的误差修正因素；当 $\alpha = 0$ 时，$F_{t+1} = F_t$，即本期预测值等于上期观测值。研究表明，$\alpha$ 值越大导致平滑效果越小，而较小的 $\alpha$ 会产生客观的平滑效果。因此，在简单指数平滑方法的应用过程中，$\alpha$ 值对预测结果所产生的影响不亚于简单移动平均法中 $n$ 的影响。

一般情况下，观测值呈较稳定的水平发展时，$\alpha$ 值取 0.1~0.3；观测值波动较大时，$\alpha$ 值取 0.3~0.5；观测值波动很大时，$\alpha$ 值取 0.5~0.8。

## 3. 初始值 $F_0$ 的确定

从指数平滑法的计算公式可以看出，指数平滑法是一个迭代计算过程，用该法进行预测，首先必须确定初始值 $F_0$，实质上它应该是序列起点 $t=0$ 以前所有历史数据的加权平均值。由于经过多期平滑，特别是观测期较长时，$F_0$ 影响作用就相当小，故在预测实践中，一般采用这样的方法处理：当时间序列期数在 20 个以上时，初始值对预测结果的影响很小，可用第一期的观测值代替，即 $F_0 = x_1$；当时间序列期数在 20 个以下时，初始值对预测结果有一定的影响，可取前 3~5 个观测值的平均值代替，如 $F_0 = (x_1 + x_2 + x_3)/3$。

## 4. 指数平滑法的程序

指数平滑法的工作流程如图 2-7 所示。

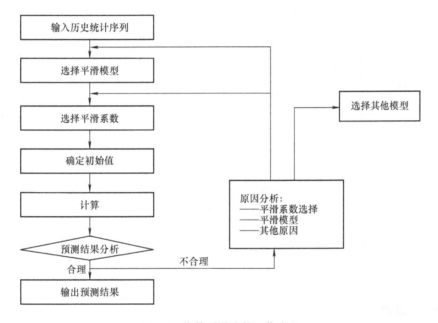

图 2-7 指数平滑法的工作流程

【例 2-6】 某地区煤炭消费量预测。当年 1~12 月，某地区煤炭消费量见表 2-15，请用一次指数平滑法预测下一年 1 月的煤炭需求量。（$\alpha = 0.3$）

表 2-15 某地区煤炭消费量

| 月 份 | $t$ | 月消费量 $x_t$/万 t | 月 份 | $t$ | 月消费量 $x_t$/万 t |
|---|---|---|---|---|---|
| 1 | 1 | 31.67 | 7 | 7 | 37.07 |
| 2 | 2 | 33.99 | 8 | 8 | 39.05 |
| 3 | 3 | 39.71 | 9 | 9 | 40.59 |
| 4 | 4 | 39.71 | 10 | 10 | 41.95 |
| 5 | 5 | 40.29 | 11 | 11 | 44.03 |
| 6 | 6 | 40.47 | 12 | 12 | 50.31 |

**解** 首先，计算初始平滑值

$$F_0 = \frac{x_1 + x_2 + x_3}{3} = \frac{31.67 \text{ 万 } t + 33.99 \text{ 万 } t + 39.71 \text{ 万 } t}{3} = 35.12 \text{ 万 } t$$

按照指数平滑的计算公式，得出

$$F_1 = \alpha x_1 + (1-\alpha)F_0 = 0.3 \times 31.67 \text{万 t} + (1-0.3) \times 35.12 \text{万 t} = 34.09 \text{万 t}$$

$$F_2 = \alpha x_2 + (1-\alpha)F_1 = 0.3 \times 33.99 \text{万 t} + (1-0.3) \times 34.09 \text{万 t} = 34.06 \text{万 t}$$

$$F_3 = \alpha x_3 + (1-\alpha)F_2 = 0.3 \times 39.71 \text{万 t} + (1-0.3) \times 34.06 \text{万 t} = 35.75 \text{万 t}$$

$$\vdots$$

$$F_{12} = 43.92 \text{万 t}$$

于是，下一年 1 月煤炭需求量 $x'_{13} = F_{12} = 43.92$ 万 t。指数平滑表具体数值见表 2-16。

表 2-16 指数平滑表具体数值

| 月 份 | $t$ | 月消费 $x_t$/万 t | 一次指数平滑值（$F_t$）/万 t | 预测值/万 t |
| --- | --- | --- | --- | --- |
|  | 0 |  | 35.12 |  |
| 1 | 1 | 31.67 | 34.09 | 35.12 |
| 2 | 2 | 33.99 | 34.06 | 34.09 |
| 3 | 3 | 39.71 | 35.75 | 34.06 |
| 4 | 4 | 39.71 | 36.94 | 35.75 |
| 5 | 5 | 40.29 | 37.94 | 36.94 |
| 6 | 6 | 40.47 | 38.70 | 37.94 |
| 7 | 7 | 37.07 | 38.21 | 38.70 |
| 8 | 8 | 39.05 | 38.46 | 38.21 |
| 9 | 9 | 40.59 | 39.10 | 38.46 |
| 10 | 10 | 41.95 | 39.95 | 39.10 |
| 11 | 11 | 44.03 | 41.18 | 39.95 |
| 12 | 12 | 50.31 | 43.92 | 41.18 |
| 下一年 1 月 | 13 |  |  | 43.92 |

## 2.3.5 弹性系数法

弹性系数也称弹性，它是一个相对量，用来衡量某一变量的改变引起的另一个变量的相对变化。弹性总是针对两个变量而言的。例如，需求价格弹性系数所考察的两个变量是某一特定商品的价格和需求量，而能源弹性则是考察经济总量指标与能源消费量之间的关系。

一般来说，两个变量之间的关系越密切，相应的弹性值就越大；两个变量越是不相关，相应的弹性值就越小。

用弹性系数法处理经济问题的优点是简单易行，计算方便，计算成本低，需要数据少，应用灵活广泛。但也存在某些缺点：一是其分析带有一定的局部性和片面性，计算弹性或做分析时，只能考虑两个变量之间的关系，而忽略了其他相关变量所产生的影响；二是弹性分析的结果在许多情况下显得比较粗糙，弹性系数可能随着时间的推移而变化，以历史数据测算出来的弹性系数预测未来，可能不准确，许多时候要分析弹性系数的变动趋势，对弹性系数进行修正。

**1. 收入弹性**

收入弹性就是商品价格保持不变时，该商品购买量变化率与消费者收入的变化率之比。因此，可以把收入弹性表示为

$$收入弹性 = \frac{购买量变化率}{收入变化率}$$

设 $Q_1, Q_2, \cdots, Q_n$ 为时期 1, 2, $\cdots$, n 的商品购买量；$I_1, I_2, \cdots, I_n$ 为时期 1, 2, $\cdots$, n 的收入水平；$\Delta Q$ 与 $\Delta I$ 分别为相应的改变量。则可按以下公式计算收入弹性 $\varepsilon_I$

$$\varepsilon_I = \frac{\Delta Q/Q}{\Delta I/I} \tag{2-11}$$

在计算收入弹性时，应根据所研究的问题来决定采用什么收入变量，收入水平的衡量既可以用国民收入，也可以用人均收入或其他收入变量。一般来说，收入弹性为正数，即收入增加，需求量上升；收入减少，需求量下降。

【例 2-7】 某地区电视机消费需求预测。某地区 2011—2015 年电视机销售量和人均年收入数据见表 2-17，预计到 2020 年人均年收入较 2015 年增加 75%，人口增长控制在 0.5%，用收入弹性法预测 2020 年电视机的需求量。

表 2-17 某地区 2011—2015 年电视机销售量和人均年收入数据

| 年 份 | 人均收入（元/年） | 人口（万人） | 电视机销售量（万台） |
| --- | --- | --- | --- |
| 2011 | 11250 | 620 | 4.55 |
| 2012 | 14280 | 624 | 4.85 |
| 2013 | 17250 | 628 | 5.24 |
| 2014 | 20360 | 633 | 5.69 |
| 2015 | 25200 | 638 | 6.13 |

解 （1）计算电视机收入弹性系数。

某地区 2011—2015 年电视机消费收入弹性系数见表 2-18。

表 2-18 某地区 2011—2015 年电视机消费收入弹性系数

| 年份 | 较上年收入增长（%） | 每万人电视机消费（台/万人） | 每万人电视机消费增长（%） | 收入弹性系数 |
| --- | --- | --- | --- | --- |
| 2011 | | 73.39 | | |
| 2012 | 26.9 | 77.72 | 5.9 | 0.22 |
| 2013 | 20.8 | 83.44 | 7.4 | 0.36 |
| 2014 | 18.0 | 89.89 | 7.7 | 0.43 |
| 2015 | 23.8 | 96.08 | 6.9 | 0.29 |

从表 2-18 中可以看出，2011—2015 年电视机消费收入弹性系数为 0.22～0.43，平均为 0.325，因此，取 2020 年的弹性系数为 0.325。

（2）计算 2020 年该地区电视机需求量增加率。以 2015 年为基数，2020 年人均年收入增长 75%，则每万人平均电视机消费需求增长为

收入增长比率 × 收入弹性系数 = 75% × 0.325 = 24.4%

（3）计算 2020 年万人电视机需求量。

2020 年每万人电视机需求量 = 2015 年每万人电视机需求量 × 需求增长
= 96.08 台 × (1 + 24.4%) = 119.52 台

（4）计算 2020 年当地人口量。

2020 年当地人口 = 2015 年人口数 × (1 + 年人口增长速度)$^5$

$$= 638\ \text{万人} \times (1 + 0.5\%)^5 = 654\ \text{万人}$$

(5) 计算 2020 年电视机需求量。

2020 年当地电视机需求量 = 654 万人 × 119.52 台/万人 ÷ 10000 = 7.82 万台

**2. 价格弹性**

价格弹性就是商品需求的价格弹性。某个商品需求的价格弹性是指当收入水平保持不变时，该商品购买量变化率与价格变化率之比。因此，可以把价格弹性表示为

$$\text{价格弹性} = \frac{\text{购买量变化率}}{\text{价格变化率}}$$

沿用收入弹性符号，如果再设 $P_1, P_2, \cdots, P_n$ 为时期 $1, 2, \cdots, n$ 的商品价格；$\Delta Q$ 与 $\Delta P$ 分别为相应的改变量，就可以得出价格弹性 $\varepsilon_P$ 的计算公式，即

$$\varepsilon_P = \frac{\Delta Q/Q}{\Delta P/P} \tag{2-12}$$

一般来说，价格弹性均为负数。这反映了价格的变动方向与需求量的变动方向相反。价格上升，需求量就会下降；价格下降，需求量就会上升。

**【例 2-8】** 某空调生产企业正在实施发展战略，打算开拓乡村市场。在预测某地区农村市场的空调销量时，收集到 2012—2018 年某地区空调消费量和平均销售价格，见表 2-19。如果 2019 年空调价格下降到 2000 元/台，请用价格弹性系数法预测 2019 年空调的需求量。

表 2-19　某地区 2012—2018 年某地空调消费量和平均销售价格

| 年　份 | 空调平均销售价格（元/台） | 空调消费量（万台） |
| --- | --- | --- |
| 2012 | 4996 | 32 |
| 2013 | 4547 | 35 |
| 2014 | 4012 | 39 |
| 2015 | 3580 | 44 |
| 2016 | 3198 | 49 |
| 2017 | 2820 | 54 |
| 2018 | 2450 | 62 |

**解**　(1) 计算各年的空调价格弹性系数，见表 2-20。

表 2-20　某地区 2012—2018 年空调价格弹性系数

| 年份 | 空调价格（元/台） | 价格较上年增长（％） | 空调消费量（万台） | 空调消费较上年增长（％） | 价格弹性系数 |
| --- | --- | --- | --- | --- | --- |
| 2012 | 4996 | | 32 | | |
| 2013 | 4547 | -9.0 | 35 | 9.4 | -1.04 |
| 2014 | 4012 | -11.8 | 39 | 11.4 | -0.97 |
| 2015 | 3580 | -10.8 | 44 | 12.8 | -1.19 |
| 2016 | 3198 | -10.7 | 49 | 11.4 | -1.06 |
| 2017 | 2820 | -11.8 | 54 | 10.2 | -0.86 |
| 2018 | 2450 | -13.1 | 62 | 14.8 | -1.13 |

从表 2-20 可以看出，2012—2018 年某地区空调的价格弹性系数在 -1.19 ~ -0.86，取 2012—2018 年价格弹性系数的平均值 -1.04，作为 2019 年的价格弹性，即价格每降低

10%，需求量增长 10.4%。

（2）计算 2019 年空调需求增长率。2019 年如果价格降低到 2000 元/台，比 2018 年价格降低了 18.4%，空调需求增长率为

$$空调价格下降率 \times 价格弹性系数 = 18.4\% \times 1.04 = 19.1\%$$

（3）计算 2019 年空调的需求量。2019 年空调需求量为

$$空调消费量 \times 需求增长率 = 62 万台 \times (1 + 19.1\%) = 73.8 万台$$

**3. 能源需求弹性**

能源需求弹性可以反映许多经济指标与能源需求之间的关系。能源消费可以分解为电力、煤炭、石油、天然气等消费，反映国民经济的重要指标包括社会总产值、国内生产总值、工农业总产值、国民收入、主要产品产量等，因此，可按这些指标计算不同的能源弹性。

能源的国内生产总值弹性是指能源消费量变化率与国内生产总值变化率之比。因此，可以把能源的国内生产总值弹性表示为

$$能源的国内生产总值弹性 = \frac{能源消费量变化率}{国内生产总值变化率}$$

如果设 $E_1, E_2, \cdots, E_n$ 分别为时期 $1, 2, \cdots, n$ 的能源消费量；$GDP_1, GDP_2, \cdots, GDP_n$ 分别为时期 $1, 2, \cdots, n$ 的国内生产总值；$\Delta E$、$\Delta GDP$ 为相应的变化量，则能源的国内生产总值弹性的计算公式为

$$\varepsilon_e = \frac{\Delta E / E}{\Delta GDP / GDP} \tag{2-13}$$

【例 2-9】 某市电力需求预测。某市 2015 年 GDP 达 1788 亿元，当年电力消费量为 269 万 kW·h。经分析，预计未来 10 年中前 5 年和后 5 年，GDP 将保持 9% 和 8% 的速度增长，同期的电力需求弹性系数分别为 0.66 和 0.59。请用弹性系数法预测 2020 年和 2025 年该市电力需求量。

**解** 按照式（2-13），2016—2020 年电力需求弹性系数为 0.66，年均电力需求增长速度为

$$s_1 = 电力需求弹性系数 \times GDP 年增长速度 = 0.66 \times 9\% = 5.94\%$$

2021—2025 年电力需求弹性系数为 0.59，年均电力需求增长速度为

$$s_2 = 电力需求弹性系数 \times GDP 年增长速度 = 0.59 \times 8\% = 4.72\%$$

于是，2020 年电力需求量为

$$d_1 = 2015 年电力消费量 \times (1 + 2016—2020 年年均电力需求增长速度)^5$$
$$= 269 万 kW·h \times (1 + 5.94\%)^5 = 359 万 kW·h$$

2025 年电力需求量为

$$d_2 = 2020 年电力需求量 \times (1 + 2021—2025 年年均电力需求增长速度)^5$$
$$= 359 万 kW·h \times (1 + 4.72\%)^5 = 452 万 kW·h$$

## 本章小结

针对不同的行业和产品，每个企业要从自身发展需求出发，选择不同的发展战略。所有的投资项目都基于企业的发展战略，因此企业战略分析是项目投资的基础。企业的战略类型

可分为三类：企业总体战略、企业竞争战略和企业职能战略，每类战略又可进一步细分。在企业战略引导下，还需进行产品、行业、企业分析，具体的分析方法包括产品生命周期分析、行业竞争结构分析、竞争态势矩阵、SWOT 分析等方法。为支持企业战略决策，需要进行市场调查与预测，遵循一定的市场调查程序与方法。在具体的数据分析方法中，常用的方法包括德尔菲法、一元线性回归法、简单移动平均法、指数平滑法、弹性系数法等。

## 思 考 题

1. 试述企业三种基本竞争战略的区别。
2. 波特的五因素模型是怎样进行行业竞争能力分析的？
3. 试述德尔菲法的预测步骤并思考它的适用范围。
4. 某工厂现有使用时间不等的某种型号的机床 14 台，这些机床去年的维修费见表 2-21，试建立回归方程，并预测这种型号的机床使用到第 10 年和第 11 年时的维修费。（$\alpha = 0.05$）

表 2-21 机床的维修费

| 序 号 | 使用年限/年 | 维修费（元） | 序 号 | 使用年限/年 | 维修费（元） |
|---|---|---|---|---|---|
| 1 | 6 | 1260 | 8 | 2 | 680 |
| 2 | 2 | 490 | 9 | 4 | 820 |
| 3 | 7 | 1810 | 10 | 1 | 640 |
| 4 | 5 | 630 | 11 | 8 | 1050 |
| 5 | 3 | 1100 | 12 | 5 | 1170 |
| 6 | 1 | 230 | 13 | 9 | 1410 |
| 7 | 6 | 920 | 14 | 3 | 400 |

5. 上年某种商品在某地区的各月份销售量见表 2-22。试用简单移动平均法预测今年 1 月和 2 月的商品销售额。（$n = 3$）

表 2-22 某地区的各月份销售量 （单位：万件）

| 月份 | 1 | 2 | 3 | 4 | 5 | 6 | 7 | 8 | 9 | 10 | 11 | 12 |
|---|---|---|---|---|---|---|---|---|---|---|---|---|
| 销售量 | 8.8 | 9.3 | 10.2 | 11.2 | 12.1 | 12.7 | 12.8 | 13.3 | 15.1 | 16.8 | 18.3 | 17.8 |

# 第3章 资金时间价值与等值计算

### 学习目标

(1) 掌握资金时间价值的概念，理解资金时间价值的形成机制
(2) 掌握名义利率与有效利率的关系
(3) 了解现金流量的概念，熟练绘制现金流量图
(4) 掌握资金等值计算的概念和公式

## 3.1 资金时间价值

### 3.1.1 资金时间价值的概念

**1. 资金时间价值**

任何工程技术方案的实施与运行，都存在时间上的延续。资金的投入与收益的获取构成时间上有先有后的现金流量过程。因此，要客观地评价一个工程技术方案的经济效果，就不得不考虑不同时间的现金流量，即不仅要考虑资金流出与流入的数额，还必须考虑资金流量发生的时间。为了说明什么是资金的时间价值，首先来看下面这样一个事例。

假如对1000元有两种选择方案：一是现在就拿到1000元，二是一年以后拿到。那么，显然人们都会选择现在拿到。然而，假如确信一年以后肯定能得到1000元，那又该如何选择呢？稍加思考，人们还是会决定现在就拿到1000元更好。如果现在拿到这笔钱，而不是一年以后，就可以多得到一年的使用权，如果现在用不到这笔钱，则可以让别人去用它。资金的使用权是宝贵的，其宝贵程度使人们愿意花钱去获得它。银行支付利息以使用人们的资金就证实了这一点。假如现行的银行利率为年利率5%，那么现在存入银行1000元，一年以后能取回多少钱呢？显然，将得到1000元本金，连同50元的利息，共计1050元。这个例子证明钱有时间价值，我们宁愿今天要1000元，而不要许诺下的一年以后的1000元。

上述事例说明，在不同的时间支出或收益的同样数额的资金在价值上是不等的，也就是说，资金的价值会随着时间不同而发生变化。那么，究竟什么是资金的时间价值呢？资金的时间价值就是相同的资金在不同时间点上所表现出的不同实际价值的差值。

从经济学的角度出发，在理解资金的时间价值时，应注意以下几方面问题：

(1) 资金的时间价值是随着资金的不停运动而产生的，即只有将资金投入生产或经营过程中，由于资金的运动（流通——生产——流通）可以产生一定的收益或利润，从而使资金增值，资金在这段时间内产生的增值就是资金的"时间价值"。在商品经济条件下，资

金是不断运动的。资金的运动伴随着生产与交换的进行，生产与交换活动会给投资者带来利润，表现为资金的增值。资金增值的实质是劳动者在生产过程中创造了剩余价值。从投资者的角度来看，资金的增值特性使资金具有时间价值。

（2）只有考虑到资金的时间价值才能对投资效果进行科学合理的分析评价。对于生产经营中出现的盈利与亏损，不能只从账面价值上来核算，如果不考虑资金的时间价值，则很难说明盈亏情况。同样数量的资金，由于使用、运作和收回的时间不同，资金的时间价值也不同。

（3）资金时间价值的大小取决于多方面的因素，从投资角度来看，主要包括：投资利润率，即单位投资所取得的利润；通货膨胀因素，即对货币贬值造成的损失所应做的补偿；风险因素，即对因风险的存在可能带来的损失所应做的补偿。

（4）资金的时间价值既是绝对的，又是相对的。任何资金都具有时间价值，这是它的绝对性；其相对性则表现在多个方面，不同时期、不同地区，资金的时间价值不同。在现代社会，资金的时间价值要远远大于过去。经济发达及劳动生产率较高的地区，资金的时间价值也大。在市场经济中，为了使有限的资金获得尽量大的时间价值，就必须注意资金的合理投向，同时也要加强资金的管理工作，加速资金在生产经营中的周转速度，运用资金时间价值的观点进行资金的分配与管理。

资金的时间价值是指把资金投入到生产或流通领域后，资金随时间不断变化而产生的增值，或者是不同时点发生的等额资金在价值上的区别。

资金的时间价值可以从两方面来理解：一方面，从投资者的角度来看，资金随着时间的推移，其价值会增加，这种现象叫作资金增值；另一方面，从消费者的角度来看，时间价值是消费者放弃现期消费的损失补偿，是货币在流通领域产生的时间价值。

总之，正确地认识和运用资金的时间价值是非常重要的。如果决策者认识到资金的时间价值，就会合理、有效地利用资金，努力节约资金，并根据资金的增值程度来检验自己利用资金的经济效益。同时，对资金时间价值原理的理解与认识，能够使人们更清楚地认识资金的本质，在资金的投资与运用中加强时间观念，科学、合理、有效地使用资金，以获取更大的经济效益。

用一个实例说明资金的时间价值。某化工厂建厂时因考虑到存在原材料运输问题，故将工厂建在原材料产地附近。近年来，由于该原材料产地的资源枯竭，所需的原材料必须从外地运来，致使产品的生产成本大幅度上升，因而该化工厂正在研究是否将该厂迁至新的原材料产地。

根据计算，迁到新厂址每年预计可以节约运费1000万元，建厂期间原厂照常生产。假设新厂的寿命期为20年。出卖现有工厂用地的价格将比购买新厂址用地的价格低，加上搬迁和搬迁期间所造成的损失，以及建新厂所花的投资，总和应为多少才合适呢？

根据上述情况，认为20年总计可以节约2亿元，因而搬迁所花总费用只要少于2亿元就合算的想法是否正确呢？如果这种想法正确，那么是否意味着当新厂的寿命期为无限时，建新厂无论花多少钱都是合算的呢？

事实上，上述想法是不对的。因为如果这2亿元不用于搬迁，而是以6%的年利率存入银行，则每年的利息额就是1200万元。该值比每年运费的节约额还要大，而且将资金存入银行的做法对谁都是可以办到的。另外，如果该厂打算用于搬迁的资金总额有年利率为

10%的运用机会,且将这种机会比作银行存款,则年利息额将达 2000 万元(2 亿元 × 10%)。由此可见,现在支出 2 亿元与今后每年收入 1000 万元相比,后者的价值小。换言之,一年节约 1000 万元,两年节约 2000 万元……20 年节约 2 亿元的算法是错误的。

可见,当方案的经济效果持续时间较长时,如果不考虑资金的时间价值,就不能得出正确的判断。特别是在建筑业中,工程项目应用的资金数额大、时间长,如果不考虑资金的时间价值,就不会得出正确的结论。

**2. 资金的价值随时间变化的主要原因**

资金的运动规律就是资金的价值随时间的变化而变化,其变化的主要原因如下:

(1) 资金增值。将资金投入生产或流通领域,经过一段时间之后可以获得一定的收益或利润,因而资金会随着时间的推移而产生增值。通过一系列的经济活动使今年的 1 元钱获得一定数量的利润。

(2) 机会成本。机会成本(其他投资机会的相对吸引力)是指在互斥方案的选择中,选择其中一个而不是另一个时所放弃的收益。或者说,稀缺的资源被用于某一种用途意味着它不能被用于其他用途。因此,当考虑使用某一种资源时,应当考虑它的第二种最好的用途。从第二种最好的用途中可以获得的益处,是机会成本的度量。资金是一种稀缺的资源,根据机会成本的概念,资金被占用之后就失去了获得其他收益的机会。因此,占用资金时要考虑资金获得其他收益的可能。

(3) 承担风险。收到资金的不确定性通常随着收款日期的推远而增加,即未来得到钱不如现在就立即得到钱保险,俗话说"多得不如现得"就是其反映。

(4) 通货膨胀、货币贬值。通货膨胀是指商品和服务的货币价格总水平的持续上涨现象,简单地说,是物价的持续普遍上涨。如果出现通货膨胀,货币的购买力会下降,今天能用 1 元钱买到的商品或服务,以后很可能要花不止 1 元钱才能买到。通货膨胀会降低未来资金相对于现在资金的购买力,即钱不值钱了。也就是说,今年的 1 元钱比明年的 1 元钱价值大。

在社会主义市场经济条件下,存在着商品的生产,因而必然受商品生产规律的制约,就是说必须通过生产与流通,货币的增值才能实现。因此,为了使有限的资金得到充分的利用,就必须运用"资金只有运动才能增值"的规律,加速资金周转,提高经济效益。

## 3.1.2 资金时间价值的形成机制

**1. 理想的资本市场**

理想资本市场的设想一般可以归纳为以下几点:

(1) 金融市场完全是竞争性的。在这样的市场上,没有任何一个人或公司有足够的力量能在市场上对价格或利率施加影响。也就是说,假定任何一个贷方或借方,其借贷金额数量很小,以至于他们都不能对利率的大小施加任何明显的影响。

(2) 无交易费用。所有的交易都是按市场价格或利率进行的,没有市场交易费用,也没有由于破产、经纪人、中间人、合并等带来的影响,同样也没有交易税。

(3) 情报是完整的、无偿使用的,任何人都可以得到。市场价格或利率和其他市场因素必须充分地为人人知晓;否则,有些人将不按市场利率进行借款或贷款。完整的情报包括有关未来事件和未来结果的全部消息,其中不仅包括一个人自己的行动,而且包括市场中其他人的活动。

（4）所有个人和公司都按照相同的条款借款和贷款，即利率相同。在任何时间所有的个人和公司都按这个利率借款或贷款。并且这个市场可以无限制地提供资金和使用资金，所以可以在这个利率下根据需要借出资金或进行投资。

**2. 利率平衡市场价格**

在理想的资本市场中，一些人推迟消费，产生结余；另一些人使用这些结余，购买工具、建筑物、设备进行生产。对消费者来说，把结余的资金贷给资本市场，可以得到利息，使明天的消费比今天更有价值。对生产者来说，从资本市场借进资金，进行生产投资，要偿付报酬，而报酬作为利息付给结余者。这些报酬来自结余资金投入生产过程产生的增值，所以利息可以看作结余资金的投资收益。

从生产者的观点来看，利率可视为收益率，即生产收入价值与投资价值之比。

从消费者的观点来看，利率可看作一个导致结余的引诱物，它具有推迟消费的吸引力。在资本市场中，利率的确定受两个相反力量的作用：其一，在消费者方面，要求利率具有推迟消费和促进结余的吸引力；其二，在生产者方面，用结余资金投资产生收益的能力却是有限的。这两种力量均衡时，利率的市场价格就能确定。可见，资金的时间价值是资金投入生产或流通过程中产生的新的价值。

## 3.2 资金时间价值的计算

### 3.2.1 资金时间价值的衡量

资金的时间价值一般用利息和利率来衡量。

**1. 利息**

利息是资金时间价值的一种表现形式。它一般有两方面的含义：其一，就使用资金而言，如果从银行或金融部门得到一笔资金的使用权，这笔资金通常称为本金，那么使用资金所付出的成本费用，就是利息。例如，航运公司从银行获得贷款，用于购买或建造船舶，就需要付给银行利息。其二，就借贷者而言，如果将资金交与他人使用，也就相当于损失了自己对资金的使用权，作为对这种损失的补偿，需要收取他人使用资金的费用，这也是利息。例如，银行将资金借贷出去，就要向贷款者收取使用贷款的费用——利息；人们将钱存入银行，即将资金借给银行使用，银行也要付给存款人利息。利息公式如下：

$$I = F - P \tag{3-1}$$

式中，$I$ 为利息；$F$ 为本利和，就是还本付息的总额；$P$ 为本金。

**2. 利率**

利率是指单位时间内利息与本金之比。这里所说的单位时间，可以是年、季、月、日等。习惯上，年利率用百分号（%）表示，而月利率用千分号（‰）表示，负利率没有实际的经济意义。利率公式为

$$i = \frac{I_t}{P} \times 100\% \tag{3-2}$$

式中，$i$ 为利率；$I_t$ 为单位时间内利息付息；$P$ 为借款本金。

例如，将 100 元存入银行，过了整整一年，取款时得到了 107 元。这体现了资金随时间不断变化产生了增值，即资金的时间价值。增值额是 7 元，即单位时间（一年内）的利息是 7 元，即利率是 7%。

【例 3-1】 目前我国银行存款的利率为：1 年期 1.75%，3 年期 2.75%。现有 10000 元存 3 年定期与 1 年定期存 3 年，哪种利息高？

**解** 3 年定期利息：10000 元 × 2.75% × 3 = 825 元

1 年定期存 3 年：

第 1 年：10000 元 × 1.75% = 175 元

第 2 年：(10000 元 + 175 元) × 1.75% = 178.06 元

第 3 年：(10000 元 + 175 元 + 178.06 元) × 1.75% = 181.18 元

三年利息总和：175 元 + 178.06 元 + 181.18 元 = 534.24 元

因为 825 元 > 534.24 元，所以存 3 年定期的利息高于 1 年定期存 3 年。

答：现有 10000 元存 3 年定期的利息高。

## 3.2.2 资金时间价值的计算方法

资金时间价值在银行计息中的应用可以分为单利法和复利法。

**1. 单利法**

单利法计算时只考虑本金计息，前期所获利息不再生息。

单利法计息下本利和计算公式如下

$$F = P(1 + in) \tag{3-3}$$

式中，$F$ 为本利和；$P$ 为借款本金；$i$ 为利率；$n$ 为计息周期数。

【例 3-2】 某债券于 2007 年 1 月 1 日发行，票面价值为 1000 元，以年利率 14% 单利计息，为期 3 年。如果于 2008 年 1 月 1 日以 1200 元买进，2 年后到期取出，求购买者可获年利率。

**解** 购买者 2010 年 1 月 1 日取出时获得本利和为

$$F = P(1 + in) = 1000 \text{ 元} \times (1 + 14\% \times 3) = 1420 \text{ 元}$$

$$I = F - P' = 1420 \text{ 元} - 1200 \text{ 元} = 220 \text{ 元}$$

$$i' = \frac{I}{P'n'} = \frac{220 \text{ 元}}{1200 \text{ 元} \times 2} = 9.2\%$$

答：购买者可获年利率为 9.2%。

【例 3-3】 以单利方式借款 1000 元，规定年利率为 6%，在第 1 年年末利息额应为多少？年末应付本利和为多少？当借入资金的期间等于 3 个计息周期时，即上述款项共借 3 年，则偿还情况如何？

**解** 在第 1 年年末利息额应为

$$I = 1000 \text{ 元} \times 1 \times 6\% = 60 \text{ 元}$$

年末应付本利和为

$$1000 \text{ 元} + 60 \text{ 元} = 1060 \text{ 元}$$

当借入资金的期间等于 3 个计息周期时，即上述款项共借 3 年，则单利计算见表 3-1。

表 3-1　单利计算　　　　　　　　　　　　　　　　　（单位：元）

| 年　份 | 贷款额 | 利　息 | 负债额 | 偿还额 |
|---|---|---|---|---|
| 0 | 1000 | — | — | — |
| 1 | — | 60 | 1060 | — |
| 2 | — | 60 | 1120 | — |
| 3 | — | 60 | 1180 | 1180 |

应该指出：单利没有反映出资金运动的规律性，不符合扩大再生产的实际情况。

**2. 复利法**

复利法是指计算利息时用本金和前期利息之和进行计息，即利息作为新的本金再生利息。按复利法计算利息时，不仅本金要逐期计息，而且利息也要逐期计息。它具有重复计利的效应，俗称"利滚利"。复利计息更符合资金在社会再生产中运动的实际状况。复利计算本利和公式可由表 3-2 推出。复利计息公式为

$$F = P(1+i)^n \tag{3-4}$$

式中，$F$ 为本利和；$P$ 为借款本金；$i$ 为利率；$n$ 为计息周期数。

表 3-2　复利本利和计算表

| 期数（期末） | 期初本金 | 本期利息 | 期末本利和 |
|---|---|---|---|
| 1 | $P$ | $Pi$ | $F_1 = P(1+i)$ |
| 2 | $P(1+i)$ | $P(1+i)i$ | $F_2 = P(1+i)^2$ |
| 3 | $P(1+i)^2$ | $P(1+i)^2 i$ | $F_3 = P(1+i)^3$ |
| ⋮ | ⋮ | ⋮ | ⋮ |
| $n$ | $P(1+i)^{n-1}$ | $P(1+i)^{n-1}i$ | $F_n = P(1+i)^n$ |

**【例 3-4】** 上述例 3-3 的问题如果按 6% 复利计算，当借入资金的期间等于 3 个计息周期时，即上述款项共借 3 年，偿还情况如何？

**解**　复利计算见表 3-3。

表 3-3　复利计算　　　　　　　　　　　　　　　　　（单位：元）

| 年　份 | 贷款额 | 利　息 | 负债额 | 偿还额 |
|---|---|---|---|---|
| 0 | 1000 | — | — | — |
| 1 | — | 1000×6% = 60 | 1000+60 = 1060 | 0 |
| 2 | — | 1060×6% = 63.6 | 1060+63.6 = 1123.6 | 0 |
| 3 | — | 1123.6×6% = 67.42 | 1123.6+67.42 = 1191.02 | 1191.02 |

可见，复利就是借款人在每期末不支付利息，而将该期利息转为下期的本金，下期再按本利和的总额计息。即不但本金产生利息，而且利息部分也产生利息。按复利计算所得的 3 年年末的复本利和比按单利计算的本利和多 11.02 元，该值是利息所产生的利息。

### 3.2.3 名义利率与有效利率

名义利率与有效利率是由于计息周期的不同而产生的。在工程项目经济评价的复利计算

中，通常采用年利率，且每年计息一次，即利率的时间单位与计息单位均为年。但在实际问题中银行贷款按半年一次、每季度一次、每月一次或每日一次计利息，则每年的计息次数为 2、4、12、365 等。这时，每年的年利率为年名义利率，计息周期利率为实际计息的周期内的利率。

（1）名义利率。当利息在一年内要复利几次时，给出的年利率叫作名义利率，用 $r$ 表示。即以一年为计息基础，每一计息周期的利率乘以每年计息期次数为年名义利率：

$$计息周期利率 = \frac{年名义利率}{年计息次数} \tag{3-5}$$

（2）有效利率。有效利率用 $i$ 表示，是按计息期的利率以每年计息期数连续计息后所得到的利率。计息次数不同，所得的结果也不同。

【例 3-5】 年利率为 12%，每月计息一次，月利率 $= \frac{12\%}{12} = 1\%$

本金为 100 元，每年计息一次，1 年后，$F = 100 \text{ 元} \times (1 + 12\%) = 112 \text{ 元}$

每月计息一次，$F = 100 \text{ 元} \times \left(1 + \frac{12\%}{12}\right)^{12} = 112.68 \text{ 元}$

实际年利率为

$$i = \frac{112.68 \text{ 元} - 100 \text{ 元}}{100 \text{ 元}} = 12.68\%$$

月利率为 1%，每年计息 12 次，相当于年利率是 12.68% 的一次计息结果，这个年利率才是真正的有效利率。

有效利率与名义年利率的关系为

$$i = \left(1 + \frac{r}{m}\right)^m - 1 \tag{3-6}$$

式中，$i$ 为有效利率；$r$ 为名义年利率；$m$ 为每年计息次数。

此式可以从依次支付本利和公式得到：

年本利和： $$F = P\left(1 + \frac{r}{m}\right)^m$$

年利息： $$F - P = P\left(1 + \frac{r}{m}\right)^m - P$$

则 $$i = \frac{P\left(1 + \frac{r}{m}\right)^m - P}{P} = \left(1 + \frac{r}{m}\right)^m - 1$$

当 $m = 1$ 时，$r = i$；当 $m > 1$ 时，$r < i$。

【例 3-6】 年利率为 12%，按季度计息，试求有效利率。

**解** 12% 为年名义利率，每年复利计息次数 $m = 4$，根据有效利率的计算公式得

$$i = \left(1 + \frac{0.12}{4}\right)^4 - 1 = 0.1255 = 12.55\%$$

答：有效利率为 12.55%。

可见，当年计息次数 $m > 1$ 时，名义利率 $r$ 与有效利率 $i$ 在数值上是不相等的，有效利率 $i$ 要大于名义利率 $r$，即 $i > r$。

## 3.3 现金流量与现金流量图

### 3.3.1 现金流量的概念

为了对建设项目进行经济分析和评价，需要对项目各年的资金流动情况做出描述。在进行经济分析和评价时，可以把考察的对象看作一个系统，这个系统可以是一个工程项目、一个企业，也可以是一个地区、一个国家。而投入的资金、花费的成本、获取的收入都可以看成是以货币形式体现在该系统的资金流出或资金流入。这种考察对象在一定时期各个时点上实际发生的资金流出或资金流入称为现金流量，其中流入系统的资金称为现金流入，流出系统的资金称为现金流出，现金流入与现金流出之差称为净现金流量。

例如，在图 3-1 中，把公司看成系统，为了项目建设或生产，某一时刻流入系统的资金称为该时刻的现金流入，用正号表示；而流出系统的资金称为该时刻的现金流出，用负号表示。某时刻的净现金流量是指该时刻系统的现金流入和现金流出的代数和。例如，在项目的工程建设过程中，某年公司支出 1000 万元，而收入为 0 元，则可认为，这年的现金流出为 1000 万元，净现金流量为 –1000 万元。

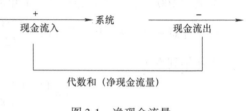

图 3-1 净现金流量

### 3.3.2 现金流量图

**1. 概念**

为了计算的需要，把现金流与时间的关系用图形表示出来，就是现金流量图。

项目评价的动态计算要求将工程项目寿命周期内所发生的收益与费用，按照它们发生的时间顺序排列，转变为由确定时间概念的现金流，用现金流表示出来。图 3-2 是现金流量图的一般形式。

图 3-2 现金流量图

**2. 现金流量图的画法**

（1）水平线表示时间，将其分成均等间隔，每一个间隔代表一个时间单位，或称计息周期；它们可以是年、月、季、日等，一般项目评价的计息周期通常是年。0 代表第一个计息周期的初始点，即起点；1 代表第一个计息周期的期末；2 代表第二个计息周期的期末；以此类推，$n$ 则代表第 $n$ 个计息周期的期末。

（2）用带箭头的垂直线段表示现金流量，箭头向下表示现金为流出（负现金流量），箭头向上表示现金为流入（正现金流量），并以垂直线段的长短来表示现金流量的绝对值大小（有标注数据的以数据为准）。

（3）在做项目评价时，现金流量图一般是按投资给项目的投资者角度绘制的，投资为负，收益为正。若站在项目立场绘制，则现金流方向相反。

注意绘制现金流量图的要素：大小、时间、流向，并注意期初与期末。

**【例 3-7】** 某工程项目预计期初投资 3000 万元，自第 1 年起，每年年末净现金流量为 1000 万元，计算期为 5 年，期末残值为 300 万元。试画出该项目的现金流量图。

**解** 该工程项目的现金流量图如图 3-3 所示。

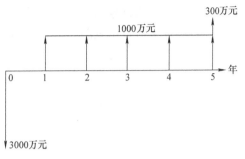

图 3-3 某工程项目的现金流量图

## 3.4 资金等值计算

### 3.4.1 资金等值计算的概念

由于资金时间价值的存在，不同时点的资金不存在可比性。资金等值就是在考虑时间因素的情况下，不同时点发生的绝对值不等的资金具有相等的价值。

资金等值计算是指在考虑时间因素的情况下，不同时间点发生的绝对值不等的资金可能具有相等的价值。资金等值的实质是在理想的资本市场条件下，将某一时刻的资金按照一定的利率折算成与之等价的另一时刻的资金的计算过程。

如果两个事物的作用效果相同，则这两个事物是等值的。例如，有两个力矩，一个是由 100N 和 2m 的力臂所组成，一个是由 200N 和 1m 的力臂所组成，因为二者的作用都是 200N·m，于是就说它们是等值的。

在技术经济分析中，等值是个很重要的概念，在进行方案的分析与比较时往往都加以应用。在技术经济分析中等值的含义是：由于利息的存在，使不同时点上的不同金额的货币可以具有相同的经济价值。这一点可以用一个例子加以说明。

**【例 3-8】** 如果年利率为 6%，则现在的 300 元等值于 8 年后的 478.20 元。这是因为
$$F = 300 \text{元} \times (1 + 6\%)^8 = 478.20 \text{元}$$
同样，8 年后的 478.20 元等值于现在的 300 元，即
$$478.20 \text{元} \times \frac{1}{(1 + 6\%)^8} = 300 \text{元}$$

应该指出：如果两个现金流量等值，则在任何时点其相应的数值必相等。如例 3-8 中，现在的 300 元，7 年后为 300 元 × (1 + 6%)$^7$ = 451 元；第 8 年年末的 478.20 元在第 7 年年末为 478.20 元 ÷ (1 + 6%) = 451 元。它们在任何时点上都是相等的。

### 3.4.2 资金等值计算公式

在进行资金等值计算时需要介绍一些相关的概念：终值、现值和年金。

终值（Future Value）又称将来值，是现在一定量现金在未来某一时点上的价值，俗称本利和。

现值（Present Value）又称本金，是指未来某一时点上的现金折合为现在的价值。

年金（Annuity）是指一系列连续发生的相等的现金流量。

复利公式计算符号如下：$P$ 为现值；$i$ 为折现率；$n$ 为时间周期数；$F$ 为终值；$A$ 为等额年金。各类现金流量示意图如图3-4所示。

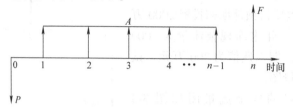

图3-4 各类现金流量示意图

**1. 复利终值公式**

复利终值公式也称为普通复利一次支付将来值公式（已知现值$P$，求终值$F$），该问题可以用复利终值的现金流量图表示，如图3-5所示。

$$F = P(1+i)^n = P(F/P, i, n) \quad (3\text{-}7)$$

式中，$(F/P, i, n)$ 称为复利终值系数，也称一次偿付本利和系数。

具体应用：

现有资金投资于某项目，若干年后资金为多少？

图3-5 复利终值的现金流量图

【例3-9】 某人将10000元投资于一项事业，年报酬率为6%，3年后的金额为多少？

**解** $F = P(F/P, 6\%, 3) = 10000\text{元} \times (1+6\%)^3 = 11910\text{元}$

答：3年后的金额为11910元。

【例3-10】 某人有1200元，拟投入报酬率为8%的投资机会，经过多少年才能使现有资金增加1倍？

**解** 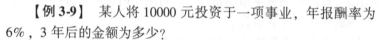 $F = 1200\text{元} \times 2 = 2400\text{元}$

$2400\text{元} = 1200\text{元} \times (1+8\%)^n$，即 $(1+8\%)^n = 2$

则 $(F/P, 8\%, n) = 2$

查附录C复利系数表知 $(F/P, 8\%, 9) = 1.9990$，所以 $n = 9$。

答：经过9年才能使现有资金增加1倍。

【例3-11】 现有1200元，欲在19年后使其达到原来的3倍，选择投资机会时最低可接受的报酬率为多少？

**解**  $F = 1200\text{元} \times 3 = 3600\text{元}$

$3600\text{元} = 1200\text{元} \times (1+i)^{19}$

则 $(1+i)^{19} = 3$

查附录C复利系数表得 $(F/P, i, 19) = 3.0256$，所以 $i = 6\%$。

答：选择投资机会时最低可接受的报酬率为6%。

**2. 复利现值公式**

复利现值公式也称为一次支付复利现值公式（已知终值$F$，求现值$P$），该问题可用图3-6所示的复利现值的现

图3-6 复利现值的现金流量图

金流量图表示。

$$P = \frac{F}{(1+i)^n} = F(P/F, i, n) \tag{3-8}$$

式中，$(P/F, i, n)$ 称为复利现值系数，也称一次偿付现值系数。

具体应用是贷款本金的计算或者投资的计算。

【例 3-12】 某人拟在 5 年后获得资金 10000 元，假设投资的报酬率为 10%，他现在应投入多少元？

**解** $P = F(P/F, 10\%, 5) = 10000 \text{ 元} \times 0.6209 = 6209 \text{ 元}$

答：他现在应投入 6209 元。

### 3. 年金终值公式

年金终值公式也称为普通复利等额支付终值公式（已知年金 $A$，求终值 $F$），该问题可用图 3-7 所示年金终值的现金流量图表示。

$$F = A\frac{(1+i)^n - 1}{i} = A(F/A, i, n) \tag{3-9}$$

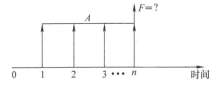

图 3-7 年金终值的现金流量图

推导过程如下

$$\begin{aligned} F &= A(1+i)^0 + A(1+i)^1 + A(1+i)^2 + \cdots + A(1+i)^{n-1} \\ &= A[1 + (1+i)^1 + \cdots + (1+i)^{n-1}] \\ &= A\frac{(1+i)^n - 1}{i} = A(F/A, i, n) \end{aligned}$$

式中，$(F/A, i, n)$ 称为年金终值系数。

具体应用：① 每年贷款，若干年后一次还款的本利和为多少；② 销售收入在若干年后的终值是多少。

【例 3-13】 某企业 20 年中每年从银行借款 10000 元，若年利率为 4%，问 20 年后该企业需要还银行多少贷款？

**解** $F = A\frac{(1+i)^n - 1}{i} = 10000 \text{ 元} \times \frac{(1+4\%)^{20} - 1}{4\%} = 297780 \text{ 元}$

答：20 年后该企业需要还银行贷款 297780 元。

【例 3-14】 某建设项目总投资额为 20 亿元，计划在每年年末投资 5 亿元，分 4 年投资完，资金借贷年利率为 10%，问 4 年后应偿还的总投资本利和为多少？

**解** 该建设项目的现金流量图如图 3-8 所示。

$F = A(F/A, 10\%, 4) = 5 \text{ 亿元} \times 4.6410 = 23.205 \text{ 亿元}$

答：4 年后应偿还的总投资本利和为 23.205 亿元。

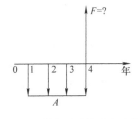

图 3-8 建设项目的现金流量图

### 4. 偿债基金公式

偿债基金公式也称为等额支付偿债基金公式（已知终值 $F$，求年金 $A$），该问题可用如图 3-9 所示偿债基金的现金流量图表示。

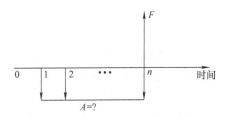

图 3-9 偿债基金的现金流量图

其计算公式为

$$A = F \frac{i}{(1+i)^n - 1} = F(A/F, i, n) \tag{3-10}$$

式中，$\frac{i}{(1+i)^n - 1}$ 称为偿债基金系数，也称资金存储系数，用 $(A/F, i, n)$ 表示。

具体应用：若干年后还清某一数量的钱，现应等额存入银行多少钱？

【例 3-15】 预计在第 7 年年末得到一笔 1500 万元的资金，在年利率 6% 的条件下，在 7 年之内每年年末应支付多少资金存入银行？

**解** $A = F \dfrac{i}{(1+i)^n - 1} = 1500 \text{ 万元} \times \dfrac{6\%}{(1+6\%)^7 - 1} = 178.7 \text{ 万元}$

答：在 7 年之内每年年末应支付 178.7 万元资金存入银行。

【例 3-16】 某企业计划自筹资金，在 5 年后扩建厂房，估计那时需资金 1000 万元，从现在起平均每年应积累多少资金（年利率为 6%）？

**解** 企业自筹资金的现金流量图如图 3-10 所示。

$A = F(A/F, 6\%, 5) = 1000 \text{ 万元} \times \dfrac{6\%}{(1+6\%)^5 - 1} = 177.4 \text{ 万元}$

答：从现在起平均每年应积累资金 177.4 万元。

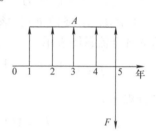

图 3-10 企业自筹资金的现金流量图

### 5. 年金现值公式

年金现值公式也称为普通复利等额支付现值公式（已知年金 $A$，求现值 $P$），该问题可用图 3-11 所示的年金现值的现金流量图表示。

$$P = A \frac{1 - (1+i)^{-n}}{i} = A(P/A, i, n) \tag{3-11}$$

式中，$\dfrac{1 - (1+i)^{-n}}{i}$ 称为年金现值系数，用 $(P/A, i, n)$ 表示。

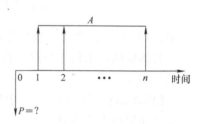

图 3-11 年金现值的现金流量图

公式推导如下：

已知 $\quad P = A(1+i)^{-1} + A(1+i)^{-2} + \cdots + A(1+i)^{-n}$ (1)

等式两边同乘以 $(1+i)$，得

$\quad P(1+i) = A + A(1+i)^{-1} + \cdots + A(1+i)^{-(n-1)}$ (2)

(2) - (1) 得

$\quad P(1+i) - P = A - A(1+i)^{-n}$

所以 $\quad P = A \dfrac{1 - (1+i)^{-n}}{i}$

【例 3-17】 采用某项专利技术，每年可获利 200 万元，在年利率 6% 的情况下，5 年后即可连本带利全部收回，问该技术期初一次性投入为多少元？

**解** 某专利技术的现金流量图如图 3-12 所示。

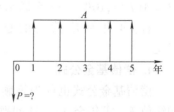

图 3-12 某专利技术的现金流量图

$$P = A(P/A,6\%,5) = 200\,\text{万元} \times \frac{1-(1+6\%)^{-5}}{6\%} = 842.47\,\text{万元}$$

答：该技术期初一次性投入为842.47万元。

**6. 资金回收公式**

资金回收公式也称为普通复利等额支付资金回收公式（已知现值 $P$，求年金 $A$），该问题可用图3-13所示的现金流量图表示。

$$A = P\frac{i}{1-(1+i)^{-n}} = P(A/P,i,n) \quad (3-12)$$

式中，$\frac{i}{1-(1+i)^{-n}}$ 称为资金回收系数，用 $(A/P,i,n)$ 表示。

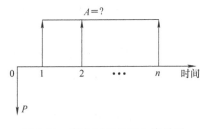

图3-13 资金回收的现金流量图

【**例3-18**】 某机械设备初期投资为20000元，若设备使用年限为10年，资本利率 $i=10\%$，则每年平均设备费用为多少？

**解** 某机械设备的现金流量图如图3-14所示。

$$A = P(A/P,10\%,10) = 20000\,\text{元} \times \frac{10\%}{1-(1+10\%)^{-10}}$$

$$= 20000\,\text{元} \times 0.16275 = 3255\,\text{元}$$

答：每年年末平均设备费用为3255元。

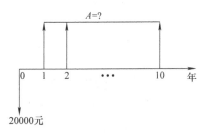

图3-14 某机械设备的现金流量图

讨论：当 $n$ 的值足够大时，年值 $A$ 和现值 $P$ 之间的换算可以简化。

$$A = \frac{i}{1-(1+i)^{-n}}P$$

根据数学中极值的概念可知：

当 $n$ 的值趋于无穷大时，$\frac{i}{1-(1+i)^{-n}}$ 的值将趋近于 $i$ 值，则

$$A = iP$$

同样，当 $n$ 趋于无穷大时，$\frac{1-(1+i)^{-n}}{i}$ 的值将趋于 $\frac{1}{i}$，则

$$P = A\frac{1}{i}$$

事实上，因数值收敛的速度很快，当投资的效果持续几十年以上时就可以认为 $n$ 趋于无穷大，此时应用上述简化计算方法，其计算结果的误差也是在允许范围内的。

利用上述原理，当求港湾、道路、寿命期长的建筑物和构筑物等的投资年等值或者收益的现值时，将给问题的计算带来极大的方便。

【**例3-19**】 期初有一笔资金1000万元投入某个项目，年利率为10%，从第1年到第10年每年年末等额收回多少钱，到第10年年末正好将1000万元本金及利息全部收回？若到第10年年末还能回收残值（$S_v$）100万元，则资金回收成本（CR）为多少？

**解** 例3-19的现金流量图如图3-15所示。

$$A = P(A/P, 10\%, 10) = 1000 \text{ 万元} \times (A/P, 10\%, 10)$$
$$= 1000 \text{ 万元} \times 0.16275$$
$$= 162.75 \text{ 万元}$$
$$CR = P(A/P, 10\%, 10) - S_v(A/F, 10\%, 10)$$
$$= 1000 \text{ 万元} \times 0.16275 - 100 \text{ 万元} \times 0.06275$$
$$= 156.475 \text{ 万元}$$

图 3-15 例 3-19 的现金流量图

答：从第 1 年到第 10 年每年年末等额收回 162.75 万元，资金回收成本为 156.475 万元。

【例 3-20】 某建筑机械预计尚可使用 5 年，为更新该机械预计需 3 万元。为此，打算在今后 5 年内将这笔资金积蓄起来。假设资本的利率为 12%，每年积蓄多少元才能满足更新该机械所需的资金需求？

假定存款发生在：

(1) 每年的年末。

(2) 每年的年初。

**解** (1) 该问题的条件符合公式推导的前提条件，因此可直接用公式求得

$$A = 30000 \text{ 元} \times (A/F, 12\%, 5) = 30000 \text{ 元} \times 0.15741 = 4722.3 \text{ 元}$$

(2) 该问题需要换算成与推导公式时的假定条件相符的形式。其计算如下

$$A = 30000 \text{ 元} \times (A/F, i, n) \div (1+i) = 30000 \text{ 元} \times 0.15741 \div 1.12 = 4216 \text{ 元}$$

答：存款若发生在每年的年末，每年需积蓄 4722.3 元；若发生在每年的年初，每年需积蓄 4216 元。

### 7. 等差序列公式

等差序列公式是针对一类特殊的现金流量的计算方法。在这种现金流中，有一个逐年递增的量，使得每年的现金流逐年增一个相等的值。等差序列的现金流量图如图 3-16 所示，$G$ 为每年递增的量（已知 $G$，求现值 $P$、终值 $F$、年金 $A$）。

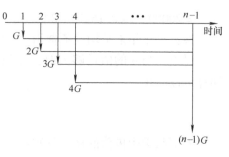

图 3-16 等差序列的现金流量图

(1) 已知 $G$，求 $F$。

$$F = G(F/A, i, n-1) + G(F/A, i, n-2) + \cdots + G(F/A, i, 1)$$
$$= G\frac{(1+i)^{n-1}-1}{i} + G\frac{(1+i)^{n-2}-1}{i} + \cdots + G\frac{(1+i)-1}{i}$$
$$= \frac{G}{i}\left[(1+i)^{n-1} + (1+i)^{n-2} + \cdots + (1+i) - (n-1)\right]$$
$$= G\frac{1}{i}\left[\frac{(1+i)^n - 1}{i} - n\right]$$

式中，$\frac{1}{i}\left[\frac{(1+i)^n - 1}{i} - n\right]$ 称为等差序列终值系数。

(2) 已知 $G$，求 $P$。

$$P = F(P/F, i, n) = \frac{G}{i}\left[\frac{(1+i)^n - 1}{i} - n\right]\frac{1}{(1+i)^n}$$
$$= G\frac{1}{i}\left[\frac{(1+i)^n - 1}{i(1+i)^n} - \frac{n}{(1+i)^n}\right]$$

式中，$\frac{1}{i}\left[\frac{(1+i)^n-1}{i(1+i)^n}-\frac{n}{(1+i)^n}\right]$ 称为等差序列现值系数。

(3) 已知 $G$，求 $A$。

$$A = F(A/F,i,n) = \frac{G}{i}\left[\frac{(1+i)^n-1}{i}-n\right]\frac{i}{(1+i)^n-1}$$

$$= G\left[\frac{1}{i}-\frac{n}{(1+i)^n-1}\right]$$

式中，$\frac{1}{i}-\frac{n}{(1+i)^n-1}$ 称为等差序列年金系数。

**【例 3-21】** 某项设备购置费及安装费共 6000 元，估计可使用 6 年，残值忽略不计。使用该设备时，第 1 年维修操作费为 1500 元，但以后每年递增 200 元，如年利率为 12%，该设备总费用现值为多少？相当于每年等额费用为多少？

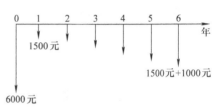

图 3-17 例 3-21 的现金流量图

**解** 例 3-21 的现金流量图如图 3-17 所示。

$P = P_1 + A(P/A,i,6) + G(P/G,i,6)$

$= 6000\ 元 + 1500\ 元 \times \dfrac{1-(1+12\%)^{-6}}{12\%} + 200\ 元 \times \dfrac{1}{12\%} \times \left[\dfrac{(1+12\%)^6-1}{12\%(1+12\%)^6}-\dfrac{6}{(1+12\%)^6}\right]$

$= 13952\ 元$

$$A = P(A/P,12\%,6) = 3393.5\ 元$$

**答**：该设备总费用现值为 13952 元，相当于每年等额费用为 3393.5 元。

**8. 几何序列公式**

几何序列公式是用来解决另一类特殊的现金流量问题的，通常在这类现金流量中逐年有一个递增百分比。几何序列的现金流量图如图 3-18 所示，$j$ 为逐年变化的百分比（已知 $j$，求现值 $P$、终值 $F$、年金 $A$）。

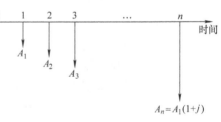

图 3-18 几何序列的现金流量图

(1) 已知 $j$，求 $P$。

$P = A_1(P/F,i,1) + A_2(P/F,i,2) + \cdots + A_n(P/F,i,n)$

$= A_1(1+i)^{-1} + A_2(1+i)^{-2} + \cdots + A_n(1+i)^{-n}$

$= A_1(1+i)^{-1} + A_1(1+j)(1+i)^{-2} + \cdots + A_1(1+j)^{n-1}(1+i)^{-n}$

$= A_1(1+i)^{-1}[1 + (1+j)(1+i)^{-1} + \cdots + (1+j)^{n-1}(1+i)^{-(n-1)}]$

令 $(1+j)(1+i)^{-1} = x$，则

$i \neq j$ 时，$P = A_1(1+i)^{-1}\dfrac{1-x^n}{1-x}$

$i = j$ 时，$P = A_1 n(1+i)^{-1}$

(2) 已知 $j$，求 $F$。

$F = P(1+i)^n$

$i \neq j$ 时，$F = A_1(1+i)^{n-1}\dfrac{1-x^n}{1-x}$

$i = j$ 时，$F = A_1 n(1+i)^{n-1}$

（3）已知 $j$，求 $A$。

$$A = P(A/P, i, n)$$

$i \neq j$ 时，$A = A_1 (1+i)^{-1} \dfrac{1-x^n}{1-x}(A/P, i, n)$

$i = j$ 时，$A = A_1 n(1+i)^{-1}(A/P, i, n)$

**【例 3-22】** 某企业设备维修费第 1 年为 4000 元，此后 10 年的寿命周期内，逐年递增 6%，假定资金的年利率为 15%，求该几何序列的现值及等额序列年金。

**解** 已知 $A_1 = 4000$ 元，$i = 15\%$，$j = 6\%$，$n = 10$，代入公式得

$$P = A_1 \dfrac{1-(1+i)^{-n}(1+j)^n}{i-j} = 24770 \text{ 元}$$

$$A = P(A/P, 15\%, 10) = 4935.4 \text{ 元}$$

答：该几何序列的现值为 24770 元，等额序列年金为 4935.4 元。

解题注意事项：

（1）$P$ 在第一个 $A$ 的前一期发生。

（2）$F$ 与最后一个 $A$ 同期发生。

### 3.4.3 资金等值公式的应用条件

任何公式都是有适用条件的，上面讲述的复利计算的 6 个基本公式，同样也必须在满足某些假定条件时才能使用，为了准确无误地应用这些公式，必须搞清这些公式推导的前提条件，即假定条件。这些条件是：

（1）实施方案的初期投资假定发生在方案的寿命周期期初。

（2）方案实施中发生的经常性收益和费用假定发生在计息期的期末。

（3）本期的期末即为下期的期初。

（4）现值 $P$ 是当前期间开始时发生的。

（5）将来值 $F$ 是当前以后的第 $n$ 期期末发生的。

（6）年等值 $A$ 是在考察期间间隔发生的；当问题包括 $P$ 和 $A$ 时，系列的第一个 $A$ 是在 $P$ 发生一个期间后的期末发生的；当问题包括 $F$ 和 $A$ 时，系列的最后一个 $A$ 与 $F$ 同时发生。

现值与将来值的换算关系、现值 $P$ 和年等值 $A$ 的相互关系和年值与将来值的相互计算关系如图 3-19 所示。

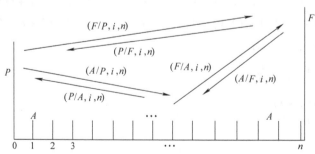

图 3-19 基本公式的相互关系

上述 6 个系数的关系和 P、F、A 发生的时点如图 3-19 所示,利用该图很容易搞清楚各系数之间的关系以及上述几个假定条件。

当需要解决的问题的现金流量不符合上述推导公式所依据的假定条件时,只要经过简单的处理使其符合上述假定条件后,即可应用基本公式,见表 3-4。

表 3-4 等值计算公式一览表

| 类别 | 已知 | 求解 | 系数名称及符号 | 系数代数式 | 公 式 |
|---|---|---|---|---|---|
| 一次支付系列 | P | F | 复利终值系数 $(F/P,i,n)$ | $(1+i)^n$ | $F = P(F/P,i,n)$ |
|  | F | P | 复利现值系数 $(P/F,i,n)$ | $\dfrac{1}{(1+i)^n}$ | $P = F(P/F,i,n)$ |
| 等额分付系列 | A | F | 年金终值系数 $(F/A,i,n)$ | $\dfrac{(1+i)^n - 1}{i}$ | $F = A(F/A,i,n)$ |
|  | F | A | 偿债基金系数 $(A/F,i,n)$ | $\dfrac{i}{(1+i)^n - 1}$ | $A = F(A/F,i,n)$ |
|  | A | P | 年金现值系数 $(P/A,i,n)$ | $\dfrac{(1+i)^n - 1}{i(1+i)^n}$ | $P = A(P/A,i,n)$ |
|  | P | A | 资金回收系数 $(A/P,i,n)$ | $\dfrac{i(1+i)^n}{(1+i)^n - 1}$ | $A = P(A/P,i,n)$ |
|  | F | G | 等差序列终值系数 $(F/G,i,n)$ | $\dfrac{1}{i}\left[\dfrac{(1+i)^n - 1}{i} - n\right]$ | $F = G(F/G,i,n)$ |

## 3.4.4 应用案例

【例 3-23】 某企业拟购买大型设备,价值为 500 万元,有两种付款方式可供选择:
(1) 一次性付款,优惠 12%。
(2) 分期付款,则不享受优惠,首次支付必须达到 40%,第 1 年支付 30%,第 2 年支付 20%,第 3 年支付 10%。

假若企业购买设备所用资金是自有资金,自有资金的机会成本为 10%,问应该选择哪种付款方式?又假若企业用借款资金购买设备,借款利率为 16%,则应选择哪种付款方式?

**解** (1) 若资金成本为 10%,则一次性付款,现金流量图如图 3-20 所示。

实际支出 500 万元 × 88% = 440 万元

分期付款,相当于一次性付款值,现金流量图如图 3-21 所示。

图 3-20 例 3-23 现金流量图 (1)

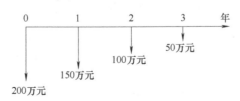

图 3-21 例 3-23 现金流量图 (2)

$$P = 500\text{ 万元} \times 40\% + \frac{500\text{ 万元} \times 30\%}{(1+10\%)} + \frac{500\text{ 万元} \times 20\%}{(1+10\%)^2} + \frac{500\text{ 万元} \times 10\%}{(1+10\%)^3} = 456.57\text{ 万元}$$

（2）若资金的成本为 16%，则一次性付款，现金流量图如图 3-22 所示。

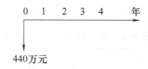

图 3-22　例 3-23 现金流量图（3）

一次性付款：500 万元 × 88% = 440 万元

分期付款，相当于一次性付款值，现金流量图如图 3-23 所示。

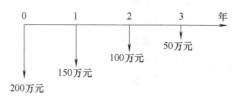

图 3-23　例 3-23 现金流量图（4）

$$P = 500\text{ 万元} \times 40\% + \frac{500\text{ 万元} \times 30\%}{(1+16\%)} + \frac{500\text{ 万元} \times 20\%}{(1+16\%)^2} + \frac{500\text{ 万元} \times 10\%}{(1+16\%)^3} = 435.66\text{ 万元}$$

答：对企业来说，若资金利率为 10%，则应选择一次性付款；若资金利率为 16%，则应选择分期付款。

【例 3-24】　某企业拟购买一设备，预计该设备有效使用寿命为 5 年，在寿命周期内每年能产生纯收益 6.5 万元，若该企业要求的最低投资收益率为 15%，问该企业可接受的设备价格为多少？

**解**　现金流量图如图 3-24 所示。

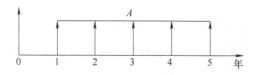

图 3-24　例 3-24 现金流量图

获得第 1 年的 6.5 万元允许的最大投资：$P_1 = \dfrac{6.5\text{ 万元}}{(1+15\%)}$

获得第 2 年的 6.5 万元允许的最大投资：$P_2 = \dfrac{6.5\text{ 万元}}{(1+15\%)^2}$

同理获得第 5 年的 6.5 万元允许的最大投资：$P_5 = \dfrac{6.5\text{ 万元}}{(1+15\%)^5}$

因此，$P = P_1 + P_2 + P_3 + P_4 + P_5 = 6.5\text{ 万元} \times (P/A, 15\%, 5) = 21.8\text{ 万元}$

答：企业可接受的最高价格为 21.8 万元。

## 本章小结

本章主要介绍了资金时间价值的概念，资金时间价值的形成机制；介绍了利息、利率及利率的作用，同时介绍了资金时间价值的衡量，单利和复利计算，名义利率和有效利率；介绍了现金流量的概念及现金流量图的作法；介绍了资金等值计算的概念，并阐明了资金等值计算的原理和方法，最后给出资金等值计算的公式。这是进行投资项目经济评价所必需的基础知识和基本技能。

## 思 考 题

1. 名义利率12%，试求每月计息一次，其有效利率为多少？
2. 如果有效利率为13%，每年计息4次，其名义利率为多少？
3. 甲银行的利率为16%，一年计息一次，乙银行的利率为15%，每月计息一次，假定贷款时间相同，问哪个银行的利息高？
4. 某化工企业需要一笔建设资金，有两个银行可以贷款，但一个银行是以1年为期按年利率12%计算利息，另一个银行是以1年为期每月按利率1%计算利息。试确定在哪个银行贷款效果更好一些？
5. 某化工企业需要一笔资金1000万元，年名义利率为12%，在每月计息一次的条件下从银行贷款。问3年后应还银行多少资金？
6. 某化工企业的工程，初始投资为1000万元，第1年年末又投资1500万元，第2年年末又投资2000万元。投资确定由某银行贷款，年利率为8%，贷款从第3年年末开始偿还，在10年中等额偿还银行，那么每年应偿还银行多少万元？
7. 某化工企业欲建立一笔专用基金，从第1年起，每年年末将一笔款项存入银行，自第10年起（第10年年末），连续3年各提2万元，试画出资金流量图。如果银行存款利息为4%，那么10年中每年年末应等额存入银行多少万元？
8. 第1年年初存入银行10000元，第2年年末开始从银行取款，每年年末均取出500元，问第10年年末的银行存款还剩多少？利率为10%。

# 第4章 投资估算与融资方案分析

## 学习目标

（1）掌握项目总投资的构成
（2）掌握建设投资估算的内容和方法
（3）熟悉建设期利息的估算方法
（4）熟悉流动资金估算的方法
（5）熟悉融资方案分析的基本内容和方法

## 4.1 概述

投资估算是在项目的建设规模、产品方案、技术方案、设备方案、场（厂）址方案和工程建设方案及项目进度计划等进行研究并基本确定的基础上，对投资项目总投资数额及分年资金需要量进行的估算。投资估算是投资决策过程中确定融资方案、筹措资金的重要依据，也是进行财务分析和经济分析的基础。

融资方案分析是在已确定建设方案并完成投资估算的基础上，结合项目实施组织和建设进度计划，构造融资方案，进行融资结构、融资成本和融资风险分析，作为融资后财务分析的基础。

投资估算和融资方案分析是建设项目决策分析与评价的重要内容。

### 4.1.1 投资估算的内容

**1. 项目总投资及其构成**

项目总投资由建设期和筹建期投入的建设投资、建设期利息和项目建成投产后所需的流动资金三大部分组成。

（1）建设投资是指在项目筹建与建设期间所花费的全部建设费用，按概算法分类包括工程费用、工程建设其他费用和预备费用，其中，工程费用包括建筑工程费、设备购置费和安装工程费，预备费用包括基本预备费和涨价预备费。

（2）建设期利息是指债务资金在建设期内发生并应计入固定资产原值的利息，包括借款（或债券）利息及手续费、承诺费、管理费等其他融资费用。

（3）流动资金是指项目运营期内长期占用并周转使用的营运资金。

项目总投资的构成，即投资估算的具体内容如图4-1所示。

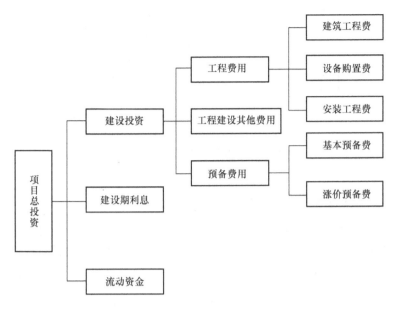

图 4-1　项目总投资的构成

### 2. 有关投资的几个称谓

（1）项目总投资的不同内涵。在实际工作中，"项目总投资"有多种内涵和不同用法。这里的"项目总投资"是项目评价用的"项目总投资"，与作为计算资本金基数的总投资是有区别的。在《国务院关于固定资产投资项目试行资本金制度的通知》中指出，"作为计算资本金基数的总投资，是指投资项目的固定资产投资与铺底流动资金之和"，固定资产投资由建筑工程费、设备购置费、安装工程费、工程建设其他费用、基本预备费、涨价预备费和建设期利息七项内容构成，铺底流动资金是指流动资金中的非债务资金，占全部流动资金的30%。可见，两者的区别就在于：作为计算资本金基数的总投资只包含了30%的流动资金，而项目评价用的项目总投资则包含了全部流动资金。

（2）项目投入总资金。项目评价用的"项目总投资"与"项目投入总资金"的含义相同。在《投资项目可行性研究指南》一书中，为了避免与资本金制度中的总投资概念相混淆，将项目评价用的项目总投资改称为"项目投入总资金"。

（3）外商投资项目投资总额。对外商投资项目，无论是项目评价还是计算注册资本比例，均使用投资总额的称谓。投资总额由建设投资、建设期利息和流动资金构成，与本书中的项目总投资的含义相同。

（4）"建设投资"的不同用法。在实际工作中，对"建设投资"也有不同的理解和用法。《投资项目可行性研究指南》一书中所指的建设投资，也由建筑工程费、设备购置费、安装工程费、工程建设其他费用、基本预备费、涨价预备费和建设期利息七项内容构成，并把建设投资分为静态投资和动态投资两部分，由上述前五项构成静态投资部分，涨价预备费和建设期利息构成动态投资部分（见图 4-2）。本书采用的是《建设项目经济评价方法与参数》（第 3 版）的用法，书中所指的建设投资由建筑工程费、设备购置费、安装工程费、工程建设其他费用、基本预备费和涨价预备费六项内容构成，不包括建设期利息。

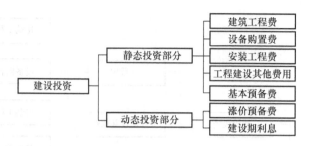

图 4-2　建设投资静态、动态部分构成

## 4.1.2　项目总投资与资产的形成

根据资本保全原则和企业资产划分的有关规定，工程项目在建成交付使用时，项目投入的全部资金分别形成固定资产、无形资产、其他资产和流动资产。项目总投资构成及其资产形成如图 4-3 所示。

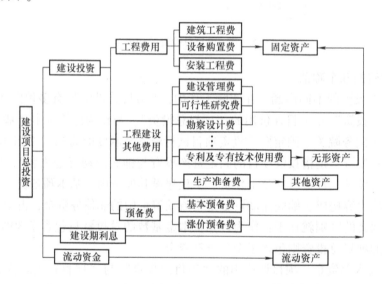

图 4-3　项目总投资构成及其资产形成

**1. 固定资产**

固定资产是指同时具有下列特征的有形资产：为生产商品、提供劳务、出租或经营管理而持有的；使用寿命超过一个会计年度。获取固定资产的目的是使用而不是出售。建设项目总投资中，形成固定资产原值的费用包括：①工程费用，即建筑工程费、设备购置费和安装工程费；②工程建设其他费用中的建设用地费用，建设管理费，可行性研究费，勘察设计费，研究试验费，环境影响评价费，安全、职业卫生健康评价费，场地准备及临时设施费，引进技术和设备其他费用，工程保险费，市政公用设施建设及绿化补偿费，特殊设备安装监督检查费，超限设备运输特殊措施费，联合试运转费和安全生产费用；③预备费，含基本预备费和涨价预备费；④建设期利息。

**2. 无形资产**

无形资产是指企业拥有或者控制的没有实物形态的可辨认的非货币性资产，包括专利权、商标权、土地使用权、非专利技术、商誉和版权等。它们通常代表企业所拥有的一种法定权或优先权,或者是企业所具有的高于平均水平的获利能力。无形资产是有偿取得的资产,对于购入或者按法律取得的无形资产的支出,一般都予以资本化,并在其受益期内分期摊销。企业持有无形资产的目的是用于生产商品或提供劳务、出租给他人,或为了行政管理,而不是为了对外销售。建设项目总投资中,形成无形资产原值的费用主要包括工程建设其他费用中的专利及专有技术使用费、土地使用权出让(转让)金。但是房地产企业开发商品房时,相关土地使用权账面价值应计入所建造房屋建筑物成本。

### 3. 其他资产

其他资产是指除流动资产、长期投资、固定资产、无形资产以外的其他资产,如长期待摊费用。按照有关规定,除购置和建造固定资产以外,所有筹建期间发生的费用,先在长期待摊费用中归集,待企业开始生产经营时起计入当期损益。项目评价中总投资形成的其他资产,构成其他资产原值的费用主要包括生产准备费、办公及生活家具购置费等开办费性质的费用。有的行业还包括某些特殊的费用。另外,某些行业还规定将出国人员费用、来华人员费用和图样资料翻译复制费列入其他资产费用。

### 4. 流动资产

流动资产是指可以在一年内或超过一年的一个营业周期内变现或运用的资产。流动资产包括现金及各种存款、存货、应收及预付账款等。总投资中的流动资金与流动负债共同构成流动资产。

## 4.1.3 投资估算的要求

建设项目决策分析与评价阶段一般可分为投资机会研究、初步可行性研究(项目建议书)、可行性研究、项目前评估四个阶段。由于不同阶段的工作深度和掌握资料的详略不同,在建设项目决策分析与评价的不同阶段,允许投资估算的深度和准确度有所差别。随着工作的进展,项目条件逐步明确,投资估算应逐步细化,准确度应逐步提高,从而对项目投资起到有效控制作用。建设项目决策分析与评价不同阶段对投资估算的准确度要求(即允许误差)见表4-1。

表4-1 建设项目决策分析与评价不同阶段对投资估算的准确度要求

| 序号 | 建设项目决策分析与评价的不同阶段 | 投资估算的允许误差率 |
| --- | --- | --- |
| 1 | 投资机会研究阶段 | ±30%以内 |
| 2 | 初步可行性研究(项目建议书)阶段 | ±20%以内 |
| 3 | 可行性研究阶段 | ±10%以内 |
| 4 | 项目前评估阶段 | ±10%以内 |

尽管投资估算在具体数额上允许存在一定的误差,但必须达到以下要求:
(1) 估算的范围应与项目建设方案所涉及的范围、所确定的各项工程内容一致。
(2) 估算的工程内容和费用构成齐全,计算合理,不提高或者降低估算标准,不重复计算或者漏项少算。
(3) 估算应做到所采用的方法科学,基础资料完整,依据充分。
(4) 估算选用的指标与具体工程之间存在标准或者条件差异时,应进行必要的换算或者调整。

（5）估算的准确度应能满足建设项目决策分析与评价不同阶段的要求。

### 4.1.4 投资估算的依据与作用

**1. 建设投资估算的基础资料与依据**

建设投资估算的基础资料与依据包括以下几个方面：

（1）专门机构发布的建设工程造价费用构成、估算指标、计算方法，以及其他有关计算工程造价的文件。

（2）专门机构发布的工程建设其他费用计算办法和费用标准，以及相关部门发布的物价指数。

（3）部门或行业制定的投资估算办法和估算指标。

（4）拟建项目所需设备、材料的市场价格。

（5）拟建项目建设方案确定的各项工程建设内容及工程量。

**2. 投资估算的作用**

（1）投资估算是投资决策的依据之一。项目决策分析与评价阶段投资估算所确定的项目建设与运营所需的资金量，是投资者进行投资决策的依据之一。投资者要根据自身的财力和信用状况做出是否投资的决策。

（2）投资估算是制订项目融资方案的依据。项目决策分析与评价阶段投资估算所确定的项目建设与运营所需的资金量是项目制订融资方案、进行资金筹措的依据。投资估算准确与否，将直接影响融资方案的可靠性，直接影响各类资金在币种、数量和时间要求上能否满足建设项目的需要。

（3）投资估算是进行项目经济评价的基础。经济评价是对项目的费用与效益做出全面的分析评价，项目所需投资是项目费用的重要组成部分，是进行经济评价的基础。投资估算准确与否，将直接影响经济评价的可靠性。

在投资机会研究和初步可行性研究阶段，虽然对投资估算的准确度要求相对较低，但投资估算仍然是该阶段的一项重要工作。投资估算完成之后才有可能进行经济效益的初步评价。

（4）投资估算是编制初步设计概算的依据，对项目的工程造价起控制作用。按照项目建设程序，应在可行性研究报告被审定或批准后进行初步设计。经审定或批准的可行性研究报告是编制初步设计的依据，报告中所估算的投资额是编制初步设计概算的依据。

按照建设项目决策分析与评价的不同阶段所要求的内容和深度，完整、准确地进行投资估算是项目决策分析与评价必不可少的工作。

### 4.1.5 融资环境分析

国家和地区的融资环境对项目的成败有重要影响，项目融资研究首先要分析项目所在地的融资环境。融资环境包括法律法规、经济环境、融资渠道、税务条件和投资政策等方面。

**1. 法律法规**

项目的融资活动要遵守国家和地方的各项法律法规。健全的法律法规体系是项目融资成功的根本保障。涉及项目融资的基本法律法规包括：公司法、银行法、证券法、税法、合同法、担保法以及投资管理、外汇管理、资本市场管理等方面的法规。外商投资项目还涉及与外商投资有关的法规。

**2. 经济环境**

项目融资的成功需要良好的经济环境，包括合理的经济和产业政策，发达的经济和适当的增长速度，完善规范的市场机制、资本市场、银行体系、税务体系等。项目融资方案分析应着重考察分析经济环境对融资的限制和影响。这些影响将作用于融资方案，影响融资成本和融资风险。

**3. 融资渠道**

融资渠道是构造项目融资方案的基础，各种融资渠道取得资金的条件对融资渠道的选择有着决定性的影响。融资渠道主要有：

（1）政府投资资金。政府对项目投入的资金可以是权益投资要求回报，或者以债券形式要求回收，也可以是无偿的（如投资补助）。

（2）国内外银行等金融机构的贷款。包括国家政策性银行、国内外商业银行、区域性及全球性国际金融机构的贷款。

（3）国内外证券市场发行的股票或债券。

（4）国内外非银行金融机构的资金。包括信托投资公司、投资基金公司、风险投资公司、保险公司、租赁公司等的资金。

（5）外国政府的资金，可能以赠款或贷款方式提供。

（6）国内外企业、团体、个人的资金。

**4. 税务条件**

项目的税务条件影响项目的财务支出和融资成本。所得税税率优惠会使项目提高收益，降低风险。汇出利润所得税可能会使境外投资人股权投资成本增加，影响投资方案；利息预提税可能会使项目从国外借款融资的成本增加，影响借款来源。

**5. 投资政策**

国家的投资政策对项目投资及融资有重要影响。国家限制的投资领域，项目投资风险高，融资成本和风险高；政策鼓励的投资项目通常可以得到政府的优惠政策支持，项目的收益好，风险低。

## 4.2 建设投资估算

建设投资由建筑工程费、设备购置费、安装工程费、工程建设其他费用、基本预备费和涨价预备费构成。其中，建筑工程费、设备购置费、安装工程费形成固定资产，工程建设其他费用可分别形成固定资产、无形资产、其他资产。基本预备费、涨价预备费在可行性研究阶段为简化计算方法，一并计入固定资产。

建设投资的估算方法有简单估算法和分类估算法。简单估算法还分为单位生产能力估算法、生产能力指数法、比例估算法、系数估算法和估算指标法等，其中估算指标法依据指标制定依据的范围和粗略程度又分为多种。单位生产能力估算法最为粗略，一般仅用于投资机会研究阶段。生产能力指数法相比单位生产能力估算法准确度提高，在不同阶段都有一定的应用，但范围受限。初步可行性研究阶段主要采用估算指标法，也可根据具体条件选择其他估算方法。实践中根据所掌握的信息资料和工作深度,可将上述几种方法结合使用。

### 4.2.1 简单估算法

**1. 单位生产能力估算法**

该方法根据已建成的、性质类似的建设项目的单位生产能力投资(如元/t、元/kW)乘以拟建项目的生产能力,来估算拟建项目的投资额。其计算公式为

$$Y_2 = \frac{Y_1}{X_1} X_2 \text{CF} \tag{4-1}$$

式中,$Y_2$ 为拟建项目的投资额;$Y_1$ 为已建类似项目的投资额;$X_1$ 为已建类似项目的生产能力;$X_2$ 为拟建项目的生产能力;CF 为不同时期、不同地点的定额、单价、费用变更等的综合调整系数。

该方法将项目的建设投资与其生产能力的关系视为简单的线性关系,估算简便迅速,但精确度较差。使用这种方法要求拟建项目与所选取的已建项目相似,仅存在规模大小和时间上的差异。

【例 4-1】 已知 2013 年建设污水处理能力为 10 万 m³/天的污水处理厂的建设投资为 16000 万元,2017 年拟建污水处理能力为 16 万 m³/天的污水处理厂一座,条件与 2013 年已建项目类似,调整系数 CF 为 1.25,试估算该项目的建设投资。

**解** 根据式 (4-1),该项目的建设投资为

$$Y_2 = \frac{Y_1}{X_1} X_2 \text{CF} = \frac{16000 \text{ 万元}}{10 \text{ 万 m}^3/\text{天}} \times 16 \text{ 万 m}^3/\text{天} \times 1.25 = 32000 \text{ 万元}$$

**2. 生产能力指数法**

该方法是根据已建成的、性质类似的建设项目的投资额和生产能力与拟建项目的生产能力来估算拟建项目的投资额。其计算公式为

$$Y_2 = Y_1 \left(\frac{X_2}{X_1}\right)^n \text{CF} \tag{4-2}$$

式中,$n$ 为生产能力指数;其他符号含义同前。

式 (4-2) 表明,建设项目的投资额与生产能力呈非线性关系。运用这种方法估算项目投资的重要条件,是要有合理的生产能力指数。不同性质的建设项目,$n$ 的取值不同。在正常情况下,$0 \leq n \leq 1$。具体确定方法为:若已建类似项目的规模和拟建项目的规模相差不大,$X_2$ 与 $X_1$ 的比值为 0.5~2,则指数 $n$ 的取值近似为 1;一般认为,若 $X_2$ 与 $X_1$ 的比值为 2~50,且拟建项目规模的扩大仅靠增大设备规模来达到时,则 $n$ 取值为 0.6~0.7;若靠增加相同规格设备的数量达到时,则 $n$ 取值为 0.8~0.9。

采用生产能力指数法,计算简单、速度快;但要求类似项目的资料可靠,条件基本相同,否则误差就会增大。对于建设内容复杂多变的项目,实践中该方法往往应用于分项装置的工程费用估算。

【例 4-2】 已知建设年产 30 万 t 乙烯装置的投资额为 60000 万元,现拟建年产 70 万 t 乙烯的装置,工程条件与上述装置类似,试估算该装置的投资额(生产能力指数 $n = 0.6$,CF = 1.2)。

**解** 根据式 (4-2),该装置的投资为

$$Y_2 = Y_1 \left(\frac{X_2}{X_1}\right)^n CF = 60000 \text{ 万元} \times \left(\frac{70 \text{ 万 t}}{30 \text{ 万 t}}\right)^{0.6} \times 1.2 = 119707 \text{ 万元}$$

**3. 比例估算法**

比例估算法可分为以下两种：

（1）以拟建项目的设备购置费为基数进行估算。该方法以拟建项目的设备购置费为基数，根据已建成的同类项目的建筑工程费和安装工程费占设备购置费的百分比，求出相应的建筑工程费和安装工程费，再加上拟建项目其他费用（包括工程建设其他费用和预备费用），其总和即为拟建项目的建设投资。其计算公式为

$$C = E(1 + f_1 P_1 + f_2 P_2) + I \tag{4-3}$$

式中，$C$ 为拟建项目的建设投资；$E$ 为拟建项目根据当时当地价格计算的设备购置费；$P_1$、$P_2$ 为已建项目中建筑工程费和安装工程费占设备购置费的百分比；$f_1$、$f_2$ 为由于时间因素引起的定额、价格、费用标准等综合调整系数；$I$ 为拟建项目的其他费用。

**【例 4-3】** 某拟建项目设备购置费为 15000 万元，根据已建同类项目统计资料，建筑工程费占设备购置费的 23%，安装工程费占设备购置费的 9%，该拟建项目的其他有关费用估计为 2600 万元，调整系数 $f_1$、$f_2$ 均为 1.1，试估算该项目的建设投资。

**解** 根据式（4-3），该项目的建设投资为

$$C = E(1 + f_1 P_1 + f_2 P_2) + I$$
$$= 15000 \text{ 万元} \times [1 + (23\% + 9\%) \times 1.1] + 2600 \text{ 万元} = 22880 \text{ 万元}$$

（2）以拟建项目的工艺设备投资为基数进行估算。该方法以拟建项目的工艺设备投资为基数，根据同类型的已建项目的有关统计资料，各专业工程（总图、土建、暖通、给水排水、管道、电气、电信及自控等）占工艺设备投资（包括运杂费和安装费）的百分比，求出拟建项目各专业工程的投资，然后把各部分投资（包括工艺设备投资）相加求和，再加上拟建项目的其他有关费用，即为拟建项目的建设投资。其计算公式为

$$C = E(1 + f_1 P'_1 + f_2 P'_2 + f_3 P'_3 + \cdots) + I \tag{4-4}$$

式中，$E$ 为拟建项目根据当时当地价格计算的工艺设备投资；$P'_1$、$P'_2$、$P'_3$ 为已建项目各专业工程费用占工艺设备投资的百分比；其他符号含义同前。

**4. 系数估算法**

（1）朗格系数法。该方法以设备购置费为基础，乘以适当系数来推算项目的建设投资。其计算公式为

$$C = E(1 + \sum K_i) K_C \tag{4-5}$$

式中，$C$ 为建设投资；$E$ 为设备购置费；$K_i$ 为管线、仪表、建筑物等各项费用的估算系数；$K_C$ 为管理费、合同费、应急费等间接费在内的总估算系数。

建设投资与设备购置费之比为朗格系数 $K_L$，即

$$K_L = (1 + \sum K_i) K_C \tag{4-6}$$

运用朗格系数法估算投资，方法比较简单，但由于没有考虑项目（或装置）规模大小、设备材质的影响以及不同地区自然、地理条件差异的影响，所以估算的准确度不高。

（2）设备及厂房系数法。该方法基于拟建项目工艺设备投资和厂房土建投资估算，其他专业工程参照类似项目的统计资料，与设备关系较大的按设备投资系数计算，与厂房土建

关系较大的则按厂房土建投资系数计算,两类投资加起来,再加上拟建项目的其他有关费用,即为拟建项目的建设投资。

【例 4-4】 某项目工艺设备及其安装费用估计为 2600 万元,厂房土建费用估计为 4200 万元,参照类似项目的统计资料,其他各专业工程投资系数见表 4-2,其他有关费用为 2400 万元,试估算该项目的建设投资。

表 4-2 某项目各专业工程投资系数

| 工艺设备 | 1.00 | 厂房土建(含设备基础) | 1.00 |
| --- | --- | --- | --- |
| 起重设备 | 0.09 | 给水排水工程 | 0.04 |
| 加热炉及烟道 | 0.12 | 采暖通风 | 0.03 |
| 气化冷却 | 0.01 | 工业管道 | 0.01 |
| 余热锅炉 | 0.04 | 电器照明 | 0.01 |
| 供热及转动 | 0.18 | | |
| 自动化仪表 | 0.02 | | |
| 系数合计 | 1.46 | 系数合计 | 1.09 |

**解** 根据上述方法,该项目的建设投资为

$$2600\text{ 万元} \times 1.46 + 4200\text{ 万元} \times 1.09 + 2400\text{ 万元} = 10774\text{ 万元}$$

**5. 估算指标法**

估算指标法俗称扩大指标法。估算指标是比概算指标更为扩大的单项工程指标或单位工程指标,以单项工程或单位工程为对象,综合项目建设中的各类成本和费用,具有较强的综合性和概括性。

单项工程指标一般以单项工程生产能力单位投资表示,如工业窑炉砌筑以元/$m^3$ 表示;变配电站以元/(kV·A)表示;锅炉房以元/蒸汽吨表示。单位工程指标一般以如下方式表示:房屋区别不同结构形式以元/$m^2$ 表示;道路区别不同结构层、面层以元/$m^2$ 表示;管道区别不同材质、管径以元/m 表示。

使用估算指标应根据不同地区、不同时期的实际情况进行适当调整,因为地区、时期不同,设备、材料及人工的价格均有差异。

估算指标法的精确度相对比概算指标低,主要适用于初步可行性研究阶段。项目可行性研究阶段也可采用,主要是针对建筑安装工程费以及公用和辅助工程等配套工程。实际上单位生产能力估算法也可算是一种最为粗略的扩大指标法,一般只适用于机会研究阶段。

## 4.2.2 分类估算法

建设投资分类估算法是对构成建设投资的各类投资,即工程费用(含建筑工程费、设备购置费和安装工程费)、工程建设其他费用和预备费(含基本预备费和涨价预备费)分类进行估算。

**1. 估算步骤**

(1) 分别估算建筑工程费、设备购置费和安装工程费。

(2) 汇总建筑工程费、设备购置费和安装工程费,得出分装置的工程费用,然后合计得出项目建设所需的工程费用。

(3) 在工程费用的基础上估算工程建设其他费用。
(4) 以工程费用和工程建设其他费用为基础估算基本预备费。
(5) 在确定工程费用分年投资计划的基础上估算涨价预备费。
(6) 总计求得建设投资。

**2. 建筑工程费估算**

(1) 估算内容。建筑工程费是指为建造永久性建筑物和构筑物所需要的费用，主要包括以下几部分内容：

1) 各类房屋建筑工程和列入房屋建筑工程预算的供水、供暖、卫生、通风、煤气等设备费用及其装饰、油饰工程的费用，列入建筑工程的各种管道、电力、电信和电缆导线敷设工程的费用。

2) 设备基础、支柱、工作台、烟囱、水塔、水池、灰塔等建筑工程以及各种窑炉的砌筑工程和金属结构工程的费用。

3) 建设场地的大型土石方工程、临时设施和完工后的场地清理、环境绿化的费用。

4) 矿井开凿、井巷延伸、露天矿剥离，石油、天然气钻井，修建铁路、公路、桥梁、水库、堤坝、灌渠及防洪工程的费用。

(2) 估算方法。建筑工程费的估算方法有单位建筑工程投资估算法、单位实物工程量投资估算法和概算指标投资估算法。前两种方法比较简单，后一种方法要以较为详细的工程资料为基础，工作量较大，实际工作中可根据具体条件和要求选用。

1) 单位建筑工程投资估算法。单位建筑工程投资估算法是以单位建筑工程量投资乘以建筑工程总量来估算建筑工程费的方法。一般工业与民用建筑以单位建筑面积（平方米）的投资、工业窑炉砌筑以单位容积（立方米）投资、水库以水坝单位长度（米）的投资、铁路路基以单位长度（公里）的投资、矿山掘进以单位长度（米）投资，乘以相应的建筑工程总量计算建筑工程费。

2) 单位实物工程量投资估算法。单位实物工程量投资估算法是以单位实物工程量的投资乘以实物工程总量来估算建筑工程费的办法。土石方工程按每立方米投资、矿井巷道衬砌工程按每延长米投资、路面铺设工程按每平方米投资，乘以相应的实物工程总量计算建筑工程费。

3) 概算指标投资估算法。在估算建筑工程费时，对于没有前两种估算指标，或者建筑工程费占总投资比例较大的项目，可采用概算指标投资估算法。建筑工程概算指标通常是以整个建筑物为对象，以建筑面积、体积等为计量单位来确定劳动、材料和机械台班的消耗量标准和造价指标。建筑工程概算指标分别有土建工程概算指标、给水排水工程指标、采暖工程概算指标、通信工程概算指标、电气照明工程概算指标等。采用概算指标投资估算法，需要占有较为详细的工程资料、建筑材料价格和工程费用指标，工作量较大。具体估算方法参照专门机构发布的概算编制办法。

**3. 设备购置费估算**

设备购置费是指需要安装和不需要安装的全部设备、仪器、仪表等和必要的备品备件和工器具、生产家具的购置费用，其中包括一次装入的填充物料、催化剂及化学药品等的购置费。设备购置费可按国内设备购置费、进口设备购置费、工器具及生产家具购置费和备品备件购置费分类估算。

（1）国内设备购置费的估算。国内设备购置费是指为建设项目购置或自制达到固定资产标准的各种国产设备的购置费用。它由设备原价和设备运杂费构成。

1）国产标准设备原价。国产标准设备是指按照主管部门颁布的标准图样和技术要求，由国内设备生产厂批量生产的、符合国家质量检测标准的设备。国产标准设备原价一般是指设备制造厂的交货价，即出厂价。设备的出厂价分两种情况，一是带有备件的出厂价，二是不带备件的出厂价，在计算设备原价时，一般应按带有备件的出厂价计算。如只有不带备件的出厂价，应按有关规定另加备品、备件费用。如果设备由设备成套公司供应，还应考虑设备成套费用。国产标准设备原价可通过查询相关价格目录或向生产厂家询价得到。

2）国产非标准设备原价。国产非标准设备是指国家尚无定型标准，设备生产厂不可能采用批量生产，只能根据具体的设计图样按订单制造的设备。非标准设备原价有多种不同的计算方法，无论采用哪种方法都应该使非标准设备计价接近实际出厂价，并且计算方法要简便。实践中也可以采用有关单位公布的参考价格，根据设备类型、材质、规格等要求选用。

3）设备运杂费。设备运杂费通常由运输费、装卸费、运输包装费、供销手续费和仓库保管费等各项费用构成。设备运杂费一般按设备原价乘以设备运杂费费率计算。设备运杂费费率按部门、行业或省、市的规定执行。

（2）进口设备购置费估算。进口设备购置费由进口设备货价、进口从属费用及国内运杂费组成。

进口设备购置费的计算公式为

$$\text{进口设备购置费} = \text{进口设备货价} + \text{进口从属费用} + \text{国内运杂费} \tag{4-7}$$

1）进口设备货价。进口设备货价按交货地点和方式的不同，分为离岸价（FOB 价）与到岸价（CIF 价）等，一般多指离岸价。离岸价（FOB 价）是指出口货物运抵出口国口岸交货的价格；到岸价（CIF 价）是指进口货物抵达进口国口岸交货的价格，包括进口货物成本、国外运费和国外运输保险费。进口设备货价可依据向有关生产厂商的询价、生产厂商的报价及订货合同价等研究确定。

2）进口从属费用。进口从属费用包括国外运费、国外运输保险费、进口关税、进口环节消费税、进口环节增值税、外贸手续费、银行手续费等。其计算公式为

$$\text{进口从属费用} = \text{国外运费} + \text{国外运输保险费} + \text{进口关税} + \text{进口环节增值税} + \text{进口环节消费税} +$$
$$\text{外贸手续费} + \text{银行手续费} \tag{4-8}$$

① 国外运费。国外运费是从装运港（站）到达我国抵达港（站）的运费。其计算公式为

$$\text{国外运费} = \text{进口设备离岸价} \times \text{运费费率} \tag{4-9}$$

或

$$\text{国外运费} = \text{单位运价} \times \text{运量} \tag{4-10}$$

式中，运费费率或单位运价参照有关部门或进出口公司的规定执行。

② 国外运输保险费。国外运输保险费是被保险人根据与保险人（保险公司）订立的保险契约，为获得保险人对货物在运输过程中发生的损失给予经济补偿而支付的费用。其计算公式为

$$\text{国外运输保险费} = \frac{\text{进口设备离岸价} + \text{国外运费}}{1 - \text{国外运输保险费费率}} \times \text{国外运输保险费费率} \tag{4-11}$$

式中，国外运输保险费费率按照有关保险公司的规定执行。

③ 进口关税。进口关税是由海关对进口设备征收的一种税。其计算公式为

$$进口关税 = 进口设备到岸价 \times 人民币外汇牌价 \times 进口关税税率 \quad (4-12)$$

式中，进口关税税率按照我国海关总署发布的《中华人民共和国海关进出口税则》的规定执行。

④ 进口环节消费税。进口适用消费税的设备（如汽车），应按规定计算进口环节消费税。其计算公式为

$$进口环节消费税 = \frac{进口设备到岸价 \times 人民币外汇牌价 + 进口关税}{1 - 消费税税率} \times 消费税税率 \quad (4-13)$$

式中，消费税税率按《中华人民共和国消费税暂行条例》及相关规定执行。

⑤ 进口环节增值税。《中华人民共和国增值税暂行条例》规定，进口应税产品均按组成计税价格和增值税税率计算应纳增值税税额。其计算公式为

$$进口环节增值税 = 组成计税价格 \times 增值税税率 \quad (4-14)$$

$$组成计税价格 = 进口设备到岸价 \times 人民币外汇牌价 + 关税 + 消费税 \quad (4-15)$$

式中，增值税税率按《中华人民共和国增值税暂行条例》及相关规定执行。

⑥ 外贸手续费。按国家有关主管部门制定的进口代理手续费收取办法计算。其计算公式为

$$外贸手续费 = 进口设备到岸价 \times 人民币外汇牌价 \times 外贸手续费费率 \quad (4-16)$$

外贸手续费费率按合同成交额的一定比例收取，成交额小，费率较高；成交额度大，费率较低。在可行性研究阶段，外贸手续费费率可参照部门、行业的估算规定选取。

⑦ 银行手续费。银行手续费一般是指银行开立信用证等的手续费，按进口设备货价计取。其计算公式为

$$银行手续费 = 进口设备货价 \times 人民币外汇牌价 \times 银行手续费费率 \quad (4-17)$$

式中，银行手续费费率可参照部门、行业的估算规定选取。

3）国内运杂费。国内运杂费通常由运输费、运输保险费、装卸费、包装费和仓库保管费等费用构成。其计算公式为

$$国内运杂费 = 进口设备离岸价 \times 国内运杂费费率 \quad (4-18)$$

式中，国内运杂费费率按各部门、行业或省、市等的规定执行。

【例 4-5】 某公司拟从国外进口一套机电设备，重量 1000t，装运港船上交货价，即离岸价（FOB 价）为 400 万美元。其他有关费用参数为：国际运费海运费费率为 4%，海上运输保险费费率为 0.1%，银行手续费费率为 0.15%，外贸手续费费率为 1%，关税税率为 10%，进口环节增值税税率为 16%，人民币外汇牌价为 1 美元 = 6.5 元人民币，设备的国内运杂费费率为 2%。试对该套设备购置费进行估算。（保留两位小数）

解 根据上述各项费用的计算公式计算

进口设备离岸价 = 400 万美元 × 6.5 元/美元 = 2600 万元

国外运费 = 400 万美元 × 4% × 6.5 元/美元 = 104 万元

国外运输保险费 = $\frac{2600 \text{万元} + 104 \text{万元}}{1 - 0.1\%} \times 0.1\% = 2.71$ 万元

进口关税 = (2600 万元 + 104 万元 + 2.71 万元) × 10% = 270.67 万元

进口环节增值税 = (2600 万元 + 104 万元 + 2.71 万元 + 270.67 万元) × 16%
             = 476.38 万元

外贸手续费 = (2600 万元 + 104 万元 + 2.71 万元) × 1% = 27.07 万元

银行手续费 = 2600 万元 × 0.15% = 3.9 万元

国内运杂费 = 2600 万元 × 2% = 52 万元

设备购置费 = 2600 万元 + 104 万元 + 2.71 万元 + 270.67 万元 + 476.38 万元 +
           27.07 万元 + 3.9 万元 + 52 万元
        = 3536.73 万元

（3）工器具及生产家具购置费的估算。工器具及生产家具购置费是指按照有关规定，为保证新建或扩建项目初期正常生产必须购置的第一套工卡模具、器具及生产家具的购置费用。一般以国内设备原价和进口设备离岸价为计算基数，按照部门或行业规定的工器具及生产家具购置费费率计算。

（4）备品备件购置费估算。设备购置费在大多数情况下，采用带备件的原价估算，不必另行估算备品备件费用；在无法采用带备件的原价、需要另行估算备品备件购置费时，应按设备原价及有关专业概算指标（费率）估算。

**4. 安装工程费估算**

（1）估算内容。安装工程费一般包括：

1）生产、动力、起重、运输、传动和医疗、实验等各种需要安装的机电设备、专用设备、仪器仪表等设备的安装费。

2）工艺、供热、供电、给水排水、通风空调、净化及除尘、自控、电信等管道、管线、电缆等的材料费和安装费。

3）设备和管道的保温、绝缘、防腐，设备内部的填充物等的材料费和安装费。

（2）估算方法。投资估算中安装工程费通常根据行业或专门机构发布的安装工程定额、取费标准和指标进行估算。具体计算可按安装费费率、每吨设备安装费指标或者每单位安装实物工程量费用指标进行估算。其计算公式为

$$安装工程费 = 设备原价 \times 安装费费率 \tag{4-19}$$

$$安装工程费 = 设备吨位 \times 每吨设备安装费指标 \tag{4-20}$$

$$安装工程费 = 安装工程实物量 \times 每单位安装实物工程量费用指标 \tag{4-21}$$

附属管道量大的项目，还应单独估算并列出管道工程费用，有的还要单独列出主要材料费用。

在项目决策分析与评价阶段，根据投资估算的深度要求，安装费用也可以按单项工程分别估算。

**5. 工程建设其他费用估算**

工程建设其他费用是指建设投资中除建筑工程费、设备购置费、安装工程费以外的费用，是为保证工程建设顺利完成和交付使用后能够正常发挥效用而发生的各项费用。

（1）建设用地费用。建设项目要取得其所需土地的使用权，必须支付土地征收及迁移补偿费或土地使用权出让（转让）金或者租用土地使用权的费用。

1）征地补偿费。建设项目通过划拨方式取得土地使用权的，依据《中华人民共和国土地管理法》等法规，所应支付的费用具体内容包括：

① 土地补偿费。征用耕地的土地补偿费,为该耕地被征用前三年平均年产值的 6~10 倍;征用其他土地的土地补偿费,由各省、自治区、直辖市参照征用耕地的标准规定。

② 安置补助费。征用耕地的安置补助费,按照需要安置的农业人口数计算。需要安置的农业人口数,按照被征用的耕地数量除以征地前被征用单位平均每人占有耕地的数量计算。每一个需要安置的农业人口的安置补助费标准,为该耕地被征用前三年产值的 4~6 倍。但是,每公顷被征用耕地的安置补助费,最高不得超过被征用前三年平均年产值的 15 倍。征用其他土地的安置补助费,由各省、自治区、直辖市参照征用耕地的安置补助费标准规定执行。

③ 地上附着物和青苗补偿费。被征用土地上的房屋、水井、树木等地上附着物和青苗的补偿标准,由各省、自治区、直辖市规定。

④ 征地动迁费。包括征收土地上房屋及其附属构筑物、城市公共设施等拆除、迁建补偿费、搬迁运输费,企业单位因搬迁造成的减产、停产损失补偿费等。

⑤ 其他税费。包括征收耕地按规定一次性缴纳的耕地占用税、分年缴纳的城镇土地使用税在建设期支付的部分、征地管理费、征收城市郊区菜地按规定缴纳的新菜地开发建设基金,以及土地复耕费等。

项目投资估算中对以上各项费用应按照国家和地方相关规定标准计算。

2)土地使用权出让(转让)金。土地使用权出让(转让)金是指通过土地使用权出让(转让)方式,使建设项目取得有限期的土地使用权,依照《中华人民共和国城镇国有土地使用权出让和转让暂行条例》规定支付的土地权出让(转让)金。

3)租用土地使用权的费用。租用土地使用权的费用是指在建设期采用租用的方式获得土地使用权所发生的租地费用,以及建设期临时用地补偿费。

【例 4-6】 某建设项目,需要征用耕地 100 亩⊖,该耕地被征用前三年平均每亩年产值分别为 2000 元、1900 元和 1800 元,土地补偿标准为前三年平均年产值的 10 倍;被征收单位人均占有耕地 1 亩,每个需要安置的农业人口的安置补助费标准为该耕地被征用前三年平均年产值的 6 倍;地上附着物共有树木 3000 棵,补偿标准为 40 元/棵,青苗补偿标准为 200 元/亩,试对未包括征地动迁费和其他税费在内的使用该土地的费用进行估算。

**解** 土地补偿费 $= \dfrac{2000\ 元 + 1900\ 元 + 1800\ 元}{3} \times 100 \times 10 = 1900000\ 元 = 190\ 万元$

人均安置补助费 $= \dfrac{2000\ 元 + 1900\ 元 + 1800\ 元}{3} \times 1 \times 6 = 11400\ 元 = 1.14\ 万元$

需要安置的农业人口数 $= \dfrac{100\ 亩}{1\ 亩/人} = 100\ 人$

安置补助费 $= 1.14\ 万元 \times 100 = 114\ 万元$

地上附着物补偿费 $= 3000\ 棵 \times 40\ 元/棵 = 120000\ 元 = 12\ 万元$

青苗补偿费 $= 200\ 元/亩 \times 100\ 亩 = 20000\ 元 = 2\ 万元$

使用该土地的费用 $= 190\ 万元 + 114\ 万元 + 12\ 万元 + 2\ 万元 = 318\ 万元$

(2)建设管理费。建设管理费是指建设单位从项目筹建开始直至项目竣工验收合格或

---

⊖ 1 亩 $= 666.6\text{m}^2$。

交付使用为止发生的项目建设管理费用。费用内容包括：

1）建设单位管理费。建设单位管理费是指建设单位发生的管理性质的开支。

2）工程建设监理费。工程建设监理费是指建设单位委托工程监理单位实施监理工作需要支付的费用。

建设管理费是以建设投资中的工程费用为基数乘以建设管理费费率计算的。建设管理费费率按照建设项目的不同性质、不同规模确定。改扩建项目的建设管理费费率应适当低于新建项目。具体费率按照部门或行业的规定执行。

工程监理是受建设单位委托的工程建设技术服务，属于建设管理的范畴。实施工程监理，建设单位部分管理工作转移至监理单位。工程建设监理费以发改委、住建部有关规定确定的费用标准为指导性价格，具体收费标准应根据委托监理业务的范围、深度，工程的性质、规模、难易程度以及工作条件等情况，由建设单位和监理单位在监理合同中商定。

如建设管理采用工程总承包方式，其总包管理费由建设单位与总包单位根据总包工作的范围在合同中商定，从建设管理费用中支出。

实行代建制管理的项目，一般不得同时列支代建管理费和项目建设管理费，确需同时发生的，两项费用之和不高于按照有关规定计算的项目建设管理费限额。

(3) 可行性研究费。可行性研究费是指在建设项目前期工作中，编制和评估项目建议书（或初步可行性研究报告）、可行性研究报告所需要的费用。可行性研究费参照国家有关规定执行，或按委托咨询合同的咨询费数额估算。

(4) 研究试验费。研究试验费是指为建设项目提供或验证设计数据、资料等进行必要的研究试验以及按照设计规定在建设过程中必须进行试验、验证所需的费用。研究试验费应按照研究试验内容和要求进行估算。

(5) 勘察设计费。勘察设计费是指委托勘察设计单位进行工程水文地质勘察、工程设计所发生的各项费用。勘察设计费包括工程勘察费、初步设计费（基础设计费）、施工图设计费（详细设计费）以及设计模型制作费。

勘察设计费参照国家发改委、住建部有关规定计算。

(6) 环境影响评价费。环境影响评价费是指按照《中华人民共和国环境影响评价法》等相关规定为评价建设项目对环境可能产生影响所需的费用，包括编制和评估环境影响报告书（含大纲）、环境影响报告表等所需的费用。环境影响评价费可参照有关环境影响咨询收费的相关规定计算。

(7) 安全、职业卫生健康评价费。安全、职业卫生健康评价费是指对建设项目存在的职业危险、危害因素的种类和危险、危害程度，以及拟采用的安全、职业卫生健康技术和管理对策进行研究评价所需的费用，包括编制预评价大纲和预评价报告及其评估等的费用。安全、职业卫生健康评价费可参照建设项目所在省、自治区、直辖市劳动安全行政部门规定的标准计算。

(8) 场地准备及临时设施费。场地准备及临时设施费是指建设场地准备费和建设单位临时设施费。建设场地准备费是指建设项目为达到工程开工条件所发生的场地平整和对建设场地预留的有碍施工建设的设施进行拆除清理的费用。建设单位临时设施费是指为满足施工建设需要而供到场地界区的、未列入工程费用的临时水、电、气、道路、通信等费用和建设单位的临时建筑物、构筑物搭设、维修、拆除或者建设期间租赁费用，以及施工期间专用公路养护费、维修费。新建项目的场地准备和临时设施费应根据实际工程量估算,或按工程费用的比例计算。改扩建项目一般只计拆除清理费。具体费率按照有关部门或行业的规定执行。

(9) 引进技术和设备其他费用。引进技术和设备其他费用是指引进技术和设备发生的未计入设备购置费的费用,内容包括:

① 引进设备材料国内检验费。以进口设备材料离岸价为基数乘以费率计取。

② 引进项目图样资料翻译复制费、备品备件测绘费。

引进项目图样资料翻译复制费根据引进项目的具体情况估算或者按引进设备离岸价的比例估算。备品备件测绘费按项目具体情况估算。

③ 出国人员费用。包括买方人员出国设计联络、出国考察、联合设计、监造、培训所发生的旅费、生活费等。出国人员费用依据合同或协议规定的出国人次、期限以及相应的费用标准计算。其中,生活费按照财政部、外交部规定的现行标准计算,旅费按中国民航公布的现行标准计算。

④ 来华人员费用。包括卖方来华工程技术人员的现场办公费用、往返现场交通费用、接待费用等。来华人员费用依据引进合同或协议有关条款及来华技术人员派遣计划进行计算。来华人员费用可按每人次费用指标计算。具体费用指标按照部门或行业的规定执行。

⑤ 银行担保及承诺费。银行担保及承诺费是指引进技术和设备项目由国内外金融机构担保所发生的费用,以及支付贷款机构的承诺费用。该费用应按担保或承诺协议计取。投资估算时以担保金额或承诺金额为基数乘以费率计算。

(10) 工程保险费。工程保险费是指建设项目在建设期间根据需要对建筑工程、安装工程、机器设备和人身安全进行投保而发生的保险费用。它包括建筑安装工程一切保险、引进设备财产保险和人身意外伤害险等。建设项目可根据工程特点选择投保险种,编制投资估算时可按工程费用的比例估算。工程保险费费率按照保险公司的规定执行。

(11) 市政公用设施建设及绿化补偿费。市政公用设施建设及绿化补偿费是指使用市政公用设施的建设项目,按照项目所在省、自治区、直辖市人民政府的有关规定,建设或者缴纳市政公用设施建设配套费用以及绿化工程补偿费用。市政公用设施建设及绿化补偿费按项目所在地人民政府规定标准估算。

(12) 专利及专有技术使用费。其费用内容包括:国外设计及基数资料费,引进有效专利、专有技术使用费和技术保密费;国内有效专利、专有技术使用费;商标使用费、特许经营权费等。专利及专有技术使用费应按专利使用许可协议和专有技术使用合同确定的数额估算。专有技术的界定应以省、部级鉴定批准为依据。建设投资中只估算需要在建设期支付的专利及专有技术使用费。

(13) 联合试运转费。联合试运转费是指新建企业或新增加生产能力的工程,在交付生产前按照批准的设计文件所规定的工程质量标准和技术要求,进行整个生产线或装置的负荷联合试运转或局部联动试车所发生的费用净支出(试运转支出大于收入的差额部分费用)。联合试运转费一般根据不同性质的项目按需要试运转车间的工艺设备购置费的百分比计算。具体费率按照部门或行业的规定执行。

(14) 生产准备费。生产准备费是指建设项目为保证竣工交付使用、正常生产运营进行必要的生产准备所发生的费用。它包括生产人员培训费,生产单位提前进厂参加施工、设备安装、调试以及熟悉工艺流程及设备性能等人员的工资、工资性补贴、职工福利费、差旅交通费、劳动保护费、学习资料费等费用。生产准备费一般根据需要培训和提前进厂人员的人数及培训时间按生产准备费指标计算。新建项目以可行性研究报告定员人数为基数,改扩建项目以新增定员为基数。其具体费用指标按照部门或行业的规定执行。

（15）办公及生活家具购置费。办公及生活家具购置费是指为保证新建、改建、扩建项目初期正常生产、使用和管理所必须购置的办公和生活家具、用具的费用。该项费用一般按照项目定员人数乘以费用指标计算。具体费用指标按照部门或行业规定执行。

（16）超限设备运输特殊措施费。超限设备运输特殊措施费是指超限设备在运输过程中需进行的路面拓宽、桥梁加固、铁路设施和码头等改造时所发生的特殊措施费。超限设备的标准遵从行业规定。

（17）特殊设备安装监督检查费。特殊设备安装监督检查费是指在现场组装和安装的锅炉及压力容器、压力管道、消防设备、电梯等特殊设备和设施,由安全监察部门按照有关安全监察条例和实施细则以及设计技术要求进行安全检验、应由项目向安全监察部门缴纳的费用。该费用可按受检设备和设施的现场安装费的一定比例估算。安全监察部门有规定的,从其规定。

（18）安全生产费用。安全生产费用是指建筑施工企业按照国家有关规定和建筑施工安全标准,购置施工安全防护用具、落实安全施工措施、改善安全生产条件、加强安全生产管理等所需的费用。按照有关规定,在我国境内从事矿山开采、建筑施工、危险品生产及道路交通运输的企业以及其他经济组织应提取安全生产费用。其提取基数和提取方式因行业不同而不同。按照相关规定,建筑施工企业以建筑安装工程费为基数提取,并计入工程造价。规定的提取比例因工程类别不同而有所不同。建筑安装工程费中已计入安全生产费用的,不再重复计取。

工程建设其他费用的具体科目及收费标准应根据各级政府物价部门的有关规定,并结合项目的具体情况确定。上述各项费用并不是每个项目必定发生的,应根据项目具体情况进行估算。有些行业可能会发生一些特殊的费用,此处不一一列举。

工程建设其他费用按各项费用的费率或者取费标准估算后,应编制工程建设其他费用估算表。

### 6. 基本预备费估算

基本预备费是指在项目实施中可能发生但在项目决策阶段难以预料的支出,需要事先预留的费用,又称工程建设不可预见费。一般由下列三项内容构成：

（1）在批准的设计范围内,技术设计、施工图设计及施工过程中所增加的工程费用；经批准的设计变更、工程变更、材料代用、局部地基处理等增加的费用。

（2）一般自然灾害造成的损失和预防自然灾害所采取的措施费用。

（3）竣工验收时为鉴定工程质量对隐蔽工程进行的必要的挖掘和修复费用。

基本预备费以建筑工程费、设备购置费、安装工程费及工程建设其他费用之和为基数,按部门或行业主管部门规定的基本预备费费率估算。其计算公式为

$$基本预备费 = (建筑工程费 + 设备购置费 + 安装工程费 + 工程建设其他费用) \times 基本预备费费率 \qquad (4-22)$$

## 7. 涨价预备费

涨价预备费是对建设工期较长的项目,由于在建设期内可能发生材料、设备、人工等价格上涨引起投资增加而需要事先预留的费用,也称为价格变动不可预见费。涨价预备费以分年工程费用为计算基数。其计算公式为

$$PC = \sum_{t=1}^{n} I_t [(1+f)^t - 1] \tag{4-23}$$

式中,PC 为涨价预备费;$I_t$ 为第 $t$ 年的工程费用;$f$ 为建设期价格上涨指数;$n$ 为建设期;$t$ 为年份。

建设期价格上涨指数按有关部门的规定执行,没有规定的由工程咨询人员合理预测。

【**例 4-7**】 某项目的静态投资为 200000 万元,按本项目进度计划,项目建设期为 3 年,分年度工程费用比例为第 1 年 20%,第 2 年 50%,第 3 年 30%,建设期内年平均价格上涨指数为 6%,试估计该项目的涨价预备费。

**解** 第 1 年投资计划用款额为

$$I_1 = 200000 \text{ 万元} \times 20\% = 40000 \text{ 万元}$$

第 1 年涨价预备费为

$$PC_1 = I_1[(1+f) - 1] = 40000 \text{ 万元} \times [(1+6\%) - 1] = 2400 \text{ 万元}$$

第 2 年投资计划用款额为

$$I_2 = 200000 \text{ 万元} \times 50\% = 100000 \text{ 万元}$$

第 2 年涨价预备费为

$$PC_2 = I_2[(1+f)^2 - 1] = 100000 \text{ 万元} \times [(1+6\%)^2 - 1] = 12360 \text{ 万元}$$

第 3 年投资计划用款额为

$$I_3 = 200000 \text{ 万元} \times 30\% = 60000 \text{ 万元}$$

第 3 年涨价预备费为

$$PC_3 = I_3[(1+f)^3 - 1] = 60000 \text{ 万元} \times [(1+6\%)^3 - 1] = 11460.96 \text{ 万元}$$

所以,项目的涨价预备费为

$$PC = PC_1 + PC_2 + PC_3 = 2400 \text{ 万元} + 12360 \text{ 万元} + 11460.96 \text{ 万元}$$
$$= 26220.96 \text{ 万元}$$

## 8. 关于建设投资中的增值税、进项税额

我国于 2009 年开始实施增值税转型改革,由生产型增值税转变为消费型增值税,允许从销项税额中抵扣部分固定资产增值税,同时该可抵扣固定资产进项税额不得计入固定资产原值。

2016 年 5 月 1 日起,我国全面推行营业税改征增值税试点。根据《中华人民共和国增值税暂行条例》《中华人民共和国增值税暂行条例实施细则》《财政部、国家税务总局关于全面推开营业税改征增值税试点的通知》等的规定,工程项目投资构成中的建筑安装工程费、设备购置费、工程建设其他费用中所含增值税进项税额,应根据国家增值税相关规定实施抵扣。

但是,为了满足筹资的需要,必须足额估算建设投资,为此,建设投资估算应按含增值税进项税额的价格进行。同时将可抵扣固定资产进项税额单独列示,以便在财务分析中正确计算固定资产原值和应纳增值税。

### 9. 汇总编制建设投资估算表,并对建设投资的合理性进行分析

(1) 汇总编制建设投资估算表。上述各项费用估算结束后应编制建设投资估算表。建设投资估算表可以以概算法编制(见表4-3),也可以以形成资产法进行编制(见表4-4)。

**表4-3 建设投资估算表**(概算法)

(人民币单位:万元,外币单位:　　　)

| 序号 | 工程或费用名称 | 建筑工程费 | 设备购置费 | 安装工程费 | 其他费用 | 合计 | 其中:外币 | 比例(%) |
|---|---|---|---|---|---|---|---|---|
| 1 | 工程费用 | | | | | | | |
| 1.1 | 主体工程 | | | | | | | |
| 1.1.1 | ×× | | | | | | | |
| | ⋮ | | | | | | | |
| 1.2 | 辅助工程 | | | | | | | |
| 1.2.1 | ×× | | | | | | | |
| | ⋮ | | | | | | | |
| 1.3 | 公用工程 | | | | | | | |
| 1.3.1 | ×× | | | | | | | |
| | ⋮ | | | | | | | |
| 1.4 | 服务性工程 | | | | | | | |
| 1.4.1 | ×× | | | | | | | |
| | ⋮ | | | | | | | |
| 1.5 | 厂外工程 | | | | | | | |
| 1.5.1 | ×× | | | | | | | |
| | ⋮ | | | | | | | |
| 1.6 | ×× | | | | | | | |
| 2 | 工程建设其他费用 | | | | | | | |
| 2.1 | ×× | | | | | | | |
| | ⋮ | | | | | | | |
| 3 | 预备费 | | | | | | | |
| 3.1 | 基本预备费 | | | | | | | |
| 3.2 | 涨价预备费 | | | | | | | |
| 4 | 建设投资合计 | | | | | | | |
| | 比例(%) | | | | | | | 100% |

注:1. "比例"分别是指各主要科目的费用(包括横向和纵向)占建设投资的比例。
　　2. 本表适用于新设法人项目与既有法人项目的新增建设投资的估算。
　　3. "工程或费用名称"可依不同行业的要求进行调整。

**表4-4 建设投资估算表**(形成资产法)

(人民币单位:万元,外币单位:　　　)

| 序号 | 工程或费用名称 | 建筑工程费 | 设备购置费 | 安装工程费 | 其他费用 | 合计 | 其中:外币 | 比例(%) |
|---|---|---|---|---|---|---|---|---|
| 1 | 固定资产费用 | | | | | | | |
| 1.1 | 工程费用 | | | | | | | |
| 1.1.1 | ×× | | | | | | | |

(续)

| 序号 | 工程或费用名称 | 建筑工程费 | 设备购置费 | 安装工程费 | 其他费用 | 合计 | 其中：外币 | 比例（%） |
|---|---|---|---|---|---|---|---|---|
| 1.1.2 | ×× | | | | | | | |
| 1.1.3 | ×× | | | | | | | |
| | ×× | | | | | | | |
| | ⋮ | | | | | | | |
| 1.2 | 固定资产其他费用 | | | | | | | |
| | ×× | | | | | | | |
| | ⋮ | | | | | | | |
| 2 | 无形资产费用 | | | | | | | |
| 2.1 | ×× | | | | | | | |
| | ⋮ | | | | | | | |
| 3 | 其他资产费用 | | | | | | | |
| 3.1 | ×× | | | | | | | |
| | ⋮ | | | | | | | |
| 3.6 | ×× | | | | | | | |
| 4 | 预备费 | | | | | | | |
| 4.1 | 基本预备费 | | | | | | | |
| 4.2 | 涨价预备费 | | | | | | | |
| 5 | 建设投资合计 | | | | | | | |
| | 比例（%） | | | | | | | 100% |

注：1. "比例"分别指各主要科目的费用（包括横向和纵向）占建设投资的比例。

2. 本表适用于新设法人项目与既有法人项目的新增建设投资的估算。

3. "工程或费用名称"可依不同行业的要求进行调整。

（2）建设投资及其构成的合理性分析

1）建设投资的合理性主要从以下两个方面进行分析：

① 单位投资的产出水平。分析单位投资所产生的生产能力、产出量，并与同行业其他类似项目进行比较。

② 单位产出水平需要投资。分析项目建设所形成的单位生产能力（或使用效益）需要多少投资（如形成日处理1万t污水的生产能力需要多少投资），并与同行业其他类似项目进行比较，分析项目投资支出是否合理。

2）建设投资构成的合理性，主要从以下两个方面进行分析：

① 各类工程费用构成的合理性分析。应结合各类建筑工程、设备购置、安装工程的实物量分析货币量的合理性，并将项目的建筑工程费、安装工程费、设备购置费占建设投资的比例以及主要工程和费用占建设投资的比例与同行业其他类似项目进行比较。

② 分年投资计划的合理性分析。应结合各年的工程进度、各年的实物工程量、各年实际需要支付的工程建设其他费用等，分析项目分年投资计划的合理性。

## 4.3 建设期利息估算

建设期利息是债务资金在建设期内发生并计入固定资产原值的利息，包括借款（或债券）利息及手续费、承诺费、发行费、管理费等融资费用。

### 4.3.1 建设期利息估算的前提条件

进行建设期利息估算必须先完成以下各项工作：

（1）建设投资估算及分年计划。

（2）确定项目资本金（注册资本）数额及其分年投入计划。

（3）确定项目债务资金的筹措方式（银行贷款或企业债券）及债务资金成本率（银行贷款利率或企业债券利率及发行手续费费率等）。

### 4.3.2 建设期利息的估算方法

估算建设期利息，应按有效利率计息。计算建设期利息时，为了简化计算，通常假定借款均衡使用，借款当年按半年计息，其余各年份按全年计息。其计算公式如下：

采用自有资金付息时，按单利计算

$$各年应计利息 = \left(年初借款本金累计 + \frac{本年借款额}{2}\right) \times 借款年利率 \quad (4-24)$$

采用复利方式计息时

$$各年应计利息 = \left(年初借款本息累计 + \frac{本年借款额}{2}\right) \times 借款年利率 \quad (4-25)$$

【例 4-8】 某新建项目，建设期为 3 年，共向银行贷款 1300 万元，贷款时间为：第 1 年 300 万元，第 2 年 600 万元，第 3 年 400 万元，年利率为 12%，各年借款均在年内均衡发生。每年计息一次，计算该项目的建设期利息。

**解** （1）若每年采用自有资金付息，则

$$q_1 = \left(0 + \frac{1}{2} \times 300 \ 万元\right) \times 12\% = 18 \ 万元$$

$$q_2 = \left(300 \ 万元 + \frac{1}{2} \times 600 \ 万元\right) \times 12\% = 72 \ 万元$$

$$q_3 = \left(300 \ 万元 + 600 \ 万元 + \frac{1}{2} \times 400 \ 万元\right) \times 12\% = 132 \ 万元$$

所以建设期利息之和为 18 万元 + 72 万元 + 132 万元 = 222 万元。

（2）若建设期内不支付利息，则

$$q_1 = \frac{1}{2} A_1 i = \frac{1}{2} \times 300 \ 万元 \times 12\% = 18 \ 万元$$

$$q_2 = \left(P_1 + \frac{1}{2} A_2\right) i = \left(300 \ 万元 + 18 \ 万元 + \frac{1}{2} \times 600 \ 万元\right) \times 12\% = 74.16 \ 万元$$

$$q_3 = \left(P_2 + \frac{1}{2} A_3\right) i = \left(300 \ 万元 + 18 \ 万元 + 600 \ 万元 + 74.16 \ 万元 + \frac{1}{2} \times 400 \ 万元\right) \times 12\% = 143.06 \ 万元$$

所以建设期利息之和为 18 万元 + 74.16 万元 + 143.06 万元 = 235.22 万元。

【例 4-9】 某生物农药项目的建设期利息估算。该项目分年的资金投入计划见表 4-5。该项目建设投资借款在各年年内均衡发生，并用项目资本金按期支付建设期利息，年利率为 6%，每年计息一次，试计算建设期利息。

表 4-5　分年的资金投入计划　　　　　　　　　　　　　　　（单位：万元）

| 序号 | 工程或费用名称 | 建设期 | | 合计 |
|---|---|---|---|---|
| | | 第1年 | 第2年 | |
| 1 | 建设投资 | 3907.4 | 4963.6 | 8871 |
| 1.1 | 工程费用 | 2446.5 | 3669.7 | 6116.2 |
| 1.2 | 工程建设其他费用 | 1016.7 | 570.5 | 1587.2 |
| 1.3 | 基本预备费 | 346.3 | 424 | 770.3 |
| 1.4 | 涨价预备费 | 97.9 | 299.4 | 397.3 |
| 2 | 用于建设投资的项目资本金 | 1563 | 1985.4 | 3548.4 |
| 3 | 建设投资借款 | 2344.4 | 2978.2 | 5322.6 |

**解**　第 1 年利息 $=\dfrac{2344.4 \text{ 万元}}{2} \times 6\% = 70.3$ 万元

第 2 年利息 $= \left(2344.4 \text{ 万元} + \dfrac{2978.2 \text{ 万元}}{2}\right) \times 6\% = 230$ 万元

建设期利息 $= 70.3$ 万元 $+ 230$ 万元 $= 300.3$ 万元

对有多种借款资金来源、每笔借款的年利率各不相同的项目,既可以分别计算每笔借款的利息,也可以先计算出各笔借款加权平均的年利率,并以加权平均利率计算全部借款的利息。

其他融资费用是指某些债务资金发生的手续费、承诺费、管理费、信贷保险费等融资费用,原则上应按该债务资金的债权人的要求单独计算,并计入建设期利息。在项目建议书阶段,可简化做粗略估算,计入建设投资;在可行性研究阶段,不涉及国外贷款的项目,也可简化做粗略估计后计入建设投资。

在项目评价中,对于分期建成投产的项目,应注意按各期投产时间分别停止借款费用的资本化,即投产后继续发生的借款费用不作为建设期利息计入固定资产原值,而是作为运营期利息计入总成本费用。

建设期利息估算完成后,需要编制建设期利息估算表（见表 4-6）。

表 4-6　建设期利息估算表　　　　　　　　　　　　　　　（人民币单位：万元）

| 序号 | 项目 | 合计 | 建设期 | | | | | |
|---|---|---|---|---|---|---|---|---|
| | | | 1 | 2 | 3 | 4 | … | $n$ |
| 1 | 借款 | | | | | | | |
| 1.1 | 建设期利息 | | | | | | | |
| 1.1.1 | 期初借款余额 | | | | | | | |
| 1.1.2 | 当期借款 | | | | | | | |
| 1.1.3 | 当期应计利息 | | | | | | | |
| 1.1.4 | 期末借款余额 | | | | | | | |
| 1.2 | 其他融资费用 | | | | | | | |
| 1.3 | 小计（1.1＋1.2） | | | | | | | |
| 2 | 债券 | | | | | | | |
| 2.1 | 建设期利息 | | | | | | | |
| 2.1.1 | 期初债务余额 | | | | | | | |

(续)

| 序 号 | 项 目 | 合计 | 建 设 期 ||||| |
|---|---|---|---|---|---|---|---|---|
| | | | 1 | 2 | 3 | 4 | … | n |
| 2.1.2 | 当期债务金额 | | | | | | | |
| 2.1.3 | 当期应计利息 | | | | | | | |
| 2.1.4 | 期末债务余额 | | | | | | | |
| 2.2 | 其他融资费用 | | | | | | | |
| 2.3 | 小计（2.1＋2.2） | | | | | | | |
| 3 | 合计（1.3＋2.3） | | | | | | | |
| 3.1 | 建设期利息合计（1.1＋2.1） | | | | | | | |
| 3.2 | 其他融资费用合计（1.2＋2.2） | | | | | | | |

注：1. 本表适用于新设法人项目与既有法人项目的新增建设期利息的估算。
2. 原则上应分别估算外汇和人民币债务。
3. 如有多种借款或债券，必要时应分别列出。
4. 本表与财务分析表"借款还本付息计划表"可二表合一。

【例 4-10】 根据例 4-8 的数据，填写建设期利息估算表。

**解** 在用自有资金还利息的情况下，建设期利息估算见表 4-7，在不用自有资金还利息的情况下，建设期利息估算见表 4-8。

表 4-7 用自有资金还利息的建设期利息估算表　　（单位：万元）

| 序 号 | 项 目 | 合　　计 | 1 | 2 | 3 |
|---|---|---|---|---|---|
| 1 | 借款 | | | | |
| 1.1 | 建设期利息 | 222 | 18 | 72 | 132 |
| 1.1.1 | 期初借款余额 | — | 0 | 300 | 900 |
| 1.1.2 | 当期借款 | 1300 | 300 | 600 | 400 |
| 1.1.3 | 当期应计利息 | 222 | 18 | 72 | 132 |
| 1.1.4 | 期末借款余额 | — | 300 | 900 | 1300 |

表 4-8 不用自有资金还利息的建设期利息估算表　　（单位：万元）

| 序 号 | 项 目 | 合　　计 | 1 | 2 | 3 |
|---|---|---|---|---|---|
| 1 | 借款 | | | | |
| 1.1 | 建设期利息 | 235.22 | 18 | 74.16 | 143.06 |
| 1.1.1 | 期初借款余额 | — | 0 | 318 | 992.16 |
| 1.1.2 | 当期借款 | 1300 | 300 | 600 | 400 |
| 1.1.3 | 当期应计利息 | 235.22 | 18 | 74.16 | 143.06 |
| 1.1.4 | 期末借款余额 | — | 318 | 992.16 | 1535.22 |

## 4.4 流动资金估算

流动资金是指项目运营期内长期占用并周转使用的营运资金，不包括运营中临时性需要的资金。

项目运营需要流动资产投资，但项目评价中需要估算并预先筹措的是从流动资产中扣除流动负债,即企业短期信用融资(应付账款)后的流动资金。项目评价中流动资金的估算应考虑应付账款对需要预先筹措的流动资金的抵减作用,对有预收账款的某些项目,还可以同时考虑预收账款对需要事先筹措的流动资金的抵减作用。

### 4.4.1 流动资金构成

流动资金是指项目建成后企业在生产过程中处于生产和流通领域,供周转使用的资金,它是流动资产与流动负债的差额。项目建成后,为保证企业正常生产经营的需要,必须有一定量的流动资金维持其周转,如用以购置企业生产经营过程中所需的原材料、燃料、动力等劳动资料和支付职工薪酬,以及生产中以周转资金形式被占用在在制品、半成品、产成品上的,在项目投产前预先垫付的流动资金。在周转过程中流动资金不断地改变其自身的实物形态,其价值也随着实物形态的变化而转移到新产品中,并随着产品销售的实现而回收。流动资金属于企业在生产经营中长期占用和用于周转的永久性流动资金。

在项目经济分析和评价中所考虑的流动资金,是伴随固定资产投资而发生的永久性流动资产投资,它等于项目投产后所需全部流动资产扣除流动负债后的余额。

按照新的财务制度的规定,对流动资产构成及用途的划分突出了流动资产核算的重要性,强化了对流通领域中流动资产的核算,因此流动资产结构按变现速度快慢顺序划分为货币资金、应收及预付账款和存货,并与流动负债(即应付、预收账款)相减形成企业的流动资金。

### 4.4.2 流动资金估算方法

流动资金估算方法可采用扩大指标估算法或分项详细估算法。

**1. 扩大指标估算法**

扩大指标估算法是一种简化的流动资金估算方法,一般可参照同类企业流动资金占营业收入或经营成本的比例,或者单位产量占营运资金的数额估算。虽然扩大指标估算法简便易行,但准确度不高,一般适用于项目建议书(初步可行性研究)阶段的流动资金估算,某些流动资金需要量小的项目或非制造业项目在可行性研究阶段也可采用此方法。

(1) 营业收入资金率法。营业收入资金率是指项目流动资金需要量与其一定时期内(通常为一年)的营业收入的比率。其计算公式为

$$流动资金 = 年营业收入 \times 营业收入资金率 \qquad (4-26)$$

式中,年营业收入取项目正常生产年份的数值;营业收入资金率根据同类项目的经验数据加以确定。

一般加工工业项目多采用此法进行流动资金估算。

(2) 经营成本资金率法。经营成本资金率法是指项目流动资金需要量与其一定时期(通常为一年)内经营成本的比率。其计算公式为

$$流动资金 = 年经营成本 \times 经营成本资金率 \qquad (4-27)$$

式中,年经营成本取正常生产年份的数值;经营成本资金率根据同类项目的经验数据加以确定。

一般采掘项目多采用此法进行流动资金估算。

(3) 单位产量资金率法。单位产量资金率是指项目单位产量所需的流动资金金额。其

计算公式为

$$流动资金 = 年产量 \times 单位产量资金率 \quad (4\text{-}28)$$

式中，单位产量资金率根据同类项目经验数据加以确定。

某些特定的项目（如煤矿项目）可采用此法进行流动资金估算。

**2. 分项详细估算法**

分项详细估算法是对流动资产和流动负债的主要构成要素，及存货、现金、应收账款、预付账款、预收账款等项内容进行估算，最后得出项目所需的流动资金数额。运用此法计算的流动资金数额大小，主要取决于项目运营期内每日平均生产消耗量和定额最低周转天数或周转次数。为此，必须事先计算出产品的生产成本和各项成本年费用消耗量，然后分别估算出流动资产和流动负债的各项费用构成，据以求得项目所需年流动资金额。其计算公式为

$$流动资金 = 流动资产 - 流动负债 \quad (4\text{-}29)$$

$$流动资产 = 应收账款 + 预付账款 + 存货 + 现金 \quad (4\text{-}30)$$

$$流动负债 = 应付账款 + 预收账款 \quad (4\text{-}31)$$

$$流动资金本年增加额 = 本年流动资金 - 上年流动资金 \quad (4\text{-}32)$$

流动资金估算的具体步骤为：首先确定各分项最低周转天数，计算出各分项的年周转次数；然后再分项估算占用资金额。

（1）各项流动资产和流动负债最低周转天数的确定。采用分项详细估算法估算流动资金，其准确程度取决于各项流动资产和流动负债的最低周转天数取值的合理性。在确定最低周转天数时要根据项目的实际情况，并考虑一定的保险系数，如存货中的外购原材料、燃料的最低周转天数应根据不同来源，考虑运输方式和运输距离等因素分别确定。在产品的周转天数应根据产品生产的实际情况确定。

（2）年周转次数的计算。其计算公式为

$$年周转次数 = \frac{360 \text{ 天}}{最低周转天数} \quad (4\text{-}33)$$

各类流动资产和流动负债的最低周转天数参照同类企业的平均周转天数并结合项目特点确定，或按部门（行业）规定执行。

（3）流动资产估算。流动资产是指可以在1年或超过1年的一个营业周期内变现耗用的资产，主要包括货币资金、短期投资、应收及预付账款、存货、待摊费用等。为简化计算，项目评价中仅考虑存货、应收账款和现金三项，将发生预付账款的某些项目，还包括预付账款。

1）存货估算。存货是指企业在日常生产经营过程中持有以备出售，或者仍然处于生产过程，或者在生产或提供劳务过程中将消耗的材料或物料等，包括各类材料、商品、在产品、半成品和产成品等。为简化计算，项目评价中仅考虑外购原材料、外购燃料、其他材料、在产品和产成品，对外购原材料和外购燃料通常需要分品种、分项进行计算。其计算公式为

$$存货 = 外购原材料 + 外购燃料 + 其他材料 + 在产品 + 产成品 \quad (4\text{-}34)$$

$$外购原材料 = \frac{年外购原材料费用}{外购原材料年周转次数} \quad (4\text{-}35)$$

$$外购燃料 = \frac{年外购燃料费用}{外购燃料年周转次数} \quad (4\text{-}36)$$

$$其他材料 = \frac{年外购其他材料费用}{外购其他材料年周转次数} \quad (4-37)$$

其他材料是指在修理费中核算的备品、备件等修理材料，其他材料费用数额不大的项目也可以不予计算。

$$在产品 = \frac{年外购原材料、燃料、动力费用 + 年薪酬 + 年修理费 + 年其他制造费用}{在产品年周转次数} \quad (4-38)$$

$$产成品 = \frac{年经营成本 - 年其他营业费用}{产成品年周转次数} \quad (4-39)$$

2）应收账款估算。应收账款是指企业对外销售商品、提供劳务尚未收回的资金。项目评价中应收账款的计算公式为

$$应收账款 = \frac{年经营成本}{应收账款年周转次数} \quad (4-40)$$

3）现金估算。项目评价中的现金是指货币资金，即为维持正常生产运营必须预留的货币资金，包括库存现金和银行存款。项目评价中现金的计算公式为

$$现金 = \frac{年薪酬 + 年其他费用}{现金年周转次数} \quad (4-41)$$

$$年其他费用 = 制造费用 + 管理费用 + 营业费用 - （以上三项费用中所含的\\ 薪酬、折旧费、摊销费、修理费） \quad (4-42)$$

或

$$年其他费用 = 其他制造费用 + 其他营业费用 + 其他管理费用 + 技术转让费 +\\ 研究与开发费 + 土地使用税 \quad (4-43)$$

4）预付账款估算。预付账款是指企业为购买各类材料、燃料或服务所预先支付的款项。在项目评价中，预付账款的计算公式为

$$预付账款 = \frac{预付的各类原材料、燃料或服务年费用}{预付账款年周转次数} \quad (4-44)$$

（4）流动负债估算。流动负债是指将在1年（含1年）或者超过1年的一个营业周期内偿还的债务，包括短期借款、应付账款、预收账款、应付职工薪酬、应付股利、应交税费、预提费用等。为简化计算，在项目评价中，流动负债的估算可以只考虑应付账款和预收账款两项。

1）应付账款估算。应付账款是因购买材料、商品或接受劳务等而发生的债务，是买卖双方在购销活动中由于取得物资与支付货款在时间上的不一致而产生的负债。项目评价中应付账款的计算公式为

$$应付账款 = \frac{年外购原材料、燃料、动力费用和其他材料费用}{应付账款年周转次数} \quad (4-45)$$

2）预收账款估算。预收账款是买卖双方协议商定，由购买方预先支付一部分货款给销售方，从而形成销售方的负债。项目评价中预收账款的计算公式为

$$预收账款 = \frac{预收的营业收入年金额}{预收账款年周转次数} \quad (4-46)$$

流动资金估算完成后，应编制流动资金估算表，见表4-9。

表 4-9 流动资金估算表

| 序号 | 项目 | 最低周转天数 | 周转次数 | 计算期 | | | | | |
|---|---|---|---|---|---|---|---|---|---|
| | | | | 1 | 2 | 3 | 4 | … | $n$ |
| 1 | 流动资产 | | | | | | | | |
| 1.1 | 应收账款 | | | | | | | | |
| 1.2 | 存货 | | | | | | | | |
| 1.2.1 | 原材料 | | | | | | | | |
| 1.2.2 | 燃料 | | | | | | | | |
| 1.2.3 | 其他材料 | | | | | | | | |
| 1.2.4 | 在产品 | | | | | | | | |
| 1.2.5 | 产成品 | | | | | | | | |
| 1.3 | 现金 | | | | | | | | |
| 1.4 | 预付账款 | | | | | | | | |
| 2 | 流动负债 | | | | | | | | |
| 2.1 | 应付账款 | | | | | | | | |
| 2.2 | 预收账款 | | | | | | | | |
| 3 | 流动资金（1－2） | | | | | | | | |
| 4 | 流动资金当期增加额 | | | | | | | | |

注：1. 本表适用于新设项目与既有项目的"有项目""无项目"和增量流动资金的估算。
2. 表中科目可视行业而变动。
3. 如发生外币流动资金，应另行估算后予以说明，其数额应包含在本表格内。
4. 不发生预付账款和预收账款的项目可不列此项。

### 4.4.3 流动资金估算需要注意的问题

（1）当投入物和产出物采用不含增值税价格时，估算中应注意将销项税额和进项税额分别包括在相应的收入成本支出中。

（2）项目投产初期所需流动资金实际工作中应在项目投产前筹措。为了简化计算，项目评价中流动资金可在投产第 1 年开始安排，并随生产运营计划的不同而有所不同，运营负荷增长，流动资金也随之增多，因此流动资金的估算应根据不同的生产运营计划分年进行。

（3）当采用分项详细估算法估算流动资金时，运营期内各年的流动资金数额应以各年的经营成本为基础，依照上述公式分别进行估算，不能简单地按 100% 运营负荷下的流动资金乘以投产期运营负荷估算。同时注意流动资金估算应在经营成本估算之后进行。

【例 4-11】某生物农药项目的流动资金估算。该项目根据市场开拓计划，确定计算期第 3 年（即投产第 1 年）生产负荷率为 30%，计算期第 4 年生产负荷率为 60%，计算期第 5 年起生产负荷率为 100%。该项目的经营成本数据见表 4-10。根据该项目生产、销售的实际情况确定其各项流动资产和流动负债的最低周转天数为：应收账款、应付账款均为 45 天；存货中各项原材料平均为 45 天，在产品为 4 天，产成品为 120 天；现金为 30 天；该项目不需外购燃料，一般也不发生预付账款和预收账款。据此估算流动资金数额。

表 4-10　某生物农药项目的经营成本数据　　　　　　　　　　　（单位：万元）

| 序　号 | 收入或成本项目 | 第 3 年 | 第 4 年 | 第 5～12 年 |
|---|---|---|---|---|
| 1 | 经营成本（含进项税额） | 5646.5 | 9089.7 | 13680.5 |
| 1.1 | 外购原材料（含进项税额） | 2044.6 | 4089.2 | 6815.3 |
| 1.2 | 外购动力（含进项税额） | 404 | 808.1 | 1346.8 |
| 1.3 | 工资 | 442.5 | 442.5 | 442.5 |
| 1.4 | 修理费 | 436.4 | 436.4 | 436.4 |
| 1.5 | 技术开发费 | 464.1 | 928.2 | 1547 |
| 1.6 | 其他制造费用 | 218.2 | 218.2 | 218.2 |
| 1.7 | 其他管理费用 | 1106.3 | 1106.3 | 1106.3 |
| 1.8 | 其他营业费用 | 530.4 | 1060.8 | 1768 |

**解**　根据已知条件估算的该项目流动资金数额见表 4-11。

表 4-11　某生物农药项目流动资金估算

| 序　号 | 项　目 | 最低周转天数/天 | 周转次数（次） | 运营期流动资金（万元） | | |
|---|---|---|---|---|---|---|
| | | | | 第 3 年 | 第 4 年 | 第 5～12 年 |
| 1 | 流动资产 | | | 2936.3 | 4703.3 | 7059.2 |
| 1.1 | 应收账款 | 45 | 8 | 705.8 | 1136.2 | 1710.1 |
| 1.2 | 存货 | | | 2000.4 | 3254.1 | 4925.6 |
| 1.2.1 | 原材料 | 45 | 8 | 255.6 | 511.2 | 851.9 |
| 1.2.2 | 在产品 | 4 | 90 | 39.4 | 66.6 | 102.9 |
| 1.2.3 | 产成品 | 120 | 3 | 1705.4 | 2676.3 | 3970.8 |
| 1.3 | 现金 | 30 | 12 | 230.1 | 313 | 423.5 |
| 2 | 流动负债 | | | 306.1 | 612.2 | 1020.3 |
| 2.1 | 应付账款 | 45 | 8 | 306.1 | 612.2 | 1020.3 |
| 3 | 流动资金（1－2） | | | 2630.2 | 4091.1 | 6038.9 |
| 4 | 流动资金本年增加额 | | | | 1460.9 | 1947.8 |

## 4.5　项目总投资与分年投资计划

### 4.5.1　项目总投资估算表的编制

按投资估算内容和估算方法估算上述各项投资并进行汇总，编制项目总投资估算表，见表 4-12。

表 4-12　项目总投资估算表

（人民币单位：万元，外币单位：　　　）

| 序　号 | 费用名称 | 投　资　额 | | 估算说明 |
|---|---|---|---|---|
| | | 合　计 | 其中：外币 | |
| 1 | 建设投资 | | | |
| 1.1 | 建筑工程费 | | | |

(续)

| 序 号 | 费用名称 | 投资额 合计 | 其中：外币 | 估算说明 |
|---|---|---|---|---|
| 1.2 | 设备购置费 | | | |
| 1.3 | 安装工程费 | | | |
| 1.4 | 工程建设其他费用 | | | |
| 1.5 | 基本预备费 | | | |
| 1.6 | 涨价预备费 | | | |
| 2 | 建设期利息 | | | |
| 3 | 流动资金 | | | |
| | 项目总投资（1+2+3） | | | |

### 4.5.2 分年投资计划表的编制

估算出项目建设投资、建设期利息和流动资金后，应根据项目进度安排，编制分年投资计划表，见表4-13。该表中的分年建设投资可以作为安排融资计划、估算建设期利息的基础，由此估算的建设期利息列入该表。流动资金本来就是分年估算的，可由流动资金估算表转入。分年投资计划表是编制项目资金筹措计划表的基础。

表4-13 分年投资计划表

（人民币单位：万元，外币单位：　　）

| 序号 | 项 目 | 人 民 币 | | | 外 币 | | |
|---|---|---|---|---|---|---|---|
| | | 第1年 | 第2年 | … | 第1年 | 第2年 | … |
| 1 | 建设投资 | | | | | | |
| 2 | 建设期利息 | | | | | | |
| 3 | 流动资金 | | | | | | |
| | 项目总投资（1+2+3） | | | | | | |

### 4.5.3 投资估算案例分析

【背景】

某公司拟投资建设一个化工厂。该工程项目的基础数据如下：

**1. 项目实施计划**

该项目的建设期为3年，实施计划进度为：第1年完成项目全部投资的20%，第2年完成项目全部投资的55%，第3年完成项目全部投资的25%，第4年全部投产，投产当年项目的生产负荷达到设计生产能力的70%，第5年项目的生产负荷达到设计生产能力的90%，第6年项目的生产负荷达到设计生产能力的100%。项目的运营期总计为15年。

**2. 建设投资估算**

该项目工程费用与工程建设其他费用的估算额为52180万元，预备费为5000万元，不考虑涨价预备费。

**3. 建设资金来源**

本项目的资金来源为自有资金和贷款。贷款总额为40000万元，其中外汇贷款为2300

万美元。外汇牌价为1美元兑换6.5元人民币,人民币贷款的年利率为12.48%(按季计息),外汇贷款年利率为8%(按年计息)。

**4. 生产经营费用估计**

工程项目达到设计生产能力以后,全厂定员为110人,薪酬按照每人每年72000元估算。每年的其他费用为860万元(其中其他制造费用为660万元)。年外购原材料、燃料费估算为19200万元。年经营成本为21000万元,年修理费占年经营成本的10%。各项流动资金的最低周转天数分别为:应收账款30天,现金40天,应付账款30天,存货40天。

【问题】

1. 估算建设期利息。
2. 用分项详细估算法估算项目的流动资金。
3. 估算项目的总投资。

【分析要点】

本案例所考核的内容涉及工程项目投资估算类问题的主要内容和基本知识点。对于这类案例分析题的解答,首先要注意充分阅读背景所给的各项基本条件和数据,分析这些条件和数据之间的内在联系。

(1) 在固定资产投资估算中,应弄清名义利率和有效利率的概念与换算方法。在计算建设期利息前,首先要将名义利率换算为有效利率后,才能计算。

(2) 进行流动资金估算时,要掌握分项详细估算流动资金的方法。

(3) 要求根据工程项目总投资的构成内容,计算项目总投资。

**解**

1. 建设期利息计算

(1) 人民币贷款有效利率计算

$$人民币贷款有效利率 = \left(1 + \frac{名义利率}{年计息次数}\right)^{年计息次数} - 1 = \left(1 + \frac{12.48\%}{4}\right)^4 - 1 = 13.08\%$$

(2) 每年投资的本金数额计算

人民币部分:贷款总额为:40000万元 - 2300万美元 × 6.5元/美元 = 25050万元

第1年为:25050万元 × 20% = 5010万元

第2年为:25050万元 × 55% = 13777.5万元

第3年为:25050万元 × 25% = 6262.5万元

美元部分:贷款总额为:2300万美元

第1年为:2300万美元 × 20% = 460万美元

第2年为:2300万美元 × 55% = 1265万美元

第3年为:2300万美元 × 25% = 575万美元

(3) 每年应计利息计算:

每年应计利息:(年初借款本息累计额 + 本年借款额/2) × 年实际利率

人民币建设期利息计算:

第1年利息 = (0 + 5010万元/2) × 13.08% = 327.65万元

第2年利息 = (5010万元 + 327.65万元 + 13777.5万元/2) × 13.08% = 1599.21万元

第3年利息 = (5010万元 + 327.65万元 + 13777.5万元 + 1599.21万元 + 6262.5万元/2) × 13.08%

$$=3119\ \text{万元}$$

人民币利息合计 = 327.65 万元 + 1599.21 万元 + 3119 万元 = 5045.86 万元

外币利息计算：

第 1 年外币利息 = (0 + 460/2) 万美元 × 8% = 18.40 万美元

第 2 年外币利息 = (460 万美元 + 18.40 万美元 + 1265 万美元/2) × 8% = 88.87 万美元

第 3 年外币利息 = (460 万美元 + 18.40 万美元 + 1265 万美元 + 88.87 万美元 + 575 万美元/2) × 8%

$$= 169.58\ \text{万美元}$$

外币利息合计 = 18.40 万美元 + 88.87 万美元 + 169.58 万美元 = 276.85 万美元

建设期利息总计 = 5045.86 万元 + 276.85 万美元 × 6.5 元/美元 = 6845.39 万元

2. 用分项详细估算法估算流动资金

(1) 应收账款 = $\dfrac{\text{年经营成本}}{\text{年周转次数}} = \dfrac{21000\ \text{万元}}{360/30} = 1750\ \text{万元}$

(2) 现金 = $\dfrac{\text{年薪酬} + \text{年其他费用}}{\text{年周转次数}} = \dfrac{110 \times 7.2\ \text{万元} + 860\ \text{万元}}{360/40} = 183.56\ \text{万元}$

(3) 存货

外购原材料、燃料 = $\dfrac{\text{年外购原材料、燃料费}}{\text{年周转次数}} = \dfrac{19200\ \text{万元}}{360/40} = 2133.33\ \text{万元}$

在产品 = $\dfrac{\text{年薪酬} + \text{年其他制造费用} + \text{年修理费}}{\text{年周转次数}} = \dfrac{110 \times 7.2\ \text{万元} + 660\ \text{万元} + 21000\ \text{万元} \times 10\%}{360/40}$

$$= 394.67\ \text{万元}$$

产成品 = $\dfrac{\text{年经营成本}}{\text{年周转次数}} = \dfrac{21000\ \text{万元}}{360/40} = 2333.33\ \text{万元}$

存货 = 2133.33 万元 + 394.67 万元 + 2333.33 万元 = 4861.33 万元

(4) 流动资产 = 应收账款 + 现金 + 存货

$$= 1750\ \text{万元} + 183.56\ \text{万元} + 4861.33\ \text{万元} = 6794.89\ \text{万元}$$

(5) 应付账款 = $\dfrac{\text{年外购原材料、燃料动力费}}{\text{年周转次数}} = \dfrac{19200\ \text{万元}}{360/30} = 1600\ \text{万元}$

(6) 流动负债 = 应付账款 = 1600 万元

流动资金 = 流动资产 - 流动负债 = 6794.89 万元 - 1600 万元 = 5194.9 万元

3. 根据项目总投资的构成内容，计算拟建项目的总投资

项目总投资估算额 = 建设投资 + 建设期利息 + 流动资金

$$= (\text{工程费用} + \text{工程建设其他费用} + \text{预备费}) + \text{建设期利息} + \text{流动资金}$$

$$= 52180\ \text{万元} + 5000\ \text{万元} + 6845.39\ \text{万元} + 5194.9\ \text{万元} = 69220.29\ \text{万元}$$

## 4.6 融资主体、资金来源和融资方式

### 4.6.1 项目的融资主体

分析、研究项目的融资渠道和方式，提出项目的融资方案，应首先确定项目的融资主体。项目的融资主体是指进行融资活动，并承担融资责任和风险的经济实体。正确确定项目

的融资主体，有助于顺利筹措资金和降低债务偿还风险。确定项目的融资主体应考虑项目投资的规模和行业特点，项目与既有法人资产、经营活动的联系，既有法人财务状况，项目自身的盈利能力等因素。按照融资主体不同，项目的融资主体可分为既有法人和新设法人。两类项目法人在融资方式上和项目的财务分析方面均有较大不同。

**1. 既有法人融资**

既有法人融资是指以既有法人为融资主体的融资方式。采用既有法人融资方式的建设项目，既可以是改扩建项目，也可以是非独立法人的新建项目。

既有法人融资方式的基本特点是：由既有法人发起项目、组织融资活动并承担融资责任和风险；建设项目所需的资金，来源于既有法人内部融资、新增资本金和新增债务资金；新增债务资金依靠既有法人整体（包括拟建项目）的盈利能力来偿还，并以既有法人整体的资产和信用承担债务担保。

在下列情况下，一般应以既有法人为融资主体：

(1) 既有法人具有为项目进行融资和承担全部融资责任的经济实力。

(2) 项目与既有法人的资产以及经营活动联系密切。

(3) 项目的盈利能力较差，但项目对整个企业的持续发展具有重要作用，需要利用既有法人的整体资信获得债务资金。

以既有法人融资方式筹集的债务资金虽然用于项目投资，但债务人是既有法人。债权人可对既有法人的全部资产（包括拟建项目的资产）进行债务追索，因而债权人的债务风险较低。在这种融资方式下，不论项目未来的盈利能力如何，只要既有法人能够保证按期还本付息，银行就愿意提供信贷资金。因此，采用这种融资方式，必须充分考虑既有法人整体的盈利能力和信用状况，分析可用于偿还债务的既有法人整体（包括拟建项目）的未来净现金流量。

**2. 新设法人融资**

新设法人融资是以新组建的具有独立法人资格的项目公司为融资主体的融资方式。采用新设法人融资方式的建设项目，项目法人大多是企业法人。社会公益性项目和某些基础设施项目也可能组建新的事业法人实施。采用新设法人融资方式的建设项目，一般是新建项目，但也可以是将既有法人的一部分资产剥离出去后重新组建新的项目法人的改扩建项目。

新设法人融资方式的基本特点是：由项目发起人（企业或政府）发起组建新的具有独立法人资格的项目公司，由新组建的项目公司承担融资责任和风险；建设项目所需资金的来源，可包括项目公司股东投入的资本金和项目公司承担的债务资金；依靠项目自身的盈利能力来偿还债务；一般以项目投资形成的资产、未来收益或权益作为融资担保的基础。

在下列情况下，一般应以新设法人为融资主体：

(1) 拟建项目的投资规模较大，既有法人不具有为项目进行融资和承担全部融资责任的经济实力。

(2) 既有法人财务状况较差，难以获得债务资金，而且项目与既有法人的经营活动联系不密切。

(3) 项目自身具有较强的盈利能力，依靠项目自身未来的现金流量可以按期偿还债务。

采用新设法人融资方式，项目发起人与新组建的项目公司分属不同的实体，项目的债务风险由新组建的项目公司承担。项目能否还贷，取决于项目自身的盈利能力，因此必须认真分析项目自身的现金流量和盈利能力。

项目公司股东对项目公司借款提供多大程度的担保，也是融资方案研究的内容之一。实力雄厚的股东，为项目公司借款提供完全的担保，可以使项目公司取得低成本资金，降低项目的融资风险；但担保额度过高会使其资信下降，同时股东担保也可能需要支付担保费，从而增加项目公司的费用支出。在项目本身的财务效益好、投资风险可以有效控制的条件下，可以减少项目公司股东的担保额度。

**3. 项目法人与项目发起人及投资人的关系**

投资活动有一个组织发起的过程，为投资活动投入财力、人力、物力或信息的叫作项目发起人或项目发起单位。项目发起人可以是项目的实际权益资金投资的出资人（项目投资人），也可以是项目产品或服务的用户或者提供者、项目业主等。项目发起人可以来自政府或民间。

项目投资人是作为项目权益投资的出资人定位的。比如，按照《中华人民共和国公司法》设立一家公司时公司注册资本的出资人，一家股份公司认购股份的出资人，对于投资项目来说，资本金的出资人也就是权益投资的投资人。投资人提供权益资金的目的就是获取项目投资所形成的权益。权益投资人取得对项目或企业产权的所有权、控制权和收益权。

投资活动的发起人和投资人可以只有一家（一家发起，发起人同时也是唯一的权益投资的出资人），也可以有多家。因此，项目投资主体也可以分为两种情况，一是单一投资主体，二是多元投资主体。单一投资主体不涉及投资项目责、权、利在各主体之间的分配关系，可以自主决定其投资产权结构和项目法人的组织形式。多元投资主体则必须围绕投资项目的责、权、利在各主体之间的分配关系，恰当地选择合适的投资产权结构和项目法人的组织形式。

## 4.6.2 资金来源和融资方式

**1. 资金来源**

制订融资方案必须要有明确的资金来源，并围绕可能的资金来源，选择合适的融资方式，制订可行的融资方案。资金来源按融资主体可以分为内部资金来源和外部资金来源。相应的融资可以分为内源融资和外源融资两个方面。由于内源融资不需要实际支付利息或股息，故应首先考虑内源融资，然后再考虑外源融资。

（1）内源融资。内源融资，即将作为融资主体的既有法人内部的资金转化为投资的过程，也称内部融资。既有法人内部融资的渠道和方式主要有货币资金、资产变现、企业产权转让、直接使用非现金资产。

（2）外源融资。外源融资，即吸收融资主体外部的资金。外部的资金来源渠道很多，应当根据外部资金来源供应的可靠性、充足性以及融资成本、融资风险等，选择合适的外部资金来源渠道。当前我国建设项目外部资金来源渠道主要有：

1）中央和地方政府可用于项目建设的财政资金。
2）商业银行和政策性银行的信贷资金。
3）证券市场的资金。
4）非银行金融机构的资金。
5）国际金融机构的信贷资金。

6）外国政府提供的信贷资金、赠款。

7）企业、团体和个人可用于项目建设投资的资金。

8）外国公司或个人直接投资的资金。

**2. 融资方式**

融资方式是指为筹集资金所采取的方式方法以及具体的手段和措施。同一资金来源渠道，可以采取不同的融资方式；同一融资方式也可以运用于不同的资金来源渠道。制订融资方案时，不仅要有明确的资金来源渠道，还必须有针对该资金来源渠道切实可行的融资方式、合理优化的手段和措施。

## 4.7 资本金筹措

### 4.7.1 项目资本金的特点

项目资本金（外商投资项目为注册资本）是指在建设项目总投资（外商投资项目为投资总额）中，由投资者认缴的出资额，对建设项目来说是非债务性资金，项目法人不承担这部分资金的任何利息和债务；投资者可按其出资比例依法享有所有者权益，也可转让其出资，但一般不得以任何方式抽回。

投资人以资本金形式向项目或企业投入的资金称为权益投资。通常，企业的权益投资以"注册资本"的形式投入。权益投资额超过注册资本额的部分可以注入资本公积。资本金是确定项目产权关系的依据，也是项目获得债务资金的信用基础。资本金没有固定的按期还本付息的压力。股利是否支付和支付多少，视项目投产运营后的实际经营效果而定，因此，项目法人的财务负担较小。

项目资本金筹措不完全是为了满足国家的资本金制度要求。项目建设资金的权益资金和债务资金结构是融资方案制订中必须考虑的一个重要方面。如果权益资金占比太少，会导致负债融资的难度和融资成本的提高；如果权益资金过大，风险可能会过于集中，财务杠杆效应会下滑。

### 4.7.2 项目资本金的出资方式

投资者可以用货币出资，也可以用实物、工业产权、非专利技术、土地使用权、资源开采权等作价出资。作价出资的实物、工业产权、非专利技术、土地使用权和资源开采权，必须经过有资格的资产评估机构评估作价；其中以工业产权和非专利技术作价出资的比例一般不得超过项目资本金总额的20%，但国家对采用高新技术成果有特殊规定的除外。

为了使建设项目保持合理的资产结构，应根据投资各方及建设项目的具体情况选择项目资本金的出资方式，以保证项目顺利建设并在建成后能正常运营。

### 4.7.3 项目资本金的来源渠道与筹措方式

**1. 股东直接投资**

股东直接投资包括政府授权投资机构入股的资金、国内外企业入股的资金、社会团体和个人入股的资金以及基金投资公司入股的资金，构成国家资本金、法人资本金、个人资本金和外商资本金。

既有法人融资项目，股东直接投资表现为扩充既有企业的资本金，包括原有股东增资扩股和吸收新股东投资。

新设法人融资项目，股东直接投资表现为项目投资者为项目提供资本金。合资经营公司的资本金由企业的股东按股权比例认缴，合作经营公司的资本金由合作投资方按预先约定的金额投入。

**2. 股票融资**

无论是既有法人融资项目还是新设法人融资项目，凡符合规定条件的，均可以通过发行股票在资本市场募集股本资金。股票融资可以采取公募与私募两种形式。公募又称为公开发行，是在证券市场上向不特定的社会公众公开发行股票。为了保障广大投资者的利益，国家对公开发行股票有严格的要求，发行股票的企业要有较高的信用，符合证券监管部门规定的各项发行条件，并获得证券监管部门批准后方可发行。私募又称不公开发行或内部发行，是指将股票直接出售给少数特定的投资者。

股票融资具有以下特点：

（1）股票融资所筹资金是项目的股本资金，可作为其他方式筹资的基础，可增强融资主体的举债能力。

（2）股票融资所筹资金没有到期偿还的问题，投资者一旦购买股票便不得退股。

（3）普通股股票的股利支付，可视融资主体的经营好坏和经营需要而定，因而融资风险较小。

（4）股票融资的资金成本较高，因为股利需从税后利润中支付、不具有抵税作用，而且发行费用也较高。

（5）上市公开发行股票，必须公开披露信息，接受投资者和社会公众的监督。

**3. 政府投资**

政府投资的资金包括各级政府的财政预算内资金、国家批准的各种专项建设基金、统借国外贷款、土地批租收入、地方政府按规定收取的各种费用及其他预算外资金等。政府投资主要用于关系国家安全和市场不能有效配置资源的经济和社会领域，包括加强公益性和公共基础设施建设，保护和改善生态环境，促进欠发达地区的经济和社会发展，推进科技进步和高新技术产业化。

对政府投资资金，国家根据资金来源、项目性质和调控需要，分别采取直接投资、资本金注入、投资补助、转贷和贷款贴息等方式，并按项目安排使用。

在项目评价中，对投入的政府投资资金，应根据资金投入的不同情况进行不同处理。

（1）全部使用政府直接投资的项目，一般为非经营性项目，不需要进行融资方案分析。

（2）以资本金注入方式投入的政府投资资金，在项目评价中应视为权益资金。

（3）以投资补贴、贷款贴息等方式投入的政府投资资金，对具体项目来说，既不属于权益资金，也不属于债务资金，在项目评价中应视为一般现金流入（补贴收入）。

（4）以转贷方式投入的政府投资资金（统借国外贷款），在项目评价中应视为债务资金。

**4. 优先股股票**

优先股股票是一种兼具资本金和债务资金特点的有价证券。从普通股股东的立场看，优先股可视同一种负债；但从债权人的立场看，优先股可视同资本金。

如同债券一样，优先股股息有一个固定的数额或比率，优先股股票的股息通常大大高于银行的贷款利息，该股息不随公司业绩的好坏而波动，并且可以先于普通股股东领取；如果公司破产清算，优先股股东对公司剩余财产有先于普通股股东的要求权。优先股一般不参加公司的红利分配，持股人没有表决权，也不能参与公司的经营管理。

优先股股票相对于其他债务融资，通常处于较后的受偿顺序，且股息在税后利润中支付。在项目评价中优先股股票应视为项目资本金。

### 4.7.4 既有法人内部融资

**1. 既有法人内部融资的含义**

既有法人的资产也是项目建设资金的来源之一。既有法人资产在企业资产负债表中表现为企业的现金资产和非现金资产，它可能由企业的所有者权益形成，也可能由企业的负债形成。企业现有资产的形成主要来源于三个方面：①企业股东过去投入的资本金；②企业对外负债的债务资金；③企业经营所形成的净现金流量。对于企业的某一项具体资产来说，无法确定它是资本金形成的，还是债务资金形成的。当企业采用既有法人融资方式，以企业的资产或资产变现获得的资金，投资于本企业的改扩建项目时，同样不能确定其属性是资本金还是债务资金。但当A企业以现有资产投资于另一个具有独立法人资格的B项目（企业）时，对B项目（企业）来说，A企业投入的资产应视为资本金。

**2. 既有法人内部融资的渠道和方式**

（1）可用于项目建设的货币资金。可用于项目建设的货币资金包括既有法人现有的货币资金和未来经营活动中可能获得的盈余现金。现有的货币资金是指现有的库存现金和银行存款，扣除必要的日常经营所需的货币资金额，多余的货币资金可用于项目建设。未来经营活动中可能获得的盈余现金，是指在拟建项目的建设期内，企业在经营活动中获得的净现金结余，可以抽出一部分用于项目建设。

企业现有的库存现金及银行存款可以通过企业的资产负债表了解。企业未来经营活动可能获得的盈余现金，需要通过对企业未来现金流量的预测来估算。

（2）资产变现的资金。资产变现的资金是指既有法人将流动资产、长期投资和固定资产变现为现金的资金。企业可以通过加强财务管理，提高流动资产周转率，减少存货、应收账款等流动资产占用而取得现金，也可以出让有价证券取得现金。企业的长期投资包括长期股权投资和长期债权投资，一般都可以通过转让而变现。企业的固定资产中，有些由于产品方案改变而被闲置，有些由于技术更新而被替换，都可以出售变现。

（3）资产经营权变现的资金。资产经营权变现的资金是指既有法人可以将其所属资产经营权的一部分或全部转让，取得现金用于项目建设。例如，某公司将其已建成的一座大桥的45%的经营权转让给另一家公司，转让价格为未来15年这座大桥收益的45%，然后将这笔资金用于建设另一座大桥。

（4）直接使用非现金资产。既有法人的非现金资产（包括实物、工业产权、非专利技术、土地使用权等）适用于拟建项目的，经资产评估可直接用于项目建设。当既有法人在改扩建项目中直接使用本单位的非现金资产时，其资产价值应计入"有项目"的项目总投资中，但不能计为新增投资。

## 4.8 债务资金筹措

### 4.8.1 项目债务资金的特点

债务资金是项目投资中以负债方式从金融机构、证券市场等资本市场取得的资金。债务资金具有以下特点：

(1) 资金在使用上具有时间性限制，到期必须偿还。

(2) 无论项目的融资主体今后经营效果好坏，都需按期还本付息，从而形成企业的财务负担。

(3) 资金成本一般比权益资金低，且不会分散投资者对企业的控制权。

### 4.8.2 债务资金筹措应考虑的主要方面

在制订债务资金筹措方案时，需要考虑的主要因素有以下几个方面：

(1) 债务期限。根据资金使用计划和债务偿还计划及融资成本进行合理的设计和搭配。

(2) 债务偿还。需要事先确定一个比较稳妥的还款计划。

(3) 债务序列。债务安排根据其依赖于企业（或项目）资产抵押的程度或者依赖于有关外部信用担保程度而划分为由高到低不同等级的序列。在企业出现违约的情况下，企业资产和其他抵押、担保权益的分割将严格地按照债务序列进行。

(4) 债权保证。债权人为了保障其权益，需要有一些能够巩固其债权、地位的措施，使其权益不受侵犯，到期能收回本息。为此，需要债务人及涉及的第三方对债权人提供履行债务的特殊保证，这就是债权保证。

(5) 违约风险。债务人违约或无力清偿债务时，债权人追索债务的形式和手段即追索程度，决定了债务人违约风险的大小。根据融资安排的不同，不同的债权人追索债务的程度也是不一样的，比如，完全追索、有限追索、无追索。

(6) 利率结构。债务资金利率主要有浮动利率、固定利率以及浮动/固定利率等不同的利率机制。融资中应该采用何种利率结构，需要考虑以下因素：①项目现金流量的特征；②金融市场上利率的走向；③借款人对控制融资风险的要求。

(7) 货币结构与国家风险。债务资金的货币结构可依据项目现金流量的货币结构设计，以减少项目的外汇风险。为减少国家的风险和其他不可预见的风险，国际上大型项目的融资安排往往不局限在一个国家的金融市场上融资，也不局限于一种货币融资。事实证明，资金来源多样化是减少国家风险的一种有效措施。

### 4.8.3 项目债务资金的来源渠道和筹措方式

**1. 商业银行贷款**

商业银行贷款是我国建设项目获得短期、中长期贷款的重要渠道。国内商业银行贷款手续简单、成本较低，适用于有偿债能力的建设项目。

**2. 政策性银行贷款**

政策性银行贷款一般期限较长，利率较低，是为了配合国家产业政策等的实施，对有关的政策性项目提供的贷款。我国政策性银行有国家开发银行、中国进出口银行和中国农业发展银行。

**3. 外国政府贷款**

外国政府贷款是一国政府向另一国政府提供的具有一定的援助或部分赠予性质的低息优惠贷款。

目前我国可利用的外国政府贷款主要有：日本国际协力银行贷款、日本能源贷款、美国国际开发署贷款、加拿大国际开发署贷款，以及德国、法国等国的政府贷款。

外国政府贷款有以下特点：

（1）在经济上带有援助性质，期限长、利率低，有的甚至无息。一般年利率为2%～4%，还款平均期限为20～30年，最长可达50年。

（2）贷款一般以混合贷款方式提供，即在贷款总额中，政府贷款一般占1/3，其余2/3为出口信贷。

（3）贷款一般都限定用途，如用于支付从贷款国进口设备，或用于某类项目建设。

我国各级财政可以为外国政府贷款提供担保。财政担保方式可以分为三类：国家财政部担保、地方财政厅（局）担保、无财政担保。

**4. 国际金融机构贷款**

国际金融机构贷款是国际金融机构按照章程向其成员提供的各种贷款。目前与我国关系最为密切的国际金融组织是国际货币基金组织、世界银行和亚洲开发银行。国际金融组织一般都有自己的贷款政策，只有这些组织认为应当支持的项目才能得到贷款。使用国际金融组织的贷款需要按照这些组织的要求提供资料，并且需要按照规定的程序和方法来实施项目。

（1）国际货币基金组织贷款。国际货币基金组织的贷款只限于成员的财政和金融当局，不与任何企业发生业务关系，贷款用途限于弥补国际收支逆差或用于经常项目的国际支付，期限为1～5年。

（2）世界银行贷款。世界银行贷款具有以下特点：

1）贷款期限较长。一般为20年左右，最长可达30年，宽限期为5年。

2）贷款利率实行浮动利率，随金融市场利率的变化定期调整，但一般低于市场利率。对已订立贷款契约而未使用的部分，要按年征收0.75%的承诺费。

3）世界银行通常对其资助的项目只提供货物和服务所需要的外汇部分，约占项目总额的30%～40%，个别项目可达50%。但在某些特殊情况下，世界银行也提供建设项目所需要的部分国内费用。

4）贷款程序严密，审批时间较长。借款方从提出项目到最终同世界银行签订贷款协议获得资金，一般需要一年半到两年的时间。

（3）亚洲开发银行贷款。亚洲开发银行（简称亚行）贷款分为硬贷款、软贷款和赠款。硬贷款是由亚洲开发银行普通资金提供的贷款，贷款期限为10～30年，含2～7年的宽限期，贷款的利率为浮动利率，每年调整一次。软贷款又称为优惠利率贷款，是由亚洲开发银行开发基金提供的贷款，贷款的期限为40年，含10年的宽限期，不收利息，仅收1%的手续费。这种贷款只提供给还款能力有限的发展中成员。赠款资金由技术援助特别基金提供。

**5. 出口信贷**

出口信贷是设备出口国政府为了促进本国设备出口，鼓励本国银行向本国出口商或外国进口商（或进口方银行）提供的贷款。贷给本国出口商的称卖方信贷，贷给外国进口商（或进口方银行）的称买方信贷。贷款的使用条件是购买贷款国的设备。出口信贷利率通常低于国际上商业银行的贷款利率，但需要支付一定的附加费用（管理费、承诺费、信贷保险费等）。

**6. 银团贷款**

银团贷款是指多家银行组成一个集团，由一家或几家银行牵头，采用同一贷款协议，按照共同约定的贷款计划向借款人提供贷款的方式。

银团贷款，除具有一般银行贷款的特点和要求外，由于参加银行较多，还需要多方协商，贷款周期长。使用银团贷款，除支付利息之外，按照国际惯例，通常还要支付承诺费、管理费、代理费等。银团贷款主要适用于资金需求量大、偿债能力较强的建设项目。

**7. 企业债券**

企业债券是企业以自身的财务状况和信用条件为基础，依照《中华人民共和国证券法》《中华人民共和国公司法》等法律法规规定的条件和程序发行的、约定在一定期限内还本付息的债券，如三峡债券、铁路债券等。

企业债券代表发债企业和债券投资者之间的一种债权债务关系。债券投资者是企业的债权人，不是所有者，无权参与或干涉企业的经营管理，但有权按期收回本息。

企业债券融资的特点是：筹资对象广、市场大，但发债条件严格、手续复杂；利率虽低于银行贷款利率但发行费用较高，需要支付承销费、发行手续费、兑付手续费及担保费等费用。企业债券适用于资金需求量大、偿债能力较强的建设项目。

目前，我国企业债券的发行总量需纳入国家信贷计划，申请发行企业债券必须经过严格的审核，只有实力强、资信好的企业才有可能被批准发行企业债券，还必须由实力很强的第三方提供担保。

**8. 国际债券**

国际债券是一国政府、金融机构、工商企业或国际组织为筹措和融通资金，在国际金融市场上发行的、以外国货币为面值的债券。国际债券的重要特征是债券发行者和债券投资者属于不同的国家，筹集的资金来源于国际金融市场。

发行国际债券的优点是：资金规模巨大、稳定、借款时间较长，可以获得外汇资金；其缺点是：发债条件严格、信用要求高、筹资成本高、手续复杂。国际债券适用于资金需求量大、能吸引外资的建设项目。

因国际债券的发行涉及国际收支管理，国家对企业发行国际债券进行严格的管理。

**9. 可转换债券**

可转换债券是一种可以在特定时间、按特定条件转换为普通股股票的特殊企业债券，兼有债券和股票的特性。

可转换债券有以下特点：

（1）债权性。与其他债券一样，可转换债券也有规定的利率和期限，债券持有人可以选择持有债券到期，收取本金和利息。

（2）股权性。可转换债券在转换成股票之前是纯粹的债券，但在转换成股票之后，原债券持有人就由债权人变成了股东，可参与企业的经营决策和红利分配。

（3）可转换性。债券持有人有权按照约定条件将债券转换成股票。转股权是投资者享有的、普通企业债券所没有的选择权。可转换债券在发行时就明确约定，债券持有人可按照发行时约定的价格将债券转换成普通股股票。如果债券持有人不想转换，则可以继续持有债券，直到偿还期满时收取本金和利息，或者在流通市场出售变现。

由于可转换债券附有普通企业债券所没有的转股权，因此可转换债券的利率一般低于普通企业债券的利率，企业发行可转换债券有助于降低资金成本。但可转换债券在一定条件下可转换为股票，因而可能会造成股权的分散。

在项目评价中，可转换债券应视为项目债务资金。

**10. 融资租赁**

融资租赁是资产所有者在一定期限内将资产租给承租人使用，由承租人分期付给一定的租赁费的融资方式。融资租赁是一种以租赁物品的所有权与使用权相分离为特征的信贷方式。

融资租赁一般由出租人按承租人选定的设备，购置后出租给承租人长期使用。在租赁期内，出租人以收取租金的形式收回投资，并取得收益；承租人支付租金租用设备进行生产经营活动。租赁期满后，出租人一般将设备作价转让给承租人。

融资租赁的优点是：企业可不必预先筹集一笔相当于资产买价的资金就可以获得需要资产的使用权。这种融资方式适用于以购买设备为主的建设项目。

## 4.9 其他融资方式——政府和社会资本合作（PPP）

《国家发展改革委关于开展政府和社会资本合作的指导意见》（发改投资〔2014〕2724号）中提出，政府和社会资本合作（PPP）模式是指政府为增强公共产品和服务供给能力、提高供给效率，通过特许经营、购买服务、股权合作等方式，与社会资本建立的利益共享、风险共担及长期合作关系。《财政部关于推广运用政府和社会资本合作模式有关问题的通知》（财金〔2014〕76号）中提出，政府和社会资本合作模式是在基础设施及公共服务领域建立的一种长期合作关系。通常模式是由社会资本承担设计、建设、运营、维护基础设施的大部分工作，并通过"使用者付费"及必要的"政府付费"获得合理的投资回报；政府部门负责基础设施及公共服务价格和质量监管，以保证公共利益最大化。

综合上述定义和功能，政府和社会资本合作（PPP）模式可归纳为政府（Public）和社会资本（Private）在风险分担、利益共享的基础上建立并维持长期的合作伙伴关系（Partnership），通过发挥各自的优势和特长，最终为公众提供质量更高、效果更好的公共产品及服务的一种投融资方式。

PPP模式主要适用于适宜市场化运作的基础设施和公共服务类项目，涉及的行业可能分为能源、交通运输、水利建设、生态建设和环境保护、市政工程、片区开发、农业、林业、科技、保障性安居工程、旅游、医疗卫生、养老、教育、文化、体育、社会保障、政府基础设施、其他19个一级行业。PPP模式不但可以用于新建项目，也可以在存量和在建项目中使用。

## 4.10 融资方案设计与优化

融资方案与投资估算、财务分析密切相关。一方面，融资方案必须满足投资估算确定的投资额及其使用计划对投资数额、时间和币种的要求；另一方面，不同方案融资后的财务分析结论，也是比选、确定融资方案的依据，而融资方案确定的项目资本金和项目债务资金的数额及相关融资条件又为进行资本金盈利能力分析、项目偿债能力分析、项目财务生存能力分析等财务分析提供了必需的基础数据。

融资方案研究在投资估算的基础上进行。其任务一是调查项目的融资环境，研究拟建项目的资金渠道、融资形式、融资结构、融资成本、融资风险，拟订出一套或几套可行的融资方案；二是经过完善和比选优化，推荐资金来源可靠、资金结构合理、融资成本低、融资风险小的方案。

### 4.10.1 编制项目资金筹措方案

通过对项目融资方案的系统研究，编制一套完整的项目资金筹措方案。项目资金筹措方案应对资金来源、资金筹措方式、融资结构和数量等做出整体安排。这应当在项目分年投资计划基础之上编制。项目的资金筹措需要满足项目投资资金使用的要求。

一个完整的项目资金筹措方案由两部分内容构成：项目资金来源计划表；总投资使用计划和资金筹措表。

**1. 编制项目资金来源计划表**

项目资金来源计划表主要反映项目资本金及债务资金来源的构成。每一项资金来源的融资条件和融资可信程度在表中要加以说明和描述，或在表中附注。

【例 4-12】 表 4-14 为某新设法人项目资金来源计划表，表中简要说明了项目各项资金的来源及条件。

表 4-14 某新设法人项目资金来源计划表

| 序号 | 资金来源 | 金额（万元） | 融资条件 | 融资说明 |
|---|---|---|---|---|
| 1 | 资本金 | 2800 | | |
| 1.1 | 股东 A 股本投资 | 1700 | | 公司书面承诺 |
| 1.2 | 股东 B 股本投资 | 600 | | 董事会书面承诺 |
| 1.3 | 股东 C 股本投资 | 500 | | 公司预计 |
| 2 | 债务资金 | 6820 | | |
| 2.1 | 某国买方信贷 | 3320 | 贷款期限为 8 年，其中宽限期为 3 年，宽限期内只付息，不还本；还本期内等额分期偿还本金；年利率为 6%，按季计息；国内银行转贷手续费为 0.4%；无其他银行附加费用；以进口设备抵押，抵押率为 70% | 公司意向 |
| 2.2 | ××银行长期贷款 | 3500 | 贷款期限为 6 年，其中宽限期为 2 年；还款期内等额还本付息；年利率为 8%，按季付息；由公司股东按比例担保，担保费率为 1%；无其他财务费用 | 银行书面承诺、各股东公司书面承诺担保 |

【例 4-13】 表 4-15 为某既有法人项目资金来源计划表，表中简要说明了项目各项资金的来源及条件。

第4章 投资估算与融资方案分析

表 4-15 某既有法人项目资金来源计划表

| 序号 | 资金来源 | 金额（亿元） | 融 资 条 件 | 融 资 说 明 |
|---|---|---|---|---|
| 1 | 项目资本金 | | | |
| 1.1 | 既有法人内部融资 | 2.0 | | 来自既有公司现有现金流、建设期内的经营净现金流、资产变现 |
| 1.2 | 新增资本金（股东增加股本投资） | 2.0 | | 股东承诺书 |
| 2 | 新增债务资金 | | | |
| 2.1 | 增加长期借款 | | | |
| | ××银行借款 | 5.0 | 贷款期限为6年，其中宽限期为3年；还款期内等额还本，执行国家基准利率，按季付息，年利率为6%；以项目财产及权益抵押；贷款需要与资本金同比例支付 | 银行贷款承诺书 |
| 2.2 | 增加流动资金借款 | 1.0 | 贷款期限为1年，可循环周转使用；利率执行国家基准利率，按季付息，年利率为5%，由控股母公司担保，担保费费率为1%；无其他银行附加费 | 银行贷款承诺书，股东担保承诺书 |
| 2.3 | 发行债券 | | | |
| 2.4 | 融资租赁 | | | |
| 3 | 合计 | 10.0 | | |

**2. 编制总投资使用计划和资金筹措表**

总投资使用计划和资金筹措表是根据项目资金来源计划表所反映的各项资金来源和条件，按照项目投资的使用要求所进行的规划与安排。该表是投资估算和融资方案两部分的衔接点。其表格格式详见表 4-16。

表 4-16 总投资使用计划和资金筹措表

（人民币单位：万元，外币单位：　　）

| 序号 | 项 目 | 合　计 | | | 1 | | | … | | |
|---|---|---|---|---|---|---|---|---|---|---|
| | | 人民币 | 外币 | 小计 | 人民币 | 外币 | 小计 | 人民币 | 外币 | 小计 |
| 1 | 总投资 | | | | | | | | | |
| 1.1 | 建设投资 | | | | | | | | | |
| 1.2 | 建设期利息 | | | | | | | | | |
| 1.3 | 流动资金 | | | | | | | | | |
| 2 | 资金筹措 | | | | | | | | | |
| 2.1 | 项目资本金 | | | | | | | | | |
| 2.1.1 | 用于建设投资 | | | | | | | | | |
| | ××方 | | | | | | | | | |
| | ⋮ | | | | | | | | | |
| 2.1.2 | 用于流动资金 | | | | | | | | | |
| | ××方 | | | | | | | | | |
| | ⋮ | | | | | | | | | |

(续)

| 序号 | 项 目 | 合 计 | | | 1 | | | ... | | |
|---|---|---|---|---|---|---|---|---|---|---|
| | | 人民币 | 外币 | 小计 | 人民币 | 外币 | 小计 | 人民币 | 外币 | 小计 |
| 2.1.3 | 用于建设期利息 | | | | | | | | | |
| | ××方 | | | | | | | | | |
| | ⋮ | | | | | | | | | |
| 2.2 | 债务资金 | | | | | | | | | |
| 2.2.1 | 用于建设投资 | | | | | | | | | |
| | ××借款 | | | | | | | | | |
| | ××债券 | | | | | | | | | |
| | ⋮ | | | | | | | | | |
| 2.2.2 | 用于建设期利息 | | | | | | | | | |
| | ××借款 | | | | | | | | | |
| | ××债券 | | | | | | | | | |
| | ⋮ | | | | | | | | | |
| 2.2.3 | 用于流动资金 | | | | | | | | | |
| | ××借款 | | | | | | | | | |
| | ××债券 | | | | | | | | | |
| | ⋮ | | | | | | | | | |
| 2.3 | 其他资金 | | | | | | | | | |
| | ××× | | | | | | | | | |
| | ⋮ | | | | | | | | | |

注：1. 本表按新增投资范畴编制。
2. 本表建设期利息一般可包括其他融资费用。
3. 对既有法人项目，项目资本金中可新增资金和既有法人货币资金与资产变现或资产经营权变现的资金，可分别列出或加以文字说明。

编制项目的总投资使用计划和资金筹措表时应注意以下问题：

（1）各年度的资金平衡。项目实施的各年度中，资金来源必须满足投资使用的要求，即编制的总投资使用计划和资金筹措表应做到资金的需求与筹措在时序、数量两方面都能平衡。资金来源的数量规模最好略大于投资使用的要求。

（2）建设期利息。建设期利息首先应按与建设投资用款计划相匹配的筹资方案计算。

根据债务融资条件的不同，建设期利息的计算分为三种情况：一是在建设期内只计不付（统一在还款期内偿付），将建设期利息复利计算后计入债务融资总额中，建设期利息被视为新的负债；二是在建设期内采用项目资本金按约定偿付（如按年度、按季度付息），债务融资总额不包括建设期利息；三是使用债务资金偿还同种债务资金的建设期利息，增加债务融资的本金总额。

### 4.10.2 资金结构分析

资金结构是指融资方案中各种资金的比例关系。在融资方案分析中，资金结构分析是一项重要内容。资金结构包括项目资本金与项目债务资金的比例、项目资本金内部结构比例和项目债务资金内部结构比例。资金结构的合理性和优化由各方利益平衡，风险性、资金成本等由多方面因素决定。

**1. 项目资本金与项目债务资金的比例**

（1）项目资本金与项目债务资金的比例的影响。项目资本金与项目债务资金的比例是项目资金结构中最重要的比例关系。项目投资者希望投入较少的资本金，获得较多的债务资金，尽可能降低债权人对股东的追索。而提供债务资金的债权人则希望项目能够有较高的资本金比例，以降低债权的风险。当资本金比例降低到银行不能接受的水平时，银行将会拒绝贷款。资本金与债务资金的合理比例需要由各个参与方的利益平衡来决定。

资本金所占比例越高，企业的财务风险和债权人的风险越小，可能获得较低利率的债务资金。债务资金的利息是在所得税前列支的，可以起到合理减税的效果。在项目收益不变、项目投资财务内部收益率高于负债利率的条件下，由于财务杠杆的作用，资本金所占比例越低，资本金财务内部收益率就越高，同时企业的财务风险和债权人的风险也越大。因此，一般认为，在符合国家有关资本金（注册资本）比例规定、符合金融机构信贷法规及债权人有关资产负债比例的要求的前提下，既能满足权益投资者获得期望的投资回报的要求，又能较好地防范财务风险的比例是较理想的资本金与债务资金的比例。

（2）项目资本金与项目债务资金的比例在内资企业的具体规定。按照我国有关法规规定，从1996年开始，对各种经营性国内投资项目试行资本金制度，投资项目资本金占总投资的比例，根据不同行业和项目的经济效益等因素确定，具体规定如下：交通运输、煤炭项目，资本金比例为35%及以上；邮电、化肥项目，资本金比例为25%及以上；电力、机电、建材、化工、石油加工、有色、轻工、纺织、商贸及其他行业的项目，资本金比例为20%及以上。

作为计算资本金基数的总投资，是指投资项目的固定资产投资（即建设投资和建设期利息之和）与铺底流动资金之和。

根据国民经济发展的实际情况，政府有关部门可能调整建设项目的资本金比例。2004年4月国务院决定，钢铁项目资本金比例由25%及以上提高到40%及以上，水泥、电解铝、房地产开发项目（含经济适用房项目）资本金比例由20%及以上提高到35%及以上。2005年11月，国务院又决定将铜冶炼项目资本金比例由20%及以上提高到35%及以上。2015年9月，根据《国务院关于调整和完善固定资产投资项目资本金制度的通知》，调整如下：

城市和交通基础设施项目：城市轨道交通项目由25%调整为20%，港口、沿海及内河航运、机场项目由30%调整为25%，铁路、公路项目由25%调整为20%。

房地产开发项目：保障性住房和普通商品住房项目维持20%不变，其他项目由30%调整为25%。

产能过剩行业项目：钢铁、电解铝项目维持40%不变，水泥项目维持35%不变，煤炭、电石、铁合金、烧碱、焦炭、黄磷、多晶硅项目维持30%不变。

其他工业项目：玉米深加工项目由30%调整为20%，化肥（钾肥除外）项目维持25%不变。

电力等其他项目维持20%不变。

（3）项目资本金与项目债务资金的比例在外资企业的具体规定。外商投资项目（包括外商独资、中外合资、中外合作经营项目）的注册资本与投资总额的比例，按照现行法规，具体规定如下：

1）投资总额在300万美元以下（含300万美元）的，其注册资本的比例不得低于70%。

2）投资总额在300万美元以上至1000万美元（含1000万美元）的，其注册资本的比例不得低于50%，其中投资总额在420万美元以下的，注册资本不得低于210万美元。

3）投资总额在1000万美元以上至3000万美元（含3000万美元）的，其注册资本的比例不得低于40%，其中投资总额在1250万美元以下的，注册资本不得低于500万美元。

4）投资总额在3000万美元以上的，其注册资本的比例不得低于1/3，其中投资总额在3600万美元以下的，注册资本不得低于1200万美元。

投资总额是指建设投资、建设期利息和流动资金之和。

**2. 项目资本金内部结构比例**

项目资本金内部结构比例是指项目投资各方的出资比例。不同的出资比例决定各投资方对项目建设和经营的决策权和承担的责任，以及项目收益的分配。

（1）采用新设法人融资方式的项目，应根据投资各方在资金、技术和市场开发方面的优势，通过协商确定各方的出资比例、出资形式和出资时间。

（2）采用既有法人融资方式的项目，项目的资金结构要考虑既有法人的财务状况和筹资能力，合理确定既有法人内部融资与新增资本金在项目融资总额中所占的比例，分析既有法人内部融资与新增资本金的可能性与合理性。既有法人将现金资产和非现金资产投资于拟建项目长期占用，将使企业的财务流动性降低，其投资额度受到企业自身财务资源的限制。

（3）按照我国现行规定，有些项目不允许国外资本控股，有些项目要求国有资本控股。例如，2017年7月28日起施行的《外商投资产业指导目录（2017年修订）》中明确规定，核电站、铁路干线路网等项目，必须由中方控股。

根据投资体制改革的精神，国家放宽社会资本的投资领域，允许社会资本进入法律法规未禁入的基础设施、公用事业及其他行业和领域。按照促进和引导民间投资（个体、私营经济以及它们之间的联营、合股等经济实体的投资）的精神，除国家有特殊规定的以外，凡是鼓励和允许外商投资进入的领域，均鼓励和允许民间投资进入。因此，在进行融资方案分析时，应关注出资人出资比例的合法性。

**3. 项目债务资金内部结构比例**

项目债务资金内部结构比例反映债权各方为项目提供债务资金的数额比例、债务期限比例、内债和外债比例，以及外债中各币种债务的比例等。在确定项目债务资金内部结构比例时，可借鉴下列经验：

（1）合理确定各类借款和债券的比例。根据债权人提供债务资金的条件（包括利率、宽限期、偿还期及担保方式等）合理确定各类借款和债券的比例，可以降低融资成本和融资风险。

（2）合理搭配短期、中长期债务比例。适当安排一些短期负债可以降低总的融资成本，但过多采用短期负债，会产生财务风险。大型基础设施项目的负债融资应以长期债务为主。

（3）合理安排债务资金的偿还顺序。尽可能先偿还利率较高的债务，后偿还利率较低的债务。对于有外债的项目，由于有汇率风险，通常应先偿还硬货币（指货币汇率比较稳定且有上浮趋势的货币）的债务，后偿还软货币（指汇率不稳定且有下浮趋势的货币）的债务。应使债务本息的偿还不致影响企业正常生产所需的现金量。

（4）合理确定内债和外债的比例。内债和外债的比例主要取决于项目的用汇量。从项目本身的资金平衡考虑,产品内销的项目尽量不要借用外债,可以采用投资方注入外汇或者以人民币购汇的方式。

(5) 合理选择外汇币种。选择外汇币种应遵循以下原则:

1) 选择可自由兑换的货币。可自由兑换的货币是指实行浮动汇率制并且有人民币报价的货币,如美元、英镑、日元等,它有助于外汇风险的防范和外汇资金的调拨。

2) 付汇用软货币,收汇用硬货币。对于建设项目的外汇贷款,在选择还款币种时,尽可能选择软货币。当然,软货币的外汇贷款利率通常较高,这就需要在汇率变化与利率差异之间做出预测和抉择。

(6) 合理确定利率结构。当资本市场利率水平相对较低且有上升趋势时,尽量借固定利率贷款;当资本市场利率水平相对较高且有下降趋势时,尽量借浮动利率贷款。

### 4.10.3 融资风险分析

融资风险是指融资活动存在的各种风险。融资风险有可能使投资者、项目法人、债权人等各方蒙受损失。在融资方案分析中,应对各种融资方案的融资风险进行识别、比较,并对最终推荐的融资方案提出防范风险的对策。融资风险分析中应重点考虑下列风险因素:

**1. 资金供应风险**

资金供应风险是指在项目实施过程中由于资金不落实,导致建设工期延长,工程造价上升,使原定投资效益目标难以实现的可能性。导致资金不落实的原因很多,主要包括:

(1) 已承诺出资的股本投资者由于出资能力有限(或者由于拟建项目的投资效益缺乏足够的吸引力)而不能(或不再)兑现承诺。

(2) 原定的发行股票、债券计划不能实现。

(3) 既有企业法人由于经营状况恶化,无力按原定计划出资。

为防范资金供应风险,必须认真做好资金来源的可靠性分析。在选择股本投资时,应当选择资金实力强、既往信用好、风险承受能力强的投资者。

**2. 利率风险**

利率风险是指由于利率变动导致资金成本上升,给项目造成损失的可能性。利率水平随金融市场的情况而变动,未来市场利率的变动会引起项目资金的成本发生变动。采用浮动利率,项目的资金成本随利率的上升而上升,随利率的下降而下降。采用固定利率,如果未来利率下降,项目的资金成本不能相应下降,相对资金成本将升高。因此,无论采用浮动利率还是固定利率都存在利率风险。为了防范利率风险,应对未来利率的走势进行分析,以确定采用何种利率。

**3. 汇率风险**

汇率风险是指由于汇率变动给项目造成损失的可能性。国际金融市场上各国货币的比价在时刻变动,使用外汇贷款的项目,未来汇率的变动会引起项目资金成本发生变动以及未来还本付息费用支出的变动。某些硬货币贷款利率较低,但汇率风险较高;软货币则相反,汇率风险较低,但贷款利率较高。为了防范汇率风险,使用外汇数额较大的项目应对人民币的汇率走势、所借外汇币种的汇率走势进行分析,以确定借用何种外汇币种以及采用何种外汇币种结算。一般情况下应尽量借用软货币。

### 4.10.4 资金成本分析

**1. 资金成本的含义及公式**

资金成本是指项目使用资金所付出的代价，由资金占用费和资金筹集费两部分组成。资金占用费是指使用资金过程中发生的向资金提供者支付的代价，包括：借款利息、债券利息、优先股股息、普通股红利及权益收益等。资金筹集费是指资金筹集过程中发生的各种费用，包括律师费、资信评估费、公证费、证券印刷费、发行手续费、担保费、承诺费、银团贷款管理费等。

资金成本通常用资金成本率来表示。资金成本率是指能使筹得的资金同筹资期间及使用期间发生的各种费用（包括向资金提供者支付的各种代价）等值时的收益率或贴现率。不同来源资金的资金成本率的计算方法不尽相同，但理论上均可用下列公式表示：

$$\sum_{t=0}^{n} \frac{F_t - C_t}{(1+i)^t} = 0 \qquad (4-47)$$

式中，$F_t$ 为各年实际筹措资金流入额；$C_t$ 为各年实际资金筹集费和对资金提供者的各种付款，包括贷款、债券等本金的偿还；$i$ 为资金成本率；$n$ 为资金占用期限。

**2. 债务资金成本**

（1）所得税前借款资金成本计算。向银行及其他各类金融机构以借贷方式筹措资金时，应分析各种可能的借款利率水平、利率计算方式（固定利率或者浮动利率）、计息（单利、复利）和付息方式，以及偿还期和宽限期，计算借款资金成本，并进行不同方案的比选。借款资金成本的计算举例如下。

【例 4-14】 期初向银行借款 100 万元，年利率为 6%，按年付息，期限为 3 年，到期一次还清借款，资金筹集费为借款额的 5%。计算该借款资金成本。

**解** 按式（4-47）计算

$$100 \text{万元} \times (1-5\%) - \frac{100 \text{万元} \times 6\%}{(1+i)^1} - \frac{100 \text{万元} \times 6\%}{(1+i)^2} - \frac{100 \text{万元} \times 6\%}{(1+i)^3} - \frac{100 \text{万元}}{(1+i)^3} = 0$$

用人工试算法计算，得

$$i = 7.94\%$$

答：该借款资金成本为 7.94%。

（2）所得税前债券资金成本计算。债券的发行价格有三种：溢价发行，即以高于债券票面金额的价格发行；折价发行，即以低于债券票面金额的价格发行；等价发行，即按债券票面金额的价格发行。调整发行价格可以平衡票面利率与购买债券收益之间的差距。债券资金成本的计算与借款资金成本的计算类似。

【例 4-15】 面值 100 元的债券，发行价格 100 元，票面利率为 4%，3 年期，到期一次还本付息，发行费为 0.5%，在债券发行时支付，兑付手续费为 0.5%。计算债券资金成本。

**解** 按式（4-47）计算

$$100 \text{元} \times (1-0.5\%) - \frac{100 \text{元} \times (1+3 \times 4\%)}{(1+i)^3} - \frac{100 \text{元} \times 0.5\%}{(1+i)^3} = 0$$

用人工试算法计算，得

$$i = 4.18\%$$

答：该债券的资金成本为 4.18%。

（3）所得税后的债务资金成本计算。在计算所得税后债务资金成本时，还应注意在项目建设期和项目运营期内的免征所得税年份，利息支付并不具有抵税作用。因此，含筹资费用的所得税后债务资金成本可按下式采用人工试算法计算：

$$P_0(1-F) = \sum_{t=1}^{n} \frac{P_t + I_t(1-T)}{(1+K_d)^t} \tag{4-48}$$

式中，$P_0$ 为债券发行额或长期借款金额，即债务现值；$F$ 为债务资金筹资费用率；$I_t$ 为债务约定付息额；$P_t$ 为约定的第 $t$ 期期末偿还债务本金；$K_d$ 为含筹资费用的所得税后债务资金成本；$T$ 为所得税税率；$n$ 为债务期限，通常以年表示。

上述公式中，等号左边是债务人的实际现金流入；等号右边是债务引起的未来现金流出的现值总额。本公式中未计入债券兑付手续费（可忽略不计）。项目建设期不应乘以 $(1-T)$，而运营期内的免征所得税年份也不应乘以 $(1-T)$。

【例 4-16】 某废旧资源利用项目，建设期 1 年，投产当年即可盈利，按有关规定可免征所得税 1 年，从投产第 2 年起，所得税税率为 25%。该项目在建设期初向银行借款 1000 万元，筹集费用率为 0.5%，年利率为 6%，按年付息，期限 3 年，到期一次还清借款，计算该借款的所得税后资金成本。

**解** 按式（4-48）计算

$$1000\text{ 万元} \times (1-0.5\%) = \frac{1000\text{ 万元} \times 6\%}{(1+K_d)^1} + \frac{1000\text{ 万元} \times 6\%}{(1+K_d)^2} + \frac{1000\text{ 万元} \times 6\% \times (1-25\%)}{(1+K_d)^3} + \frac{1000\text{ 万元}}{(1+K_d)^3}$$

查复利系数表（5%），1 年期、2 年期、3 年期的现值系数分别为 0.9524、0.9070、0.8638。代入上式得

1000 万元 × 6% × 0.9524 + 1000 万元 × 6% × 0.9070 + 1045 万元 × 0.8638 − 1000 万元 × (1 − 0.5%) = 19.235 万元

19.235 万元大于零，需要提高贴现率再试。

查复利系数表（6%），1 年期、2 年期、3 年期的现值系数分别为 0.9434、0.8900、0.8396。代入上式得

1000 万元 × 6% × 0.9434 + 1000 万元 × 6% × 0.8900 + 1045 万元 × 0.8396 − 1000 万元 × (1 − 0.5%) = −7.614 万元

用插入法得

$$5\% + \frac{19.235\text{ 万元}}{19.235\text{ 万元} + 7.614\text{ 万元}} \times (6\% - 5\%) = 5.72\%$$

答：该借款的所得税后的资金成本为 5.72%。

**3. 权益资金成本**

权益资金成本的估算比较困难，因为很难对项目未来收益以及股东对未来风险所要求的风险溢价做出准确的测定。可采用的计算方法主要有资本资产定价模型法、税前债务成本加风险溢价法和股利增长模型法。权益资金成本也可直接采用投资方的预期报酬率和既有法人的净资产收益率。

（1）采用资本资产定价模型法，权益资金成本的计算公式为

$$K_s = R_f + \beta(R_m - R_f) \tag{4-49}$$

式中，$K_s$ 是权益资金成本；$R_f$ 是社会无风险投资收益率；$\beta$ 是项目的投资风险系数；$R_m$ 是市场投资组合预期收益率。

【例4-17】 假设社会无风险投资收益率为3%（长期国债利率），市场投资组合预期收益率为12%，某项目的投资风险系数为1.2，采用资本资产定价模型计算普通股资金成本。

**解** 普通股资金成本为

$$K_s = R_f + \beta(R_m - R_f) = 3\% + 1.2 \times (12\% - 3\%) = 13.8\%$$

（2）采用税前债务成本加风险溢价法，权益资金成本的计算公式为

$$K_s = K_b + RP_c \qquad (4-50)$$

式中，$K_s$ 是权益资金成本；$K_b$ 是所得税前的债务资金成本；$RP_c$ 是投资者比债权人承担更大风险所要求的风险溢价。

（3）采用股利增长模型法，权益资金成本的计算公式为

$$K_s = \frac{D_1}{P_0} + G \qquad (4-51)$$

式中，$K_s$ 是权益资金成本；$D_1$ 是预期年股利额；$P_0$ 是普通股市价；$G$ 是普通股利年增长率。

【例4-18】 某上市公司普通股目前市价为16元，预期年末每股发放股利0.8元，股利年增长率为6%，计算该普通股资金成本。

**解** 该普通股资金成本为

$$K_s = \frac{D_1}{P_0} + G = \frac{0.8 \text{元}}{16 \text{元}} + 6\% = 5\% + 6\% = 11\%$$

### 4. 加权平均资金成本

为了比较不同融资方案的资金成本，需要计算加权平均资金成本。加权平均资金成本一般是以各种资金占全部资金的比重为权数，对个别资金成本进行加权平均确定的，其计算公式为

$$K_w = \sum_{j=1}^{n} K_j W_j \qquad (4-52)$$

式中，$K_w$ 是加权平均资金成本；$K_j$ 是第 $j$ 种个别资金成本；$W_j$ 是第 $j$ 种个别资金成本占全部资金的比重（权数）。

【例4-19】 加权平均资金成本计算表见表4-17。

表4-17 加权平均资金成本计算表

| 资金来源 | 融资金额（万元） | $W_j$ | $K_j$ | $K_j W_j$ |
| --- | --- | --- | --- | --- |
| 长期借款 | 30 | 0.3 | 7.00% | 2.10% |
| 短期借款 | 10 | 0.1 | 5.00% | 0.50% |
| 优先股 | 10 | 0.1 | 12.00% | 1.20% |
| 普通股 | 50 | 0.5 | 16.00% | 8.00% |
| 合计 | 100 | 1 | | 11.80% |
| 加权平均资金成本 | | | 11.80% | |

注：表中长期借款和短期借款的资金成本均为税后资金成本。

加权平均资金成本可以作为选择项目融资方案的重要条件之一。在计算加权平均资金成本时应注意需要把不同来源和筹集方式的资金成本统一为税前或税后再进行计算。

## 本 章 小 结

本章概括介绍投资估算的内容、要求、依据和过程，分别介绍建设投资、建设期利息和流动资金的估算方法和步骤。项目的总投资由建设投资、建设期利息和流动资金构成。建设投资的估算一般采用分类估算法，建设期利息的估算一般是在假定资金均衡使用的前提下进行的，流动资金的估算一般采用分项详细估算法，是流动资产与流动负债估算后相减的结果。本章还简要介绍了融资主体、融资方式和融资成本等内容，并对项目资本金和债务资金的筹措进行具体的研究分析。建设项目的融资主体主要有新设法人和既有法人，分别适用于不同的项目。资本金融资不需偿还，没有还款压力，但资金成本较高。负债融资需要偿还，但资金成本较低。融资方案需要分析资金来源与结构的合理性。

## 思 考 题

1. 项目总投资由哪几部分构成？分别形成什么资产？
2. 工程建设其他费用包括哪几项内容？
3. 建设期利息何时按单利计算，何时按复利计算？
4. 简述流动资金分项详细估算法。
5. 项目的融资主体有几种？分别何时采用？
6. 项目资本金筹措方式具体有哪些？
7. 项目债务资金筹措方式具体有哪些？
8. 项目资金成本的含义是什么？

# 第5章 财务效益与费用估算

> **学习目标**
>
> (1) 了解财务效益与费用估算的含义、内容、程序
> (2) 掌握项目计算期的确定与营业收入的估算方法
> (3) 掌握成本费用的估算方法
> (4) 掌握相关税金的估算方法
> (5) 掌握利润及利润分配的估算方法
> (6) 掌握借款还本付息的估算方法

## 5.1 概述

### 5.1.1 财务效益与费用估算的含义和内容

**1. 财务效益与费用估算的含义**

财务效益与费用估算是指在项目市场、资源、技术条件分析评价的基础上，从项目（或企业）的角度出发，依据现行的法律法规、价格政策、税收政策和其他有关规定，对一系列有关的财务效益与费用数据进行调查、收集、整理和测算，并编制有关财务效益与费用估算表格的工作。

财务效益与费用估算是项目财务分析、经济分析和风险分析的基础和重要依据，它不仅为上述分析提供必需的数据，而且对其分析的结果、所采取的分析方法以及最后的决策意见，都产生决定性的影响。在可行性研究中，财务效益与费用估算是一项非常重要的工作。

**2. 财务效益与费用估算的内容**

财务效益与费用估算的内容包括对项目计算期内各年的经济活动情况及全部财务收支结果的估算。

其具体内容包括：

(1) 项目计算期的确定。
(2) 成本费用的估算。
(3) 营业收入与相关税金的估算。
(4) 利润及利润分配的估算。
(5) 借款还本付息的估算。

## 5.1.2 财务效益与费用估算的原则

**1. 以现行经济法律法规为依据的原则**

在进行财务效益与费用估算时，必须严格执行国家有关部门制定和颁布的经济法规、条例、制度和规定，不应以可行性研究人员的主观想象作为财务效益与费用估算的依据。坚持这一原则的目的在于保证财务测算工作的合法性和可行性。可行性研究人员应随时注意收集和掌握一定时期的有关法律法规和规章制度。

**2. 有无对比的原则**

"有无对比"是国际上项目评价中通用财务效益与费用估算的基本原则。"有项目"是指实施项目后的将来状况，"无项目"是指不实施项目时的将来状况。在财务效益与费用估算时，必须注意只有"有无对比案"的差额部分才是由于项目的建设增加的效益和费用。采用有无对比的方法，是为了识别那些真正应该算作项目效益的部分，即增量效益，排除那些由于其他原因产生的效益；同时也要找出与增量效益相对应的增量费用，只有这样，才能真正体现项目投资的净收益。

**3. 真实性原则**

财务效益与费用估算，必须体现严肃性、科学性和现实性的统一，应本着实事求是的精神，真实地反映客观情况。对比较重要的数据和参数，可行性研究人员应从不同方面进行调查核实，根据各种可靠的依据测算基础数据，不应以假设作为测算的依据。

**4. 准确性原则**

财务效益与费用估算的各项基础数据准确与否直接关系到经济分析结论的正确与否。因此，可行性研究人员必须把握准确性原则。在数据选择时，要注意客观性；在预测和分析时，要注意主观性和片面性，还应考虑比较重要的基础数据和参数在项目计算期内的变动趋势，以保证财务基础数据预测和经济分析结果的准确性。

## 5.1.3 财务效益与费用估算的程序

财务效益与费用估算是一项繁杂的工作，为保证工作效率和测算数据的准确性和可靠性，一般可按下列程序进行：

**1. 熟悉项目概况，制订财务效益与费用估算工作计划**

由于各个项目的背景、条件以及内部因素和外部配套条件等各不相同，可行性研究人员必须对项目的基本概况做一个全面的了解，针对其特点制订财务效益与费用估算的工作计划，明确估算的重点，做好时间安排和人员安排等。

**2. 收集资料**

财务效益与费用估算工作所涉及的范围很广，需要收集大量的资料，其中主要资料有：

（1）有关部门批准的项目建议书和其他有关文件，如选址意见书、土地转让的批复等。

（2）国家有关部门制定的法律法规、政策、规章制度、办法和标准等。

（3）同类项目的有关基础数据。

**3. 进行财务效益与费用估算**

在收集、整理和分析有关资料的基础上，测算各项财务效益与费用，并按有关规定编制相应的财务效益与费用估算表格。

财务效益与费用估算表格主要有：①建设投资估算表；②建设期利息估算表；③流动资金估算表；④项目总投资使用计划和资金筹措表；⑤营业收入、税金及附加和增值税估算表；⑥总成本费用估算表。

其中，总成本费用估算表的附表有：外购原材料费估算表、外购燃料和动力费估算表、固定资产折旧费估算表、无形资产和其他资产摊销估算表、工资或薪酬估算表。

上述估算表可归纳为三大类：

第一类，分析项目建设期的建设投资和生产期的流动资金，以及项目总投资的使用计划和资金筹措。

第二类，分析项目投产后的总成本、营业收入、税金、利润和利润分配。

第三类，分析项目投产后偿还建设投资借款本息的情况。

## 5.2 项目计算期、营业收入和补贴收入估算

### 5.2.1 项目计算期的含义和估算

**1. 项目计算期的含义**

项目财务效益和费用的估算涉及整个计算期的数据。项目计算期是指从资金正式投入开始到项目报废为止的时间，是财务分析的重要参数，包括建设期和运营期（生产期）。

建设期是指从项目资金正式投入开始到项目建成投产为止所需要的时间，可按合理工期或建设进度确定。

运营期（生产期）分为投产期和达产期两个阶段。投产期是指项目投入生产，但生产能力尚未完全达到设计生产能力时的过渡阶段；达产期是指生产运营达到设计生产能力后的时间。

**2. 项目计算期的估算**

项目计算期的长短主要取决于项目本身的特性，因此无法对项目计算期做出统一规定。计算期不宜定得太长：一方面，按照现金流量折现的方法，把后期的净收益折为现值的数值相对较小，很难对财务分析结论产生决定性的影响；另一方面，时间越长，预测的数据越不准确。

项目计算期应根据多种因素综合确定，包括行业特点、主要装置（或设备）的经济寿命等。行业有规定时，应从其规定。运营期一般应按项目主要设备的经济寿命期确定。

经济寿命期是指项目主要设备从投入使用到因继续使用不经济而需要提前更新所经历的时间。项目主要设备在使用过程中要经受两种磨损，即有形磨损和无形磨损。有形磨损是由于生产因素或自然因素引起的；无形磨损是非使用和非自然因素引起的项目主要设备的损失，如技术进步会使生产同种设备的成本降低，从而使原设备价值降低，或者由于科学技术进步出现新技术、新设备，从而引起原来低效率、技术落后的旧设备贬值或报废等。项目主要设备的经济寿命期，充分考虑了这两种磨损的因素，它是项目主要设备在经济上最合理的使用年限。从理论上讲，在进行可行性研究时，一般根据项目主要设备的经济寿命期确定项目生产期是较为合理的。

计算期较长的项目多以年为单位。对于计算期较短的行业项目，在较短的时间间隔内（如月、季、半年或其他非日历时间间隔）现金流水平有较大变化，如油田钻井开发项目、

高科技产业项目等，这类项目不宜用"年"做计算现金流量的时间单位，可根据项目的具体情况选择合适的计算现金流量的时间单位。

由于折现评价指标受计算时间的影响，对需要比较的项目或方案应取相同的计算期。

### 5.2.2 营业收入的含义和估算

**1. 营业收入的含义**

营业收入是指企业在日常活动中形成的、会导致所有者权益增加的、与所有者投入资本无关的经济利益的总流入，包括销售商品收入、提供劳务收入和让渡资产使用权收入等。

营业收入是企业补偿生产经营耗费的资金来源，是企业的主要经营成果，是企业取得利润的重要保障，是企业现金流入量的重要组成部分。因此，营业收入是财务分析的重要数据，其估算的准确性极大地影响了项目财务效益的估计。

**2. 营业收入的估算**

营业收入的估算标准如下：

（1）营业收入估算的基础数据，包括产品或服务的数量和价格。由于与市场预测密切相关，在估算营业收入时应对市场预测的相关结果以及建设规模、产品或服务方案进行概括的描述或确认，特别应对采用价格的合理性进行说明。

（2）工业项目评价中营业收入的估算基于以下一项重要假定，即当期的产出（扣除自用量后）当期全部销售，也就是当期产品产量等于当期销售量。主副产品（或不同等级产品）的销售收入应全部计入营业收入，其中某些行业的产品成品率按行业习惯或规定确定，其他行业提供的不同类型服务收入也应同时计入营业收入。

（3）分年运营量可根据经验确定负荷率后计算或通过制订销售（运营）计划确定。

1）按照市场预测的结果和项目的具体情况，根据经验直接判定分年的负荷率。判定时应考虑项目性质、技术掌握的难易程度、产出的成熟度及市场的开发程度等诸多因素。

2）根据市场预测结果，结合项目性质、产出的成熟度及市场的开发程度制订分年运营计划，进而确定各年的产出数量。相对而言，这种做法更具合理性，国际上大多采用该方法。

运营计划或分年负荷的确定不应是固定模式，应强调具体项目具体分析。一般投产时负荷较低，以后各年逐步提高，提高的幅度取决于上述因素的分析结果。有些项目的产出寿命期短，更新快，达到一定负荷后，在适当的年份开始减少产量，甚至适时终止生产。

### 5.2.3 补贴收入的含义和估算

补贴收入是指企业得到的各级财政部门给予的专项补贴收入。具体包括以下几类：

（1）企业实际收到的先征后返的增值税税款。

（2）企业实际收到的按销量或工作量等、依据国家规定的补助定额计算并按期给予的定额补助。

（3）属于国家财政扶持的领域而给予的其他形式的补助。

项目应按有关规定估算可能得到的补贴收入，这里的补贴收入仅包括与收益相关的政府补助。与资产相关的政府补助不包括在内，与资产相关的政府补助是指企业取得的、用于购建或以其他形式形成长期资产的政府补助。

补贴收入按《企业会计准则第16号——政府补助》准则（2017年5月10日财会

〔2017〕15 号），计入其他收益或营业外收入，如果补贴收入与几个会计年度有关，则计入递延收益。

## 5.3 成本费用估算

### 5.3.1 成本费用的含义及分类

**1. 成本费用的含义**

成本费用是指企业在日常活动中发生的、会导致所有者权益减少的、与向所有者分配利润无关的经济利益的总流出。它具有如下基本特征：

（1）成本费用最终会导致企业资源的减少，具体表现为企业的资金支出，或者表现为资产的耗费。

（2）成本费用最终会减少企业的所有者权益。成本费用只有在经济利益很可能流出从而导致企业资产减少或者负债增加，且经济利益的流出额能够可靠计量时才能予以确认。企业为生产产品、提供劳务等发生的费用可归属于产品成本、劳务成本；其他符合费用确认要求的支出（主要有管理费用、财务费用和销售费用），应当直接作为当期损益列入利润表。在项目财务分析中，为了对运营期间的总成本费用一目了然，将管理费用、财务费用和销售费用这三项费用与生产成本合并为总成本费用。这是财务分析相对会计规定所做的不同处理，但并不会因此影响利润的计算。

**2. 成本费用的分类**

（1）按经济用途分类，成本费用可分为生产成本和期间费用。

1）生产成本

① 直接材料。直接材料是指企业在生产产品或提供劳务过程中所消耗的直接用于产品生产并构成产品实体的原料、主要材料、外购半成品以及有助于产品形成的辅助材料。

② 直接人工。直接人工是指企业在生产产品或提供劳务过程中，企业给予参加产品生产的工人各种形式的报酬。

③ 其他直接费用。其他直接费用是指企业发生的除直接材料和直接人工费用以外的，与生产产品或提供劳务有直接关系的费用。

④ 制造费用（间接费用）。制造费用是指企业各生产单位（如生产车间）为组织和管理生产而发生的各项费用，包括生产部门职工薪酬、折旧费、修理费、办公费、水电费、机物料消耗、劳动保护费以及其他制造费用。

2）期间费用。期间费用是指企业在生产经营过程中发生的直接计入当期损益的费用，包括管理费用、销售费用和财务费用。

① 管理费用。管理费用是指企业行政管理部门为组织和管理生产经营活动而发生的各种费用，包括企业在筹建期间发生的开办费、董事会和行政管理部门在企业的经营管理中发生的或者应由企业统一负担的公司经费（包括行政管理部门职工工资及福利费、物料消耗、低值易耗品摊销、办公费和差旅费等）、工会经费、董事会费（包括董事会成员津贴、会议费和差旅费等）、聘请中介机构费、咨询费（含顾问费）、诉讼费、业务招待费、技术转让费、矿产资源补偿费、研究费、排污费等。

② 销售费用。销售费用是指企业在销售产品、提供劳务等日常经营过程中发生的各项费用以及专设销售机构的各项经费，包括保险费、包装费、展览费和广告费、商品维修费、预计产品质量保证损失费、运输费、装卸费等以及为销售本企业商品而专设的销售机构（含销售网点、售后服务网点等）的职工薪酬、业务费、折旧费等经营费用。

③ 财务费用。财务费用是指企业筹集生产经营所需资金而发生的费用，包括利息支出（减利息收入）、汇兑损益以及相关的手续费、企业发生的现金折扣或收到的现金折扣等。

(2) 按经济内容分类，成本费用可分为以下费用要素：

1) 外购原材料费。外购原材料费是指企业为进行生产而消耗的一切从外部购入的原材料、半成品、辅助材料、包装物、修理用备件和低值易耗品等。

2) 外购燃料动力费用。外购燃料动力费用是指企业为进行生产而消耗的一切从外部购入的各种燃料和各种动力。

3) 职工薪酬。职工薪酬是指企业为获得职工提供的服务或解除劳动关系而给予的各种形式的报酬或补偿。职工薪酬包括短期薪酬、离职后福利、辞退福利和其他长期职工福利。

4) 折旧费。折旧费是指企业所拥有的或控制的固定资产按照使用情况计提的折旧费用。

5) 修理费。修理费是指企业所拥有的或控制的固定资产在使用过程中发生的大、中、小修理费用。

6) 摊销费。摊销费是指企业所拥有的无形资产及其他资产在使用中摊销的费用。

7) 财务费用。财务费用主要是指企业为筹集生产经营所需资金等而发生的利息支出。

8) 其他费用。其他费用是指不属于以上各费用要素的费用。

## 5.3.2 成本费用的具体估算

**1. 成本费用的估算要求**

(1) 成本费用的估算，原则上应遵循国家现行《企业会计准则》和（或）《企业会计制度》规定的成本和费用核算方法，同时应遵循有关税法中准予在所得税前列支科目的规定。当两者有矛盾时，一般应按从税的原则处理。

(2) 结合运营负荷，分年确定各种投入的数量，注意成本费用与收入的计算口径对应一致。

(3) 合理确定各项投入的价格，并注意与产出价格体系的一致性。

(4) 各项费用划分清楚，防止重复计算或低估漏算。

(5) 成本费用估算的行业性很强，应注意根据项目具体情况增减其构成科目或改变名称，反映行业特点。

**2. 成本费用的估算详解**

成本费用估算的行业性很强，估算时应注意反映行业特点，或遵从行业规定。

以下所述的总成本费用估算适用于工业项目，在折旧、摊销、利息和某些费用计算方面也基本适用于其他行业。

项目评价中通常采用生产要素法估算总成本费用，各分项的内容和估算如下：

(1) 外购原材料费的估算。按生产要素法估算总成本费用时，原材料是指外购的部分，外购原材料费的估算需要相关专业所提出的外购原材料年耗用量，以及在选定价格体系下的预测价格，该价格应按入库价格计，即到厂价格并考虑途库损耗。采用的价格时点和价格体系应与营业收入的估算一致。外购原材料费的估算公式为

$$\text{外购原材料费} = \text{全年产量} \times \text{单位产品原材料成本} \tag{5-1}$$

式中,全年产量可根据测定的设计生产能力和投产期各年的生产负荷加以确定;单位产品原材料成本是依据原材料消耗定额和单价确定的。

编制"外购原材料费估算表",见表5-1。

表5-1 外购原材料费估算表 (单位:万元)

| 序号 | 项目 | 合计 | 计算期 | | | | | |
|---|---|---|---|---|---|---|---|---|
| | | | 1 | 2 | 3 | 4 | … | n |
| 1 | 外购原材料费 | | | | | | | |
| 1.1 | 原材料A | | | | | | | |
| | 单价 | | | | | | | |
| | 数量 | | | | | | | |
| | 进项税额 | | | | | | | |
| 1.2 | 原材料B | | | | | | | |
| | 单价 | | | | | | | |
| | 数量 | | | | | | | |
| | 进项税额 | | | | | | | |
| | ⋮ | | | | | | | |
| 2 | 辅助材料费用 | | | | | | | |
| | 进项税额 | | | | | | | |
| 3 | 其他 | | | | | | | |
| | 进项税额 | | | | | | | |
| 4 | 外购原材料费合计 | | | | | | | |
| 5 | 外购原材料进项税额合计 | | | | | | | |

注:本表适用于新设法人项目与既有法人项目的"有项目""无项目"和增量外购原材料费的估算。

(2)外购燃料动力费用估算。按生产要素法估算总成本费用时,燃料动力是指外购的部分,外购燃料动力费用的估算需要相关专业所提出的燃料动力年耗用量,以及在选定价格体系下的预测价格,该价格应按入库价格计,即到厂价格并考虑途库损耗。采用的价格时点和价格体系应与营业收入的估算一致。外购燃料动力费用的估算公式为

$$\text{燃料动力费用} = \text{全年产量} \times \text{单位产品燃料动力成本} \tag{5-2}$$

公式中有关数据的确定方法同上。

编制"外购燃料动力费用估算表",见表5-2。

表5-2 外购燃料动力费用估算表 (单位:万元)

| 序号 | 项目 | 合计 | 计算期 | | | | | |
|---|---|---|---|---|---|---|---|---|
| | | | 1 | 2 | 3 | 4 | … | n |
| 1 | 燃料费 | | | | | | | |
| 1.1 | 燃料A | | | | | | | |
| | 单价 | | | | | | | |
| | 数量 | | | | | | | |
| | 进项税额 | | | | | | | |
| | ⋮ | | | | | | | |

(续)

| 序号 | 项目 | 合计 | 计算期 | | | | | |
|---|---|---|---|---|---|---|---|---|
| | | | 1 | 2 | 3 | 4 | … | $n$ |
| 2 | 动力费 | | | | | | | |
| 2.1 | 动力 A | | | | | | | |
| | 单价 | | | | | | | |
| | 数量 | | | | | | | |
| | 进项税额 | | | | | | | |
| | ⋮ | | | | | | | |
| 3 | 外购燃料动力费用合计 | | | | | | | |
| 4 | 外购燃料动力进项税额合计 | | | | | | | |

注：本表适用于新设法人项目与既有法人项目的"有项目""无项目"和增量外购燃料动力费用的估算。

(3) 职工薪酬的估算

1) 职工薪酬的内容。职工薪酬是指企业为获得职工提供的服务或解除劳动关系而给予的各种形式的报酬或补偿。职工薪酬包括短期薪酬、离职后福利、辞退福利和其他长期职工福利。企业提供给职工配偶、子女、受赡养人、已故员工遗属及其他受益人等的福利，也属于职工薪酬。这里所称的职工，是指与企业订立劳动合同的所有人员，含全职、兼职和临时职工，也包括虽未与企业订立劳动合同但由企业正式任命的人员。未与企业订立劳动合同或未由其正式任命，但向企业所提供服务与职工所提供服务类似的人员，也属于职工的范畴，包括通过企业与劳务中介公司签订用工合同而向企业提供服务的人员。

① 短期薪酬。短期薪酬是指企业在职工提供相关服务的年度报告期间结束后 12 个月内需要全部予以支付的职工薪酬，因解除与职工的劳动关系给予的补偿除外。短期薪酬具体包括：职工工资、奖金、津贴和补贴，职工福利费，医疗保险费、工伤保险费和生育保险费等社会保险费，住房公积金，工会经费和职工教育经费，短期带薪缺勤，短期利润分享计划，非货币性福利以及其他短期薪酬。其中，带薪缺勤是指企业支付工资或提供补偿的职工缺勤，包括年休假、病假、短期伤残、婚假、产假、丧假、探亲假等。短期利润分享计划是指因职工提供服务而与职工达成的基于利润或其他经营成果提供薪酬的协议。

② 离职后福利。离职后福利是指企业为获得职工提供的服务而在职工退休或与企业解除劳动关系后，提供的各种形式的报酬和福利，短期薪酬和辞退福利除外。

③ 辞退福利。辞退福利是指企业在职工劳动合同到期之前解除与职工的劳动关系，或者为鼓励职工自愿接受裁减而给予职工的补偿。

④ 其他长期职工福利。其他长期职工福利是指除短期薪酬、离职后福利、辞退福利之外所有的职工薪酬，包括长期带薪缺勤、其他长期服务福利、长期残疾福利、长期利润分享计划和长期奖金计划等。

2) 确定职工薪酬需考虑的因素。确定职工薪酬时需考虑以下因素：

① 项目地点。职工薪酬水平随地域的不同会有差异，要注意考虑地域的不同对职工薪酬水平的影响，项目评价中对此应有合理反映。

② 原企业职工薪酬水平。对于依托老厂建设的项目，在确定单位职工薪酬时，客观上

需要将原企业职工薪酬水平作为参照系。

③ 行业特点。不同行业的职工薪酬水平也可能有较大差异，确定单位职工薪酬时需考虑行业特点，以使所定的职工薪酬水平更符合实际。

④ 平均或分档职工薪酬。根据不同项目的需要，财务分析中可视情况选择按项目全部人员年薪酬的平均数值计算，或者按照人员类型和层次的不同分别设定不同档次的薪酬进行计算。如果采用分档薪酬，最好编制薪酬估算表。

(4) 固定资产折旧的估算。固定资产折旧是指在固定资产使用寿命期内，按照确定的方法对应计折旧额进行系统分摊。其中，应计折旧额是指应当计提折旧的固定资产的原价扣除其预计净残值后的金额；已计提减值准备的固定资产，还应当扣除已计提的固定资产减值准备累计金额。预计净残值是指假定固定资产预计使用寿命已满并处于使用寿命终了时的预期状态，企业目前从该项资产处置中获得的扣除预计处置费用后的金额。预计净残值预期能够在固定资产使用寿命终了后收回，因此计算折旧时应将其扣除。

企业应当根据固定资产的性质和使用情况，合理确定固定资产的使用寿命和预计净残值。固定资产的使用寿命、预计净残值一经确定，不得随意变更。

1) 固定资产折旧范围。《企业会计准则第 4 号——固定资产》规定，企业应当对所有固定资产计提折旧。但是，已提足折旧仍继续使用的固定资产和单独计价入账的土地除外。

提足折旧是指已经提足该项固定资产的应计折旧额。固定资产提足折旧后，不论能否继续使用，均不再计提折旧。提前报废的固定资产也不再补提折旧。

固定资产应当按月计提折旧，当月增加的固定资产，当月不计提折旧，从下月起计提折旧；当月减少的固定资产，当月仍计提折旧，从下月起不计提折旧。

2) 固定资产折旧方法。企业应当根据与固定资产有关的经济利益的预期实现方式，合理选择折旧方法。固定资产折旧方法包括年限平均法、工作量法、双倍余额递减法和年数总和法等。企业选用不同的固定资产折旧方法，将影响固定资产使用寿命期间内不同时期的折旧费用，因此，固定资产的折旧方法一经确定，不得随意变更。

① 年限平均法。年限平均法又称直线法，是指将固定资产的应计提折旧额均衡地分摊到固定资产预计使用寿命内的一种方法。采用这种方法计算的每期折旧额相等。计算公式为

$$年折旧率 = \frac{1-预计净残值率}{折旧年限} \times 100\% \quad (5-3)$$

$$年折旧额 = 固定资产原值 \times 年折旧率 \quad (5-4)$$

【例 5-1】 某项目有厂房一幢，原值为 200 万元，预计使用年限为 20 年，预计净残值率为 5%，计算该厂房的年折旧额。

**解** $年折旧率 = \frac{1-5\%}{20} \times 100\% = 4.75\%$

$年折旧额 = 200 \text{ 万元} \times 4.75\% = 9.5 \text{ 万元}$

② 工作量法。工作量法是根据实际工作量计算每期应计提折旧额的一种方法。其计算公式为

$$单位工作量折旧额 = \frac{固定资产原价 \times (1-预计净残值率)}{预计总工作量}$$

某项固定资产月折旧额=该项固定资产当月工作量×单位工作量折旧额

【例5-2】 某项目有货车一辆，原值为200000元，预计净残值率为5%，预计总行驶里程为600000km，当年行驶里程为100000km，该项固定资产的年折旧额为多少？

**解** 单位工作量折旧额 $= \dfrac{200000 \text{元} \times (1-5\%)}{600000 \text{km}} = 0.3167$ 元/km

本年折旧额 $= 100000 \text{km} \times 0.3167$ 元/km $= 31670$ 元

③ 双倍余额递减法。双倍余额递减法是指在不考虑固定资产预计净残值的情况下，根据每期期初固定资产原价减去累计折旧后的金额和双倍的直线法折旧率计算固定资产折旧的一种方法。应用这种方法计算折旧额时，由于每年年初固定资产净值没有扣除预计净残值，因此在计算固定资产折旧额时，应在其折旧年限到期前两年内，将固定资产净值扣除预计净残值后的余额平均摊销。其计算公式为

$$年折旧率 = \dfrac{2}{折旧年限} \times 100\% \qquad (5\text{-}5)$$

$$年折旧额 = 固定资产账面净值 \times 年折旧率 \qquad (5\text{-}6)$$

注意：实行双倍余额递减法的，应在折旧年限到期前两年内，将固定资产净值扣除净残值后的余额平均摊销。

【例5-3】 某项目进口一设备，设备原值为250000元，预计使用年限为5年，预计净残值率为5%，按双倍余额递减法计算该生产线的各年折旧额。

**解** 年折旧率 $= \dfrac{2}{5} \times 100\% = 40\%$

第1年折旧额：250000 元 × 40% = 100000 元
第2年折旧额：(250000 元 − 100000 元) × 40% = 60000 元
第3年折旧额：(150000 元 − 60000 元) × 40% = 36000 元
第4年折旧额：$\dfrac{(90000 \text{元} - 36000 \text{元}) - 250000 \text{元} \times 5\%}{2} = 20750$ 元

第5年折旧额：20750 元

④ 年数总和法。年数总和法又称年限合计法，是指将固定资产的原价减去预计净残值后的余额，乘以一个以固定资产尚可使用寿命为分子、以预计使用寿命逐年数字之和为分母的逐年递减的分数计算每年的折旧额。其计算公式为

$$年折旧率 = \dfrac{折旧年限 - 已使用年限}{折旧年限 \times (折旧年限 + 1)/2} \times 100\% \qquad (5\text{-}7)$$

$$年折旧额 = (固定资产原值 - 预计净残值) \times 年折旧率 \qquad (5\text{-}8)$$

【例5-4】 某设备原值为100000元，预计使用年限为5年，预计净残值为5000元，计算年折旧额。

**解** 第1年折旧额：$(100000 \text{元} - 5000 \text{元}) \times \dfrac{5}{15} = 31667$ 元

第2年折旧额：$(100000 \text{元} - 5000 \text{元}) \times \dfrac{4}{15} = 25333$ 元

第3年折旧额：$(100000 \text{元} - 5000 \text{元}) \times \dfrac{3}{15} = 19000$ 元

第4年折旧额：$(100000\ 元 - 5000\ 元) \times \dfrac{2}{15} = 12667\ 元$

第5年折旧额：$(100000\ 元 - 5000\ 元) \times \dfrac{1}{15} = 6333\ 元$

编制"固定资产折旧费估算表"，见表5-3。

表5-3　固定资产折旧费估算表　　　　　　　　　（单位：万元）

| 序号 | 项目 | 合计 | 计算期 | | | | | |
|---|---|---|---|---|---|---|---|---|
| | | | 1 | 2 | 3 | 4 | … | n |
| 1 | 房屋、建筑物 | | | | | | | |
| | 原值 | | | | | | | |
| | 当期折旧费 | | | | | | | |
| | 净值 | | | | | | | |
| 2 | 机器设备 | | | | | | | |
| | 原值 | | | | | | | |
| | 当期折旧费 | | | | | | | |
| | 净值 | | | | | | | |
| ⋮ | ⋮ | | | | | | | |
| n | 合计 | | | | | | | |
| | 原值 | | | | | | | |
| | 当期折旧费 | | | | | | | |
| | 净值 | | | | | | | |

注：本表适用于新设法人项目固定资产折旧费的估算，以及既有法人项目的"有项目""无项目"和增量固定资产折旧费的估算。当估算既有法人项目的"有项目"固定资产折旧费时，应将新增和利用原有部分固定资产分别列出，并分别计算折旧费。

（5）无形资产及其他资产摊销费的估算

1）无形资产摊销费的估算。企业应当于取得无形资产时分析判断其使用寿命。无形资产的使用寿命为有限或确定的，应当估计该使用寿命的年限或者构成使用寿命的产量等类似计量单位数量；无法预见无形资产为企业带来经济利益期限的，应当视其为使用寿命不确定的无形资产。

无形资产使用寿命的确定如下：

① 企业持有的无形资产，通常来源于合同性权利或是其他法定权利，而且合同规定或法律规定有明确的使用年限。

a. 合同规定受益年限但法律没有规定有效期限的，摊销年限不应超过合同规定的受益年限。

b. 合同没有规定受益年限但法律规定了有效期限的，摊销年限不应超过法律规定的有效期限。

c. 合同规定了受益年限，法律也规定了有效期限的，摊销年限不应超过受益年限和有效年限两者之中较短者。

② 合同或法律没有规定使用寿命的，企业应当综合各方面因素判断，以确定无形资产能为企业带来经济利益的期限。例如，与同行业的情况进行比较、参考历史经验或聘请相关

专家进行论证。

按照规定，无形资产从开始使用之日起，在一定的年限内摊销。无形资产的摊销一般采用年限平均法。

**【例 5-5】** 某项目取得一专利权，支出 15 万元，使用年限为 10 年。请计算其摊销额。

**解** 年摊销额 $= \dfrac{15\ \text{万元}}{10} = 1.5\ \text{万元}$

2）其他资产摊销费的估算。其他资产原称为递延资产，是指除固定资产、无形资产和流动资产之外的其他资产，如长期待摊费用。关于投资中哪些费用可转入其他资产，有关制度和规定中不完全一致。项目决策分析与评价中可将生产准备费、开办费、样品样机购置费和农业项目的开荒费等直接计入其他资产。

其他资产的摊销可以采用年限平均法，摊销年限应注意符合税法的规定。

编制"无形资产及其他资产摊销费估算表"，见表 5-4。

表 5-4 无形资产及其他资产摊销费估算表 （单位：万元）

| 序号 | 项目 | 合计 | 计算期 | | | | | |
|---|---|---|---|---|---|---|---|---|
| | | | 1 | 2 | 3 | 4 | … | $n$ |
| 1 | 无形资产 | | | | | | | |
| | 原值 | | | | | | | |
| | 当期摊销费 | | | | | | | |
| | 净值 | | | | | | | |
| 2 | 其他资产 | | | | | | | |
| | 原值 | | | | | | | |
| | 当期摊销费 | | | | | | | |
| | 净值 | | | | | | | |
| 3 | 合计 | | | | | | | |
| | 原值 | | | | | | | |
| | 当期摊销费 | | | | | | | |
| | 净值 | | | | | | | |

注：本表适用于新设法人项目无形资产和其他资产摊销费的估算，以及既有法人项目的"有项目""无项目"和增量摊销费的估算。当估算既有法人项目的"有项目"摊销费时，应将新增和利用原有部分资产分别列出，并分别计算摊销费。

（6）固定资产修理费的估算。固定资产修理费是指为保持固定资产的正常运转和使用，充分发挥使用效能，在运营期内对其进行必要修理所发生的费用。按修理范围的大小和修理时间间隔的长短可以分为大修理和中小修理。

固定资产修理费允许直接在成本中列支，当按生产要素法估算总成本费用时，固定资产修理费是指项目全部固定资产的修理费，可直接按固定资产原值（扣除所含的建设期利息）的一定百分数估算。百分数的选取应考虑行业和项目特点。在生产运营的各年中，修理费费率的取值一般采用固定值。根据项目特点也可以间断性地调整修理费费率，开始取较低值，以后取较高值。

（7）财务费用的估算。财务费用包括利息支出（减利息收入）、汇兑损益以及相关的手续费、企业发生的现金折扣或收到的现金折扣等。在大多数项目的财务分析中，通常只考虑利息支出。利息支出的估算包括长期借款利息、流动资金借款利息和短期借款利息三部分（具体计算详见本章第5.6节）。

(8) 其他费用的估算。其他费用包括其他制造费用、其他管理费用和其他销售费用这三项费用，是指从制造费用、管理费用和销售费用中分别扣除职工薪酬、折旧费、摊销费、修理费以后的其余部分。产品出口退税和减免税项目按规定不能抵扣的进项税额也包括在内。

1）其他制造费用。项目评价中的制造费用是指项目包含的各分厂或车间的总制造费用，为了简化计算常将制造费用归类为管理人员薪酬、折旧费、修理费和其他制造费用几部分。

其他制造费用是指由制造费用中扣除生产单位管理人员薪酬、折旧费、修理费后的余额。项目评价中常见的估算方法有：按固定资产原值（扣除所含的建设期利息）的百分数估算；按人员定额估算。其具体估算方法可遵从行业规定。

2）其他管理费用。为了简化计算，项目评价中可将管理费用归类为管理人员的薪酬、折旧费、无形资产与其他资产摊销费、修理费和其他管理费用几部分。其他管理费用是指从管理费用中扣除薪酬、折旧费、摊销费、修理费后的剩余部分。

项目评价中常见的估算方法有按人员定额或取职工薪酬总额的倍数估算。

若管理费用中的技术转让费、研究与开发费、城镇土地使用税等数额较大，应单独核算后并入其他管理费用，或单独列项。

3）其他销售费用。为了简化计算，项目评价中将销售费用归为销售人员薪酬、折旧费、修理费和其他销售费用几部分。其他销售费用是指由销售费用中扣除薪酬、折旧费、修理费后的剩余部分。

项目评价中常见的估算方法是按营业收入的百分数估算。

4）不能抵扣的进项税额。对于产品出口项目和产品国内销售的增值税减免税项目，应将不能抵扣的进项税额计入总成本费用的其他费用或单独列项。

**3. 经营成本的估算**

经营成本是指项目总成本费用扣除折旧费、摊销费和利息支出后的成本费用，是财务分析的现金流量分析中所使用的特定概念。作为项目现金流量表中运营期现金流出的主体部分，应被充分重视。经营成本与融资方案无关。因此在完成建设投资和营业收入估算后，就可以估算经营成本，为项目融资前的分析提供数据。

$$经营成本 = 总成本费用 - 折旧费 - 摊销费 - 利息支出 \tag{5-9}$$

计算经营成本之所以要从项目总成本费用中扣除折旧费、摊销费和利息支出，主要是基于以下理由：

(1) 现金流量表反映项目在计算期内逐年发生的现金流入和流出。与常规会计方法不同，现金收支何时发生，就在何时计算，不做分摊。由于投资已按其发生的时间作为一次性支出被计入现金流出，所以不能再以折旧和摊销费的方式计入现金流出，否则会发生重复计算。因此，作为经常性支出的经营成本中不包括折旧费和摊销费。

(2) 各项目的融资方案不同，利率也不同，因此，项目投资现金流量表不考虑投资资金的来源，利息支出也不作为现金流出；项目资本金现金流量表中已将利息支出单独列项，因此，经营成本中也不包括利息支出。

经营成本估算的行业性很强，不同行业在成本构成科目和名称上都可能有较大的区别。估算应按行业规定，没有规定的也应注意反映行业特点。

#### 4. 固定成本及变动成本的估算

根据成本总额与业务量的关系可以将总成本分解为变动成本、固定成本和混合成本三类。在一般条件下，业务量通常是指生产量或销售量。

固定成本是指在相关范围内其成本总额不受业务量增减变动影响而固定不变的成本。固定成本具有两个特点：固定成本总额的不变性和单位固定成本的反比例变动性。固定成本一般包括房屋设备租赁费、保险费、广告费、按使用年限法计提的固定资产折旧费、管理人员薪酬等。

变动成本是指在相关范围内其成本总额随业务量增减变化而成正比例变动的成本。变动成本具有两个特点：一是变动成本总额与业务量成正比例变动；二是单位变动成本是不变的。变动成本一般包括直接材料、直接人工（计件工资形式）和制造费用中随业务量成正比例变动的动力费、燃料费等。

在实际工作中，有些成本费用既不属于变动成本，也不属于固定成本。因为它们既不是与业务量成正比例变动，也不是固定不变的，而是业务量增加时费用也适当增加，业务量减少时费用也适当减少。这种成本具有变动和固定的双重性质，所以称为混合成本。为了实践中管理的应用，必须采用适当的方法将混合成本中的变动成本和固定成本分解出来，并分别把它们归属到变动成本和固定成本中。

#### 5. 成本费用估算的有关报表

在分项估算上述各成本费用科目的同时，应编制相应的成本费用估算表。

分别按照生产要素法和生产成本加期间费用法编制"总成本费用估算表"，见表5-5和表5-6。

**表5-5　总成本费用估算表**（生产要素法）　　　　　　　（单位：万元）

| 序号 | 项目 | 合计 | 计算期 | | | | | |
|---|---|---|---|---|---|---|---|---|
| | | | 1 | 2 | 3 | 4 | … | n |
| 1 | 外购原材料费 | | | | | | | |
| 2 | 外购燃料动力费用 | | | | | | | |
| 3 | 职工薪酬 | | | | | | | |
| 4 | 修理费 | | | | | | | |
| 5 | 其他费用 | | | | | | | |
| 6 | 经营成本（1+2+3+4+5） | | | | | | | |
| 7 | 折旧费 | | | | | | | |
| 8 | 摊销费 | | | | | | | |
| 9 | 利息支出 | | | | | | | |
| 10 | 总成本费用合计（6+7+8+9） | | | | | | | |
| | 其中：变动成本 | | | | | | | |
| | 固定成本 | | | | | | | |

注：本表适用于新设法人项目与既有法人项目的"有项目""无项目"和增量成本费用的估算。

表5-6 总成本费用估算表（生产成本加期间费用法） （单位：万元）

| 序号 | 项目 | 合计 | 计算期 | | | | | |
|---|---|---|---|---|---|---|---|---|
| | | | 1 | 2 | 3 | 4 | … | n |
| 1 | 生产成本 | | | | | | | |
| 1.1 | 直接材料费 | | | | | | | |
| 1.2 | 直接燃料动力费用 | | | | | | | |
| 1.3 | 直接职工薪酬 | | | | | | | |
| 1.4 | 制造费用 | | | | | | | |
| 1.4.1 | 折旧费 | | | | | | | |
| 1.4.2 | 修理费 | | | | | | | |
| 1.4.3 | 其他制造费用 | | | | | | | |
| 2 | 管理费用 | | | | | | | |
| 2.1 | 无形资产摊销 | | | | | | | |
| 2.2 | 其他资产摊销 | | | | | | | |
| 2.3 | 其他管理费用 | | | | | | | |
| 3 | 财务费用 | | | | | | | |
| 3.1 | 利息支出 | | | | | | | |
| 3.1.1 | 长期借款利息 | | | | | | | |
| 3.1.2 | 流动资金借款利息 | | | | | | | |
| 3.1.3 | 短期借款利息 | | | | | | | |
| 4 | 销售费用 | | | | | | | |
| 5 | 总成本费用合计（1+2+3+4） | | | | | | | |
| 5.1 | 其中：变动成本 | | | | | | | |
| 5.2 | 固定成本 | | | | | | | |
| 6 | 经营成本（5−1.4.1−2.1−2.2−3.1） | | | | | | | |

注：1. 本表适用于新设法人项目与既有法人项目的"有项目""无项目"和增量总成本费用的估算。
2. 生产成本中的折旧费、修理费是指生产型设施的固定资产折旧费和修理费。
3. 生产成本中的直接职工薪酬是指生产性人员工资或薪酬。车间或分厂管理人员工资和福利费可在制造费用中单独列项或含在其他制造费用中。
4. 本表其他管理费用中含管理设施的折旧费、修理费以及管理人员的工资和福利费。

## 5.4 相关税费估算

财务分析涉及多种税费的计算，不同项目涉及的税费种类和税率可能各不相同。税费计取得当是正确估算项目费用乃至净效益的重要因素。要根据项目的具体情况选用适宜的税种和税率。这些税费及相关优惠政策会因时而异，部分会因地而异，项目评价时应密切注意当时和项目所在地的税收优惠，适时调整计算，使财务分析比较符合实际情况。

财务分析涉及的税费主要包括增值税、消费税、城市维护建设税、教育费附加和地方教育附加、企业所得税、关税、资源税、土地增值税、房产税、城镇土地使用税、车船税、印花税等。财务分析时应说明税种、征税方式、计税依据、税率等，如有减免税优惠，应说明减免依据及减免方式。

其中，消费税、城市维护建设税、教育费附加及地方教育附加、房产税、城镇土地使税、车船税、印花税等相关税费包含在"税金及附加"中。

## 5.4.1 增值税的估算

**1. 增值税的概念**

增值税是以商品和劳务在流转过程中产生的增值额作为征税对象而征收的一种流转税。按照我国增值税相关法规的规定，增值税是对在我国境内销售货物，提供加工修理修配劳务（简称提供应税劳务），销售服务、无形资产和不动产（简称发生应税行为），以及进口货物的企业、单位和个人，就其销售货物、提供应税劳务、发生应税行为的增值额和货物进口金额为计税依据而课征的一种流转税。

我国从1979年开始试点采用增值税，1994年全面推行，使之成为我国税制结构中占据第一位的主体税种。

2008年国务院决定全面实施增值税改革，即将生产型增值税转为消费型增值税。

从2012年1月1日起，在上海交通运输业和部分现代服务业开展营业税改征增值税试点，拉开了"营改增"的序幕。2016年5月1日起，"营改增"在剩下的四大行业——建筑业、房地产业、金融业、生活服务业全面推开。

**2. 征税范围**

增值税的征税范围包括在境内销售货物、提供应税劳务、发生应税行为以及进口货物等。

销售或者进口货物中的货物是指有形资产，包括电力、热力、气体在内。销售货物是指有偿转让货物的所有权。

提供应税劳务是指纳税人提供的加工、修理修配劳务。

发生的应税行为分为三大类，即销售应税服务、销售无形资产和销售不动产。其中，应税服务包括交通运输服务、邮政服务、电信服务、建筑服务、金融服务、现代服务、生活服务。

**3. 纳税义务人**

在中华人民共和国境内销售服务、无形资产或者不动产的单位和个人，为增值税的纳税人。单位是指企业、行政单位、事业单位、军事单位、社会团体及其他单位。个人是指个体工商户和其他个人。

**4. 一般纳税人和小规模纳税人**

增值税实行凭专用发票抵扣税款的制度，客观上要求纳税人具备健全的会计核算制度和能力。在实际经济生活中我国增值税纳税人众多，会计核算水平差异较大，大量的小企业和个人还不具备用发票抵扣税款的条件，为了既简化增值税的计算和征收，也有利于减少税收征管漏洞，将增值税纳税人按会计核算水平和经营规模分为一般纳税人和小规模纳税人两类纳税人，分别采取不同的增值税计税方法。

年应征增值税销售额超过财政部和国家税务总局规定标准的纳税人为一般纳税人，未超过规定标准的纳税人为小规模纳税人。

小规模纳税人会计核算健全，即能够按会计制度和税务机关的要求准确核算销项税额、进项税额和应纳税额，能够提供准确税务资料的，经主管税务机关批准，可以不视为小规模纳税人，按一般纳税人的计税程序计算纳税。

小规模纳税人一经认定为一般纳税人，不得再转为小规模纳税人。

**5. 增值税税率和征收率**

（1）增值税税率

1）基本税率——16%，销售或进口一般货物、提供应税劳务、提供有形动产租赁服务。

2）低税率

① 10%，销售或进口税法列举的货物：a. 生活必需品类：粮食、食用植物油（包括橄榄油）、鲜奶、食用盐、自来水、暖气、冷气、热水、煤气、石油液化气、天然气、沼气和居民用煤炭制品等；b. 文化用品类：图书、报纸、杂志、音像制品和电子出版物；c. 农业生产资料类：初级农产品、饲料、化肥（有机肥免税）、农机（不含农机零部件）、农药、农膜；d. 提供交通运输、邮政、基础电信、建筑、不动产租赁服务，销售不动产，转让土地使用权。

② 6%。提供金融服务、生活服务、增值电信服务、现代服务（有形动产租赁、不动产租赁服务除外）、销售无形资产（转让土地使用权除外）。

3）零税率。即出口规定范围内的货物和发生的跨境应税行为，整体税负为零。

（2）征收率。征收率为增值税一般纳税人采用简易征收办法和小规模纳税人发生应税行为时采用。

1）基本征收率为3%：① 增值税小规模纳税人销售货物，提供应税劳务和应税服务，采用3%的征收率征收增值税；② 增值税一般纳税人按规定采用简易办法征税的，征收率统一调整为3%。

2）减按2%征收。增值税小规模纳税人销售自己使用过的固定资产和旧货，减按2%的征收率征收增值税。增值税一般纳税人销售旧货和上述小规模纳税人的征税政策一致；对增值税一般纳税人销售自己使用过的固定资产征税时，要区分固定资产的类型和购入时间，其征税政策如下：

① 销售自己使用过的2013年7月31日以前购进或自制的小汽车、摩托车和游艇，以及2008年12月31日以前购进或自制的其他固定资产（未抵扣进项税额），依3%征收率减按2%征收增值税。

② 销售自己使用过的2013年8月1日以后购进或自制的小汽车、摩托车和游艇，以及2009年1月1日以后购进或自制的其他固定资产，按正常销售货物适用税率征收增值税。

3）按5%征收：①不动产销售、不动产租赁服务适用5%的简易办法征收增值税；②劳务派遣服务，按照差额纳税方法依5%的征收率计算缴纳增值税；③纳税人以经营租赁方式将土地出租给他人使用，按照不动产经营租赁服务（5%）缴纳增值税。

**6. 应纳税额的计算**

增值税的计税方法，包括一般计税方法、简易计税方法和扣缴计税方法。

（1）一般计税方法。一般纳税人适用一般计税方法计税，其计算公式为

$$当期应纳增值税税额 = 当期销项税额 - 当期进项税额 \qquad (5-10)$$

$$当期销项税额 = 当期销售额 \times 增值税税率 \qquad (5-11)$$

增值税的销售额不包括收取的增值税销项税额，因为增值税是价外税，增值税税金不是销售额的组成部分，如果纳税人取得的是价税合计金额，还需换算成不含增值税的销售额。其具体公式为

$$销售额 = \frac{含增值税销售额}{1 + 增值税税率} \quad (5-12)$$

(2) 简易计税方法。小规模纳税人适用简易计税方法计税，其计算公式为

$$当期应纳增值税税额 = 当期销售额(不含增值税) \times 征收率 \quad (5-13)$$

(3) 扣缴计税方法。境外单位或个人在境内发生应税行为，在境内未设有经营机构的，扣缴义务人按照下列公式计算应扣缴税额

$$应扣缴税额 = \frac{购买方支付的价款}{1 + 税率} \times 税率 \quad (5-14)$$

【例 5-6】 某工业企业（增值税一般纳税人），2018 年 6 月的购销业务情况如下：

(1) 购进生产原料一批，已验收入库，取得的增值税专用发票上注明的价款、税款分别为 24.41 万元、3.91 万元，另外还支付运费（有货物运输业增值税专用发票）3 万元。

(2) 购进钢材 20t，已验收入库，取得的增值税专用发票上注明的价款、税款分别为 8.5 万元、1.36 万元。

(3) 直接向农民收购用于生产加工的农产品一批，经税务机关批准的收购凭证上注明的价款为 42 万元。

(4) 销售产品一批，货已发出并办妥银行托收手续，但是货款未到，向买方开具的专用发票上注明的销售额为 42 万元。

(5) 销售本厂 2013 年 7 月 31 日前购入的小轿车 1 辆，取得收入 10.3 万元，该小轿车的原值为 12 万元。

注：上述增值税专用发票均已比对认证。

要求：(1) 计算该企业当期的销项税额。

(2) 计算该企业当期允许抵扣的进项税额。

(3) 计算当期该企业应纳增值税税额。

**解** (1) 当期的销项税额 $= 42 \text{ 万元} \times 16\% + \dfrac{10.3 \text{ 万元}}{1+3\%} \times 2\% = 6.92 \text{ 万元}$

(2) 当期允许抵扣的进项税额 $= 3.91 \text{ 万元} + 3 \text{ 万元} \times 10\% + 1.36 \text{ 万元} + 42 \text{ 万元} \times 10\%$
$= 9.77 \text{ 万元}$

(3) 当期应纳增值税 $= 6.92 \text{ 万元} - 9.77 \text{ 万元} = -2.85 \text{ 万元}$

因为是负数，所以本期不缴纳增值税，-2.85 万元为期末留抵的进项税额。

### 5.4.2 消费税的估算

**1. 消费税的概念与纳税义务人**

消费税是对特定的消费品和消费行为征收的一种税，分为一般消费税和特别消费税。

在中华人民共和国境内生产、委托加工和进口《中华人民共和国消费税暂行条例》规定的消费品的单位和个人，以及国务院确定的销售《消费税暂行条例》规定的消费品的其他单位和个人，为消费税的纳税人，应当依照《消费税暂行条例》缴纳消费税。

**2. 征税范围与税率**

(1) 征税范围。按照《中华人民共和国消费税暂行条例》的规定，2014 年 12 月调整后，确定征收消费税的只有烟、酒、化妆品等 15 个税目，具体包括：烟、酒、高档化妆品、

贵重首饰及珠宝玉石、鞭炮及焰火、成品油、小汽车、摩托车、高尔夫球及球具、高档手表、游艇、木制一次性筷子、实木地板、电池、涂料 15 个税目。有的税目还进一步划分若干子目，消费税属于价内税。

目前，消费税的征税范围包括生产、委托加工、进口、零售、移送使用应税消费品及卷烟批发，它们分别在相应的环节征税：

1) 对生产应税消费品在生产销售环节征税。
2) 对委托加工应税消费品在委托加工环节征税。
3) 对进口应税消费品在进口环节征税。
4) 对零售应税消费品在零售环节征税。

经国务院批准，自 1995 年 1 月 1 日起，金银首饰消费税由生产销售环节征收改为零售环节征收。改在零售环节征收消费税的金银首饰仅限于金基、银基合金首饰以及金、银和金基、银基合金的镶嵌首饰，进口环节暂不征收，零售环节适用税率为 5%，在纳税人销售金银首饰、钻石及钻石饰品时征收。其计税依据是不含增值税的销售额。

5) 对移送使用应税消费品在移送使用环节征税。如果企业在生产经营过程中，将应税消费品移送用于加工非应税消费品，则应对移送部分征收消费税。
6) 对批发卷烟在卷烟的批发环节征税。与其他消费税应税商品不同的是，卷烟除了在生产销售环节征收消费税外，还在批发环节征收一次。

(2) 税率。消费税采用比例税率和定额税率两种形式，以适应不同应税消费品的实际情况。消费税根据不同的税目或子目确定相应的税率或单位税额。例如，白酒税率为 20%，摩托车税率为 3% 等；黄酒、啤酒、汽油、柴油等分别按单位重量或单位体积确定单位税额。具体税率请查税率表，这里不再列示。

**3. 应纳消费税的计算**

按照现行消费税法规的基本规定，消费税应纳税额的计算主要分为从价计征、从量计征和从价从量复合计征三种方法。

(1) 比例税率（从价计征）。其计算公式为

$$应纳税额 = 应税消费品的销售额 \times 比例税率 \qquad (5\text{-}15)$$

(2) 定额税率（从量计征）。其计算公式为

$$应纳税额 = 应税消费品的销售数量 \times 定额税率 \qquad (5\text{-}16)$$

(3) 从价从量复合计征（复合计税）。其计算公式为

$$应纳税额 = 应税消费品的销售数量 \times 定额税率 + 应税销售额 \times 比例税率 \qquad (5\text{-}17)$$

现行消费税的征税范围中，只有卷烟、白酒采用复合计算方法。

项目评价中对适用消费税的产品，应按税法规定计算消费税。

**【例 5-7】** 某化妆品生产企业为增值税一般纳税人。2018 年 6 月向某大型商场销售化妆品一批，开具增值税专用发票，取得不含增值税销售额 100 万元；向某单位销售化妆品一批，开具普通发票，取得含增值税销售额 11.6 万元。计算该化妆品生产企业上述业务应缴纳的消费税税额。

**解** 化妆品的应税销售额 $= 100 \text{ 万元} + \dfrac{11.6 \text{ 万元}}{1 + 16\%} = 110 \text{ 万元}$

应缴纳的消费税税额 $= 110 \text{ 万元} \times 30\% = 33 \text{ 万元}$

**【例 5-8】** 某白酒生产企业为增值税一般纳税人，2018 年 5 月销售白酒 80t，取得不含增值税的销售额 300 万元。计算白酒企业应缴纳的消费税税额。

**解** 白酒是组合计税，消费税从价比例税率是 20%，从量定额税率是 1 元/kg。

$$应纳税额 = 80t \times 1000 kg/t \times 1 元/kg + 300 万元 \times 20\% = 68 万元$$

### 5.4.3 城市维护建设税、教育费附加和地方教育附加

**1. 城市维护建设税**

（1）纳税义务人。城市维护建设税（以下简称城建税）是对缴纳增值税、消费税的单位和个人征收的一种税。

城建税的纳税义务人是指负有缴纳增值税、消费税义务的单位和个人。

（2）税率。城建税按纳税人所在地的不同，设置了三档地区差别比例税率：

1）纳税人所在地为市区的，税率为 7%。

2）纳税人所在地为县城、镇的，税率为 5%。

3）纳税人所在地不在市区、县城或者镇的，税率为 1%。

（3）应纳税额的计算。城建税纳税人的应纳税额大小是由纳税人实际缴纳的"两税"税额决定的，其计算公式为

$$应纳税额 = 纳税人实际缴纳的增值税、消费税税额 \times 适用税率 \qquad (5-18)$$

**2. 教育费附加和地方教育附加**

（1）教育费附加和地方教育附加的征收范围及计征依据。教育费附加和地方教育附加对缴纳增值税、消费税的单位和个人征收，以其实际缴纳的增值税、消费税为计征依据，分别与增值税、消费税同时缴纳。

（2）教育费附加和地方教育附加计征比率。现行教育费附加征收比率为 3%，地方教育附加从 2010 年起统一为 2%。

（3）教育费附加和地方教育附加的计算。教育费附加和地方教育附加的计算公式为

$$应纳教育费附加和地方教育附加 = 实际缴纳的增值税、消费税 \times 征收比率(3\% 和 2\%) \qquad (5-19)$$

**【例 5-9】** 北京某企业 2018 年 3 月实际缴纳增值税 300000 元，缴纳消费税 300000 元。计算该企业应缴纳的城建税、教育费附加和地方教育附加。

**解**
$$应纳城建税 = (实际缴纳的增值税 + 实际缴纳的消费税) \times 城建税税率$$
$$= (300000 元 + 300000 元) \times 7\% = 42000 元$$
$$应纳教育费附加 = (实际缴纳的增值税 + 实际缴纳的消费税) \times 征收比率$$
$$= (300000 元 + 300000 元) \times 3\% = 18000 元$$
$$应纳地方教育附加 = (实际缴纳的增值税 + 实际缴纳的消费税) \times 征收比率$$
$$= (300000 元 + 300000 元) \times 2\% = 12000 元$$

### 5.4.4 资源税的估算

**1. 资源税的概念与纳税义务人**

资源税是对在我国从事应税矿产品开采和生产盐的单位和个人课征的一种税。

资源税的纳税义务人是指在中华人民共和国领域及管辖海域开采应税资源的矿产品或者

生产盐的单位和个人。

**2. 纳税范围**

资源税税目包括五大类，在五个税目下面又设有若干个子目。现行资源税的税目及子目主要是根据资源税应税产品和纳税人开采资源的行业特点设置的。

具体的征税范围包括原油、天然气、煤炭、金属矿以及其他非金属矿。

**3. 应纳资源税的计算**

（1）实行从价定率征收的，根据应税产品的销售额和规定的适用税率计算应纳税额，具体计算公式为

$$应纳税额 = 销售额 \times 适用税率 \tag{5-20}$$

（2）实行从量定额征收的，根据应税产品的课税数量和规定的单位税额计算应纳税额，具体计算公式为

$$应纳税额 = 课税数量 \times 单位税额 \tag{5-21}$$

【例 5-10】 某油田 2018 年 3 月销售原油 10000t，开具增值税专用发票取得销售额 6000 万元，按《资源税税目税率表》的规定，其适用的税率为 10%。请计算该油田 3 月应缴纳的资源税。

**解** 应纳税额 = 6000 万元 × 10% = 600 万元

### 5.4.5 土地增值税

**1. 土地增值税的概念及纳税义务人**

土地增值税是对有偿转让国有土地使用权及地上建筑物和其他附着物产权，取得增值收入的单位和个人征收的一种税。

土地增值税的纳税义务人为转让国有土地使用权、地上的建筑及其附着物（以下简称"转让房地产"）并取得收入的单位和个人。单位包括各类企业、事业单位、国家机关和社会团体及其他组织。个人包括个体经营者。

**2. 税率**

土地增值税实行四级超率累进税率：

（1）增值额未超过扣除项目金额 50% 的部分，税率为 30%。

（2）增值额超过扣除项目金额 50%、未超过扣除项目金额 100% 的部分，税率为 40%。

（3）增值额超过扣除项目金额 100%、未超过扣除项目金额 200% 的部分，税率为 50%。

（4）增值额超过扣除项目金额 200% 的部分，税率为 60%。

上述所列四级超率累进税率，每级"增值额未超过扣除项目金额"的比例，均包括本比例数。土地增值税四级超率累进税率见表 5-7。

表 5-7 土地增值税四级超率累进税率

| 级数 | 增值额与扣除项目金额的比率 | 税率（%） | 速算扣除系数（%） |
| --- | --- | --- | --- |
| 1 | 不超过 50% 的部分 | 30 | 0 |
| 2 | 超过 50%、未超过 100% 的部分 | 40 | 5 |
| 3 | 超过 100%、未超过 200% 的部分 | 50 | 15 |
| 4 | 超过 200% 的部分 | 60 | 35 |

## 3. 增值额的确定

土地增值税纳税人转让房地产所取得的收入减除规定的扣除项目金额后的余额，为增值额。

（1）应税收入的确定。纳税人转让房地产取得的收入，包括转让房地产取得的全部价款及有关的经济利益。从形式上看，应税收入包括货币收入、实物收入和其他收入。非货币收入要折合一定金额计入收入总额。

（2）扣除项目的确定。可从转让收入额中减除的扣除项目有：
1）取得土地使用权所支付的金额。
2）房地产开发成本。
3）房地产开发费用。
4）与转让房地产有关的税金（包括城建税、印花税、教育费附加、地方教育附加）。
5）其他扣除项目。
6）旧房及建筑物的评估价格。

## 4. 应纳税额的计算

应纳税额的计算公式为

$$应纳税额 = \sum (每级距的增值额 \times 适用税率) \tag{5-22}$$

【例 5-11】 假定某房地产开发公司转让商品房一栋，取得收入总额为 7000 万元，应扣除的购买土地的金额、开发成本的金额、开发费用的金额、相关税费的金额、其他扣除金额合计为 2000 万元。请计算该房地产开发公司应缴纳的土地增值税。

**解** （1）先计算增值额：

$$增值额 = 7000 万元 - 2000 万元 = 5000 万元$$

（2）再计算增值额与扣除项目金额的比率：

$$增值额与扣除项目金额的比率 = \frac{5000 万元}{2000 万元} \times 100\% = 250\%$$

（3）最后计算该房地产开发公司应缴纳的土地增值税：

根据上述计算方法，增值额超过扣除项目金额 200% 时，其适用的计算公式为

$$应缴纳土地增值税 = 增值额 \times 60\% - 扣除项目金额 \times 35\%$$
$$= 5000 万元 \times 60\% - 2000 万元 \times 35\% = 2300 万元$$

### 5.4.6 关税

**1. 关税的概念及纳税义务人**

关税是海关依法对进出境货物、物品征收的一种税。所谓"境"是指关境，又称"海关境域"或"关税领域"，是国家《海关法》全面实施的领域。

进口货物的收货人、出口货物的发货人、进出境物品的所有人，是关税的纳税义务人。

**2. 关税的税率**

（1）进口关税税率，设有最惠国税率、协定税率、特惠税率、普通税率、关税配额税率等税率。

税率按征收关税的标准，可以分成从价税、从量税、选择税、复合税、滑准税。

（2）出口关税税率。我国出口税则为一栏税率，即出口税率。国家仅对少数资源性产

品及易于竞相杀价、盲目进口、需要规范出口秩序的半制成品征收出口关税。

**3. 关税完税价格**

（1）一般进口货物的完税价格。完税价格是指货物的计税价格。进口货物的完税价格由海关以货物的成交价格为基础审查确定。进口货物的完税价格包括货物的货价、货物运抵我国输入地点起卸前的运输及相关费用、保险费。

（2）出口货物的完税价格。出口货物的完税价格，由海关以该货物向境外销售的成交价格为基础审查确定，并应包括货物运至我国境内输出地点装卸前的运输及相关费用、保险费，但其中包含的出口关税税额，应当扣除。其计算公式为

$$完税价格 = \frac{离岸价格 - 单独列明的支付给境外的佣金}{1 + 出口税率} \qquad (5-23)$$

**4. 关税应纳税额的计算**

（1）从价税应纳税额的计算。其计算公式为

$$关税税额 = 应税进(出)口货物数量 \times 单位完税价格 \times 税率 \qquad (5-24)$$

（2）从量税应纳税额的计算。其计算公式为

$$关税税额 = 应税进(出)口货物数量 \times 单位货物税额 \qquad (5-25)$$

（3）复合税应纳税额的计算。我国目前实行的复合税都是先计征从量税，再计征从价税。

$$关税税额 = 应税进(出)口货物数量 \times 单位货物税额 + 应税进(出)口货物数量 \times 单位完税价格 \times 税率 \qquad (5-26)$$

【例5-12】 某商场于2018年6月进口一批化妆品。该批货物在国外的买价为250万元，货物运抵我国入关前发生的运输费、保险费和其他费用分别为20万元、6万元、4万元。货物报关后，该商场按规定缴纳了进口环节的增值税和消费税并取得了海关开具的缴款书。从海关将化妆品运往商场所在地取得增值税专用发票，注明运输费用10万元、增值税进项税额1.0万元，该批化妆品当月在国内全部销售，取得不含税销售额600万元（假定化妆品进口关税税率20%，增值税税率16%，消费税税率30%）。

要求：计算该批化妆品进口环节应缴纳的关税、增值税、消费税和国内销售环节应缴纳的增值税，并计算该商场此项业务的营业利润。

**解** （1）关税的组成计税价格 = 250万元 + 20万元 + 6万元 + 4万元 = 280万元

（2）应缴纳进口关税 = 280万元 × 20% = 56万元

（3）进口环节应纳增值税的组成计税价格 = $\dfrac{280万元 + 56万元}{1 - 30\%}$ = 480万元

（4）进口环节应缴纳增值税 = 480万元 × 16% = 76.8万元

（5）进口环节应缴纳消费税 = 480万元 × 30% = 144万元

（6）国内销售环节应缴纳增值税 = 600万元 × 16% - 1.0万元 - 76.8万元 = 18.2万元

（7）该商场此项业务的营业利润 = 600万元 - 280万元 - 56万元 - 144万元 - 10万元
= 110万元

### 5.4.7 房产税、城镇土地使用税、印花税、车船税

**1. 房产税的估算**

房产税是以房屋为征税对象，按照房屋的计税余值或租金收入，向产权所有人征收的一

种财产税。房产税以在征税范围内的房屋产权所有人为纳税人。

房产税的征税范围为城市、县城、建制镇和工矿区。具体规定如下：

(1) 城市是指国务院批准设立的市。

(2) 县城是指县人民政府所在地的地区。

(3) 建制镇是指经省、自治区、直辖市人民政府批准设立的镇。

(4) 工矿区是指工商业比较发达、人口比较集中、符合国务院规定的建制镇标准但尚未设立建制镇的大中型工矿企业所在地。开征房产税的工矿区须经省、自治区、直辖市人民政府批准。

房产税的征税范围不包括农村，这主要是为了减轻农民的负担。

**2. 城镇土地使用税的估算**

城镇土地使用税是以国有土地或集体土地为征税对象，对拥有土地使用权的单位和个人征收的一种税。

在城市、县城、建制镇、工矿区范围内使用土地的单位和个人，为城镇土地使用税（以下简称土地使用税）的纳税人。

土地使用税的征税范围包括在城市、县城、建制镇和工矿区内的国家所有和集体所有的土地。

土地使用税采用定额税率，即有幅度的差别税额，按大、中、小城市和县城、建制镇、工矿区分别规定每平方米土地使用税年应纳税额。具体标准如下：

(1) 大城市 1.5～30 元。

(2) 中等城市 1.2～24 元。

(3) 小城市 0.9～18 元。

(4) 县城、建制镇、工矿区 0.6～12 元。

**3. 印花税的估算**

印花税的纳税义务人，是在中国境内书立、使用、领受印花税相关法规所列举的凭证并应依法履行纳税义务的单位和个人。

上述单位和个人，按照书立、使用、领受应税凭证的不同，可以分别确定为立合同人、立据人、立账簿人、领受人、使用人和各类电子应税凭证的签订人。

印花税共有 13 个税目。

印花税的税率设计，遵循税负从轻、共同负担的原则，所以税率比较低；凭证的当事人，即对凭证有直接权利与义务关系的单位和个人均应就其所持凭证依法纳税。印花税的税率有两种形式，即比例税率和定额税率。

**4. 车船税的估算**

所谓车船税，是指在中华人民共和国境内的车辆、船舶的所有人或者管理人按照《中华人民共和国车船税法》应缴纳的一种税。

车船税的纳税义务人是指在中华人民共和国境内，车辆、船舶（以下简称"车船"）的所有人或者管理人。

车船税的征税范围是指在中华人民共和国境内属于《中华人民共和国车船税法》所附《车船税税目税额表》规定的车辆、船舶。

## 5.4.8 企业所得税的估算

**1. 企业所得税的概念**

企业所得税是指对我国境内的企业和其他取得收入的组织的生产经营所得和其他所得征收的一种税。

**2. 纳税义务人**

企业所得税的纳税义务人是指在中华人民共和国境内的企业和其他取得收入的组织。《中华人民共和国企业所得税法》第一条规定，在中华人民共和国境内，企业和其他取得收入的组织为企业所得税的纳税人，依照本法规定缴纳企业所得税。个人独资企业、合伙企业不适用本法。

企业所得税的纳税人分为居民企业和非居民企业。

居民企业是指依法在中国境内成立，或者依照外国（地区）法律成立但实际管理机构在中国境内的企业。这里的企业包括国有企业、集体企业、私营企业、联营企业、股份制企业、外商投资企业、外国企业以及有生产、经营所得和其他所得的其他组织。

非居民企业是指依照外国（地区）法律成立且实际管理机构不在中国境内，但在中国境内设立机构、场所的，或者在中国境内未设立机构、场所，但有来源于中国境内所得的企业。

**3. 征税对象**

企业所得税的征税对象，是指企业的生产经营所得、其他所得和清算所得。

（1）居民企业的征税对象。居民企业应就来源于中国境内、境外的所得作为征税对象。所得包括销售货物所得、提供劳务所得、转让财产所得、股息红利等权益性投资所得、利息所得、租金所得、特许权使用费所得、接受捐赠所得和其他所得。

（2）非居民企业的征税对象。非居民企业在中国境内设立机构、场所的，应当就其所设机构、场所取得的来源于中国境内的所得，以及发生在中国境外但与其所设机构、场所有实际联系的所得，缴纳企业所得税。非居民企业在中国境内未设立机构、场所的，或者虽设立机构、场所但取得的所得与其所设机构、场所没有实际联系的，应当就其来源于中国境内的所得缴纳企业所得税。

上述所称实际联系，是指非居民企业在中国境内设立的机构、场所拥有据以取得所得的股权、债权，以及拥有、管理、控制据以取得所得的财产。

**4. 税率**

企业所得税实行比例税率。比例税率简便易行，透明度高，不会因征税而改变企业间收入分配比例，有利于促进效率的提高。现行规定是：

（1）基本税率为25%。基本税率适用于居民企业和在中国境内设有机构、场所且所得与机构、场所有实际联系的非居民企业。

（2）低税率为20%。低税率适用于在中国境内未设立机构、场所的，或者虽设立机构、场所但取得的所得与其所设机构、场所没有实际联系的非居民企业。但实际征税时适用10%的税率。

（3）优惠税率：①符合条件的小型微利企业，减按20%的税率。符合规定条件，其所得减按50%计入应纳税所得额，按20%的税率缴纳企业所得税。②国家重点扶持的高新技术企业，减按15%的税率。

企业所得税的纳税人、征税对象及税率见表5-8。

表5-8　企业所得税的纳税人、征税对象及税率

| 纳税人 | | 税收管辖权 | 征税对象 | 税率 |
|---|---|---|---|---|
| 居民企业 | | 居民管辖权，就其世界范围所得征税 | 居民企业、非居民企业在我国机构的生产经营所得和其他所得（包括非居民企业发生在中国境外但与其所设机构、场所有实际联系的所得） | 基本税率25% |
| 非居民企业 | 在我国境内设立机构、场所 | 取得所得与设立机构、场所有联系的 | | |
| | | 取得所得与设立机构、场所没有实际联系的 | 地域管辖权，就来源于我国的所得征税 | 非居民企业来源于我国的所得以及发生在中国境外但与其所设机构、场所有实际联系的所得 | 低税率20%（实际减按10%的税率征收） |
| | 未在我国境内设立机构场所，却有来源于我国的所得 | | | |

### 5. 应纳所得税的计算

$$应纳所得税 = 应纳税所得额 \times 所得税税率 \tag{5-27}$$

应纳税所得额是企业每一纳税年度的收入总额，减除不征税收入、免税收入、各项扣除以及允许弥补的以前年度亏损后的余额。

直接计算法的应纳税所得额的计算公式为

$$应纳税所得额 = 收入总额 - 不征税收入 - 免税收入 - 各项扣除金额 - 以前年度亏损 \tag{5-28}$$

间接计算法的应纳税所得额的计算公式为

$$应纳税所得额 = 利润总额 \pm 纳税调整项目金额 \tag{5-29}$$

（1）收入总额。企业的收入总额包括以货币形式和非货币形式从各种来源取得的收入，具体有：销售货物收入，提供劳务收入，转让财产收入，股息、红利等权益性投资收益，利息收入，租金收入，特许权使用费收入，接受捐赠收入，其他收入。

（2）不征税收入

1）财政拨款。财政拨款是指各级人民政府对纳入预算管理的事业单位、社会团体等组织拨付的财政资金，但国务院和国务院财政、税务主管部门另有规定的除外。

2）依法收取并纳入财政管理的行政事业性收费、政府性基金。行政事业性收费是指依照法律法规等有关规定，按照国务院规定程序批准，在实施社会公共管理，以及在向公民、法人或者其他组织提供特定公共服务过程中，向特定对象收取并纳入财政管理的费用。政府性基金是指企业依照法律、行政法规等有关规定，代政府收取的具有专项用途的财政资金。

3）国务院规定的其他不征税收入。这是指企业取得的，由国务院财政、税务主管部门规定专项用途并经国务院批准的财政性资金。

财政性资金是指企业取得的来源于政府及其有关部门的财政补助、补贴、贷款贴息，以及其他各类财政专项资金，包括直接减免的增值税和即征即退、先征后退、先征后返的各种税收，但不包括企业按规定取得的出口退税款。

(3) 免税收入

1) 国债利息收入。为鼓励企业积极购买国债，支援国家建设，税法规定，企业因购买国债所得的利息收入，免征企业所得税。

2) 符合条件的居民企业之间的股息、红利等权益性收益。这是指居民企业直接投资于其他居民企业取得的投资收益。

3) 在中国境内设立机构、场所的非居民企业从居民企业取得与该机构、场所有实际联系的股息、红利等权益性投资收益。该收益都不包括连续持有居民企业公开发行并上市流通的股票不足12个月取得的投资收益。

4) 符合条件的非营利组织的收入。

(4) 各项扣除金额的范围。《中华人民共和国企业所得税法》规定，企业实际发生的与取得收入有关的、合理的支出，包括成本、费用、税金、损失和其他支出，准予在计算应纳税所得额时扣除。在实际中，计算应纳税所得额时还应注意三方面的内容：①企业发生的支出应当区分收益性支出和资本性支出。收益性支出在发生当期直接扣除，资本性支出应当分期扣除或者计入有关资产成本，不得在发生当期直接扣除。②企业的不征税收入用于支出所形成的费用或者财产，不得扣除或者计算对应的折旧、摊销扣除。③除《中华人民共和国企业所得税法》和《中华人民共和国企业所得税法实施条例》另有规定外，企业实际发生的成本、费用、税金、损失和其他支出，不得重复扣除。

(5) 以前年度亏损。亏损是指企业依照《中华人民共和国企业所得税法》及《中华人民共和国企业所得税法实施条例》的规定，将每一纳税年度的收入总额减除不征税收入、免税收入和各项扣除后小于零的数额。税法规定，企业某一纳税年度发生的亏损可以用下一年度的所得弥补，下一年度的所得不足以弥补的，可以逐年延续弥补，但最长不得超过5年。而且，企业在汇总计算缴纳企业所得税时，其境外营业机构的亏损不得抵减境内营业机构的盈利。

以前年度亏损是税法口径，应纳税所得额应为负数。

【例 5-13】 某工业企业为居民企业，2018年会计利润总额为200万元。相关经营情况如下：全年取得产品销售收入6400万元；取得购买国债的利息收入40万元；新技术的研究开发费用60万元、业务招待费用70万元；取得直接投资其他居民企业的权益性收益34万元（已在投资方所在地按15%的税率缴纳了所得税）；营业外支出中公益性捐赠50万元。

要求：计算该企业2018年应缴纳的企业所得税。

**解** (1) 国债利息收入免征企业所得税，应调减所得额40万元。

(2) 技术开发费调减所得额 = 60万元 × 50% = 30万元

(3) 按实际发生业务招待费用的60%计算 = 70万元 × 60% = 42万元

按销售（营业）收入的5‰计算 = 6400万元 × 5‰ = 32万元

按照规定税前扣除限额应为32万元，实际应调增应纳税所得额 = 70万元 - 32万元 = 38万元。

(4) 取得直接投资其他居民企业的权益性收益属于免税收入，应调减应纳税所得额34万元。

(5) 捐赠支出应调增所得额 = 50万元 - 200万元 × 12% = 26万元

(6) 应纳税所得额 = 200万元 - 40万元 - 30万元 + 38万元 - 34万元 + 26万元 = 160万元

(7) 该企业 2018 年应缴纳企业所得税 = 160 万元 × 25% = 40 万元

编制"营业收入、税金及附加和增值税估算表",见表 5-9。

**表 5-9 营业收入、税金及附加和增值税估算表** （单位：万元）

| 序号 | 项目 | 合计 | 计算期 | | | | | |
|---|---|---|---|---|---|---|---|---|
| | | | 1 | 2 | 3 | 4 | … | n |
| 1 | 营业收入 | | | | | | | |
| 1.1 | 产品 A 销售收入 | | | | | | | |
| 1.2 | 产品 B 销售收入 | | | | | | | |
| | ⋮ | | | | | | | |
| 2 | 税金及附加 | | | | | | | |
| 2.1 | 消费税 | | | | | | | |
| 2.2 | 城市维护建设费 | | | | | | | |
| 2.3 | 教育费附加 | | | | | | | |
| 2.4 | 地方教育附加 | | | | | | | |
| 3 | 增值税 | | | | | | | |
| 3.1 | 产出销项税额 | | | | | | | |
| 3.1.1 | 产品 A 产出销项税额 | | | | | | | |
| 3.1.2 | 产品 B 产出销项税额 | | | | | | | |
| | ⋮ | | | | | | | |
| 3.2 | 运营投入进项税额 | | | | | | | |
| 3.2.1 | 外购原材料 | | | | | | | |
| 3.2.2 | 外购辅助材料 | | | | | | | |
| 3.2.3 | 外购燃料动力 | | | | | | | |
| 3.3 | 抵扣固定资产进项税额 | | | | | | | |
| 3.4 | 应纳增值税（3.1 − 3.2 − 3.3） | | | | | | | |

注：1. 本表适用于新设法人项目与既有法人项目的"有项目""无项目"和增量的营业收入、税金及附加和增值税估算。

2. 根据行业或产品的不同可增减相应税收科目。

将财务分析涉及的主要税种和计税时涉及的费用效益科目归纳于表 5-10 中。

**表 5-10 财务分析涉及税种表**

| 税种名称 | 建设投资 | 总成本费用 | 税金及附加 | 增值税 | 利润分配 |
|---|---|---|---|---|---|
| 进口关税 | √ | √ | | | |
| 增值税 | √ | | | √ | |
| 消费税 | | | √ | | |
| 资源税 | | 自用√ | 销售√ | | |
| 土地增值税 | | | √ | | |
| 企业所得税 | | | | | √ |
| 城市维护建设税 | | | √ | | |
| 教育费附加 | | | √ | | |
| 地方教育附加 | | | √ | | |
| 车船税 | √ | | √ | | |
| 房产税 | | | √ | | |
| 土地使用税 | | | √ | | |
| 印花税 | √ | | √ | | |

## 5.5 利润及利润分配估算

### 5.5.1 利润的概念及其构成

**1. 利润的概念**

利润是指企业在一定会计期间的经营成果。通常情况下，如果企业实现了利润，表明企业的所有者权益将增加，业绩得到了提升；如果企业发生了亏损（即利润为负数），表明企业的所有者权益减少，业绩下降。利润是评价企业管理层业绩的指标之一，也是投资者等财务报告使用者进行决策时的重要参考。

**2. 利润的构成**

（1）营业利润。营业利润是指企业从事生产经营活动所实现的利润。它是企业利润的主要来源，能够比较恰当地代表企业管理者的经营业绩。营业利润的计算公式为

$$\text{营业利润} = \text{营业收入} - \text{营业成本} - \text{税金及附加} - \text{销售费用} - \text{管理费用} - \text{研发费用} - \text{财务费用} - \text{资产减值损失} + \text{其他收益} - \text{资产处置收益} + \text{公允价值变动收益} ( - \text{公允价值变动损失}) + \text{投资收益}( - \text{投资损失}) \quad (5\text{-}30)$$

（2）利润总额。利润总额是指企业的营业利润加上投资净收益、补贴收入、营业外收支净额以后的金额。其计算公式为

$$\text{利润总额} = \text{营业利润} + \text{营业外收入} - \text{营业外支出} \quad (5\text{-}31)$$

上述公式的计算结果若为负数，则是企业发生的亏损总额。

（3）净利润。净利润是指企业的利润总额减去所得税以后的金额，即企业的税后利润。其计算公式为

$$\text{净利润} = \text{利润总额} - \text{所得税} \quad (5\text{-}32)$$

上式中的所得税是指企业按规定应由当期损益中扣除的所得税费用。

**【例 5-14】** 某企业 2018 年收入、费用情况如下：

主营业务收入为 600000 元，其他业务收入为 120000 元，投资收益为 60000 元，营业外收入为 30000 元，主营业务成本为 300000 元，税金及附加为 15000 元，销售费用为 80000 元，管理费用为 40000 元，财务费用为 30000 元，其他业务成本为 80000 元，营业外支出为 10000 元。计算 2018 年企业的利润总额。

**解** 营业利润 = 600000 元 - 300000 元 + 120000 元 - 80000 元 - 15000 元 - 80000 元 - 40000 元 - 30000 元 + 60000 元
= 235000 元

利润总额 = 235000 元 + 30000 元 - 10000 元 = 255000 元

在项目财务分析中适用简易的利润计算公式，计算公式为

$$\text{利润总额} = \text{营业收入} + \text{补贴收入} - \text{总成本费用} - \text{税金及附加} \quad (5\text{-}33)$$

$$\text{所得税} = \text{利润总额} \times \text{所得税税率} \quad (5\text{-}34)$$

$$\text{净利润}(\text{税后利润}) = \text{利润总额} - \text{所得税} \quad (5\text{-}35)$$

**【例 5-15】** 某项目营业收入为 1000 万元，经营成本为 400 万元，折旧费为 100 万元，

摊销费为 50 万元，利息支出（财务费用）为 60 万元，税金及附加综合税率假设为 5%，所得税税率为 25%，计算税后利润。

**解** 利润总额 = 1000 万元 − (400 万元 + 100 万元 + 50 万元 + 60 万元) − 1000 万元 × 5% = 340 万元

所得税 = 340 万元 × 25% = 85 万元

税后利润 = 340 万元 − 85 万元 = 255 万元

### 5.5.2 利润分配的估算

利润分配是将企业实现的净利润，按照国家有关法律和会计制度的规定进行分配。利润的分配过程和结果，不仅关系到企业所有者的合法权益能否得到保护，而且关系到企业能否长期稳定地发展。

企业年度净利润，除法律、行政法规另有规定外，按照以下顺序分配：

**1. 弥补以前年度亏损**

企业纳税年度发生的亏损，准予向以后年度结转，用以后年度的所得弥补，但结转年限最长不得超过 5 年。企业发生的年度亏损以及超过用利润抵补期限的亏损也可以用以前年度提取的盈余公积弥补。

应当注意的是，企业以前年度亏损未弥补完的，不得提取法定盈余公积和任意盈余公积；在提取法定盈余公积之前，不得向投资者分配利润。

**2. 提取法定盈余公积**

股份制企业（包括国有独资公司、有限责任公司和股份有限公司）按《中华人民共和国公司法》规定按净利润的 10% 提取，其他企业可以根据需要确定提取比例，但至少应按 10% 提取。企业提取的法定盈余公积累计额超过其注册资本的 50% 以上的，可以不再提取。

**3. 提取任意盈余公积**

任意盈余公积是指企业按照股东会决议提取并使用的盈余公积；任意盈余公积的提取不具有强制性，企业是否提取、提取比例等均按照股东会决议确定。

**4. 向投资者分配利润**

企业以前年度未分配的利润，并入本年度利润，在充分考虑现金流量状况后，向投资者分配。属于各级人民政府及其部门、机构出资的企业，应当将应付国有利润上缴财政。有限责任公司按照股东的出资比例分配，股份有限公司按照股东的股份比例分配。

向投资者分配利润应当注意以下几点：

（1）股份有限公司依法回购后暂未转让或者注销的股份，不得参与利润分配；以回购股份对经营者及其他职工实施股权激励的，在拟订利润分配方案时，应当预留回购股份所需利润。

（2）企业弥补以前年度亏损和提取盈余公积后，当年没有可供分配的利润时，不得向投资者分配利润，但法律、行政法规另有规定的除外。

（3）企业经营者和其他职工以管理、技术等要素参与企业收益分配的，应当按照国家有关规定在企业章程或者有关合同中对分配办法做出规定。

**【例 5-16】** 以例 5-14 为例，企业 2018 年年初未分配利润为 30000 元，所得税税率为

25%，假设利润总额等于应纳税所得额，按净利润的10%提取法定盈余公积，提取任意盈余公积20000元，向投资者分配利润100000元，计算2018年年末未分配利润。

**解** （1）企业应交所得税 = 255000元 × 25% = 63750元
（2）企业净利润 = 255000元 − 63750元 = 191250元
（3）可供分配的利润 = 191250元 + 30000元 = 221250元
（4）提取法定盈余公积 = 191250元 × 10% = 19125元
（5）可供投资者分配的利润 = 221250元 − 19125元 = 202125元
（6）提取任意盈余公积 = 20000元
（7）向投资者分配利润 = 100000元
（8）年末未分配利润 = 202125元 − 20000元 − 100000元 = 82125元

（利润与利润分配表详见第6章）

## 5.6 借款还本付息估算

借款还本付息估算主要是测算借款还款期的利息和偿还借款的时间，从而考察项目的偿还能力和收益，为财务分析和项目决策提供依据。

### 5.6.1 借款还本付息的资金来源

根据国家现行财税制度的规定，偿还建设投资借款的资金来源主要是项目投产后取得的利润和摊入成本费用中的折旧费、摊销费和其他资金来源。

**1. 利润**

用于归还借款的利润，一般应是可供分配利润中提取了法定盈余公积后的未分配利润。项目投产初期，如果用规定的资金来源归还借款的缺口较大，也可暂不提取法定盈余公积，但这段时间不宜过长，否则将影响到企业的扩展能力。

**2. 固定资产折旧**

项目投产初期还无须固定资产更新，作为固定资产重置准备金性质的折旧基金，在被提取以后暂时处于闲置状态。为了有效地利用一切可能的资金来源以缩短还贷期限，加强项目的偿债能力，可以使用部分新增折旧基金作为偿还贷款的来源之一。一般来说，投产初期，可以利用的折旧基金占全部折旧基金的比例较大，随着生产时期的延伸，可利用的折旧基金比例逐渐减小，最终所有被用于归还贷款的折旧基金，应由未分配利润归还贷款后的余额回垫，以保证折旧基金从总体上不被挪作他用，在还清贷款后恢复其原有的经济属性。

**3. 无形资产和其他资产的摊销费**

无形资产和其他资产的摊销费是按现行的财务制度计入项目的总成本费用的，但是，项目在提取摊销费后，这笔资金没有具体的用途规定，具有"沉淀"性质，因此，可以用来归还贷款。

**4. 其他还款来源**

其他还款来源是指按有关规定可以用减免的税金作为偿还贷款的资金来源。进行估算时，如果没有明确的依据，可以暂不考虑。

项目在建设期借入的全部建设投资贷款本金及其在建设期发生的借款利息（即资本化利息），这两部分构成项目总投资的贷款总额，在项目投产后可由上述资金来源偿还。

在生产期内，建设投资和流动资金的贷款利息，按现行的财务制度均应计入项目总成本费用中的财务费用。

### 5.6.2 还款期利息的计算

**1. 长期借款利息**

长期借款利息是指对建设期间借款余额（含未支付的建设期利息）应在生产期支付的利息，项目评价中可以选择等额还本付息方式或者等额还本利息照付方式来计算长期借款利息。

（1）等额还本付息方式

$$A = I_c \frac{i}{1-(1+i)^{-n}} \tag{5-36}$$

式中，$A$ 为每年还本付息额（等额年金）；$i$ 为年利率；$n$ 为预定的还款期；$I_c$ 为还款起始年年初的借款余额（含未支付的建设期利息）；$\frac{i}{1-(1+i)^{-n}}$ 为资金回收系数，可以自行计算或查复利系数表。

其中：每年支付利息 = 年初借款余额×年利率；每年偿还本金 = $A$ – 每年支付利息；年初借款余额 = $I_c$ – 本年以前各年偿还的借款累计。

（2）等额还本利息照付方式。设 $A_t$ 为第 $t$ 年的还本付息额，则有

$$A_t = \frac{I_c}{n} + I_c\left(1-\frac{t-1}{n}\right)i \tag{5-37}$$

其中：每年支付利息 = 年初借款余额×年利率，即第 $t$ 年支付的利息 = $I_c\left(1-\frac{t-1}{n}\right)i$；每年偿还本金 = $I_c/n$。

**【例 5-17】** 某项目建设期为 2 年，生产期为 8 年。建设期贷款为 2000 万元，贷款年利率为 8%（按年计息），在建设期第 1 年投入 40%，第 2 年投入 60%。贷款在生产期前 4 年分别按照等额还本付息和等额还本利息照付的方式偿还。试按两种方式分别计算项目各年的还本付息额。

**解** 建设期第 1 年的贷款利息 = 2000 万元×40%/2×8% = 32 万元
建设期第 2 年的贷款利息 = [（2000 万元×40% + 32 万元）+ 2000 万元×60%/2]×8%
= 114.56 万元
建设期贷款利息 = 32 万元 + 114.56 万元 = 146.56 万元
建设期期末本息额 = 2000 万元 + 146.56 万元 = 2146.56 万元

（1）按照等额还本付息方式偿还

$$等额还本付息金额 = 2146.56 \text{ 万元} \times \frac{8\%}{1-(1+8\%)^{-4}} = 647.84 \text{ 万元}$$

按照等额还本付息方式偿还，项目的还本付息表见表 5-11。

表 5-11 项目还本付息表（等额还本付息方式） （单位：万元）

| 序号 | 年份<br>项目 | 1 | 2 | 3 | 4 | 5 | 6 |
|---|---|---|---|---|---|---|---|
| 1 | 年初借款余额 |  | 832 | 2146.56 | 1670.44 | 1156.24 | 600.90 |
| 2 | 本年新增借款 | 800 | 1200 | 0 | 0 | 0 | 0 |
| 3 | 本年应计利息 | 32 | 114.56 | 171.72 | 133.64 | 92.50 | 48.07 |
| 4 | 本年应还本金 |  |  | 476.12 | 514.20 | 555.34 | 600.90 |
| 5 | 年还本付息总额 |  |  | 647.84 | 647.84 | 647.84 | 648.97 |

（2）按照等额还本利息照付方式偿还

$$\text{等额还本金额} = \frac{2146.56 \text{ 万元}}{4} = 536.64 \text{ 万元}$$

按照等额还本利息照付方式偿还，项目的还本付息表见表 5-12。

表 5-12 项目还本付息表（等额还本利息照付方式） （单位：万元）

| 序号 | 年份<br>项目 | 1 | 2 | 3 | 4 | 5 | 6 |
|---|---|---|---|---|---|---|---|
| 1 | 年初借款余额 |  | 832 | 2146.56 | 1609.92 | 1073.28 | 536.64 |
| 2 | 本年新增借款 | 800 | 1200 | 0 | 0 | 0 | 0 |
| 3 | 本年应计利息 | 32 | 114.56 | 171.72 | 128.79 | 85.86 | 42.93 |
| 4 | 本年应还本金 |  |  | 536.64 | 536.64 | 536.64 | 536.64 |
| 5 | 年还本付息总额 |  |  | 708.36 | 665.43 | 622.50 | 579.57 |

**2. 流动资金借款利息**

项目评价中估算的流动资金借款从本质上说应归类为长期借款，按期末偿还、期初再借的方式处理，并按一年期利率计息。流动资金借款利息可以按下列公式计算

$$\text{年流动资金借款利息} = \text{年初流动资金借款余额} \times \text{流动资金借款年利率} \tag{5-38}$$

财务分析中对流动资金的借款可以在计算期最后一年偿还，也可以在还完长期借款后安排。

**3. 短期借款利息**

项目评价中的短期借款是指运营期内由于临时需要资金而发生的借款。短期借款的数额应在财务计划现金流量表中得到反映，其利息应计入总成本费用表的利息支出中。短期借款利息的计算同流动资金借款利息，短期借款的偿还按照随借随还的原则处理，即当年借款尽可能于下年偿还。

## 本 章 小 结

对于企业的投资项目而言，投资投向何方、能否取得投资效果是企业投资者最为关心的内容。为了较为准确地把握问题的本质，就必须尽量了解和科学地估算项目投入的费用和效益。本章就营业收入、成本费用、税金和利润以及评价中所需的主要报表进行了阐述，并提出了进行项目经济评价所需的、与财务管理不同的经营成本的概念。这些基础数据的获取，对于以后各章讲述的方案选择与评价至关重要。

## 思 考 题

1. 总成本费用、经营成本、固定成本、变动成本、生产成本有何区别和联系？
2. 税金及附加包括哪些？并说明各自的含义及特点。
3. 财务分析中如何计算利润总额、净利润？
4. 财务分析中偿还长期借款的资金来源有哪些？简述主要的还本付息方式。
5. 某机器设备的原值为 50 万元，预计使用年限为 10 年，预计净残值率为 5%，请分别用年限平均法、双倍余额递减法和年数总和法计算每年的折旧额。
6. 某项目建设期为 3 年，总借款为 18928 万元，第 1 年借款占总借款的 20%，第 2 年占 55%，第 3 年占 25%，利率为 9%，运营期 5 年偿还。计算建设期利息，分别按等额还本付息方式、等额还本利息照付方式计算每年还款额，并编制还本付息表。
7. 某工程项目总成本费用为 9200 万元，其中，折旧费为 380 万元，摊销费为 200 万元，财务费用为 400 万元，问经营成本为多少？
8. 某项目需建设投资 1500 万元，流动资金发生在第 2 年。流动资金 600 万元的 80% 为借款，其余皆为自有资金。流动资金借款的年利率为 10%，假定连续使用，计算期末偿还本金。项目计算期为 11 年，其中建设期为 1 年。项目设计生产能力为 10000t，投产后第 1 年生产负荷为 80%，第 2 年为 90%，第 3 年达到设计生产能力。项目投产后定员 200 人，人均年薪酬 4 万元。项目固定资产原值为 850 万元，净残值率为 4%，折旧年限为 10 年，按年限平均法计提折旧；无形资产及其他资产为 50 万元，按 10 年摊销。修理费按年折旧费的 30% 提取，其他费用按薪酬的 25% 估算。原材料及燃料动力消耗情况见表 5-13。

要求：编制该项目的总成本费用估算表。

**表 5-13  某项目原材料及燃料动力消耗情况**

| 项目名称 | 单 位 | 单价（元） | 消耗定额 |
|---|---|---|---|
| 外购原材料 | | | |
| A 材料 | t | 150 | 2 |
| B 材料 | kg | 3.00 | 30 |
| C 材料 | kg | 4.50 | 6 |
| 外购燃料动力 | | | |
| 煤 | t | 100 | 1.5 |
| 电 | kW·h | 1.20 | 20 |
| 水 | m³ | 0.80 | 20 |

# 第6章 财务分析

### 学习目标

（1）了解财务分析的含义、作用、内容和步骤
（2）掌握财务分析基本报表的编制方法
（3）掌握项目盈利能力、偿债能力、财务生存能力的分析方法
（4）了解实践中新建项目、改扩建项目、非经营性项目的具体分析方法

## 6.1 概述

### 6.1.1 财务分析的含义与作用

**1. 财务分析的含义**

财务分析又称财务评价，是项目经济评价的重要组成部分，它是从企业或项目自身角度出发，在现行会计准则、会计制度、税收法规和价格体系下，分析、计算项目直接发生的财务效益和费用，编制财务报表，计算财务分析指标，考察和分析项目的盈利能力、偿债能力和财务生存能力，判断项目的财务可行性，明确项目对财务主体的价值以及对投资者的贡献，为投资决策、融资决策以及银行审贷提供依据。

**2. 财务分析的作用**

（1）财务分析是项目评价的重要组成部分。
（2）财务分析是重要的决策依据。
（3）在项目或方案比选中起着重要作用。
（4）财务分析中的财务生存能力分析对项目，特别是对非经营性项目的财务可持续性考察起着重要的作用。

### 6.1.2 财务分析的内容

（1）财务效益与费用数据的准备。根据项目市场分析和实施条件分析的结果，以及现行的有关法律法规和政策，对项目总投资、资金筹措方案、总成本费用、营业收入、税金、利润和利润分配，以及其他与项目有关的一系列财务效益与费用数据进行分析和估算，并将所得的数据编制成财务分析辅助报表。

财务分析辅助报表有（详细内容见第4章和第5章）：①建设投资估算表；②建设期利息估算表；③流动资金估算表；④项目总投资使用计划和资金筹措表；⑤营业收入、税金及

附加和增值税估算表；⑥总成本费用估算表。

（2）编制财务分析基本报表。将分析和估算所得的财务效益与费用数据进行汇总，编制出财务分析基本报表。

财务分析基本报表有：

1）财务现金流量表。财务现金流量表包括：①项目投资现金流量表；②项目资本金现金流量表；③投资各方现金流量表。

2）利润与利润分配表。

3）资产负债表。

4）借款还本付息计划表。

5）财务计划现金流量表。

（3）计算、分析财务分析指标。根据编制的财务分析基本报表，可以直接计算出一系列反映项目盈利能力、偿债能力的指标，还应对各项财务指标进行汇总。

反映项目盈利能力的指标有投资回收期、总投资收益率、资本金净利润率、财务净现值和财务内部收益率等。

反映项目偿债能力的指标有利息备付率、偿债备付率、资产负债率、流动比率、速动比率等。

（4）进行不确定性分析（具体内容详见第 8 章）。

（5）得出财务分析结论。将上述分析结果与国家有关部门公布的基准值或与经验标准、历史标准、目标标准等加以比较，并从企业或项目自身角度得出项目可行与否的结论。

## 6.1.3 财务分析的步骤

财务分析的具体步骤如图 6-1 所示。

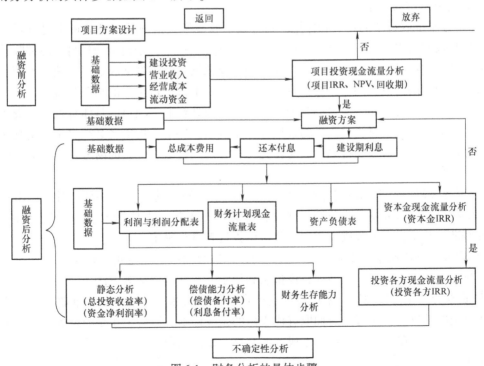

图 6-1 财务分析的具体步骤

投资估算和融资估算是财务分析的基础,在实际操作中,三者互有交叉,在财务分析方法和指标体系设置上体现了这种交叉。首先要做的是融资前的项目投资现金流量分析,其结果体现项目方案自身设计是否合理,用于投资决策以及方案或项目的比选。也就是考察项目是否可行并值得为之融资。这对项目发起人、投资者、债权人和政府部门都是有用的。

如果第一步的分析结论是"是",那么才有必要考虑融资方案,进行项目的融资后分析,包括项目资本金现金流量分析、偿债能力分析和财务生存能力分析等。融资后分析是比选融资方案、进行融资决策和投资者最终出资的依据。

如果融资前的分析结果不能满足要求,可返回对项目建设方案进行修改;若经过多次修改后分析结果仍不能满足要求,就可以做出放弃或暂时放弃项目的决定。

## 6.1.4 财务分析的主要参数

**1. 财务分析中的计算参数**

财务分析中的计算参数主要用于计算项目财务费用和效益,具体包括建设期价格上涨指数、各种取费系数或比率、税率、利率等。

大多数计算参数具有鲜明的行业特点,可在有关行业实施细则中查阅。比如,流动资金估算的有关参数、固定资产折旧的有关参数、总成本费用估算的有关参数、税率、利率、国内市场各类价格指数等。

**2. 财务分析中的评价判据参数**

财务分析中的评价判据参数主要用于判断项目财务效益的高低,比较和筛选项目,判断项目的财务可行性,具体包括财务基准收益率、总投资收益率、资本金净利润率、利息备付率、偿债备付率、资产负债率、流动比率、速动比率等。

(1) 财务基准收益率

1) 财务基准收益率的定义和作用。财务基准收益率是指项目财务分析中对可货币化的项目费用与效益采用折现方法计算财务净现值的基准收益率,是衡量项目财务内部收益率的基准值,是衡量项目财务可行性和方案比选的主要依据。财务基准收益率反映了投资者对相应项目占用资金的价值判断,是投资者在相应项目上最低可接受的财务收益率。

不同的投资者对于同一项目的判断不尽相同,所处行业、项目的具体特点、筹资成本差异、对待风险的态度、对收益水平的预期等诸多因素,决定了投资者必须自主确定其在相应项目上最低可接受的财务收益率。政府作为一类特殊的投资者,它的财务基准收益率由国家规定。

2) 财务基准收益率的测定原则。财务基准收益率测定的基本思路是:对于产出物由政府定价的项目,其财务基准收益率根据政府政策导向确定;对于产出物由市场定价的项目,其财务基准收益率根据资金成本和风险收益由投资者自行确定。

3) 财务基准收益率的主要测定方法。财务基准收益率的测定可采用资本资产定价模型法、加权平均资金成本法、典型项目模拟法和德尔菲专家调查法等方法。

① 资本资产定价模型法。采用资本资产定价模型法测算行业财务基准收益率,应在确定行业分类的基础上,在行业内抽取有代表性的企业样本,以若干年企业财务报表数据为基础数据进行行业风险系数、权益资本成本的测算,得出用资本资产定价模型法测算的行业最低可用折现率(权益资金),作为确定权益资金行业财务基准收益率的下限,再综合考虑采

用其他方法测算得出的行业财务基准收益率并进行协调后,确定权益资金行业财务基准收益率的取值。

市场无风险收益率一般可采用政府发行的相应期限的国债利率。在投资决策中,基本原则是投资收益应大于投资成本。因此,确定投资收益水平的下限就转化为确定投资的资金成本。资本资产定价模型法是在市场经济环境下普遍采用的资金成本分析方法之一。它的基本思路是:权益资本的收益由无风险投资收益和风险投资收益(又称风险溢价)两部分构成,资金投入不同的行业具有不同的风险,因而风险溢价也不相同。

在项目财务评价参数测算中,行业财务基准收益率(权益资本)的测算采用了资本资产定价模型法的基本思路与计算方法,并依据我国的实际情况和数据情况变通使用。

② 加权平均资金成本法。加权平均资本成本法是在投资决策中长期形成并普遍采用的方法之一。通常,企业的资本由权益资金和债务资金两部分构成,二者应具有合理的比例,其中,权益资金成本取决于项目所在行业的特点与风险,债务资金成本则取决于资本市场利率水平、企业违约风险和所得税税率等因素。

通过测定行业的加权平均资金成本,可以近似得出行业内全部投资的最低可用折现率,为确定融资前税前行业财务基准收益率提供参考下限。在综合考虑其他方法得出的行业收益率并进行协调后,确定全部投资行业财务基准收益率的取值。

③ 典型项目模拟法。采用典型项目模拟法测算行业财务基准收益率,应在合理的时间区段内,选取行业内一定数量有代表性的、已进入正常生产运营状态的典型项目进行实际情况调查,对实际实施的项目进行数据搜集分析,做必要的价格调整,按项目评价方法计算项目的财务内部收益率。这种分析的前提是项目具有典型性、代表性。在一定数量典型项目财务内部收益率测算的基础上,确定行业财务收益率的基准值。

④ 德尔菲专家调查法。德尔菲专家调查法是测算确定行业财务收益率的重要方法,这种方法充分利用专家熟悉行业特点、行业发展变化规律、项目收益水平和具有丰富经验的优势,由一定数量的专家对项目收益率取值进行分析判断,经过几轮调查逐步集中专家的意见,形成结论性取值结果。在调查过程中,如果在基本没有人为因素干扰的情况下能形成收敛性的结论,则这一结论能对基准收益率的取值提供重要的参考。

在财务基准收益率的测算过程中,无论采用上述何种方法,都要注意在测算分析的基础上进行必要的调整,最终的取值是综合权衡的结果,而不是简单计算的结果。

(2) 总投资收益率和项目资本金净利润率。《建设项目经济评价方法与参数》(第3版)一书中发布了总投资收益率和项目资本金净利润率这两个指标的参考值,投资者可根据项目的特点及财务评价的目的和要求使用。

(3) 利息备付率、偿债备付率、资产负债率、流动比率和速动比率。对筹措债务性资金的项目,为了考察企业能否按期偿还借款,应进行偿债能力分析。通过计算利息备付率、偿债备付率、资产负债率、流动比率和速动比率等指标,判断项目的偿债能力。

《建设项目经济评价方法与参数》(第3版)一书中发布了利息备付率、偿债备付率、资产负债率、流动比率和速动比率这五个指标的参考值。

利息备付率、偿债备付率两个参数应测定最低可接受值,最低可接受值的测定则要参考国际经验并考虑国内行业的具体情况。

由于项目具体情况复杂,不同行业、不同项目的这些参数计算数值存在差别,因此国家统一组织的测算给出的是行业正常运营情况下这些参数的平均值，反映了行业的平均水平，对具体项目的计算判断具有参考价值。这些参数并不是项目必须要达到的基准值。

## 6.2 财务分析的价格体系

### 6.2.1 财务分析涉及的价格

**1. 影响价格变动的因素**

影响价格变动的因素很多，可归纳为两类：一是相对价格变动因素；二是绝对价格变动因素。

相对价格是指商品之间的比价关系。导致商品相对价格变化的因素很复杂，供应量的变化、价格政策的变化、劳动生产率的变化等都可能引起商品间比价的改变；消费水平的变化、消费习惯的变化、可替代产品的出现等引起供求关系发生变化，从而使供求均衡价格发生变化，引起商品间比价的改变等。

绝对价格是指用货币单位表示的商品价格水平。绝对价格变动一般表现为物价总水平的变化，即因货币贬值（通货膨胀）而引起的所有商品价格普遍上涨，或因货币升值（通货紧缩）而引起的所有商品价格普遍下降。

**2. 财务分析涉及的三种价格及其关系**

在项目财务分析中，要对项目整个计算期内的价格进行预测，涉及如何处理价格变动的问题，即在计算期的若干年内，是采用同一个固定价格，还是各年都变动以及如何变动，这就是投资项目的财务分析采用什么价格体系的问题。

财务分析涉及的价格有三种，即固定价格（或称基价）、时价和实价。

(1) 基价是指以基年价格水平表示的，不考虑其后价格变动的价格，也称固定价格。如果采用基价，项目计算期内各年价格都是相同的。一般选择评价工作进行的年份为基年，也有选择预计的开始建设年份为基年的。例如，某项目财务分析在 2018 年进行，一般选择 2018 年为基年，假定某货物 A 在 2018 年的价格为 100 元，即其基价为 100 元，是以 2018 年的价格水平表示的。基价是确定项目涉及的各种货物预测价格的基础，也是估算建设投资的基础。

(2) 时价是指任何时候的当时市场价格。它包含了相对价格变动和绝对价格变动的影响，以当时的价格水平表示。以基价为基础，按照预计的各种货物的不同价格上涨率（可称为时价上涨率）分别求出它们在计算期内任何一年的时价。假定货物 A 的时价上涨率为 2%，在 2018 年基价 100 元的基础上，2019 年的时价应为 [100 元 × (1 + 2%)]，即 102 元。若 2020 年货物 A 的时价上涨率为 3%，则 2020 年货物 A 的时价为 [100 元 × (1 + 2%) × (1 + 3%)]，即 105.06 元。

设基价为 $p_b$，时价为 $p_c$，各年的时价上涨率为 $c_i$，$i = 1, 2, \cdots, n$，$c_i$ 可以各年相同，也可以不同，则第 $n$ 年的时价为

$$p_{cn} = p_b(1 + c_1)(1 + c_2)\cdots(1 + c_n) \tag{6-1}$$

若各年 $c_i$ 相同，$c_i = c$，则有

$$p_{cn} = p_b(1 + c)^n \tag{6-2}$$

(3) 实价是以基年价格水平表示的，反映相对价格变动因素影响的价格。可以由时价中扣除物价总水平变动的影响后来求实价。若物价总水平上涨率为 3.5714%，则 2019 年货物 A 的实价为［102 元÷（1 + 3.5714%）］，即 98.48 元。这可以说明，虽然看起来 2019 年 A 的价格比 2018 年上涨了 2%，但扣除物价总水平上涨影响后，货物 A 的实际价格反而比 2018 年降低了，这是由某种原因导致的相对价格变化所致。如果把实际价格的变化率称为实价上涨率，那么货物 A 的实价上涨率为：（1 + 2%）/（1 + 3.5714%）− 1 = − 1.52%。

只有当时价上涨率大于物价总水平上涨率时，该货物的实价上涨率才会大于零，此时说明该货物价格上涨超过物价总水平的上涨。设第 $i$ 年的实价上涨率为 $r_i$，物价总水平上涨率为 $f_i$，则有

$$r_i = \frac{(1+c_i)^i}{(1+f_i)^i} - 1 \tag{6-3}$$

如果货物之间的相对价格保持不变，即实价上涨率为零，那么实际价就等于基价，同时意味着各种货物的时价上涨率相同，即各种货物的时价上涨率等于物价总水平上涨率。

## 6.2.2 财务分析的取价原则

**1. 财务分析应采用预测价格**

财务分析是估算拟建项目未来数年或更长年份的效益与费用，因投入物和产出物的未来价格发生变化，为了合理反映项目的效益和财务状况，财务分析应采用预测价格。预测价格是在选定的基年价格基础上测算的，一般选择评价当年为基年。至于采用上述何种价格体系，要视具体情况决定。

**2. 现金流量分析原则上采用实价体系**

采用实价计算净现值和内部收益率进行现金流量分析是国际上比较通行的做法。这样做便于投资者考察投资的实际盈利能力。因为实价排除了通货膨胀因素的影响，消除了因通货膨胀（物价总水平上涨）带来的"浮肿利润"，能够相对真实地反映投资的盈利能力。如果采用含通货膨胀因素的时价进行盈利能力分析，特别是当对产出物采用的时价上涨率等于或大于对投入物采用的时价上涨率时，就有可能使未来收益大大增加，形成"浮肿利润"，夸大项目的盈利能力。

**3. 偿债能力分析和财务生存能力分析原则上采用时价体系**

用时价进行财务预测，编制利润与利润分配表、财务计划现金流量表及资产负债表，有利于描述项目计算期内各年当时的财务状况，能相对合理地进行偿债和财务生存能力分析，这也是国际上比较通行的做法。

为了满足实际投资的需要，在投资估算中应同时包含两类价格变动因素引起投资增长的部分，一般通过计算涨价预备费来体现。同样，在融资计划中也应考虑这部分费用，在投入运营后的还款计划中自然包括该部分费用的偿还。因此，只有利用既包括相对价格变化，又包含通货膨胀因素影响在内的时价价值表示的投资费用、融资数额进行计算，才能真实地反映项目的偿债能力和财务生存能力。

**4. 对财务分析采用价格体系的简化**

在实践中，并不要求对所有项目或在所有情况下，都必须全部采用上述价格体系进行财务分析，多数情况下允许根据具体情况进行适当简化。

《建设项目经济评价方法与参数》和《投资项目可行性研究指南》都各自提出了简化处理的办法。虽然表述不尽相同,但实际上两者对财务分析采用价格体系的简化处理方法基本上是一致的,可以归纳为以下几点:

(1) 一般在建设期间既要考虑通货膨胀因素,又要考虑相对价格变化,包括对建设投资的估算和对运营期投入产出价格的预测。

(2) 项目运营期内,一般情况下盈利能力分析和偿债能力分析可以采用同一套价格,即预测的运营期价格。

(3) 项目运营期内,可根据项目和产出的具体情况,选用固定价格(项目运营期内各年价格不变)或考虑相对价格变化的变动价格(项目运营期内各年的价格不同,或某些年份的价格不同)。

(4) 当有要求或通货膨胀严重时,项目偿债能力分析和财务生存能力分析采用时价价格体系。

**5. 财务分析采用价格是否应该包含增值税的问题及相关处理**

对于其产出物适用增值税的项目,应注意其投入物和产出物价格是否含增值税。

按照《中华人民共和国增值税暂行条例》的规定,对于生产和销售产品或者提供劳务征收增值税,同时可以抵扣进项税额。增值税的征收实行价税分离,在销售产品和提供劳务时,单独开具增值税专用发票。按照会计制度的规定,企业财务报表中的成本费用和营业收入都以不含增值税的价格表示。在项目决策分析与评价阶段,财务分析所采用的可以是含增值税的价格,也可以是不含增值税的价格,但需要予以说明。本章给出的表格格式是按不含增值税的价格设计的。

按照《中华人民共和国增值税暂行条例》规定的方法计算增值税,只要处理和计算得当,采用价格是否含税一般不会对项目效益的计算产生影响。

**【例 6-1】** 举例说明采用含税价格和不含税价格时对利润与利润分配表主要科目的影响,见表 6-1。按照表的处理方式,无论是否采用含税价格,利润的计算都不会受到影响。

表 6-1 采用不同价格时对利润与利润分配表主要科目的影响 (单位:万元)

| 项 目 | 采用含税价格 | 采用不含税价格 | 说 明 |
| --- | --- | --- | --- |
| 营业收入 | 232 | 200 | |
| 税金及附加 | 1.6 | 1.6 | 按增值税的 10% 计算(16×10% =1.6) |
| 增值税 | 16 | 16 | |
| 总成本费用 | 166 | 150 | 含税的总成本费用中,外购原材料、燃料动力费为 116 |
| 利润总额 | 48.4 | 32.4 | |

注:表中增值税税额的计算说明。
 (1) 设定投入和产出的增值税税率都为 16%。
 (2) 销项税额 = 含税收入/(1 + 增值税税率)×增值税税率
     = 不含税收入×增值税税率
     = 232 万元/(1 + 16%)×16% = 200 万元×16% = 32 万元
 (3) 进项税额 = 外购原材料、燃料动力含税成本/(1 + 增值税税率)×增值税税率
     = 外购原材料、燃料动力不含税成本×增值税税率
     = 116 万元/(1 + 16%)×16% = 100 万元×16% = 16 万元
 (4) 增值税 = 销项税额 - 进项税额 = 32 万元 - 16 万元 = 16 万元

当然，上例只是一个最简单的处理说明。实际工作中为了使是否采用含税价格不致影响项目效益的计算，要做各种不同的处理，例如，在利润与利润分配表、财务计划现金流量表和净现值的现金流量表中对增值税科目的处理，流动资金的估算等，此处不再一一说明。

## 6.3 财务盈利能力分析

### 6.3.1 财务盈利能力分析的相关基本报表

财务盈利能力分析的相关基本报表有财务现金流量表、利润与利润分配表。财务现金流量表又包括项目投资现金流量表、项目资本金现金流量表、投资各方现金流量表。

**1. 财务现金流量表**

（1）项目投资现金流量表。项目投资现金流量表是指在项目确定融资方案前，对投资方案进行分析，用以计算项目所得税前的财务内部收益率、财务净现值及投资回收期等财务分析的表格。由于项目各个融资方案不同，所采取的利率也是不同的，所以编制项目投资现金流量表时，不考虑利息对项目的影响。此外，由于项目的建设性质和建设内容不同，项目的所得税税率和享受的国家优惠政策是不相同的，因此，在财务分析编制项目投资现金流量表时，一般只计算所得税前的财务内部收益率、财务净现值及投资回收期等财务分析指标，这样可以为各个方案（不论其资金来源如何、利息多少和所得税的高低）进行比较建立共同的基础。

项目投资现金流量表的现金流入包括营业收入、补贴收入、销项税额、回收资产余值、回收流动资金。现金流出包括建设投资、流动资金、经营成本、进项税额、应交增值税、税金及附加、维持运营投资等。

现金流入和现金流出的有关数据可依据"营业收入、税金及附加和增值税估算表""建设投资估算表""流动资金估算表""项目总投资使用计划和资金筹措表""总成本费用估算表""利润与利润分配表"等有关财务报表计算填列。

编制项目投资现金流量表时要注意以下问题：

1）该表适用于新设法人项目与既有法人项目的增量和"有项目"的现金流量分析。

2）调整所得税以息税前利润为基数计算的所得税，区别于"利润与利润分配表""项目资本金现金流量表""财务计划现金流量表"中的所得税。

项目投资现金流量表见表 6-2。

表 6-2 项目投资现金流量表　　　　　　　　（单位：万元）

| 序号 | 项目 | 合计 | 计算期 | | | | | |
|---|---|---|---|---|---|---|---|---|
| | | | 1 | 2 | 3 | 4 | … | $n$ |
| 1 | 现金流入 | | | | | | | |
| 1.1 | 营业收入 | | | | | | | |
| 1.2 | 补贴收入 | | | | | | | |
| 1.3 | 销项税额 | | | | | | | |
| 1.4 | 回收资产余值 | | | | | | | |

(续)

| 序号 | 项目 | 合计 | 计算期 | | | | | |
|---|---|---|---|---|---|---|---|---|
| | | | 1 | 2 | 3 | 4 | … | n |
| 1.5 | 回收流动资金 | | | | | | | |
| 2 | 现金流出 | | | | | | | |
| 2.1 | 建设投资 | | | | | | | |
| 2.2 | 流动资金 | | | | | | | |
| 2.3 | 经营成本 | | | | | | | |
| 2.4 | 进项税额 | | | | | | | |
| 2.5 | 应交增值税 | | | | | | | |
| 2.6 | 税金及附加 | | | | | | | |
| 2.7 | 维持运营投资 | | | | | | | |
| 3 | 所得税前净现金流量（1-2） | | | | | | | |
| 4 | 累计所得税前净现金流量 | | | | | | | |
| 5 | 调整所得税 | | | | | | | |
| 6 | 所得税后净现金流量（3-5） | | | | | | | |
| 7 | 累计所得税后净现金流量 | | | | | | | |

计算指标：
项目投资财务内部收益率（%）（所得税前）
项目投资财务内部收益率（%）（所得税后）
项目投资财务净现值（所得税前）（$i=$ %）
项目投资财务净现值（所得税后）（$i=$ %）
项目投资回收期（年）（所得税前）
项目投资回收期（年）（所得税后）

（2）项目资本金现金流量表。项目资本金现金流量表是从投资者的角度出发，以投资者的出资额即资本金作为计算基础，把借款本金偿还和利息支付作为现金流出，用以计算项目资本金的财务内部收益率、财务净现值等财务分析指标的表格。编制该表格的目的是考察项目所得税后资本金可能获得的收益水平。

项目资本金现金流量表与项目投资现金流量表的现金流入内容相同。现金流出包括项目投入的资本金、借款本金偿还、借款利息支付、经营成本、进项税额、应交增值税、税金及附加、所得税和维持运营投资等。

现金流入和现金流出的有关数据可依据"营业收入、税金及附加和增值税估算表""项目总投资使用计划和资金筹措表""总成本费用估算表""利润与利润分配表""借款还本付息计划表"等有关财务报表计算填列。

编制项目资本金现金流量表时要注意以下问题：
1）项目资本金包括用于建设投资、建设期利息和流动资金的资金。
2）对外商投资项目，现金流出中应增加职工奖励及福利基金科目。
3）该表适用于新设法人项目与既有法人项目的"有项目"的现金流量分析。
项目资本金现金流量表见表6-3。

## 第6章 财务分析

**表 6-3 项目资本金现金流量表** （单位：万元）

| 序号 | 项 目 | 合计 | 计算期 | | | | | |
|---|---|---|---|---|---|---|---|---|
| | | | 1 | 2 | 3 | 4 | … | n |
| 1 | 现金流入 | | | | | | | |
| 1.1 | 营业收入 | | | | | | | |
| 1.2 | 补贴收入 | | | | | | | |
| 1.3 | 销项税额 | | | | | | | |
| 1.4 | 回收资产余值 | | | | | | | |
| 1.5 | 回收流动资金 | | | | | | | |
| 2 | 现金流出 | | | | | | | |
| 2.1 | 项目资本金 | | | | | | | |
| 2.2 | 借款本金偿还 | | | | | | | |
| 2.3 | 借款利息支付 | | | | | | | |
| 2.4 | 经营成本 | | | | | | | |
| 2.5 | 进项税额 | | | | | | | |
| 2.6 | 应交增值税 | | | | | | | |
| 2.7 | 税金及附加 | | | | | | | |
| 2.8 | 所得税 | | | | | | | |
| 2.9 | 维持运营投资 | | | | | | | |
| 3 | 净现金流量（1-2） | | | | | | | |

计算指标：
资本金财务内部收益率（%）

（3）投资各方现金流量表。投资各方现金流量表是通过计算投资各方财务内部收益率，分析投资各方投入资本的盈利能力的财务分析报表。

投资各方现金流量表的现金流入包括实分利润、资产处置收益分配、租赁费收入、技术转让或使用收入和其他现金流入。现金流出包括实缴资本、租赁资产支出和其他现金流出。

现金流入和现金流出的有关数据可以依据"利润与利润分配表""项目总投资使用计划和资金筹措表""总成本费用估算表"等有关财务报表直接填列或经过这些报表计算间接得出。

编制投资各方现金流量表时要注意以下问题：

1）该表可按不同投资方分别编制。

2）投资各方现金流量表既适用于内资企业也适用于外商投资企业，既适用于合资企业也适用于合作企业。

3）投资各方现金流量表中现金流入是指出资方因该项目的实施实际获得的各项收入，现金流出是指出资方因该项目的实施实际投入的各种支出。表中科目应根据项目具体情况具体调整。

① 实分利润是指投资者由项目获取的利润。

② 资产处置收益分配是指对有明确的合营期限或合资期限的项目，在期满时对资产余值按股比或约定比例的分配。

③ 租赁费收入是指出资方将自己的资产租赁给项目使用所获得的收入，此时应将资产

价值作为现金流出，列为租赁资产支出科目。

④ 技术转让或使用收入是指出资方将专利或专有技术转让或允许该项目使用所获得的收入。

投资各方现金流量表见表6-4。

表6-4　投资各方现金流量表　　　　　　　　　　（单位：万元）

| 序号 | 项　目 | 合计 | 计算期 | | | | | |
|---|---|---|---|---|---|---|---|---|
| | | | 1 | 2 | 3 | 4 | … | n |
| 1 | 现金流入 | | | | | | | |
| 1.1 | 实分利润 | | | | | | | |
| 1.2 | 资产处置收益分配 | | | | | | | |
| 1.3 | 租赁费收入 | | | | | | | |
| 1.4 | 技术转让或使用收入 | | | | | | | |
| 1.5 | 其他现金流入 | | | | | | | |
| 2 | 现金流出 | | | | | | | |
| 2.1 | 实缴资本 | | | | | | | |
| 2.2 | 租赁资产支出 | | | | | | | |
| 2.3 | 其他现金流出 | | | | | | | |
| 3 | 净现金流量（1－2） | | | | | | | |

计算指标：
投资各方财务内部收益率（％）

以上三种财务现金流量表各有其特定的目的。项目投资现金流量表在计算现金流量时，不考虑资金来源、所得税和项目是否享受国家优惠政策，因而不必考虑借款本金的偿还、利息的支付和所得税，为各个投资项目或投资方案进行比较建立了共同的基础。资本金现金流量表主要考察投资者的出资额即项目资本金的盈利能力。投资各方现金流量表主要考察投资各方的投资收益水平，投资各方可将各自的财务内部收益率指标与各自设定的基准收益率及其他投资方的财务内部收益率进行对比，以便寻求平等互利的投资方案，并据此判断是否进行投资。

**2. 利润与利润分配表**

利润与利润分配表反映项目计算期内各年营业收入、总成本费用、利润总额以及所得税后利润的分配情况，用于计算总投资收益率和资本金净利润率。

利润与利润分配表的编制步骤如下：

第一步，反映利润总额。利润总额＝营业收入＋补贴收入－总成本费用－税金及附加。

第二步，反映净利润。净利润＝利润总额－所得税。

第三步，反映可供分配利润。可供分配利润＝净利润＋期初未分配利润。

第四步，反映可供投资者分配利润。可供投资者分配利润＝可供分配利润－提取法定盈余公积。

第五步，反映未分配利润。未分配利润＝可供投资者分配利润－应付优先股股利－任意盈余公积－应付普通股股利。

利润与利润分配表的数据可依据"营业收入、税金及附加和增值税估算表""总成本费用估算表"等有关财务报表计算填列。

编制利润与利润分配表时要注意以下问题：

（1）对于外商出资项目由表6-5第11项减去储备基金、职工奖励与福利基金和企业发展基金后，得出可供投资者分配的利润。

（2）第14～16项根据企业性质和具体情况选择填列。

（3）法定盈余公积按净利润计提。

利润与利润分配表见表6-5。

表6-5 利润与利润分配表　　　　　　　　（单位：万元）

| 序号 | 项目 | 合计 | 计算期 | | | | | |
|---|---|---|---|---|---|---|---|---|
| | | | 1 | 2 | 3 | 4 | … | n |
| 1 | 营业收入 | | | | | | | |
| 2 | 税金及附加 | | | | | | | |
| 3 | 总成本费用 | | | | | | | |
| 4 | 补贴收入 | | | | | | | |
| 5 | 利润总额（1－2－3＋4） | | | | | | | |
| 6 | 弥补以前年度亏损 | | | | | | | |
| 7 | 应纳税所得额（5－6） | | | | | | | |
| 8 | 所得税 | | | | | | | |
| 9 | 净利润（5－6－8） | | | | | | | |
| 10 | 期初未分配利润 | | | | | | | |
| 11 | 可供分配利润（9＋10） | | | | | | | |
| 12 | 提取法定盈余公积 | | | | | | | |
| 13 | 可供投资者分配利润（11－12） | | | | | | | |
| 14 | 应付优先股股利 | | | | | | | |
| 15 | 提取任意盈余公积 | | | | | | | |
| 16 | 应付普通股股利 | | | | | | | |
| 17 | 各投资方利润分配 | | | | | | | |
| | 其中：××方 | | | | | | | |
| | ××方 | | | | | | | |
| 18 | 未分配利润（13－14－15－16 或 13－15－17） | | | | | | | |
| 19 | 息税前利润（利润总额＋利息支出） | | | | | | | |
| 20 | 息税折旧摊销前利润（息税前利润＋折旧＋摊销） | | | | | | | |

## 6.3.2 财务盈利能力分析的指标

**1. 财务盈利能力分析指标体系的分类**

投资项目分析结果的好坏，一方面取决于基础数据的准确性，另一方面则取决于所选取指标体系的合理性。只有选取正确的指标体系，项目财务盈利能力分析的结果才能与客观情况相吻合，才具有实际意义。

按是否考虑资金的时间价值，财务盈利能力分析指标可分为静态指标和动态指标。

静态指标不考虑资金的时间价值，动态指标考虑资金的时间价值。

静态指标的主要优点是计算简单，计算量较小，使用方便。由于静态指标不考虑资金的时间价值，分析就必然比较粗糙，与实际情况相比会产生一定的误差，有时可能会影响对投资项目的正确评价和决策。

动态指标考虑资金的时间价值，而且所采用的方法将不同时点上的现金流入与流出换算到同一时点的等值，为不同项目方案的经济评价比较提供可比的基础，同时也反映各项目未来时期的发展变化情况。这对投资者和决策者合理评价项目，以及合理利用资金、提高经济效益都具有十分重要的作用。因此，动态指标分析是比静态指标分析更全面、更科学的方法。

因此，在实际工作中应采用静态指标分析与动态指标分析相结合的方法，按照不同项目的不同决策要求来选择评价方法。财务盈利能力分析指标体系如图 6-2 所示。

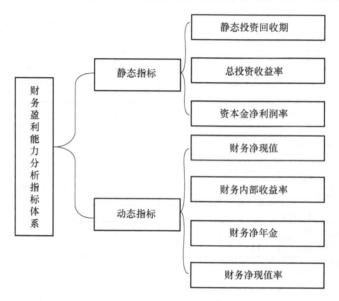

图 6-2　财务盈利能力分析指标体系

上述指标可以通过相应的财务盈利能力分析基本报表直接或间接求得。财务盈利能力分析指标与基本报表的关系见表 6-6。

表 6-6　财务盈利能力分析指标与基本报表的关系

| 分析内容 | 基本报表 | 静态指标 | 动态指标 |
| --- | --- | --- | --- |
| 盈利能力分析 | 项目投资现金流量表 | 项目静态投资回收期 | 项目投资财务内部收益率<br>项目投资财务净现值<br>⋮ |
| | 项目资本金现金流量表 | | 资本金财务内部收益率<br>资本金财务净现值<br>⋮ |
| | 投资各方现金流量表 | | 投资各方财务内部收益率<br>投资各方财务净现值<br>⋮ |
| | 利润与利润分配表 | 总投资收益率<br>资本金净利润率 | |

## 2. 静态投资回收期

（1）静态投资回收期（$P_t$）的含义及其计算公式。静态投资回收期是指以项目的净收益回收项目投资所需要的时间，一般以年为单位。静态投资回收期宜从项目建设开始年算起，若从项目投产开始年算起，应予以特别注明。静态投资回收期可采用下式计算

$$\sum_{t=1}^{P_t}(\mathrm{CI}-\mathrm{CO})_t=0 \tag{6-4}$$

式中，$P_t$ 为静态投资回收期；CI 为现金流入量；CO 为现金流出量。

若项目每年的净收益基本相同，可用下式计算

$$静态投资回收期(P_t)=\frac{总投资}{每年的净收益} \tag{6-5}$$

若各年的净收益数额差别较大，静态投资回收期可借助项目投资现金流量表计算。项目投资现金流量表中累计净现金流量由负值变为零的时点，即为静态投资回收期。这时静态投资回收期按下式计算

$$P_t=T-1+\frac{\left|\sum_{i=1}^{T-1}(\mathrm{CI}-\mathrm{CO})_i\right|}{(\mathrm{CI}-\mathrm{CO})_T} \tag{6-6}$$

式中，$T$ 为各年累计净现金流量首次为正值或零的年数。

（2）静态投资回收期的判断准则。静态投资回收期的判别标准是基准投资回收期，其取值可根据行业水平或投资者的要求确定。计算出的静态投资回收期要与行业规定的基准投资回收期或同行业平均投资回收期进行比较，如果计算出的静态投资回收期小于或等于基准投资回收期或同行业平均投资回收期，则认为项目是可以考虑接受的；否则，不接受。投资回收期短，表明项目投资回收快，抗风险能力强。

【例 6-2】 某公司目前有两个项目可供选择，其投资项目净现金流量见表 6-7。若该公司要求项目投入资金必须在 3 年内回收，应选择哪个项目？

表 6-7　某公司投资项目净现金流量　　　　　　　　（单位：万元）

| 年　份 | 1 | 2 | 3 | 4 |
|---|---|---|---|---|
| 项目 A 净现金流量 | -6000 | 3200 | 2800 | 1200 |
| 项目 B 净现金流量 | -4000 | 2000 | 960 | 2400 |

**解**　项目 A 的累计净现金流量计算见表 6-8。

表 6-8　项目 A 的累计净现金流量计算　　　　　　　（单位：万元）

| 年　份 | 1 | 2 | 3 | 4 |
|---|---|---|---|---|
| 净现金流量 | -6000 | 3200 | 2800 | 1200 |
| 累计净现金流量 | -6000 | -2800 | 0 | 1200 |

按投资回收期计算公式，项目 A 的投资回收期 = 3 年 - 1 年 + 2800/2800 年 = 3 年
项目 B 的累计净现金流量计算见表 6-9。

表 6-9　项目 B 的累计净现金流量计算　　　　　　　　　（单位：万元）

| 年　份 | 1 | 2 | 3 | 4 |
|---|---|---|---|---|
| 净现金流量 | -4000 | 2000 | 960 | 2400 |
| 累计净现金流量 | -4000 | -2000 | -1040 | 1360 |

按投资回收期计算公式，项目 B 的投资回收期 = 4 年 - 1 年 + 1040/2400 年 = 3.43 年

项目 A 的投资回收期刚好为 3 年，而项目 B 的投资回收期超过了 3 年，因此应该选择项目 A。

（3）静态投资回收期的优缺点

1）优点：计算简单、直观，便于投资者衡量项目的抗风险能力，并能在一定程度上反映投资效益的优劣。

2）缺点：①没有考虑资金的时间价值；②没有考虑投资回收期以后的收益和支出情况。

因此静态投资回收期不能全面反映项目在计算期内的真实效益，难以对不同方案的比较选择做出正确判断。

**3. 总投资收益率**

（1）总投资收益率（ROI）的含义和计算公式。总投资收益率表示总投资的盈利水平，是指项目达到设计生产能力后正常年份的年息税前利润或运营期内年平均息税前利润（EBIT）与项目总投资（TI）的比率。总投资收益率应按下式计算

$$ROI = \frac{EBIT}{TI} \times 100\% \tag{6-7}$$

式中，EBIT 是项目正常年份的年息税前利润或运营期内年平均息税前利润；TI 是项目总投资。

（2）总投资收益率的判断准则。总投资收益率高于同行业的收益率参考值，表明用总投资收益率表示的盈利能力满足要求。

**【例 6-3】** 某化肥厂基建投资估算为 60000 万元，建设期借款利息为 6000 万元，流动资金为 4000 万元，投产期为 2 年，达到设计生产能力的生产期为 14 年，其年平均息税前利润为 7000 万元，计算总投资收益率。

**解**　按达产后年平均息税前利润计算为

$$总投资收益率 = \frac{7000 \text{ 万元}}{60000 \text{ 万元} + 6000 \text{ 万元} + 4000 \text{ 万元}} \times 100\% = 10\%$$

**4. 资本金净利润率**

（1）资本金净利润率（ROE）的含义和计算公式。资本金净利润率（ROE）表示项目资本金的盈利水平，是指项目达到设计生产能力后正常年份的年净利润或运营期内年平均净利润（NP）与项目资本金（EC）的比率。项目资本金净利润率按下式计算

$$ROE = \frac{NP}{EC} \times 100\% \tag{6-8}$$

式中，NP 为正常年份的年净利润或运营期内年平均净利润；EC 为项目资本金，即项目的全部注册资本金。

（2）资本金净利润率的判断准则。资本金净利润率应该是投资者最关心的指标，因为

它反映了自己出资所带来的净利润。项目资本金净利润率大于或等于同行业的净利润率参考值，表明用项目资本金净利润率表示的盈利能力满足要求。

### 5. 财务净现值

（1）财务净现值（FNPV）的含义和计算公式。财务净现值是指按设定的财务基准收益率计算的项目计算期内各年净现金流量的现值之和，即投资基准点的即时净所得。其计算公式为

$$FNPV = \sum_{t=1}^{n} (CI - CO)_t (1 + i_c)^{-t} \qquad (6-9)$$

式中，$i_c$ 为财务基准收益率；CI 为现金流入量；CO 为现金流出量；（CI - CO）为净现金流量；$n$ 为计算期。

（2）财务净现值的判断标准。财务净现值是评价项目盈利能力的绝对指标，它反映项目在满足按设定的财务基准收益率要求的盈利之外，还能获得的超额盈利的现值。

计算出的财务净现值可能有两种结果，即 FNPV≥0，或 FNPV<0。

1）当 FNPV≥0 时，说明项目的盈利能力等于或超过了按设定的财务基准收益率计算的盈利能力，从财务角度考虑，项目是可以接受的。

2）当 FNPV<0 时，说明项目的盈利能力达不到按设定的财务基准收益率计算的盈利能力，一般可判断项目不可行。

【例 6-4】 在例 6-2 采用投资回收期法进行投资决策的例子中，如果该公司要求采用净现值法进行投资决策，设定折现率为 14%，哪个项目可行？

**解** 项目 A 的财务净现值 $FNPV = -\dfrac{6000\ 元}{1.14} + \dfrac{3200\ 元}{1.14^2} + \dfrac{2800\ 元}{1.14^3} + \dfrac{1200\ 元}{1.14^4} = -200.44\ 元$

项目 B 的财务净现值 $FNPV = -\dfrac{4000\ 元}{1.14} + \dfrac{2000\ 元}{1.14^2} + \dfrac{960\ 元}{1.14^3} + \dfrac{2400\ 元}{1.14^4} = 99.14\ 元$

因为项目 A 的净现值小于零，项目 B 的净现值大于零，所以项目 B 可行。

（3）财务净现值与财务基准收益率之间的关系。同一净现金流量的财务净现值随财务基准收益率 $i_c$ 的增大而减小，故财务基准收益率 $i_c$ 定得越高，被接受的方案越少。

（4）财务净现值的优缺点

财务净现值的优点有：

1）考虑了资金的时间价值，而且是项目整个寿命期的现金流，比较全面。

2）财务净现值是个绝对指标，比较直观地反映了项目的经济效益状况。

3）财务净现值计算简便，只要编制了财务现金流量表，确定好折现率，净现值的计算仅是一种简单的算术方法。另外，该指标的计算结果稳定，不会因算术方法的不同而带来任何差异。

财务净现值的缺点有：

1）需要事先确定折现率，而折现率的确定又是非常困难和复杂的。选择的折现率过高，可行的项目可能被否定；选择的折现率过低，不可行的项目就可能被选中，特别是对那些投资收益水平居中的项目。所以，在运用财务净现值指标时，要选择一个比较客观的折现率，否则，评价的结果往往"失真"，可能造成决策失误。

2）它只能表明投资项目的盈利能力大于、等于或小于财务基准收益率的水平，而不能

直接算出项目的盈利能力与财务基准收益率的差距。

为了克服财务净现值指标给评价方案或筛选方案带来的不利影响,在财务分析中,往往选择财务内部收益率作为主要评价指标。

**6. 财务内部收益率**

(1) 财务内部收益率(FIRR)的含义和计算公式。财务内部收益率(FIRR)也称财务内部报酬率,是指能使项目计算期内净现金流量现值累计等于零时的折现率,或者说是使项目现金流入现值等于现金流出现值时的折现率。它是考察项目盈利能力的相对量指标。FIRR 作为折现率时使下式成立

$$\text{FNPV} = \sum_{t=1}^{n} (CI - CO)_t (1 + FIRR)^{-t} = 0 \tag{6-10}$$

式中,CI 为现金流入量;CO 为现金流出量;$(CI - CO)_t$ 为第 $t$ 期的净现金流量;$n$ 为项目计算期。

财务内部收益率与财务净现值的表达式基本相同,但计算程序却截然不同。在计算财务净现值时,预先设定折现率,并根据此折现率将各年净现金流量折算成现值,然后累加得出净现值。在计算财务内部收益率时,要经过多次试算使净现金流量现值累计等于零。财务内部收益率的计算比较繁杂,一般可借助专用软件的财务函数或有特定功能的计算器完成,如用手工计算时,应先采用试算法,后采用插入法。

运用手工计算财务内部收益率的基本步骤是:

第一,用估计的某一折现率对拟建项目整个计算期内各年财务净现金流量进行折现,并得出财务净现值。如果得到的财务净现值等于零,则所选定的折现率即为财务内部收益率;如果得到的财务净现值为正数,则再选一个更高一些的折现率再次进行试算,直至正数财务净现值($FNPV_1$)接近于零为止。

第二,在第一步的基础上,再继续提高折现率,直至计算出接近于零的负数财务净现值($FNPV_2$)为止。

第三,根据以上两步计算所得的正、负财务净现值及其对应的折现率,运用插入法计算财务内部收益率。因为财务内部收益率与财务净现值之间不是线性关系,如果两个折现率之间的差太大,计算结果会有较大的误差,所以,为保证计算的准确性,一般规定两个折现率之差最好在1%以内。

插入法是将试算法得出的数据代入插入法计算公式来求财务内部收益率的一种方法。

财务净现值与财务内部收益率的关系如图 6-3 所示。

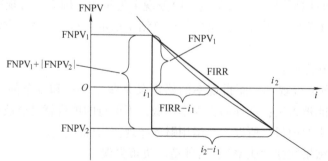

图 6-3 财务净现值与财务内部收益率的关系

通过插入法可近似计算出 FIRR，插入法的计算公式为

$$\text{FIRR} = i_1 + \frac{\text{FNPV}_1(i_2 - i_1)}{\text{FNPV}_1 + |\text{FNPV}_2|} \tag{6-11}$$

(2) 财务内部收益率的判断标准。按分析范围和对象不同，财务内部收益率分为项目投资财务内部收益率、资本金财务内部收益率和投资各方财务内部收益率。

项目投资财务内部收益率、资本金财务内部收益率和投资各方财务内部收益率都依据上式计算，但所用的现金流入和现金流出不同。分别依据"项目投资现金流量表""项目资本金现金流量表""投资各方现金流量表"填列。

1) 项目投资财务内部收益率。项目投资财务内部收益率是考察项目融资方案确定前（未计算借款利息）且在所得税前整个项目的盈利能力，供决策者进行项目比选和银行金融机构进行信贷决策时参考。

由于项目各融资方案的利率不尽相同，所得税税率与享受的优惠政策也可能不同。在计算项目投资财务内部收益率时，不考虑利息支出和所得税，是为了保持项目的可比性。

2) 资本金财务内部收益率。资本金财务内部收益率是以项目资本金为计算基础，考察所得税税后资本金可能获得的收益水平。

3) 投资各方财务内部收益率。投资各方财务内部收益率，是以投资各方出资额为计算基础，考察投资各方可能获得的收益水平。

项目投资财务内部收益率的判别依据，应采用行业发布或者评价人员设定的财务基准收益率，当项目投资财务内部收益率大于或等于所设定的财务基准收益率时，即认为项目的盈利能力能够满足要求，项目在财务上是可行的；否则，不可行。

资本金财务内部收益率和投资各方财务内部收益率应与出资方最低期望收益率进行比较，判断投资方收益水平。

**【例 6-5】** 某项目，设 $i_1 = 28\%$，计算得 $\text{FNPV}_1 = 4.5288$ 万元，设 $i_2 = 29\%$，计算得 $\text{FNPV}_2 = -11.9052$ 万元，利用插入法公式近似计算，则（本题的基准收益率为 10%）

$$\text{FIRR} = 28\% + \frac{4.5288 \text{ 万元} \times (29\% - 28\%)}{4.5288 \text{ 万元} + 11.9052 \text{ 万元}} = 28.3\%$$

因为 FIRR = 28.3% > $i$ = 10%，所以本方案可行。

(3) 财务内部收益率与财务净现值的关系及优缺点

1) 财务内部收益率与财务净现值的关系。一个项目的财务净现值函数对应着一条开口朝上却下滑的曲线，如图 6-3 所示，它与横轴 $i$ 交于 FIRR 点，这个点的财务净现值为零，就是项目的财务内部收益率。

如果项目采用的贴现率在 FIRR 的左边，见图 6-3 中 $i_1$，则项目的财务内部收益率 FIRR > $i_1$，且 $i_1$ 所对应的财务净现值 NPV($i_1$) > 0，项目可行。

如果项目采用的贴现率在 FIRR 的右边，见图 6-3 中 $i_2$，则项目的财务内部收益率 FIRR < $i_2$，且 $i_2$ 所对应的财务净现值 NPV($i_2$) < 0，项目不可行。

通过以上分析可以看出，在一般情况下，对于同一个项目来说，用财务内部收益率法与财务净现值法进行评价，其结论是一致的。

2) 财务内部收益率的优点

① 财务内部收益率法是投资经济效果评价的一个基本指标。财务内部收益率法用百分

数表示,直观形象,可明确地说明一个项目投资在整个计算期内的盈利能力。因此财务内部收益率指标为企业的主管部门提供了一个控制本行业经济效果的内部统一衡量标准。同时,当净收益一定时,投资额大的方案内部收益率小,所以财务内部收益率法在一定程度上起到控制投资的作用。

② 不需要事先确定财务基准收益率,就可计算出项目的财务内部收益率,减少了人为干扰因素,比较准确。

3) 财务内部收益率的缺点。计算比较复杂,而且对于非常规投资项目,财务内部收益率的解可能不是唯一的。当出现多解时,用它直接评价经济效果是不合理的。

### 7. 财务净年金

(1) 财务净年金(FNAV)的含义和计算公式。项目计算期内各年的现金流,按设定的财务基准收益率可折算成等值的年金代数和,这个年金就称为财务净年金。其计算公式为

$$FNAV = \left[\sum_{t=1}^{n}(CI_t - CO_t)(1+i)^{-t}\right](A/P,i,n) = FNPV(A/P,i,n) \quad (6-12)$$

将财务净年金的计算公式及判别准则与财务净现值做比较可知,由于$(A/P,i,n) > 0$,故财务净年金与财务净现值在项目评价的结论上总是一致的。因此,就项目的评价结论而言,财务净年金与财务净现值是等效评价指标。财务净现值给出的信息是项目在整个寿命期内获取的超出最低期望盈利的超额收益的现值,而财务净年金给出的信息是寿命期内每年的等额超额收益。由于信息的含义不同,而且由于在某些决策结构形式下,采用财务净年金比采用财务净现值更为简便和易于计算,故财务净年金指标在经济效果评价指标体系中占有相当重要的地位。

(2) 财务净年金的判断准则。对单一项目方案而言,若$FNAV \geq 0$,则项目在经济效果上可以接受;若$FNAV < 0$,则项目在经济效果上不可接受。

【例6-6】 某一项目已知$FNPV = 2757.19$元,$i = 10\%$,$n = 6$年,试用财务净年金指标对项目进行决策。

**解** 由式(6-12)得

$$FNAV = FNPV(A/P,i,n) = 2757.19 \text{元} \times (A/P,10\%,6) = 633.08 \text{元}$$

### 8. 财务净现值率

(1) 财务净现值率(FNPVR)的含义和计算公式。前面介绍的财务净现值指标虽然能够直接反映出技术方案的盈利总额,但没有反映资金的利用效率。换句话说,财务净现值只是一个绝对经济效益指标,没有反映方案的相对经济效益,多方案比较时,如果它们的投资额不相等,此时若以各方案财务净现值的大小来决定方案的取舍,则可能导致相反的结论。这时可以采用财务净现值率作为财务净现值指标的辅助指标来评价方案。

财务净现值率是方案的财务净现值与其投资总额现值之比。其经济含义是单位投资现值所能带来的净现值。

财务净现值率的计算公式为

$$FNPVR = \frac{FNPV}{K_p} = \frac{\sum_{t=1}^{n}(CI_t - CO_t)(1+i)^{-t}}{\sum_{t=1}^{n}K_t(1+i)^{-t}} \quad (6-13)$$

(2)财务净现值率的判断准则。对于单一项目而言,若 FNPV≥0,则 FNPVR≥0;若 FNPV<0,则 FNPVR<0。故用财务净现值率评价单一项目经济效果时,判断准则与财务净现值相同。

## 6.4 偿债能力和财务生存能力分析

偿债能力分析是通过编制相关报表,计算利息备付率、偿债备付率、资产负债率、流动比率、速动比率等比率指标,考察项目的偿债能力。财务生存能力分析是通过编制财务计划现金流量表,结合偿债能力分析,考察项目(企业)资金平衡和余缺等财务状况,判断其财务可持续性。项目(企业)的利润表以及资产负债表在偿债能力分析和财务生存能力分析中也起着相当重要的作用。

### 6.4.1 偿债能力分析

**1. 相关基本报表**

(1)借款还本付息计划表。借款还本付息计划表反映项目计算期内各年借款本金偿还和利息支付情况,用于计算偿债备付率和利息备付率等指标。借款还本付息计划表见表 6-10。表中期末借款余额为

$$期末借款余额 = 期初借款余额 + 付息 - 当期还本付息$$

或

$$期末借款余额 = 期初借款余额 - 还本$$

编制借款还本付息计划表时要注意下列问题:

1)表 6-10 与财务分析辅助表"建设期利息估算表"可合二为一。

2)表 6-10 直接适用于新设法人项目,如有多种借款或债券,必要时应分别列出。

3)对于既有法人项目,在按有项目范围进行计算时,可根据需要增加项目范围内原有借款的还本付息计算;在计算企业层次的还本付息时,可根据需要增加项目范围外借款的还本付息计算;当简化项目层次新增借款还本付息计算时,可直接按新增数据进行计算。

4)表 6-10 可另加流动资金借款的还本付息计算。

表 6-10 借款还本付息计划表 (单位:万元)

| 序号 | 项目 | 合计 | 计算期 | | | | | |
|---|---|---|---|---|---|---|---|---|
| | | | 1 | 2 | 3 | 4 | … | $n$ |
| 1 | 借款1 | | | | | | | |
| 1.1 | 期初借款余额 | | | | | | | |
| 1.2 | 当期还本付息 | | | | | | | |
| | 其中:还本 | | | | | | | |
| | 付息 | | | | | | | |
| 1.3 | 期末借款余额 | | | | | | | |
| 2 | 借款2 | | | | | | | |
| 2.1 | 期初借款余额 | | | | | | | |
| 2.2 | 当期还本付息 | | | | | | | |

(续)

| 序号 | 项 目 | 合计 | 计算期 | | | | | |
|---|---|---|---|---|---|---|---|---|
| | | | 1 | 2 | 3 | 4 | … | n |
| | 其中：还本 | | | | | | | |
| | 付息 | | | | | | | |
| 2.3 | 期末借款余额 | | | | | | | |
| 3 | 债务 | | | | | | | |
| 3.1 | 期初债务余额 | | | | | | | |
| 3.2 | 当期还本付息 | | | | | | | |
| | 其中：还本 | | | | | | | |
| | 付息 | | | | | | | |
| 3.3 | 期末债务余额 | | | | | | | |
| 4 | 借款和债务合计 | | | | | | | |
| 4.1 | 期初余额 | | | | | | | |
| 4.2 | 当期还本付息 | | | | | | | |
| | 其中：还本 | | | | | | | |
| | 付息 | | | | | | | |
| 4.3 | 期末余额 | | | | | | | |
| 计算指标： | 利息备付率（%）偿债备付率（%） | | | | | | | |

【例 6-7】 某项目建设期 1 年，建设投资借款 400 万元，年利率为 6%，假定借款在年中支用，建设期利息估算为 12 万元，投产后与本金一并在 5 年内等额偿还，编制的借款还本付息计划表见表 6-11。

表 6-11 借款还本付息计划表 （单位：万元）

| 项 目 | 2 | 3 | 4 | 5 | 6 |
|---|---|---|---|---|---|
| 年初借款余额 | 412.0 | 338.9 | 261.4 | 179.3 | 92.3 |
| 当年还本付息 | 97.8 | 97.8 | 97.8 | 97.8 | 97.8 |
| 其中：还本 | 73.1 | 77.5 | 82.1 | 87.0 | 92.3 |
| 付息 | 24.7 | 20.3 | 15.7 | 10.8 | 5.5 |
| 年末借款余额 | 338.9 | 261.4 | 179.3 | 92.3 | 0 |

（2）资产负债表。资产负债表是反映项目在某一特定日期财务状况的会计报表。财务状况是指一个项目的资产、负债、所有者权益及其相互关系。因此，资产负债表是根据资产、负债和所有者权益之间的相互关系，按照一定的分类标准和一定的顺序编制而成的。它表明项目在某一特定日期所拥有或控制的经济资源、所承担的现有义务和所有者对净资产的要求权。

资产负债表遵循会计恒等式，即资产合计 = 负债合计 + 所有者权益合计，用以计算资产负债率、流动比率和速动比率。

资产负债表中的数据可依据"建设投资估算表""流动资金估算表""总成本费用估算表""利润与利润分配表""借款还本付息计划表"等财务报表计算填列。

编制资产负债表时要注意以下问题:

1) 对外商投资的企业,第2.5.3改为累计储备基金和企业发展基金。
2) 对既有法人项目,一般只针对法人编制,可按需要增加科目,此时表6-12中的资本金是指企业全部实收资本,包括原有的和新增的实收资本。必要时,也可针对"有项目"范围编制。此时表中资本金仅指"有项目"范围的对应数值。
3) 货币资金包括现金和累计盈余资金。

表6-12　资产负债表　　　　　　　　　(单位:万元)

| 序号 | 项目 | 计算期 | | | | | |
|---|---|---|---|---|---|---|---|
| | | 1 | 2 | 3 | 4 | … | n |
| 1 | 资产 | | | | | | |
| 1.1 | 流动资产总额 | | | | | | |
| 1.1.1 | 货币资金 | | | | | | |
| 1.1.2 | 应收账款 | | | | | | |
| 1.1.3 | 预付账款 | | | | | | |
| 1.1.4 | 存货 | | | | | | |
| 1.1.5 | 其他 | | | | | | |
| 1.2 | 在建工程 | | | | | | |
| 1.3 | 固定资产净值 | | | | | | |
| 1.4 | 无形资产和其他资产净值 | | | | | | |
| 2 | 负债及所有者权益(2.4+2.5) | | | | | | |
| 2.1 | 流动负债总额 | | | | | | |
| 2.1.1 | 短期借款 | | | | | | |
| 2.1.2 | 应付账款 | | | | | | |
| 2.1.3 | 预收账款 | | | | | | |
| 2.1.4 | 其他 | | | | | | |
| 2.2 | 建设投资借款 | | | | | | |
| 2.3 | 流动资金借款 | | | | | | |
| 2.4 | 负债小计(2.1+2.2+2.3) | | | | | | |
| 2.5 | 所有者权益 | | | | | | |
| 2.5.1 | 资本金 | | | | | | |
| 2.5.2 | 资本公积 | | | | | | |
| 2.5.3 | 累计盈余公积 | | | | | | |
| 2.5.4 | 累计未分配利润 | | | | | | |

计算指标:
资产负债率(%)

**2. 偿债能力分析的指标**

偿债能力分析的重点是分析银行贷款的偿还能力。由于银行贷款是贷给企业法人而不是贷给项目的,银行进行信贷决策时,一般应根据企业的整体资产负债结构和偿债能力决定信贷取舍。有时虽然项目自身无偿债能力,但是整个企业偿债能力强,银行也可能给予贷款;有时虽然项目有偿债能力,但企业整体信誉差,负债高,偿债能力弱,银行也可能不给贷款。因此，偿债能力评价，一定要分析债务资金融资主体的偿债能力，而不是"项目"的偿债能力。对于企业融资项目，应以项目所依托的整个企业作为偿债能力的分析主体。为了考察企业的整体经济实力，分析融资主体的偿债能力，需要评价整个企业的财务状况和各种借款的综合偿债能力。

偿债能力可以通过计算利息备付率、偿债备付率、资产负债率、流动比率、速动比率等指标进行分析，评价借款偿债能力。各指标的含义和计算公式如下：

（1）利息备付率（ICR）。利息备付率是指在借款偿还期内的息税前利润（EBIT）与应付利息（PI）的比值，它从付息资金来源的充裕性角度反映项目偿付债务利息的保障程度。其计算公式为

$$ICR = \frac{EBIT}{PI} \qquad (6-14)$$

式中，EBIT 为息税前利润，息税前利润 = 利润总额 + 计入总成本费用的利息费用；PI 为计入总成本费用的应付利息。

利息备付率应分年计算，也可以按整个借款期计算。利息备付率表示项目的利润偿付利息的保证倍率，利息备付率高，表示利息偿付的保障程度高，偿债风险小；利息备付率低，表示没有足够的资金支付利息，偿债风险很大。对于正常经营的企业，利息备付率至少应当大于2，并结合债权人的要求来确定。

（2）偿债备付率（DSCR）。偿债备付率是指在借款偿还期内，用于计算还本付息的资金（EBITDA − T$_{AX}$）与应还本付息金额（PD）的比值，它表示可用于还本付息的资金偿还借款本息的保障程度。其计算公式为

$$DSCR = \frac{EBITDA - T_{AX}}{PD} \qquad (6-15)$$

式中，EBITDA 为息税前利润加折旧和摊销；$T_{AX}$ 为企业所得税；PD 为应还本付息金额，包括还本金额和计入总成本费用的全部利息。

融资租赁费用可视同借款偿还。运营期内的短期借款本息也应纳入计算。

偿债备付率应分年计算。偿债备付率高，表明可用于还本付息的资金保障程度高。对于正常运营的企业，偿债备付率应当大于1，并结合债权人的要求确定。当指标值小于1时，表示当年可用于还本付息的资金不足以偿付当期债务，偿债风险大，需要通过短期借款偿付已到期的债务。

【例 6-8】 某项目与偿债备付率指标有关的数据见表 6-13，试计算利息备付率和偿债备付率。

表 6-13 某项目与偿债备付率指标有关的数据 （单位：万元）

| 项　目 | 2 | 3 | 4 | 5 | 6 |
|---|---|---|---|---|---|
| 应还本付息 | 97.8 | 97.8 | 97.8 | 97.8 | 97.8 |
| 应付利息额 | 24.7 | 20.3 | 15.7 | 10.8 | 5.5 |
| 息税前利润 | 43.0 | 219.9 | 219.9 | 219.9 | 219.9 |
| 折旧 | 172.4 | 172.4 | 172.4 | 172.4 | 172.4 |
| 所得税 | 6.0 | 65.9 | 67.4 | 69.0 | 70.8 |

**解** 根据表 6-13 的数据计算的偿债备付率指标见表 6-14。

表 6-14 计算的利息备付率和偿债备付率指标

| 项　目 | 2 | 3 | 4 | 5 | 6 |
|---|---|---|---|---|---|
| 利息备付率 | 1.74 | 10.83 | 14.00 | 20.36 | 39.98 |
| 偿债备付率 | 2.14 | 3.34 | 3.32 | 3.31 | 3.29 |

计算结果分析：由于投产后第 1 年负荷低，同时利息负担大，所以利息备付率低，但这种情况从投产后第 2 年起就得到了彻底的转变。

(3) 资产负债率（LOAR）。资产负债率是指各期末负债总额同资产总额的比率，反映项目各年所面临的财务风险程度及偿债能力。该指标是衡量项目财务风险的重要标志，反映了项目的长期偿债能力、资本结构、利用外借资金的程度以及投资者的操纵能力。应按下式计算

$$资产负债率 = \frac{负债总额}{资产总额} \times 100\% \tag{6-16}$$

适度的资产负债率，表明企业经营安全、稳健，具有较强的筹资能力，也表明企业和债权人的风险较小。对该指标的分析，应结合国家宏观经济状况、行业发展趋势、企业所处竞争环境等具体条件进行。

从银行（或债权人）的角度看，资产负债率不宜太高。如果资产负债率过高，所有者权益远远低于债务总额，则难以保证债权人的权益，风险将被更多地转嫁于债权人身上。另外，自有资本的大部分通常都用在建筑物和设备上，而这些资产难以转为现款，或即使能变现但其价值将大打折扣，一旦企业破产，债权人的权益将难以保证。

从项目（或债务人）的角度分析，只要举债不致引起偿债困难，举债的收益大于举债成本，则资产负债率越高，企业赚取的超过资本成本的超额利润越多，自有资本利润率越高，效益也越好。因此，自有资本所有者喜欢较高的资产负债率。同时，这种高比率也使自有资本者取得操纵能力，他甚至只用少量资本就可控制项目。

国际上公认的较好的资产负债率指标是 60%，但也不是普遍的标准。实践表明，行业间资产负债率差异也较大。实际分析时应结合国家总体经济运行状况、行业发展趋势、企业所处竞争环境等具体条件进行判定。

项目财务分析中，在长期债务还清后，可不再计算资产负债率。

(4) 流动比率。流动比率是流动资产总额与流动负债总额之比。其计算公式为

$$流动比率 = \frac{流动资产总额}{流动负债总额} \times 100\% \tag{6-17}$$

流动比率衡量企业资金流动性的大小，考虑流动资产规模与流动负债规模之间的关系，判断企业短期债务到期前，可以转化为现金用于偿还流动负债的能力。该指标越高，说明偿还流动负债的能力越强；但该指标过高，说明企业资金利用效率低，对企业的运营也不利。国际公认的标准比率是 200%。但行业间流动比率会有很大差异，一般来说，若行业生产周期较长，流动比率就应相应提高；反之，就可以相对降低。

(5) 速动比率。由于流动负债是要在短期内偿还的债务，而流动资产是短期内可变现的资产，因此流动资产是偿还流动负债的基础，流动比率反映了项目的短期偿债能力，同时也反映了项目的变现能力。流动比率越高，短期偿债能力与变现能力越强；但过高的流动比

率同时也表明流动资金占用过多，可能意味着产品滞销、库存材料积压，而销售则要受市场许多不确定因素的制约。所以，如果流动资产中存货占有较大的比重，尽管流动比率高，但其流动性却差，而如果容易变现的流动资产，如货币资金、应收账款、应收票据等速动资产占比重大，尽管流动比率不高，其流动性却好。因此，为了真实反映流动资产的流动性及偿债能力，应用速动比率指标。

速动比率是企业一定时期的速动资产同流动负债的比率。其计算公式为

$$速动比率 = \frac{速动资产总额}{流动负债总额} \times 100\% \tag{6-18}$$

其中，速动资产总额 = 流动资产 − 存货。

速动比率指标是对流动比率指标的补充，是在分子剔除了流动资产中的变现能力较差的存货后，计算企业实际的短期债务偿还能力，较流动比率更能反映企业的资产变现能力。该指标越高，说明偿还流动负债的能力越强。与流动比率一样，该指标过高，说明企业资金利用效率低，对企业的运营也不利。国际公认的标准比率为100%，同样，行业间该指标也有较大差异，实践中应结合行业特点分析判断。

【例6-9】 某企业2018年资产负债相关数据见表6-15，试计算速动比率指标。

表6-15 某企业2018年资产负债相关数据 （单位：万元）

| 序 号 | 项 目 | 金 额 |
| --- | --- | --- |
| 1 | 资产 | 3773 |
| 1.1 | 流动资产总额 | 1653 |
|  | 其中：存货 | 608 |
| 1.2 | 在建工程 | 0 |
| 1.3 | 固定资产净值 | 1911 |
| 1.4 | 无形资产及其他资产净值 | 210 |
| 2 | 负债及所有者权益 | 3773 |
| 2.1 | 流动负债总额 | 583 |
| 2.2 | 中长期借款 | 1183 |
|  | 负债小计 | 1766 |
| 2.3 | 所有者权益 | 2007 |

$$资产负债率 = \frac{1766\ 万元}{3773\ 万元} \times 100\% = 46.8\%$$

$$流动比率 = \frac{1653\ 万元}{583\ 万元} \times 100\% = 284\%$$

$$速动比率 = \frac{1653\ 万元 - 608\ 万元}{583\ 万元} \times 100\% = 179\%$$

## 6.4.2 财务生存能力分析

**1. 财务计划现金流量表**

财务计划现金流量表反映项目计算期各年的投资、融资及经营活动的现金流入和流出，用于计算累计盈余资金，分析项目的财务生存能力。

财务计划现金流量表的编制可依据财务分析辅助报表和利润与利润分配表。

编制财务计划现金流量表时要注意以下问题:
(1) 对于新设法人项目,本表投资活动的现金流入为零。
(2) 对于既有法人项目,可适当增加科目。
(3) 必要时,现金流出中可增加应付优先股股利科目。

财务计划现金流量表见表6-16。

表6-16 财务计划现金流量表 (单位:万元)

| 序号 | 项目 | 合计 | 计算期 | | | | | |
|---|---|---|---|---|---|---|---|---|
| | | | 1 | 2 | 3 | 4 | … | $n$ |
| 1 | 经营活动净现金流量(1.1-1.2) | | | | | | | |
| 1.1 | 现金流入 | | | | | | | |
| 1.1.1 | 营业流入 | | | | | | | |
| 1.1.2 | 增值税销项税额 | | | | | | | |
| 1.1.3 | 补贴收入 | | | | | | | |
| 1.1.4 | 其他流入 | | | | | | | |
| 1.2 | 现金流出 | | | | | | | |
| 1.2.1 | 经营成本 | | | | | | | |
| 1.2.2 | 增值税进项税额 | | | | | | | |
| 1.2.3 | 税金及附加 | | | | | | | |
| 1.2.4 | 增值税 | | | | | | | |
| 1.2.5 | 所得税 | | | | | | | |
| 1.2.6 | 其他流出 | | | | | | | |
| 2 | 投资活动净现金流量(2.1-2.2) | | | | | | | |
| 2.1 | 现金流入 | | | | | | | |
| 2.2 | 现金流出 | | | | | | | |
| 2.2.1 | 建设投资 | | | | | | | |
| 2.2.2 | 维持运营投资 | | | | | | | |
| 2.2.3 | 流动资金 | | | | | | | |
| 2.2.4 | 其他流出 | | | | | | | |
| 3 | 筹资活动净现金流量(3.1-3.2) | | | | | | | |
| 3.1 | 现金流入 | | | | | | | |
| 3.1.1 | 项目资本金流入 | | | | | | | |
| 3.1.2 | 建设投资借款 | | | | | | | |
| 3.1.3 | 流动资金借款 | | | | | | | |
| 3.1.4 | 债券 | | | | | | | |
| 3.1.5 | 短期借款 | | | | | | | |
| 3.1.6 | 其他流入 | | | | | | | |
| 3.2 | 现金流出 | | | | | | | |
| 3.2.1 | 各种利息支出 | | | | | | | |
| 3.2.2 | 偿还债务本金 | | | | | | | |
| 3.2.3 | 应付利润(股利分配) | | | | | | | |
| 3.2.4 | 其他流出 | | | | | | | |
| 4 | 净现金流量(1+2+3) | | | | | | | |
| 5 | 累计盈余资金 | | | | | | | |

(4) 对外商投资项目应将职工奖励与福利基金作为经营活动的现金流出。

**2. 财务生存能力分析的作用和方法**

(1) 财务生存能力分析的作用。财务生存能力分析旨在分析考察"有项目"时（企业）在整个计算期内的资金充裕程度，分析财务可持续性，判断项目在财务上的生存能力。应根据财务计划现金流量表进行分析。

(2) 财务生存能力分析的方法。通过以下相辅相成的两个方面可具体判断项目的财务生存能力：

1) 分析是否拥有足够的净现金流量维持正常运营。

① 在项目（企业）运营期间，确保从各项经济活动中得到足够的净现金流量是项目能够持续生存的条件。财务分析中应根据财务计划现金流量表，综合考察项目计算期内各年的投资活动、融资活动和经营活动所产生的各项现金流入和流出，计算净现金流量和累计盈余资金，分析项目是否有足够的净现金流量维持正常运营。

② 拥有足够的经营净现金流量是财务可持续性的基本条件，特别是在运营初期。一个项目具有较大的经营净现金流量，说明项目方案比较合理，实现自身资金平衡的可能性大，不会过分依赖短期融资来维持运营。反之，一个项目不能产生足够的经营净现金流量，或经营净现金流量为负值，说明维持项目正常运行会遇到财务上的困难，项目方案缺乏合理性，实现自身资金平衡的可能性小，有可能要靠短期融资来维持运营；或者是非经营项目本身无能力实现自身资金平衡，要靠政府补贴。

③ 通常因运营期前期的还本付息负担较重，故应特别注重运营期前期的财务生存能力分析。如果拟安排的还款期过短，致使还本付息负担过重，导致为维持资金平衡必须筹借的短期借款过多，可以调整还款期，减轻各年还款负担。所以财务生存能力分析应结合偿债能力分析进行。

2) 各年累计盈余资金不出现负值是财务可持续性的必要条件。在整个运营期间，允许个别年份的净现金流量出现负值，但不能容许任意年份的累计盈余资金出现负值。一旦出现负值应适时进行短期融资，该短期融资应体现在财务计划现金流量表中，同时短期融资的利息也应纳入成本费用和其后的计算。较大的或较频繁的短期融资，有可能导致以后的累计盈余资金无法实现正值，致使项目难以持续运营。

## 6.5 新建项目的财务分析

根据不同决策的需要，对于新建项目，财务分析可分为融资前分析和融资后分析。

### 6.5.1 融资前分析与融资后分析的关系

新建项目决策可分为投资决策和融资决策两个层次。投资决策重在考察项目净现金流的价值是否大于其投资成本，融资决策重在考察资金筹措方案能否满足要求。严格来说，投资决策在先，融资决策在后。

财务分析一般宜先进行融资前分析。融资前分析是指在考虑融资方案前就可以开始进行的财务分析，即在不考虑债务融资条件时进行的财务分析。融资前分析在结论满足要求的情况下，初步设定融资方案，再进行融资后分析，融资后分析是指以设定的融资方案为基础进行的财务分析。

在项目的初期研究阶段，也可只进行融资前分析。

融资前分析只进行盈利能力分析，并以项目投资折现现金流量分析为主，计算项目投资内部收益率和净现值指标，也可计算投资回收期指标（静态）。

融资后分析主要是针对项目资本金折现现金流量和投资各方折现现金流量进行盈利能力分析，又包括偿债能力分析和财务生存能力分析等。

## 6.5.2 融资前分析

**1. 融资前项目投资现金流量分析**

融资前项目投资现金流量分析是从项目投资总获利能力的角度考察项目方案设计的合理性。根据需要，可从所得税前和（或）所得税后两个角度进行考察，选择计算所得税前和（或）所得税后指标。

计算所得税前指标的融资前分析（所得税前分析）是从息前税前角度进行的分析，计算所得税后指标的融资前分析（所得税后分析）是从息前税后角度进行的分析。

**2. 进行现金流量分析应正确识别和选用现金流量，包括现金流入和现金流出**

融资前财务分析的现金流量与融资方案无关。从该原则出发，融资前项目投资现金流量分析的现金流量主要包括营业收入、建设投资、流动资金、经营成本、税金及附加和所得税。

为了体现与融资方案无关的要求，各项现金流量的估算中都需要剔除利息的影响。例如，采用不含利息的经营成本作为现金流出，而不是总成本费用；在流动资金估算、经营成本中，修理费和其他费用的估算应注意避免利息的影响等。

所得税前和所得税后分析的现金流入完全相同，但现金流出略有不同，所得税前分析不将所得税作为现金流出，所得税后分析视所得税为现金流出。

**3. 所得税前分析**

所得税前分析的现金流入主要包括：营业收入、补贴收入、回收资产余值、回收流动资金和销项税额。

所得税前分析的现金流出主要包括：建设投资、流动资金、经营成本、进项税额、应交增值税、税金及附加、维持运营投资。

净现金流量 = 现金流入 − 现金流出，净现金流量是计算分析指标的基础。

根据上述现金流入与流出编制项目投资现金流量表，并依据该表计算项目投资息税前财务内部收益率（FIRR）和项目投资息税前财务净现值（FNPV）。

按所得税前的净现金流量计算的相关指标，即所得税前指标，是投资盈利能力的完整体现，用以考察由项目方案设计本身所决定的财务盈利能力，它不受融资方案和所得税政策变化的影响，仅仅体现项目方案本身的合理性。

所得税前指标可以作为初步投资决策的主要指标，用以考察项目是否可行，并值得去为之融资。

**4. 所得税后分析**

项目投资现金流量表中的"所得税"应根据息税前利润乘以所得税税率计算，称为"调整所得税"。原则上，息税前利润的计算应完全不受融资方案变动的影响，即不受利息多少的影响，包括建设期利息对折旧的影响（因为折旧的变化会对利润总额产生影响，进而影响息税前利润）。但这样将会出现两个折旧和两个息税前利润（用于计算融资前所得税的息税前利润和利润表中的息税前利润）。为简化起见，当建设期利息占总投资比例不是很大时，也可按利润表中的息税前利润计算调整所得税。

所得税后分析是所得税前分析的延伸。由于所得税作为现金流出，可用于在融资条件下判断项目投资对企业价值的贡献，是企业投资决策依据的主要指标。

**5. 融资前分析参数的选取**

财务分析中，一般将内部收益率的判别基准（$i_c$）和计算净现值的折现率采用同一数值，可使 FIRR $\geq i_c$ 对项目效益的判断和采用 $i_c$ 计算的 FNPV $\geq 0$ 对项目效益的判断结果一致。

作为项目投资判别基准的财务基准收益率或计算项目投资净现值的折现率，应主要依据"资金机会成本"和"资金成本"确定，并充分考虑项目可能面临的风险。项目的投资目标、投资人的偏好、项目隶属的行业对确定基准收益率或折现率有重要影响。实际工作中，应根据项目的性质使用有关部门发布的行业财务基准收益率，或参考使用有关主管部门发布的财务基准收益率。

计算净现值的折现率也可取不同于内部收益率判别基准的数值。折现率的取值应十分谨慎，因为折现率的微小差异，会带来净现值数以万计的差异。依据不充分或可变因素较多时，可取几个不同数值的折现率，计算多个净现值，以给决策者提供全面的信息。

在判别基准的设定中是否考虑价格总水平变动因素，应与指标计算时对价格总水平变动因素的处理相一致。在项目投资现金流量表的编制中一般不考虑价格总水平变动因素，所以在判别基准的设定中通常要剔除价格总水平变动因素的影响。

在判别基准的设定中是否考虑所得税因素，应与指标的内涵相对应。设定所得税前指标的判别基准时，应含所得税；而设定所得税后指标的判别基准时，应剔除所得税。

融资前分析应广泛应用于项目各阶段的财务分析。在规划和机会研究阶段，可以只进行融资前分析，此时也可只选取所得税前指标。

只有通过了融资前分析的检验，才有必要进一步进行融资后分析。

## 6.5.3 融资后分析

在融资前分析结果可以接受的前提下，可以开始考虑融资方案，进行融资后分析。融资后分析包括项目的盈利能力分析、偿债能力分析以及财务生存能力分析，进而判断项目方案在融资条件下的合理性。融资后分析是比选融资方案、进行融资决策和投资者最终决定出资的依据。可行性研究阶段必须进行融资后分析，但只是阶段性的。实践中，在可行性研究报告完成之后，还需要进一步深化融资后分析，然后才能完成最终融资决策。

**1. 融资后的盈利能力分析**

融资后的盈利能力分析包括动态分析（折现现金流量分析）和静态分析（非折现盈利能力分析）。

（1）动态分析。动态分析是通过编制财务现金流量表，根据资金时间价值原理，计算财务内部收益率、财务净现值等指标，分析项目的获利能力。融资后的动态分析可分为以下两个层次：

1）项目资本金现金流量分析。项目资本金现金流量分析是从项目权益投资者整体的角度考察项目给项目权益投资者带来的收益水平。它是在拟订的融资方案基础上进行的息税后分析，依据的报表是项目资本金现金流量表。该表将各年投入项目的项目资本金作为现金流出，各年缴付的所得税和还本付息也作为现金流出，因此其净现金流量可以表示在缴税和还本付息之后的剩余，即项目（或企业）增加的净收益，也是投资者的权益性收益。因此计算的项目资本金内部收益率指标反映从投资者整体权益角度考察盈利能力的要求，也就是从项目发起人（或企业）角度对盈利能力进行判断的要求。在依据融资前分析的指标对项目基本获利能力有所判断的基础上，项目资本金内部收益率指标体现了在一定的融资方案下，投资者整体所获得的全部收益水平。该指标可用来对融资方案进行比较和取舍，是投资者整体做出最终融资决策的依据。

项目资本金内部收益率的判别基准是项目投资者对投资获得的最低期望值，即最低可接受收益率。当计算的项目资本金内部收益率大于或等于该最低可接受收益率时，说明投资获利水平达到了要求，是可以接受的。最低可接受收益率的确定主要取决于当时的资本收益水平以及投资者对权益资金收益的要求。它与资金机会成本和投资者对风险的态度有关。

2）投资各方现金流量分析。投资各方的内部收益率表示投资各方的收益水平。一般情况下，投资各方按股本比例分配利润和分担亏损及风险，因此，投资各方的利益一般是均等的，没有必要计算投资各方的内部收益率。只有投资者中的各方有股权之外的不对等的利益分配时（契约式的合作企业常常会有这种情况），投资各方的收益率才会有差异，此时常常需要计算投资各方的内部收益率。通过计算投资各方的内部收益率可以看出各方收益是否均衡，或者其非均衡性是否在一个合理的水平上，有助于促成投资各方在合作谈判中达成平等互利的协议。

（2）静态分析。静态分析是不采取折现方式处理数据，主要依据利润与利润分配表，并借助现金流量表计算相关盈利能力指标，包括项目资本金净利润率（ROE）、总投资收益率（ROI）等。

对静态分析指标的判断，应按不同指标选定相应的参考值（企业或行业的对比值）。当静态分析指标分别符合其相应的参考值时，认为从该指标满足盈利能力的要求。如果不同指标得出的判断结论相反，应分析原因，得出合理的结论。

**2. 融资后的偿债能力分析**

对筹措了债务资金（以下简称借款）的项目，偿债能力分析主要是考察项目能否按期偿还借款的能力。

通过计算利息备付率、偿债备付率、资产负债率、流动比率、速动比率等指标，判断项目的偿债能力。

按照有关法规，融资租赁固定资产可视同购置的固定资产一样计提折旧，同时按税法规定，融资租赁费用不应在所得税前扣除，因此项目评价中融资租赁费的支付可视为偿还本金处理，按要求的期限和数额逐年偿还。

**3. 融资后财务生存能力分析**

融资后财务生存能力分析，应在财务分析辅助报表和利润与利润分配表的基础上编制财务计划现金流量表，通过考察项目计算期内的投资、融资和经营活动产生的各项现金流入和流出，计算净现金流量和累计盈余资金，分析项目是否有足够的净现金流量以维持正常运营,以实现财务的可持续性。

财务可持续性首先体现在有足够大的经营活动净现金流量。其次,各年累计盈余资金不应出现负值,若出现负值,应进行短期借款,同时分析该短期借款的年份长短和数额大小,进一步判断项目的财务生存能力。短期借款应体现在财务计划现金流量表中,其利息应计入财务费用。为维持项目的正常运营,还应分析短期借款的可靠性(具体内容见第 6.4.2 小节财务生存能力分析)。

### 6.5.4 案例分析

【例 6-10】 某制造业新建项目建设投资为 9000 万元(发生在第 1 年年末),其中,8000 万元形成固定资产(含税),800 万元形成无形资产(含税),200 万元形成其他资产(含税)。

项目建设期 1 年,运营期 6 年,投产第 1 年负荷 60%,其他年份负荷为 100%。满负荷时流动资金为 1200 万元,投产第 1 年流动资金估算为 800 万元,计算期末将全部流动资金回收。运营期内满负荷运营时,营业收入为 6500 万元,经营成本为 3500 万元(其中原材料和燃料动力费为 2000 万元),以上均以不含税价格表示。投入和产出的增值税税率均为 16%,城建税为 7%,教育费附加 3%,地方教育附加为 2%,企业所得税税率为 25%。折旧年限和摊销年限均为 6 年,固定资产净残值率为 5%,无形资产及其他资产净残值为零,折旧和摊销均采用年限平均法。

固定资产中不动产部分允许抵扣的增值税进项税额为 500 万元,运营期第 1 年抵扣 60%,运营期第 2 年抵扣 40%,动产部分允许抵扣的增值税进项税额为 300 万元,运营期第 1 年全部抵扣;无形资产中允许抵扣的增值税进项税额为 80 万元,运营期第 1 年全部抵扣;其他资产中的增值税进项税额不允许抵扣。

设定所得税前财务基准收益率为 12%,所得税后财务基准收益率为 10%。

问题:

1. 计算各年的现金流量,编制项目投资现金流量表(融资前分析)。(现金流量按年末发生计)

2. 计算调整所得税前项目投资财务内部收益率和财务净现值,调整所得税后财务净现值,并由此评价项目的财务可行性。

解

1. 编制项目投资现金流量表

(1) 第 1 年年末现金流量

现金流入:0 元

现金流出:建设投资 9000 万元

(2) 第 2 年年末现金流量

现金流入:营业收入 6500 万元 × 60% = 3900 万元

现金流出:

1) 流动资金:800 万元

2) 经营成本:2000 万元 × 60% + (3500 万元 − 2000 万元) = 2700 万元

3) 税金及附加:

应交增值税 = 当期的销项税额 – 当期的进项税额 – 固定资产不动产部分允许抵扣60%的金额 – 固定资产动产允许抵扣的金额 – 无形资产允许抵扣的金额

= 3900 万元 × 16% – 2000 万元 × 60% × 16% – 500 万元 × 60% – 300 万元 – 80 万元 = – 248 万元

城建税 = 应交增值税 × 7% = 0 万元
教育费附加 = 应交增值税 × 3% = 0 万元
地方教育费附加 = 应交增值税 × 2% = 0 万元
税金及附加 = 城建税 + 教育费附加 + 地方教育费附加 = 0 万元

4）调整所得税 = 息税前利润 × 所得税税率

息税前利润 = 营业收入 – 经营成本 – 折旧 – 摊销 – 税金及附加

固定资产年折旧额 = $\dfrac{(8000 \text{万元} - 500 \text{万元} - 300 \text{万元}) \times (1 - 5\%)}{6}$ = 1140 万元

无形资产年摊销额 = $\dfrac{800 \text{万元} - 80 \text{万元}}{6}$ = 120 万元

其他资产年摊销额 = $\dfrac{200 \text{万元}}{6}$ = 33.33 万元

息税前利润 = 3900 万元 – 2700 万元 – 1140 万元 – 120 万元 – 33.33 万元 = – 93.33 万元
调整所得税 = 0

（3）第3年年末现金流量

现金流入：销售收入为 6500 万元

现金流出：

1）流动资金增加额：1200 万元 – 800 万元 = 400 万元
2）经营成本：3500 万元
3）税金及附加：

应交增值税 = 当期的销项税额 – 当期的进项税额 – 固定资产不动产部分允许抵扣40%的金额 – 上年留抵税额

= 6500 万元 × 16% – 2000 万元 × 16% – 500 万元 × 40% – 248 万元 = 272 万元

城建税 = 272 万元 × 7% = 19.04 万元
教育费附加 = 272 万元 × 3% = 8.16 万元
地方教育费附加 = 272 万元 × 2% = 5.44 万元
税金及附加：19.04 万元 + 8.16 万元 + 5.44 万元 = 32.64 万元

4）调整所得税：

息税前利润 = 6500 万元 – 3500 万元 – 1140 万元 – 120 万元 – 33.33 万元 – 32.64 万元
= 1674.03 万元

调整所得税 = （1674.03 万元 – 93.33 万元）× 25% = 395.18 万元

（4）第4年年末现金流量

现金流入：销售收入为 6500 万元

现金流出：

1）流动资金增加额：0 万元

2）经营成本：3500 万元

3）税金及附加：

应交增值税 = 当期的销项税额 − 当期的进项税额

      = 6500 万元 × 16% − 2000 万元 × 16% = 720 万元

城建税 = 720 万元 × 7% = 50.4 万元

教育费附加 = 720 万元 × 3% = 21.6 万元

地方教育费附加 = 720 万元 × 2% = 14.4 万元

税金及附加：50.4 万元 + 21.6 万元 + 14.4 万元 = 86.4 万元

4）调整所得税：

息税前利润 = 6500 万元 − 3500 万元 − 1140 万元 − 120 万元 − 33.33 万元 − 86.4 万元

      = 1620.27 万元

调整所得税 = 1620.27 万元 × 25% = 405.07 万元

（5）第 5 年和第 6 年年末现金流量

同第 4 年年末现金流量

（6）第 7 年年末现金流量

现金流入：

1）销售收入同第 4 年

2）回收流动资金 1200 万元

3）回收固定资产余值 360 万元（7200 万元 × 5%）

现金流出：同第 4 年

其中：第 7 年其他资产摊销额 = 200 万元 − 33.33 万元 × 5 = 33.35 万元

息税前利润 = 6500 万元 − 3500 万元 − 1140 万元 − 120 万元 − 33.35 万元 − 86.4 万元

      = 1620.25 万元

调整所得税 = 1620.25 万元 × 25% = 405.06 万元

将所计算的各年现金流量汇入，编制项目投资现金流量表，见表 6-17。

表 6-17 项目投资现金流量表     （单位：万元）

| 序号 | 项目 | 合计 | 计算期 | | | | | | |
|---|---|---|---|---|---|---|---|---|---|
| | | | 1 | 2 | 3 | 4 | 5 | 6 | 7 |
| 1 | 现金流入 | 43784 | | 4524 | 7540 | 7540 | 7540 | 7540 | 9100 |
| 1.1 | 营业收入 | 36400 | | 3900 | 6500 | 6500 | 6500 | 6500 | 6500 |
| 1.2 | 补贴收入 | | | | | | | | |
| 1.3 | 销项税额 | 5824 | | 624 | 1040 | 1040 | 1040 | 1040 | 1040 |
| 1.4 | 回收资产余值 | 360 | | | | | | | 360 |
| 1.5 | 回收流动资金 | 1200 | | | | | | | 1200 |
| 2 | 现金流出 | 35722.24 | 9000 | 3692 | 4524.64 | 4626.4 | 4626.4 | 4626.4 | 4626.4 |
| 2.1 | 建设投资 | 9000 | 9000 | | | | | | |
| 2.2 | 流动资金 | 1200 | | 800 | 400 | | | | |
| 2.3 | 经营成本 | 20200 | | 2700 | 3500 | 3500 | 3500 | 3500 | 3500 |

(续)

| 序号 | 项目 | 合计 | 计算期 | | | | | | |
|---|---|---|---|---|---|---|---|---|---|
| | | | 1 | 2 | 3 | 4 | 5 | 6 | 7 |
| 2.4 | 进项税额 | 1792 | | 192 | 320 | 320 | 320 | 320 | 320 |
| 2.5 | 应交增值税 | 3152 | | 0 | 272 | 720 | 720 | 720 | 720 |
| 2.6 | 税金及附加 | 378.24 | | 0 | 32.64 | 86.4 | 86.4 | 86.4 | 86.4 |
| 3 | 调整所得税前净现金流量（1-2） | 8061.76 | -9000 | 832 | 3015.36 | 2913.6 | 2913.6 | 2913.6 | 4473.6 |
| 4 | 累计调整所得税前净现金流量 | | -9000 | -8168 | -5152.64 | -2239.04 | 674.56 | 3588.16 | 8061.76 |
| 5 | 调整所得税 | 2015.45 | | 0 | 395.18 | 405.07 | 405.07 | 405.07 | 405.06 |
| 6 | 调整所得税后净现金流量（3-5） | 6046.31 | -9000 | 832 | 2620.18 | 2508.53 | 2508.53 | 2508.53 | 4068.54 |
| 7 | 累计调整所得税后净现金流量 | | -9000 | -8168 | -5547.82 | -3039.29 | -530.76 | 1977.77 | 6046.31 |

2. 依据项目投资现金流量表计算相关指标

（1）调整所得税前

$$\text{FNPV}(i=12\%) = -9000\,\text{万元} \times (1+12\%)^{-1} + 832\,\text{万元} \times (1+12\%)^{-2} + 3015.36\,\text{万元} \times (1+12\%)^{-3} + 2913.6\,\text{万元} \times (1+12\%)^{-4} + 2913.6\,\text{万元} \times (1+12\%)^{-5} + 2913.6\,\text{万元} \times (1+12\%)^{-6} + 4473.6\,\text{万元} \times (1+12\%)^{-7}$$
$$= 1778.47\,\text{万元}$$

经计算 FNPV（$i=18\%$）= 65.68 万元，FNPV（$i=19\%$）= -162.45 万元，FIRR 在 18%～19%，采用插入法计算的所得税前 FIRR 为

$$\text{FIRR} = 18\% + \frac{65.68\,\text{万元}}{65.68\,\text{万元} + 162.45\,\text{万元}} \times (19\% - 18\%) = 18.29\%$$

所得税前财务内部收益率大于设定的基准收益率 12%，所得税前财务净现值大于零，项目财务效益是可以接受的。

（2）调整所得税后

$$\text{FNPV}(i=10\%) = -9000\,\text{万元} \times (1+10\%)^{-1} + 832\,\text{万元} \times (1+10\%)^{-2} + 2620.18\,\text{万元} \times (1+10\%)^{-3} + 2508.53\,\text{万元} \times (1+10\%)^{-4} + 2508.53\,\text{万元} \times (1+10\%)^{-5} + 2508.53\,\text{万元} \times (1+10\%)^{-6} + 4068.54\,\text{万元} \times (1+10\%)^{-7}$$
$$= 1249.13\,\text{万元}$$

所得税后财务净现值大于零，项目财务效益是可以接受的。

【例 6-11】 接例 6-10，该项目初步融资方案为：用于建设投资的项目资本金为 4000 万元，建设投资借款为 5000 万元，年利率为 6%，计算的建设期利息为 150 万元。流动资金全部来源于项目资本金，无流动资金借款。借款偿还采用等额还本付息方式（还款期为 3 年）。

问题：编制项目资本金现金流量表，根据该表计算项目资本金财务内部收益率，并评价资本金的盈利能力。

**解**

1. 编制项目资本金现金流量表，见表6-18

表6-18 项目资本金现金流量表　　　　　　　　　　　　　　　　（单位：万元）

| 序号 | 项　　目 | 合计 | 计　算　期 | | | | | | |
|---|---|---|---|---|---|---|---|---|---|
| | | | 1 | 2 | 3 | 4 | 5 | 6 | 7 |
| 1 | 现金流入 | 43791.5 | | 4524 | 7540 | 7540 | 7540 | 7540 | 9107.5 |
| 1.1 | 营业收入 | 36400 | | 3900 | 6500 | 6500 | 6500 | 6500 | 6500 |
| 1.2 | 补贴收入 | | | | | | | | |
| 1.3 | 销项税额 | 5824 | | 624 | 1040 | 1040 | 1040 | 1040 | 1040 |
| 1.4 | 回收资产余值 | 367.5 | | | | | | | 367.5 |
| 1.5 | 回收流动资金 | 1200 | | | | | | | 1200 |
| 2 | 现金流出 | 38324.57 | 4000 | 5618.67 | 6704.38 | 6924.93 | 5025.53 | 5025.53 | 5025.53 |
| 2.1 | 用于建设投资的项目资本金 | 4000 | 4000 | | | | | | |
| 2.2 | 用于流动资金的项目资本金 | 1200 | | 800 | 400 | | | | |
| 2.3 | 借款本金偿还 | 5150 | | 1617.67 | 1714.73 | 1817.6 | | | |
| 2.4 | 借款利息支付 | 630 | | 309 | 211.94 | 109.06 | | | |
| 2.5 | 经营成本 | 20200 | | 2700 | 3500 | 3500 | 3500 | 3500 | 3500 |
| 2.6 | 进项税额 | 1792 | | 192 | 320 | 320 | 320 | 320 | 320 |
| 2.7 | 应交增值税 | 3152 | | 0 | 272 | 720 | 720 | 720 | 720 |
| 2.8 | 税金及附加 | 378.24 | | 0 | 32.64 | 86.4 | 86.4 | 86.4 | 86.4 |
| 2.9 | 所得税 | 1822.33 | | 0 | 253.07 | 371.87 | 399.13 | 399.13 | 399.13 |
| 3 | 净现金流量（1－2） | 5466.93 | －4000 | －1094.67 | 835.62 | 615.07 | 2514.47 | 2514.47 | 4081.97 |

表6-18中的主要数据计算如下：

$$\text{每年等额还本付息额} = 5150 \text{万元} \times (A/P, 6\%, 3) = 1926.67 \text{万元}$$

（1）第2年：年初借款余额为5150万元，本年应计利息为309万元，本年还本付息1926.67万元，年末借款余额为3532.33万元。

本年应纳税所得额 = 营业收入 － 经营成本 － 折旧 － 摊销 － 利息费用 － 税金及附加
　　　　　　　　＝ 3900万元 － 2700万元 － 1163.75万元 － 120万元 － 33.33万元 － 309万元
　　　　　　　　＝ －426.08万元

其中，第2年税金及附加为0，利息费用为309万元。

$$\text{固定资产年折旧额} = \frac{(8000 \text{万元} - 500 \text{万元} - 300 \text{万元} + 150 \text{万元}) \times (1 - 5\%)}{6} = 1163.75 \text{万元}$$

$$\text{无形资产年摊销额} = \frac{800 \text{万元} - 80 \text{万元}}{6} = 120 \text{万元}$$

$$\text{其他资产年摊销额} = \frac{200 \text{万元}}{6} = 33.33 \text{万元}$$

本年所得税 = 0

（2）第3年：年初借款余额为3532.33万元，本年应计利息为211.94万元，本年还本付息 1926.67 万元，年末借款余额为 1817.6 万元。

本年应纳税所得额 = 6500 万元 – 3500 万元 – 1163.75 万元 – 120 万元 – 33.33 万元 –
211.94 万元 – 32.64 万元 – 426.08 万元
= 1012.26 万元

本年所得税 = 1012.26 万元 × 25% = 253.07 万元

（3）第 4 年：年初借款余额为 1817.6 万元，本年应计利息为 109.06 万元，本年还本付息 1926.66 万元，年末借款余额为 0 万元。

本年应纳税所得额 = 6500 万元 – 3500 万元 – 1163.75 万元 – 120 万元 – 33.33 万元 –
109.06 万元 – 86.4 万元
= 1487.46 万元

本年所得税 = 1487.46 万元 × 25% = 371.87 万元

（4）第 5 年

本年应纳税所得额 = 营业收入 – 经营成本 – 折旧 – 摊销 – 税金及附加
= 6500 万元 – 3500 万元 – 1163.75 万元 – 120 万元 – 33.33 万元 – 86.4 万元
= 1596.52 万元

本年所得税 = 1596.52 万元 × 25% = 399.13 万元

（5）第 6 年

本年现金流量同第 5 年

（6）第 7 年

回收流动资金 1200 万元

回收固定资产余值 367.5 万元（7350 万元 × 5%）

固定资产的折旧额 = (8000 万元 – 500 万元 – 300 万元 + 150 万元) × (1 – 5%) –
1163.75 万元 × 5
= 1163.75 万元

无形资产的摊销额 = 120 万元

其他资产的摊销额 = 200 万元 – 33.33 万元 × 5 = 33.35 万元

本年应纳税所得额 = 6500 万元 – 3500 万元 – 1163.75 万元 – 120 万元 – 33.35 万元 – 86.4 万元
= 1596.5 万元

本年所得税 = 1596.5 万元 × 25% = 399.13 万元

2. 计算

FNPV($i$ = 17%) = 118.70 万元，FNPV($i$ = 18%) = –38.21 万元，FIRR 在 17% ~ 18%，采用插入法计算的所得税前 FIRR 为

$$\text{FIRR} = 17\% + \frac{118.70 \text{ 万元}}{118.70 \text{ 万元} + 38.21 \text{ 万元}} \times (18\% - 17\%) = 17.76\%$$

若设定的最低可接受收益率为 12%，项目资本金财务内部收益率大于该最低可接受收益率，说明资本金获利水平超过了要求，从项目出资人整体角度看，项目财务效益是可以接受的。

## 6.6 改扩建项目的财务分析

改扩建项目与新建项目财务分析的内容和财务分析的思路基本相同，但由于改扩建项目

的固有特点，决定了其财务分析的某些具体方法和特殊要求与新建项目不同。本节只阐述改扩建项目与新建项目相比的不同点，相同点在这里不做阐述。

## 6.6.1 改扩建项目的特点

改扩建项目是指既有企业利用原有资产与资源，投资形成新的生产（服务）设施，扩大或完善原有生产（服务）系统的活动，包括改建、扩建、迁建和停产复建等，其目的在于增加产品供给，开发新型产品，调整产品结构，提高技术水平，降低资源消耗，节省运行费用，提高产品质量，改善劳动条件，治理生产环境等。

改扩建项目通过既有法人融资并承担债务偿还，以"增量"投资（费用），使用一部分"存量"资产与资源，带来"总量"效益。

改扩建项目的特点如下：

1）项目是既有企业的有机组成部分，同时项目的活动与企业的活动在一定程度上是有区别的。

2）项目的融资主体是既有企业，项目的还款主体是既有企业。

3）项目一般要利用既有企业的部分或全部资产与资源，且不发生资产与资源的产权转移。

4）建设期内既有企业生产（运营）与项目建设一般同时进行。

## 6.6.2 分析改扩建项目要使用的五种数据

（1）"有项目"数据是指既有企业进行投资活动后，在项目的经济寿命期内，在项目范围内发生的总量效益与费用数据。"有项目"的数据是数值序列。

（2）"无项目"数据是指不实施该项目时，在现状基础上考虑计算期内效益和费用的变化趋势（其变化值可能大于、等于或小于零），经合理预测得出的数值序列。

（3）"增量"数据是"有项目"的效用和费用数据与"无项目"的效用和费用数据的差额，是数值序列。"有项目"的效益减去"无项目"的效益是增量效益，"有项目"的费用减去"无项目"的费用是增量费用。

（4）"现状"数据是项目实施起点时的效益与费用数据，也可称基本值，是一个时点数。"现状"数据对于比较"项目前"与"项目后"的效果有重要作用。现状数据也是预测"有项目"和"无项目"的基础。现状数据一般可用实施前一年的数据，当该年数据不具有代表性时，可选用有代表性年份的数据或近几年数据的平均值。其中，特别是对生产能力的估计，应慎重取值。

（5）"新增"数据是项目实施过程各时点"有项目"的效用和费用数据与"现状"数据的差额，也是数值序列。新增建设投资包括建设投资和流动资金，还包括原有资产的改良支出，拆除、运输和重新安装费用。新增投资是改扩建项目筹措资金的依据。

增量分析示意图如图6-4所示。

"无项目"时的效益由"老产品"产生，费用是为"老产品"的投入，"有项目"时的效益一般是由"新产品"产生的或"新产品"与"老产品"共同产生的，"有项目"时的费用包含"新产品"的投入或"新产品"与"老产品"的共同投入。"老产品"的效益与费用在"有项目"与"无项目"时可能有较大差异。

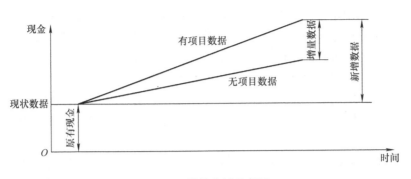

图 6-4 增量分析示意图

## 6.6.3 改扩建项目财务评价应明确界定项目的效益和费用范围

范围界定合适与否与项目的经济效益和评价的繁简程度有直接关系。

(1) 对于"整体改扩建"项目，项目范围包括整个既有企业，除了要使用既有企业的部分原有资产、场地、设备外，还要另外新投入一部分资金进行扩建或技术改造。企业的投资主体、融资主体、还债主体、经营主体是统一的，项目的范围就是企业的范围。"整体改扩建项目"不仅要识别和估算与项目直接有关的费用和效益，而且要识别和估算既有企业其余部分的费用和效益。

(2) 对于"局部改扩建"项目，项目范围只包括既有企业的一部分，只使用既有企业的一部分原有资产、资源、场地、设备，加上新投入的资金，形成改扩建项目；企业的投资主体、融资主体与还债主体仍然是一致的，但可能与经营主体分离。整个企业只有一部分包含在项目"范围内"，还有相当一部分在"企业内"但属于项目"范围外"。

(3) 在保证项目的费用与效益口径一致以及不影响分析结果的情况下，应尽可能缩小项目的范围，如果有可能，只包括与项目直接关联的财务费用与效益。在界定了项目的范围后，就应当正确识别与估算项目范围内、外的费用与效益。

## 6.6.4 改扩建项目的财务分析内容

改扩建项目在完成财务费用效益识别和估算以后，要进行融资分析、盈利能力分析、项目层次的偿债能力分析、企业层次的偿债能力分析以及财务生存能力分析。

**1. 融资分析**

改扩建项目的资金筹措是比较复杂的。从法律上来讲，项目的所有资金都来源于既有企业，因为项目要用的债务资金是以既有企业的名义去借的，项目的权益资金也全部来源于既有企业。既有企业的债务资金包括既有企业自身运行和发展需要的贷款，也包括为实施项目的贷款。银行在为项目贷款时，一方面考虑项目未来的现金流量，项目是否有可能盈利；另一方面要考虑企业的信用与还款能力，而且后者的影响可能重于前者的影响。项目的权益资金由两个部分组成：一部分是既有企业资产（含固定资产和流动资产），如既有企业的土地或现金盈余；另一部分是既有企业定向募集的股本，这部分股本对于既有企业和项目来说都是增量股本。

**2. 盈利能力分析**

项目经济评价的基本原则是利用资金时间价值的原理，通过比较"有项目"与"无项目"的净现金流，求出增量净现金流，并依此计算内部收益率，考察项目实施的效果。由于既有企业不实施改扩建项目的"无项目"数据是固有的且是非零的，在进行既有企业改扩建项目的盈利能力分析时，要将"有项目"的现金流量减去"无项目"的现金流量，得出"增量"现金流量，依据"增量"现金流量判别项目的盈利能力。

"增量"现金流量包括"增量权益资金""增量借贷资金""增量营业收入""增量补贴收入""增量经营成本""增量所得税"等。既有企业改扩建项目的盈利能力分析是"增量分析"的最好体现。

必要时，既有企业改扩建项目的盈利能力分析也可按"有项目"效益和费用数据编制"有项目"的现金流量表进行总量盈利能力分析，依据该表数值计算有关指标。目的是考察项目建设后的总体效果，可以作为辅助的决策依据。是否有必要进行总量盈利能力分析一般取决于企业现状与项目目标。如果企业现状亏损，而该改扩建项目的目标又是使企业扭亏为盈，那么为了了解改造后的预期目标能否因该项目的实施而实现，就可以进行总量盈利能力分析；如果增量效益较好，而总量效益不能满足要求，则说明该项目方案的带动效果不足，需要改变方案才有可能实现扭亏为盈的目标。

**3. 偿债能力分析**

从法律上讲，改扩建项目是由既有企业出面向银行借款，还款的财务主体是既有企业，就只应考虑既有企业的偿债能力。然而，既有企业借款是为了项目，不管项目将来是否独立核算，都应当考察项目本身的还款能力，这是企业财务管理本身的需要。因此，改扩建项目的偿债能力分析宜进行如下两个层次的分析：

（1）项目层次的偿债能力分析。编制借款还本付息计划表并分析拟建项目"有项目"时的收益偿还新增债务的能力，计算利息备付率和偿债备付率，考察还款资金来源（折旧、摊销、利润）是否能按期、足额偿还借款利息和本金。若还款资金来源足以还款或尚有结余，表明项目自身的还款能力强；若项目自身的还款资金来源不足，应由既有企业动用自有资金补足，或采用其他方式还款。

项目偿债能力指标可以表示项目用自身的各项收益抵偿债务的能力，显示项目对企业整体财务状况的影响。虽然债务偿还是企业行为，但项目层次偿债能力指标可以给企业法人和银行重要的提示，即项目本身收益是否可能完全偿还债务，是否会因此增加企业法人的债务负担。若项目范围内"无项目"时尚有借款（整体改扩建），应用"有项目"的整体收益一并偿还，需要编制"有项目"的借款还本付息计划表，包括新增借款和原有借款。

（2）企业层次的偿债能力分析。项目决策人（既有企业）要根据企业的经营与债务情况，在计入项目借贷及还款计划后，估算既有企业总体的偿债能力。银行等金融部门在做贷款决定之前，往往要了解现有企业财务状况，尤其是企业的债务情况（含原有贷款、其他拟建项目贷款和项目新增贷款），考虑企业的综合偿债能力，企业应根据债权人的要求提供相应的资料。在项目产出与企业产出相同或相近时，企业的资金成本与项目的资金成本相同；在项目资金投向其他行业时，项目的资金成本与其他行业的投资风险或投资机会成本相近。

在项目范围与企业范围一致时（整体改扩建），"有项目"数据与报表都与企业一致，可直接利用企业财务报表进行借款偿还计算、资金平衡分析和资产负债分析。

在改扩建项目范围与企业范围不一致时（局部改扩建），偿债能力分析就有可能出现项目和企业两个层次。

在直接用增量进行简化时，仅有项目一个层次，同时应结合企业现行财务状况进行分析。

对于一些信誉好的企业，或者银行已通过信用评级，并授以一定的授信额度的企业，其贷款项目一般只需进行项目层次的偿债能力分析。

对于财务状况良好的大企业进行建设的小项目，一般也只需进行项目层次的偿债能力分析。

**4. 财务生存能力分析**

改扩建项目只进行"有项目"状态的财务生存能力分析，分析的内容同一般新建项目。

## 6.6.5 改扩建项目财务分析在实践中的简化处理

改扩建项目一般要用到"有项目""无项目""现状""新增""增量"数据，增大了数据预测的工作量；在企业规模比较大时，有些必要的企业数据比较难获得，或即使获得了可靠性也比较差；还款主体与经营主体异位，一般要进行项目层次与企业层次的财务分析。因此，改扩建项目财务分析比较复杂，在项目评价的实践中，往往简化处理按新建项目进行评价。

（1）项目与既有企业的生产经营活动相对独立。在这种情况下，项目的边界比较清楚，可以进行独立经济核算，项目的费用与效益比较容易识别，现金流入与流出比较好测度，符合新建项目评价的基本条件，可简化处理。

（2）以增加产出为目的的项目，增量产出占既有企业产出比例较小。在这种情况下，既有企业产出规模大，项目的增量产出不会对既有企业现金流量产生较大影响，项目实际上也相对独立，可以简化成新建项目处理。

（3）利用既有企业的固定资产量与新增量相比较小。被使用的既有企业的固定资产量小，意味着"有项目"情况下的现金流入与流出基本不受既有企业的影响，新增投资是项目建设期内主要的现金流出，项目其他现金流入和流出也是总现金流的主要组成部分，所以可以简化处理，使用新建项目的评价过程。

（4）效益和费用的增量流量较容易确定。"有无对比"是项目评价的根本原则，对比的结果是求出增量现金流量，增量现金流量可直接用于项目（含新建项目）的盈利能力分析。新建项目实际是改扩建项目的特例，"无项目"的净现金流量为零，也不利用既有企业的任何资产，增量现金流量可以视为"无项目"流量为零时"有项目"的现金流量。

（5）对于可以进行简化处理的项目，一定要阐明简化处理的理由，不能直接用新建项目的做法进行估算和分析。

## 6.6.6 改扩建项目财务分析应注意的几个问题

**1. 计算期的可比性**

根据"费用与效益口径一致"的原则，既有企业改扩建项目财务分析的计算期一般取"有项目"情况下的计算期。如果"无项目"的计算期短于"有项目"的计算期，可以通过追加投资（局部更新或全部更新）来维持"无项目"的计算期，延长其寿命期至"有项目"的结束期，并于计算期末回收资产余值；若在经济或技术上延长寿命不可行，则适时终止"无项目"的计算期，其后各期现金流量计为零。

**2. 原有资产利用的问题**

既有企业改扩建项目范围内的原有资产可分为"可利用的"与"不可利用的"两部分。"有项目"时原有资产无论利用与否，均与新增投资一起计入投资费用。"可利用"的资产要按其净值提取折旧与修理费。"不可利用"的资产如果变卖，其价值按变卖时间和变现价值计为现金流入（新增投资资金来源），不能冲减新增投资。如果"不可利用的"资产不变现或报废，则仍然是资产的一部分，但是计算项目的折旧时不予考虑。

**3. 停产减产损失**

改扩建项目的改建活动与生产活动总是同时进行，但一般会造成部分生产停止或减产。这一部分停产或减产损失的直接结果是减少"老产品"的营业收入，同时也会减少相应的生产费用。这些流量的变化均应在销售收入表和生产成本表中有所体现，最终反映在现金流量表中，因此不必单独估算。

**4. 沉没成本处理**

沉没成本是既有企业过去投资决策发生的、非现在决策能改变（或不受现在决策影响）、已经计入过去投资费用回收计划的费用。例如前期工程为后期工程预留的场地与设备，均为前期工程的沉没成本，不计入后期投资决策费用。沉没成本是"有项目"和"无项目"都存在的成本，对于实现项目的效益不会增加额外的费用。对于项目是否应当实施的决策来说，沉没成本不应当包括在项目增量费用之中。改扩建项目的经济效果不取决于项目开始前已经支出多少费用，而仅仅取决于在改扩建过程中新投入的费用；改扩建项目的效益也只能是超出原有项目效益之上的部分。对沉没成本的这种处理办法可能导致项目的内部收益率很高，但这恰恰反映了当前决策的性质。为了弄清原来投资决策是否合理，可以计算整个项目（有项目状态）（包括已经建成和计划实施的项目）的收益率，这时就应把沉没成本计算在内。

**5. 机会成本**

如果项目利用的现有资产有明确的其他用途（出售、出租或有明确的使用效益），那么将资产用于该用途能为企业带来的收益被看作项目使用该资产的成本，也是"无项目"时的收入，按照"有无对比"识别效益和费用的原则，应该将其作为"无项目"时的现金流入。

### 6.6.7 案例分析

**【例6-12】** 某公司拟对生产线进行自动化控制改造，以降低成本，提高生产效率。由于项目建设工程量不大，耗时短，为简化计算，设定建设投资在第1年年初投入，当年就投入运营，实现效益，运营期按6年计算。假设流动资金不发生变化，项目资金来源中无债务资金。该公司的财务基准收益率（所得税后）为15%，适用的所得税税率为25%，更新前后的有关情况见表6-19。

问题：

1. 编制本技术改造项目财务现金流量表。
2. 计算静态投资回收期、财务净现值和财务内部收益率评价指标。
3. 评价该投资计划的财务可行性。

## 第6章 财务分析

**表6-19 某公司生产线改造项目有关情况**　　　　　　　　（金额单位：万元）

| 目前数据 | |  |
|---|---|---|
| 操作人员工资 | 21000 | |
| 年运营维护费用 | 9000 | |
| 年残次品损失 | 7000 | |
| 旧设备当初购买成本 | 90000 | （资产原值） |
| 预计使用寿命 | 15 | 年 |
| 已使用年限 | 9 | 年 |
| 预计净残值 | 0 | |
| 折旧年限及方法 | 15 | 年（年限平均法） |
| 公司年上缴增值税 | | 36500 |
| 更新改造后的预计数据 | | |
| 旧设备当年市值 | 36000 | |
| 操作人员工资 | 4000 | |
| 更新改造设备投资 | | 80000 |
| 其中：可抵扣固定资产进项税 | | 9104 |
| 年运营维护费用 | 6500 | |
| 年残次品损失 | 2000 | |
| 预计使用寿命 | 6 | 年 |
| 预计净残值 | 0 | |
| 折旧年限及方法 | 6 | 年（年限平均法） |

**解**

1. 编制本技术改造项目财务现金流量表

该项目仅为一条生产线的改造，项目与老厂界限清晰，对企业其他部分基本无影响，可以通过有无对比直接判定增量现金流量，包括期初现金流量、项目运营期间的现金流量和期末现金流量。

（1）期初现金流量。期初现金流量主要涉及购买资产和使之正常运行所必需的直接现金支出，包括资产的购买价格加上运输、安装等费用。本项目为对原有生产线的更新改造，期初现金流量还可考虑与旧资产出售相关的现金流入以及旧资产出售所带来的纳税效应。

出售旧资产可能涉及三种纳税情形：①当旧资产出售价格高于该资产折旧后的账面价值时，旧资产出售价格与其折旧后的账面价值之间的差额属于应税收入，按所得税税率纳税；②当旧资产出售价格等于该资产折旧后的账面价值时，此时资产出售没有带来收益或损失，无须考虑纳税问题；③当旧资产出售价格低于该资产折旧后的账面价值时，旧资产出售价格与其折旧后的账面价值之间的差额属于应税损失，可以用来抵减应税收入从而减少纳税。

按年限平均法计算折旧，则

旧资产已经计提的累计折旧 =（资产原值 − 期末残值）× 已使用年限/预计全部使用年限
　　　　　　　　　　　　 =（90000 万元 − 0）× 9 年/15 年 = 54000 万元

旧设备的账面价值 = 原值 − 累计折旧 = 90000 万元 − 54000 万元 = 36000 万元

旧设备当前的市值为 36000 万元，其出售价格与折旧后的账面价值相等，因此，没有上述纳税效应。

（2）运营期间现金流量

1）计算增量收入。本例中，更新改造并没有新增加营业收入，只是通过费用节约产生

效益。节约的费用也可以直接列为增加的收入,主要包括:

操作人员工资节省:21000 万元 – 4000 万元 = 17000 万元
年运营维护费用减少:9000 万元 – 6500 万元 = 2500 万元
年残次品损失减少:7000 万元 – 2000 万元 = 5000 万元
通过费用节省增加的收入合计为 24500 万元。

2)计算增量折旧费。尽管折旧费及其增加额对现金流量不造成直接影响,但它会通过减少应税收入的形式来减少应纳税所得额,从而影响税后净现金流量。

旧设备的年折旧费为:90000 万元 × (1 – 0)/15 = 6000 万元
新设备的年折旧费为:(80000 万元 – 9104 万元) × (1 – 0)/6 = 11816 万元
该项目实施使公司每年增加的折旧费 11816 万元 – 6000 万元 = 5816 万元

3)计算增量的调整所得税。要对项目运营期内的包括由于利润增加所带来的纳税增加和由于折旧费增加所带来的节税额进行计算。

融资前分析现金流量中的所得税应以息税前利润(EBIT)为基数计算,由于该项目资金来源中没有借款,没有利息支出,因此息税前利润就等于利润总额。调整所得税与企业应缴所得税相同。

同时,由于该项目是通过费用节约来实现效益,故按上述方法计算的增量收入构成增量息税前利润的主要部分。

另外,由于折旧费增加使息税前利润减少 5816 万元,所以

增量息税前利润 = 24500 万元 – 5816 万元 = 18684 万元
增量调整所得税 = 18684 万元 × 25% = 4671 万元

4)计算应纳增值税的变化。从企业的角度来看,企业年上缴增值税额为 36500 万元,而新设备所含可抵扣固定资产进项税额为 9104 万元,即新设备所含固定资产进项税完全可以在投产后的第 1 年予以抵扣,对项目增量现金流而言,表现为当年应纳增值税的减少和净现金流量的增加。(此处忽略出售旧设备对增值税的影响。)

(3)期末现金流量。项目运营期末年现金流量除了运营期内通常的现金流量外,还包括资产余值回收。该项目已设定新设备的预计净残值为 0,折旧年限又等于计算期,所以没有期末固定资产余值回收现金流量。又因设定改造后流动资金不发生变化,增量流动资金为零,因此也没有期末流动资金回收现金流量。

将上述三步骤得到的分年现金流量纳入现金流量表,编制的生产线改造项目财务现金流量表见表 6-20。

表 6-20 生产线改造项目财务现金流量表 (单位:万元)

| 序号 | 项目 | 计算期 | | | | | | |
| --- | --- | --- | --- | --- | --- | --- | --- | --- |
| | | 0 | 1 | 2 | 3 | 4 | 5 | 6 |
| 1 | 现金流入 | | | | | | | |
| 1.1 | 工资节约额 | | 17000 | 17000 | 17000 | 17000 | 17000 | 17000 |
| 1.2 | 运营维护费用节约额 | | 2500 | 2500 | 2500 | 2500 | 2500 | 2500 |
| 1.3 | 残次品损失节约额 | | 5000 | 5000 | 5000 | 5000 | 5000 | 5000 |
| 1.4 | 旧设备出售收入 | 36000 | | | | | | |
| | 小计 | 36000 | 24500 | 24500 | 24500 | 24500 | 24500 | 24500 |

(续)

| 序号 | 项目 | 计算期 | | | | | | |
|---|---|---|---|---|---|---|---|---|
| | | 0 | 1 | 2 | 3 | 4 | 5 | 6 |
| 2 | 现金流出 | | | | | | | |
| 2.1 | 新设备投资 | 80000 | | | | | | |
| 2.2 | 应交增值税 | | -9104 | | | | | |
| 2.3 | 调整所得税 | | 4671 | 4671 | 4671 | 4671 | 4671 | 4671 |
| | 小 计 | 80000 | -4433 | 4671 | 4671 | 4671 | 4671 | 4671 |
| 3 | 税后净现金流量 | -44000 | 28933 | 19829 | 19829 | 19829 | 19829 | 19829 |
| 4 | 累计税后净现金流量 | -44000 | -15067 | 4762 | 24591 | 44420 | 64249 | 84078 |

注：表中数据忽略了税金及附加可能的变化。

2. 计算三个指标

静态投资回收期 $P_t = 2\ 年 - 1\ 年 + \dfrac{15067}{19829}\ 年 = 1.76\ 年$

财务净现值 $\text{FNPV}(15\%) = 28933\ 万元 \times (P/F, 15\%, 1) + 19829\ 万元 \times (P/A, 15\%, 5) \times (P/F, 15\%, 1) - 44000\ 万元$
$= 38959\ 万元$

财务内部收益率 $\text{FIRR} = 47.30\%$

3. 评价该投资计划的财务可行性

上述计算结果表明，财务净现值 $\text{FNPV}(15\%) > 0$，财务内部收益率 $\text{FIRR} > 15\%$，所以该投资计划通过财务评价可行。

## 6.7 非经营性项目的财务分析

### 6.7.1 非经营性项目的概念

本节所述非经营性项目是指旨在实现社会目标和环境目标，为社会公众提供产品或服务的非营利性投资项目，包括社会公益事业项目（如教育项目、医疗卫生保健项目）、环境保护与环境污染治理项目、某些公用基础设施项目（如市政项目）等。这些项目经济上的显著特点是为社会提供的服务和使用功能不收取费用或只收取少量费用。

随着投融资体制的改革，在上述类型项目中，有的已转化为营利性项目，即有收费机制和营业收入，采用市场化运作，其财务收益能够回收投资和补偿运营维护成本，并有一定的盈利能力。这类项目的财务分析可参照本章前几节讲述的方法进行。

本节所述方法适用于没有收入或者只有部分收入的项目。

### 6.7.2 非经营性项目财务分析的目的

由于建设类项目的目的是服务于社会，进行财务分析不一定是为了投资决策，而是为了考察项目的财务状况，了解是盈利还是亏损，以便采取措施使其能维持运营，发挥功能。另外，很多非经营性项目的财务分析实质上是在进行方案比选，以使所选择的方案能在满足项目目标的前提下花费最少的费用。

### 6.7.3 非经营性项目财务分析的要求

**1. 非经营性项目财务分析的要求视项目具体情况有所不同**

（1）对没有营业收入的项目，不需进行盈利能力分析。其财务分析重在考察财务的可持续性。这类项目通常需要政府长期补贴才能维持运营。应同一般项目一样估算费用，包括投资和运营维护成本，在此基础上，推算项目运营期各年所需的政府补贴数额，并分析可能实现的方式。

（2）对有营业收入的项目，财务分析应根据收入抵补支出的不同程度，区别对待。通常营业收入补偿费用的顺序是：支付运营维护成本、缴纳流转税、偿还借款利息、计提折旧和偿还借款本金。

1）有营业收入，但不足以补偿运营维护成本的项目，应估算收入和成本费用，通过两者的差额来估算运营期各年需要政府给予补贴的数额，进行财务生存能力分析，并分析政府长期提供财政补贴的可行性。对有债务资金的项目，还应结合借款偿还要求进行财务生存能力分析。

2）有些项目在短期内收入不足以补偿全部运营维护成本，但随着时间的推移，通过价格（收费）水平的逐步提高，不仅可以补偿运营维护成本、缴纳流转税、偿还借款利息、计提折旧、偿还借款本金，还可以产生盈余。因此对这类只需要政府在短期内给予补贴，以维持运营的项目，只需要进行偿债能力分析（如有借款时）和财务生存能力分析，推算运营前期各年所需的财政补贴数额，分析政府在有限时间内提供财政补贴的可行性。

3）营业收入在补偿项目运营维护成本、缴纳流转税、偿还借款利息、计提折旧、偿还借款本金后还有盈余，表明项目在财务上有盈利能力和生存能力，其财务分析内容与一般项目基本相同。

由于非经营性项目类别繁多，情况各异，实践中可根据项目类别和具体情况进行选择，注意符合行业特点和要求。

**2. 对收费项目应合理确定提供服务的收费价格**

服务收费价格是指向服务对象提供单位服务收取的服务费用，需分析其合理性。分析方法一般是将预测的服务收费价格与消费者承受能力和支付意愿以及政府发布的指导价格进行对比，也可与类似项目进行对比。

有时需要在维持项目正常运营的前提下，采取倒推服务收费价格的方式，同时分析消费者的支付能力。

**3. 效益难以货币化的非经营性项目**

对效益难以货币化的非经营性项目，可采用效果费用比或费用效果比来进行方案的比选。与经济分析的主要不同在于分析目标较为单一，采用的是财务数据。

（1）比选要求

1）遵循基本的方案比选原则和方法。

2）费用应包含从项目投资开始到项目终结的整个期间内所发生的全部费用，可按费用现值或费用年值计算。

3）效果的计量单位应能切实度量项目目标实现的程度，且便于计算。

4）在效果相同的条件下，应选取费用最小的备选方案。

5）在费用相同的条件下，应选取效果最好的备选方案。

6）备选方案效果和费用均不相同时，应比较两个备选方案之间的费用差额和效果差额，计算增量的效果费用比或费用效果比，分析获得增量效果所付出的增量费用是否值得。

（2）实践工作中常用的比选指标。在实践工作中，往往采用单位功能（效果）费用指标，或者单位费用效果指标，包括投资指标和成本指标，习惯上常采用前者。例如：

1）单位功能建设投资，即提供一个单位的使用功能或提供单位服务所需要的建设投资，如医院每张病床的投资、学校每个就学学生的投资等。其计算公式为

$$单位功能建设投资 = \frac{建设投资}{设计服务能力或设施规模} \quad (6-19)$$

2）单位功能运营费用，即提供一个单位的使用功能或提供单位服务所需要的运营费用。其计算公式为

$$单位功能运营费用 = \frac{年运营费用}{设计服务能力或设施规模} \quad (6-20)$$

但是，以上指标有明显的缺陷：一是只分别计算了投资和成本，没有进行全面比较；二是没有考虑整个计算期的费用，未按资金时间价值原理计算。

## 本 章 小 结

项目财务分析是可行性研究的重要内容之一。本章所讲的财务分析是项目经济评价的重要组成部分，通过分析、计算项目直接发生的财务效益和费用，编制财务基本报表，计算财务分析指标，考察和分析项目的盈利能力、偿债能力和财务生存能力，判断项目的财务可行性。

## 思 考 题

1. 什么是财务分析？简述财务分析的步骤及内容。
2. 财务分析的基本报表有哪些？
3. 盈利能力指标、偿债能力指标主要有哪些？并说明各指标的含义、计算公式、判断准则。
4. 简述新建项目与改扩建项目财务分析的主要区别。
5. 简述非经营性项目财务分析的要求。
6. 某项目净现金流量见表 6-21，财务基准收益率为 10%。

表 6-21　某项目净现金流量　　　　　　　（单位：万元）

| 年　　份 | 1 | 2 | 3 | 4 | 5 | 6 |
| --- | --- | --- | --- | --- | --- | --- |
| 净现金流量 | -190 | 40 | 70 | 70 | 70 | 90 |

要求：画出现金流量图，计算静态投资回收期、财务净现值、财务净年金和财务内部收益率，并判断该项目的经济可行性。

7. 现拟建一个项目，第 1 年投资 3120 万元，第 2 年投资 1500 万元，从第 3 年起，连续 8 年每年年末的净现金流为 1450 万元，假定该项目的净残值不计，财务基准收益率为 12%，要求：画出该项目的现金流量图，计算财务净现值，并据此判断该项目的经济可行性。

8. 某工程项目建设期 1 年，第 1 年建设投资为 130 万元，全部形成固定资产，年销售收入为 100 万元，计算期为 6 年，固定资产净残值率为 6 万元，年经营成本为 60 万元，财务基准收益率为 10%，所得税税率

为 25%。要求：画出该项目的现金流量图，计算财务内部收益率，并据此判断该项目的经济可行性。

9. 某项目第 5 年资产总额为 62000 万元，其中，流动资产为 23000 万元，流动负债为 5000 万元，长期借款为 30000 万元，另外流动资产中存货为 12000 万元。试计算资产负债率、流动比率、速动比率。

10. 某制造业新建项目建设投资为 850 万元（发生在第 1 年年末），600 万元形成固定资产，250 万元形成无形资产及其他资产。

项目建设期 1 年，运营期 5 年，投产第 1 年负荷 60%，其他年份负荷为 100%。满负荷流动资金为 100 万元，投产第 1 年流动资金估算为 70 万元。计算期末将全部流动资金回收。生产运营期内满负荷运营时，营业收入为 650 万元，经营成本为 250 万元，其中原材料和燃料动力费为 200 万元，以上均以不含税价格表示。投入和产出的增值税率均为 16%，城建税为 7%，教育费附加为 3%，地方教育附加为 2%，企业所得税税率为 25%。折旧年限和摊销年限均为 6 年，固定资产净残值率为 5%，无形资产及其他资产净残值为零，折旧和摊销均按年限平均法。

固定资产中不动产部分允许抵扣的增值税进项税额为 50 万元，运营期第 1 年抵扣 60%，运营期第 2 年抵扣 40%，动产部分允许抵扣的增值税进项税额为 40 万元，运营期第 1 年全部抵扣；无形资产中允许抵扣的增值税进项税额为 20 万元，运营期第 1 年全部抵扣；其他资产中的增值税进项税不允许抵扣。

设定所得税前财务基准收益率为 14%，所得税后财务基准收益率为 12%。

该项目初步融资方案为：用于建设投资的项目资本金为 450 万元，建设投资借款为 400 万元，年利率为 6%，计算的建设期利息为 12 万元。流动资金全部来源于项目资本金，无流动资金借款，借款偿还采用等额还本付息方式（还款期 2 年）。

问题：

(1) 编制项目投资现金流量表。

(2) 计算调整所得税前财务净现值和调整所得税后财务净现值，并由此评价项目的财务可行性。

(3) 编制项目资本金现金流量表，计算项目资本金财务内部收益率，并评价资本金的盈利能力。

# 第7章 经济费用效益分析

**学习目标**

(1) 了解经济费用效益分析的内涵以及其与财务分析的相同点和不同点
(2) 了解经济费用效益分析的适用范围
(3) 掌握经济效益与费用的识别和估算方法
(4) 掌握费用效益分析指标与报表的内容
(5) 掌握费用效果分析的方法
(6) 理解经济分析参数及其应用

在市场经济条件下,大部分工程项目财务分析结论可以满足投资决策要求,但由于存在市场失灵的情况,项目还需要进行经济费用效益分析,也就是站在全社会的角度判别项目配置经济资源的合理性。项目的经济费用效益分析是从资源合理配置的角度,分析投资项目的经济效益和对社会福利所做出的贡献,采用影子价格、影子工资、影子汇率和社会折现率等参数,计算、分析项目对国民经济的净贡献,以评价项目经济合理性的经济评价方法。对于财务现金流量不能全面、真实地反映其经济价值的投资项目,需要进行经济费用效益分析,将经济效益分析的结论作为项目评估的重要组成部分,并作为投资决策的重要依据。

## 7.1 概述

### 7.1.1 经济费用效益分析的内涵

**1. 经济费用效益分析的概念**

经济费用效益分析是按合理配置资源的原则,采用社会折现率、影子汇率、影子工资和货物影子价格等经济费用效益分析参数,从项目对社会经济所做贡献以及社会为项目付出代价的角度,考察项目的经济合理性。经济费用效益分析的理论基础是新古典经济学有关资源优化配置的理论。

**2. 重视经济费用效益分析的原因和目的**

(1) 重视费用效益分析的原因。费用效益分析是项目评价方法体系的重要组成部分,市场分析、技术方案分析、财务分析、环境影响分析、组织结构分析和社会评价都不能代替经济费用效益分析的功能和作用。

费用效益分析是市场经济体制下政府对公共项目进行分析评价的重要方法,是市场经济国家政府部门干预投资活动的重要手段。

在新的经济体制下，国家对项目的审批和核准重点放在项目的外部效果、公共性方面，费用效益分析强调从资源配置经济效率的角度分析项目的外部效果，通过经济费用效益分析及费用效果分析的方法判断建设项目的经济合理性，是政府审批或核准项目的重要依据。

（2）重视费用效益分析的目的。费用效益分析是项目投资决策（包括不同角度的分析和评价）的主要内容之一。要从资源合理配置的角度，分析项目投资的经济效率和对社会福利所做出的贡献，评价项目的合理性。

费用效益分析的主要目的包括：

1）全面识别整个社会为项目付出的代价，以及项目投资的经济效益和对社会福利所做出的贡献，评价项目投资的经济合理性。

2）分析项目的经济费用效益流量与财务现金流量存在的差别，以及造成这些差别的原因，提出相关的政策调整建议。

3）对于市场化运作的基础设施等项目，通过经济费用效益分析来论证项目的经济价值，为制订财务方案提供依据。

4）分析各利益相关者为项目付出的代价及获得的收益，通过对受损者及受益者的经济费用效益分析，为社会评价提供依据。

## 7.1.2 经济费用效益分析的范围

对于财务价格扭曲、不能真实反映项目产出的经济价值、财务成本不能包含项目对资源的全部消耗、财务效益不能包含项目产出的全部经济效果的项目，需要进行经济费用效益分析。

**1. 具有垄断特征的项目**

例如，自然垄断项目。电力、电信、交通运输等行业的项目，存在着规模效益递增的产业特征，企业一般不会按照帕累托最优规则进行运作，从而导致市场配置资源失效。

**2. 产出具有公共产品特征的项目**

例如，公共产品项目，即项目提供的产品或服务在同一时间内可以被共同消费，具有"消费的非排他性"（没有花钱购买公共产品的人不能被排除在再次消费产品或服务之外）和"消费的非竞争性"（一个人消费一种公共产品并不以牺牲其他人的消费为代价）。由于市场价格机制只有通过将那些不愿意付费的消费者排除在该物品的消费之外才能得以有效运作，因此，市场机制对公共产品项目的资源配置失灵。

**3. 具有明显外部效果的项目**

外部效果是指一个个体或厂商的行为对另一个个体或厂商产生了影响，而该影响的行为主体没有负担相应的责任或没有获得应有报酬的现象。产生外部效果的行为主体由于不受预算约束，因此常常不考虑外部效果承受者的损益情况。这样，这类行为主体在其行为过程中常常会低效率地使用资源，造成消费者剩余与生产者剩余的损失及市场失灵。

**4. 资源开发和涉及国家经济安全的项目**

国家控制的战略性资源开发及涉及国家经济安全的项目，往往具有公共性、外部效果等综合特征，不能完全依靠市场配置资源。

### 5. 受行政干预的项目

政府对经济活动的干预，如果干预了正常的经济效益，也是导致市场失灵的重要因素。

## 7.1.3 经济费用效益分析的步骤

**1. 在财务评价基础上进行经济费用效益分析的步骤**

投资项目的经济费用效益分析在财务评价基础上进行，主要是将财务评价中的财务费用和财务效益调整为经济费用和经济效益，即调整不属于国民经济效益和费用的内容；剔除国民经济内部的转移支付；计算和分析项目的间接费用和效益（即外部效果），按投入物和产出物的影子价格及其他经济评价参数（如影子汇率、影子工资、社会折现率等）对有关经济参数进行调整。具体可按如下步骤进行：

（1）对有关的费用和效益进行调整。首先，剔除已计入财务效益和费用中的转移支付，包括支付给国内银行的借款利息、缴纳的各种税金及对项目的补贴等。其次，识别和计算项目的间接费用和间接效益，对凡是能够定量计算的应进行定量计算；最后，对不能进行定量计算的，应做定性描述。

（2）效益和费用数据的调整。具体包括：①固定资产投资的调整。对固定资产投资的调整，首先要剔除属于国民经济内部转移支付的引进设备、材料的关税、增值税等税金，然后再用影子汇率、影子运费和贸易费用对引进设备、材料价值进行调整。对于国内设备价值则用影子价格汇率、影子运费和贸易费用进行调整。②流动资金的调整。财务账目中的应收、应付账款及现金并没有实际耗用国民经济资源，在费用效益分析中应将其从流动资金中剔除。如果财务评价中的流动资金是采用分项详细估算法估算的，则应用影子价格重新分项计算。③无形资产投资的调整。无形资产投资的调整主要是要求调整取得土地使用权的费用支出，即用土地的影子费用代替占用土地的实际费用，剔除在取得土地使用权时发生的有关转移支付。④经营成本的调整。对财务评价中的经营成本，可首先将其划分为变动成本和固定成本，然后再按如下方法进行调整：变动成本部分按原材料、燃料、动力的影子价格重新计算；固定成本部分应在剔除固定资产的折旧费、无形资产摊销及流动资金利息后对维修费和工资进行调整，其他费用则不用调整。其中，维修费可按调整后的固定资产原值（应扣除国内借款建设期的利息）和维修费费率重新计算，工资则按影子工资换算系数进行调整。⑤销售收入的调整。主要应根据产出物的类型及其影子价格来进行调整，重新计算项目的销售收入。⑥在涉及外汇借款时，应用影子汇率计算调整外汇借款本金与利息的偿付额。

（3）编制项目的国民经济费用效益流量表（全部投资），并据此计算全部投资经济内部收益率和经济净现值等指标。对使用国外贷款的项目，还应编制国民经济费用效益流量表（国内投资），并据此计算国内投资经济内部收益率和经济净现值指标。

（4）对于产出物涉外及出口或替代进口的项目，应编制经济外汇流量表、国内资源流量表，计算经济外汇净现值、经济换汇成本或经济结汇成本。

**2. 直接进行费用效益分析的步骤**

（1）识别和计算项目的直接效益。对那些为国民经济提供产出物的投资项目，首先应根据产出物的性质确定其是否属于外贸货物，再根据定价原则确定产出物的影子价格。影子价格确定以后，就可以根据项目产出物的种类、数量及其增减情况和相应的影子价格计算项目的直接收益。而对那些为国民经济提供服务的投资项目，应根据其提供服务的数量和用户的受益程度计算项目的直接效益。

（2）价格体系调整。以货物的影子价格、土地的影子费用、影子工资、影子汇率、社会折现率等参数直接进行项目的投资估算。

（3）根据项目生产经营的实物消耗，用货物的影子价格、影子工资、影子汇率计算经营成本。

（4）识别和计算项目的间接效益和费用，对能定量计算的，应定量计算；对难以定量计算的，应做定性描述。

（5）编制有关报表，并计算相应的评价指标。

## 7.1.4 经济费用效益分析与财务分析的异同

财务分析和经济费用效益分析是从两个不同角度对项目的投资效益进行分析和评价，它们是相辅相成、缺一不可的，多数项目应先进行财务分析，在此基础上对效益、费用、价格等进行调整后，进行经济费用效益分析。有些项目可先进行经济费用效益分析，然后再进行财务分析。这两种评价各有其任务和作用，一般应以经济费用效益分析的结论作为项目或方案取舍的主要依据。费用效益分析与财务分析是相联系的，它们之间既有共同之处，又有区别。

**1. 财务分析与费用效益分析的共同之处**

（1）分析评价的目的相同。两者都是寻求以最小的投入获得最大的产出。

（2）分析评价的基础相同。两者都是在完成产品需求预测、厂址选择、工艺技术路线和技术方案论证、投资估算和资金筹措等可行性研究的基础上进行的。

（3）基本分析方法和主要指标的计算方法类同。它们都是经济效果评价，都使用基本经济评价理论，即效益与费用比较的理论方法。两者都采用现金流量分析方法，通过基本报表计算净现值、内部收益率等指标，并且评价的计算期相同。

（4）遵循效益和费用识别的有无对比原则。

**2. 财务分析与经济费用效益分析的主要区别**

（1）分析评价的角度不同。财务分析是从财务角度考察货币收支和盈利状况及借款偿还能力，以确定投资行为的财务可行性。经济费用效益分析是从国家整体角度考察项目需要付出的代价和对国家的贡献即国民经济效益，确定投资行为的宏观可行性，因此，又将经济费用效益分析称为"宏观评价"。

（2）效益与费用的含义及划分范围不同。财务分析是根据项目的实际收支确定项目的效益和费用，税金、利息等均计为费用。经济费用效益分析着眼于项目对社会提供的有用产品和服务及项目所耗费的全社会的有用资源来考察项目的效益和费用，故税金、国内借款利息和补贴等不计为项目的效益和费用。财务分析只计算项目直接发生的效益与费用，经济费用效益分析对项目引起的间接效益与费用即外部效果也要进行计算和分析。

（3）分析评价采用的价格不同。财务分析对投入物和产出物采用的是现行价格，经济费用效益分析采用的是根据机会成本和供求关系确定的影子价格。

（4）主要参数不同。财务分析采用的是官方汇率，并以基准收益率作为折现率；经济费用效益分析采用国家统一测定的影子汇率和社会折现率。

经济费用效益分析和财务分析的区别见表7-1。

表 7-1 经济费用效益分析和财务分析的区别

| 区别参数 | 经济费用效益分析 | 财务分析 |
|---|---|---|
| 出发点 | 国家 | 经营项目的企业 |
| 价格 | 影子价格 | 市场价格 |
| 费用与效益的范围 | 外部效果 | 直接费用、直接效益 |
| 折现率 | 社会折现率 | 财务基准折现率 |
| 汇率 | 影子汇率 | 官方汇率 |
| 指标 | 经济净现值经济内部收益率 | 财务净现值财务内部收益率 |

由于上述区别，两种评价可能导致相反的结论。例如煤炭等原料工业的国内价格偏低，企业利润很少，企业财务分析的结果可能不易通过。如果用影子价格对这些国计民生不可缺少的物资生产项目进行经济费用效益分析，该项目对国民经济的贡献就可能很大，就能通过。对于一些经济费用效益分析认为可行，而财务分析认为不可行的有关国计民生的项目，应向国家和主管部门提出采取相应的经济优惠措施的建议，通过调整使项目在财务上也成为可行的项目。

**3. 费用效益分析与财务分析的联系**

在很多情况下，费用效益分析在财务分析的基础之上进行，利用财务分析中的数据资料，以财务分析为基础进行调整计算。经济费用效益分析也可以独立进行，即在项目的财务分析之前进行经济费用效益分析。

## 7.2 费用和效益

### 7.2.1 直接费用和直接效益

项目的直接费用和多数直接效益大多在财务分析中能够得以反映，尽管有时这些反映会有一定程度的价值失真。对于价值失真的直接效益和直接费用，在经济费用效益分析中应按影子价格重新计算。直接效益、直接费用的概念和表现见表 7-2。

表 7-2 直接效益、直接费用的概念和表现

| 名称 | 概念 | 表现方式 |
|---|---|---|
| 直接效益 | 项目直接效益是指由项目产出物产生的并在项目范围内计算的经济效益，一般表现为项目为社会生产提供的物质产品、科技文化成果和各种各样的服务所产生的效益 | 1. 项目产出物满足国内新增加的需求时，项目直接效益表现为国内新增需求的支付意愿<br>2. 项目的产出物替代其他厂商的产品或服务，使被替代者减产或退出，从而使国家有用资源得到节约，项目直接效益表现为这些资源的节省<br>3. 项目的产出物使得国家增加出口或减少进口，项目直接效益表现为外汇收入的增加或支出的减少<br>4. 不可能体现在财务分析的营业收入中的特殊效益，例如，交通运输项目产生的表现为时间节约的效果，教育项目、医疗卫生和卫生保健项目等产生的表现为对人力资本、生命延续或疾病预防等方面的影响效果 |
| 直接费用 | 在项目计算范围内计算，项目使用投入物所产生的经济费用，一般表现为投入项目的人工、资金、物料、技术以及自然资源等所带来的社会资源的消耗 | 1. 社会扩大生产规模用以满足项目对投入物的需求，项目直接费用表现为社会扩大生产规模所增加耗用的社会资源价值<br>2. 当社会不能增加供给时，导致其他人被迫放弃使用这些资源来满足项目的需要，项目直接费用表现为社会因其他人被迫放弃使用这些资源而损失的效益<br>3. 项目的投入物导致进口增加或出口减少时，项目直接费用表现为国家外汇支出的增加或外汇收入的减少 |

## 7.2.2 转移支付

所谓转移支付，是指在国民经济内部各部门发生的、没有造成国内资源的真正增加或耗费的支付行为，即直接与项目有关而支付的国内各种税金、国内借款利息、职工工资等。这些转移支付伴有货币收支活动的发生，因而它们在项目财务评价中属于项目费用和效益；但在经济费用效益分析中这种转移和支付并不能形成国民收入的增减，因而它们在经济费用效益分析中不属于项目费用和效益的范畴。这种项目中的转移支付主要有以下五种形式：

（1）税金。项目为获得某种投入物，需要缴纳一定的税金（如进口关税），企业要销售某种产品或提供劳务也要缴纳一部分税金（如消费税、所得税等）。税收是国家凭借政治权利，强制、无偿、固定地参与企业收益分配和再分配而取得一部分收入的行为，是一种财务上的"转移性"支出，即由企业转移至国家的支付行为，没有造成国家经济上的损失。因此，在进行经济费用效益分析时，应将其从"成本费用"中剔除。

（2）工资。工资也是一种财务上的转移支付，因为工资是作为国民收入的一部分而由企业支付给职工以体现项目占用劳动力的财务代价，所以在经济费用效益分析中工资不能作为费用，作为费用的应是影子工资（包括劳动力的机会成本和国家为安排劳动力而新增的资源耗费）。另外，项目的建设投资和其他物料投入中包含的工资，应看成其他行业和项目对国民经济的贡献，在国民经济评价时可不予调整扣除。

（3）国内借款利息。项目在使用国内借款时所支付的利息，是由企业转移给国家的一种转移性支出。因此，在计算时也应从"成本"中剔除，不应作为项目的费用。但项目使用国外借款支付的利息则不属于国内转移支付，应作为国民经济的代价，作为项目的费用。

（4）土地费用。为项目建设征用土地（主要是可耕地或已开垦土地）而支付的费用，是由项目转移给地方、集体或个人的一种支付行为，故在经济费用效益分析时不列为费用，应列为费用的是被占用土地的机会成本和使国家新增的资源消耗（如拆迁费用等）。

（5）补贴。项目所获得的补贴实质上是与项目所缴税金流向相反的一种转移支付，它是国家将资源支配权转移给项目组织的一种转移支付，所以在项目的经济费用效益分析中这种补贴不应被列为项目的经济效益。

在进行经济费用效益分析时，应认真复核是否已从项目原效益和费用中剔除了这些转移支付以及影子费用形式作为项目费用在计算上是否正确。

转移支付代表购买力的转移行为，接受转移支付的一方所获得的效益与付出方所产生的费用等，本身没有导致新增资源的发生。将不新增加社会资源和不增加社会资源消耗的财务收入与支出视为社会成员之间的"转移支付"，在经济费用效益分析中不作为经济效益与费用。在经济费用效益分析中，税负、补贴、借款和利息属于转移支付。一般在进行经济费用效益分析时，不得再计算转移支付的影响。

一些税收和补贴可能会影响市场价格水平，导致包括税收和补贴的财务价格可能并不反映真实的经济成本和效益。在进行经济费用效益分析时，转移支付的处理应区别对待：

1）剔除企业所得税或补贴对财务价格的影响。

2）一些税收、补贴或罚款往往是为了校正项目"外部效果"的一种重要手段，这类转移支付不可剔除，可以用于计算外部效果。

3）项目投入与产出中流转税应具体问题具体处理。

## 7.2.3 外部效果

**1. 外部效果的概念**

经济费用效益分析中把外部效果称为间接效益和间接费用，即由于项目的外部性所导致的项目对外部的影响，而项目本身并未因此而获得收入或支付费用。

间接效益是指由项目引起的而在直接效益中没有得到反映的效益。包括项目使用劳动力，使非技术劳动力经训练而转变为技术劳动力；技术扩散的效益；城市地下铁道的建设，使得地铁沿线附近的房地产升值的效益等。

间接费用是指由项目引起而在项目的直接费用中没有得到反映的费用。包括项目对自然环境造成的损害；项目产品大量出口，从而引起该种产品的出口价格下降等。

**2. 外部效果的识别**

（1）外部效果的识别通常从间接效益和间接费用两个角度进行，通常可以考察四个方面，见表7-3。

（2）在识别计算项目的外部效果时必须注意不能重复计算。在直接效益和费用中已经计入的不应再在外部效果中计算，还要注意所考虑的外部效果是否应归于所评价的项目。

（3）可以采用调整项目范围的办法，解决项目外部效果计算上的困难。将项目范围扩大，把项目的外部效果变为项目内部的，可以将这些项目之间的相互支付转化为项目内部的，从而相互抵消。

表7-3 外部效果的识别

| 考察的方面 | 识别的方法 |
|---|---|
| 环境影响即生态影响效果 | 参照环境价值评估方法进行估计。环境影响不能定量计算时，应做定性描述 |
| 技术扩散效果 | 这类外部效果难以定量计算，一般只做定性说明 |
| "上、下游"企业相邻效果 | 很多情况下，相邻效果可以在项目的投入和产出物的影子价格中得到反映，不再计算间接效果。对于难以反映在影子价格中的，需要做项目的外部效果计算 |
| 乘数效果 | 乘数效果是指项目的实施使原来闲置的资源得到利用，从而产生一系列的连锁反应，刺激某一地区或全国的经济发展。在对经济落后地区的项目进行经济费用效益分析时，可能需要考虑这种乘数效果，特别应注意选择乘数效果大的项目作为扶贫项目；须注意不宜连续扩展计算乘数效果；如果拟同时对该项目进行经济影响分析，该乘数效果可以在经济影响分析中体现 |

（4）项目的外部效果往往体现在对区域经济和宏观经济的影响上。对于影响较大的项目，需要专门进行经济影响分析，同时适当简化经济费用效益分析中的外部效果分析。

费用效益分析与财务分析的识别、衡量和指标的区别见表7-4。

表7-4 费用效益分析与财务分析的识别、衡量和指标的区别

| 评价角度 | 费用与效益的识别 | 费用与效益的衡量 | 评价指标及标准 |
|---|---|---|---|
| 财务分析 | 投资者 | 直接效益<br>直接费用 | 现行价格<br>实际工资<br>官方汇率 | 最低期望收益率<br>财务净现值<br>财务内部收益率 |

(续)

| | 评价角度 | 费用与效益的识别 | 费用与效益的衡量 | 评价指标及标准 |
|---|---|---|---|---|
| 费用效益分析 | 国家 | 外部效果<br>无形因素<br>转移支付 | 影子价格<br>影子工资<br>影子汇率 | 社会贴现率<br>经济净现值<br>经济内部收益率 |

## 7.3 影子价格

### 7.3.1 经济效益和费用的估算原则

项目投资所引发的经济效益和费用的计算，应在利益相关者分析的基础上，研究在特定的社会经济背景条件下相关利益主体获得的收益及付出的代价，计算项目相关的费用和效益。

经济效益的计算应遵循支付意愿（WTP）原则或接受补偿意愿（WTA）原则，经济费用的计算应遵循机会成本原则和实际价值计算原则。

（1）支付意愿原则。项目产出物的正面效果计算，应遵循支付意愿原则，用于分析社会成员为项目所产出的效益愿意支付的价值。

支付意愿原则是指消费者为获得某种商品或服务所愿意付出的价格。在经济费用效益分析中，常采用消费者支付意愿测定影子价格。在完善的市场中，市场价格可以正确地反映消费者的支付意愿。应注意，在不完善的市场中，消费者的行为有可能被错误地引导，因此市场价格也可能不能正确地反映消费者的支付意愿。

（2）接受补偿意愿原则。项目产出物的负面效果计算，应遵循接受补偿意愿原则，用于分析社会成员为接受这种不利影响所得到补偿的价值。

（3）机会成本原则。项目投入的经济费用计算应遵循机会成本原则，用于分析项目所占用资源的机会成本。机会成本应按该资源的其他最好可替代用途所产生的效益计算。

机会成本是指用于拟建项目的某种资源若改用于其他替代机会，在所有其他替代机会中所能获得的最大经济效益。例如，资金是一种资源，在各种投资机会中都可使用，一个项目使用了一定量的资金，这些资金就不能再在别的项目中使用，它的机会成本就是所放弃的所有投资机会中可获得的最大净收益。在经济费用效益分析中，机会成本法也是测定影子价格的重要方法之一。

（4）实际价值计算原则。项目投入的经济费用效益分析应对所有费用和效益采用反映真实价值的实际价格进行计算，不考虑通货膨胀因素的影响，但考虑相对价格的变动。

经济效益和经济费用的估算原则见表 7-5。

表 7-5 经济效益和经济费用的估算原则

| 适用范围 | | 遵循的原则 | 内容 |
|---|---|---|---|
| 产出物 | 正面效益的计算 | 支付意愿原则 | 分析社会成员为项目所产出的效益愿意支付的价值 |
| | 负面影响的计算 | 接受补偿意愿原则 | 分析社会成员为接受这种不利影响所得到补偿的价值 |

(续)

| 适用范围 | 遵循的原则 | 内　　容 |
|---|---|---|
| 项目投入物 | 机会成本原则 | 机会成本应按该资源的其他最好可替代用途所产生的效益计算 |
| 效益和费用 | 实际价值计算原则 | 不考虑通货膨胀因素的影响，但考虑相对价格的变动 |

### 7.3.2　经济效益与费用的估算价格——影子价格的概念

在项目的经济费用效益分析中采用了一种更为合理的价格体系，即影子价格。影子价格又称效率价格、最优计划价格、计算价格和预测价格等，它是个含义广泛的经济范畴，这个范畴产生于数学方法对经济问题的深入研究。影子价格最早来源于荷兰经济学家丁伯根（Jan Tinbergen）的定义，并得到康托洛维奇线性规划的对偶解。它是线性规划对偶解的经济解释，是现代数学与经济学相互渗透的产物。

为了正确计算项目对国民经济所做的贡献，一般在进行费用效益分析时，原则上采用影子价格。影子价格是指当社会经济处于某种最优状态时，能够反映社会劳动的消耗、资源的稀缺程度和最终产品需求情况的价格。也就是说，影子价格是人为确定的，是比交换价格更为合理的价格。这里所说的"合理"的标志，从定价原则来看，应该能更好地反映产品的价值，反映市场供求状况，反映资源稀缺程度；从价格产出的效果来看，应该能使资源配置向优化方向发展。

影子价格是进行项目经济费用效益分析专用的计算价格。影子价格依据经济费用效益分析的定价原则测定，反映项目的投入物和产出物真实的经济价值，反映市场供求关系，反映资源稀缺程度，反映资源合理配置的要求。注意：进行项目的经济费用效益分析时，项目的主要投入物和产出物的价格，原则上应采用影子价格体系。

影子价格的测算在建设项目的经济费用效益分析中占有重要地位。考虑到我国仍然是发展中国家，整个经济体系还没有完成工业化进程，国际市场和国内市场的完全融合仍然需要一定时间等具体情况，将投入物和产出物区分为可外贸货物和非外贸货物，并采用不同的思路确定其影子价格。

### 7.3.3　影子价格的计算

**1. 货物分类**

（1）根据货物（广义的货物是指项目的各种投入物和产出物）的可外贸性，将货物分为可外贸货物和非外贸货物。

（2）根据货物价格机制的不同，将货物分为市场定价货物和非市场定价货物。注意：可外贸货物通常属于市场定价货物，非外贸货物中既有市场定价货物也有非市场定价货物。

（3）由于土地、劳动力和自然资源的特殊性，它们被归类为特殊投入物。

将投入物和产出物区分为可外贸货物和非外贸货物，并采用不同的思路确定其影子价格。

**2. 具有市场价格的货物或服务——可外贸货物的影子价格计算**

（1）对于可外贸货物，其投入物或产出物价格应基于口岸价进行计算，以反映其价格

取值具有国际竞争力。其计算公式为

$$出口产出的影子价格（出厂价）= 离岸价（FOB 价）\times 影子汇率 - 出口费用 \qquad (7\text{-}1)$$

$$进口投入的影子价格（到厂价）= 到岸价（CIF 价）\times 影子汇率 + 进口费用 \qquad (7\text{-}2)$$

1）离岸价（FOB 价）是指出口货物运抵我国出口口岸交货的价格，也称船上交货价或装运港船上交货价。它是国际贸易中以卖方将货物装上运输工具为条件的价格。按照这种价格，卖方须负责在合同规定的港口及规定的期限内将货物装到买方自派或指定的运输工具上，向买方提供货运单据，缴纳出口税，承担货物装上运输工具前的一切费用和风险；买方负责租订运输工具和付运费，办理保险手续和支付保险费，缴纳进口税，接受货运单据和支付货款，承担货物装上运输工具后的一切费用和风险。

2）到岸价（CIF 价）是指进口货物运抵我国进口口岸交货的价格，包括货物进口的货价、运抵我国口岸之前所发生的境外的运费和保险费，也称成本加保险费和运费价格。到岸价是国际贸易中以卖方将货物装上运输工具并支付启运港至目的港的运费和保险费为条件的价格。按照这种价格卖方负责租订运输工具，在合同规定的港口和规定的期限内将货物装上运输工具，支付运费，向买方提供货运单据，办理保险手续并支付保险费，缴纳出口税，承担货物装上运输工具前的一切费用和风险；买方负责缴纳进口税，接受货运单据并支付货款，承担货物装上运输工具后的一切风险和运费、保险以外的一切费用。

3）影子汇率是指外汇的影子价格，由国家指定的专门机构统一发布。影子汇率是用于对可外贸货物和服务进行经济费用效益分析的外币的经济价格，应能正确反映外汇的经济价值。应按照下面的公式计算

$$影子汇率 = 外汇牌价 \times 影子汇率换算系数 \qquad (7\text{-}3)$$

目前我国的影子汇率换算系数取值为 1.08。

4）进口或出口费用是指货物进出口环节在国内所发生的所有相关费用，包括运输费用、储运、装卸、运输保险等各种费用支出及物流环节的各种损失、损耗以及资金占用的机会成本，还包括工厂与口岸之间的长途运输费用等。

注意：进口费用和出口费用应采用影子价格估值，用人民币计价。

【例 7-1】 货物 A 进口到岸价为 100 美元/t，货物 B 出口离岸价也为 100 美元/t，用影子价格估算的进口费用和出口费用分别为 50 元/t 和 40 元/t，影子汇率 1 美元 = 6.86 元人民币，试计算货物 A 的影子价格（到厂价）以及货物 B 的影子价格（出厂价）。

**解** 货物 A 的影子价格为：100 美元/t × 6.86 元/美元 + 50 元/t = 736 元/t

货物 B 的影子价格为：100 美元/t × 6.86 元/美元 − 40 元/t = 646 元/t

（2）如果可外贸货物以财务成本或价格为基础调整计算经济费用和效益，应注意以下两点：

1）如果不存在关税、增值税、消费税、补贴等转移支付因素，则项目的投入物或产出物价值直接采用口岸价进行调整计算。

2）如果在货物的进出口环节存在转移支付因素，应区分不同情况处理。

**3. 具有市场价格的货物或服务——非外贸货物的影子价格计算**

（1）基本确定方法。若该货物或服务处于竞争环境中，市场价格能够反映支付意愿或机会成本，应采用市场价格作为计算项目投入物或产出物影子价格的依据，并按下式换算为

到厂价和出厂价

$$投入物影子价格(到厂价) = 市场价格 + 国内运杂费 \qquad (7\text{-}4)$$
$$产出物影子价格(出厂价) = 市场价格 - 国内运杂费 \qquad (7\text{-}5)$$

如果项目的投入物或产出物的规模很大，项目的实施将足以影响其市场价格，导致"有项目"和"无项目"两种情况下市场价格不一致，在项目评价实践中，取二者的平均值作为测算影子价格的依据。

投入物与产出物的影子价格中流转税按下列原则处理：①对于产出物，增加供给满足国内市场供应的，影子价格按支付意愿确定，含流转税；顶替原有市场供应的，影子价格按机会成本确定，不含流转税。②对于投入物，用新增供应满足项目的，影子价格按机会成本确定，不含流转税；挤占原有用户需求满足项目的，影子价格按支付意愿确定，含流转税。③对不能判别产出或投入是增加供给还是挤占（替代）原有供给的，可简化处理为：产出的影子价格一般含实际缴纳的流转税，投入的影子价格一般不含实际缴纳的流转税。

（2）税金的处理。产出物的影子价格是否含增值税销项税额（以下简称含税），投入物的影子价格是否含增值税进项税额（以下简称含税），应分析货物的供求情况，采取不同的处理方式。

1）项目产出物。如果项目产出物的需求空间较大，项目的产出对市场价格影响不大，影子价格按消费者支付意愿确定，即采用含税的市场价格。如果项目产出物用以顶替原有市场供应的，即挤占其他生产厂商的市场份额，应该用节约的社会成本作为影子价格。这里节约的社会成本是指其他生产厂商减产或停产所带来的社会资源节省。对于市场定价的货物，其不含税的市场价格可以看作其社会成本。

对于可能导致其他企业减产或停产，产出物质量又相同的，甚至可以按被替代企业的变动成本分解定价（即定位于不合理重复建设的情况）。

2）项目投入物。如果该投入物的生产能力较富余或较容易通过扩容来满足项目的需要，可通过新增供应来满足项目需求的，采用社会成本作为影子价格。这里社会成本是指社会资源的新增消耗。

对于市场定价的货物，其不含税的市场价格可以看作其社会成本。

对于价格受到管制的货物，其社会成本通过分解成本法确定。若通过新增投资增加供应的用全部成本分解，而通过挖潜增加供应的，用变动成本分解。

如果该投入物供应紧张，短期内无法通过增产或扩容来满足项目投入的需要，只能排挤原有用户来满足项目的需要的，影子价格按支付意愿确定，即采用含税的市场价格。

如果无法判别产出物是增加供给还是挤占原有供给，或投入物供应是否紧张，此时也可简化处理为：产出物的影子价格一般采用含税的市场价格，投入物的影子价格一般采用不含税的市场价格，但这种方法要慎重采用。

**4. 项目的产出效果不具有市场价格**

当项目的产出效果不具有市场价格，或市场价格难以真实反映其经济价值时，对项目的产品或服务的影子价格要进行重新计算。

（1）按照消费者支付意愿的原则，通过市场价格的其他相关信号，按照"显示偏好"的方法，寻找揭示这些影响的隐含价值，对其效果进行间接估算。如项目的外部效果导致关联对象产出水平或成本费用的变动，通过对这些变动进行客观量化分析，作为对项目外部效果进行量化的依据。

（2）根据意愿调查评估法，按照"陈述偏好"的原则进行间接估算。一般通过对被评估者的直接调查，直接评价调查对象的支付意愿或接受补偿的意愿，从中推断出项目造成的有关外部影响的影子价格。应注意调查评估中可能出现的以下偏差：

1）调查对象相信他们的回答能影响决策，从而使他们实际支付的私人成本低于正常条件下的预期值，这时调查结果可能产生策略性偏差。

2）调查者对各种备选方案介绍得不完全或使人误解时，调查结果可能产生资料性偏差。

3）问卷假设的收款或付款方式不当，调查结果可能产生手段性偏差。

4）调查对象长期免费享受环境和生态资源等所形成的"免费搭车"心理，导致调查对象将这种享受看作天赋权利而反对为此付款，从而导致调查结果的假想性偏差。

**5. 特殊投入物影子价格**

项目的特殊投入物主要包括：劳动力、土地和自然资源，其影子价格需要采取特定的方法来确定。

（1）劳动力的影子价格——影子工资。影子工资是项目占用的人力资源，是项目实施所付出的代价。如果财务工资与人力资源的影子价格之间存在差异，应对财务工资进行调整计算，以反映其真实经济价值。影子工资是指建设项目使用劳动力、耗费资源而使社会付出的代价，在建设项目经济费用效益分析中以影子工资计算劳动力费用。劳动力影子价格即为劳动力的影子工资。影子工资按下式计算

$$影子工资 = 劳动力机会成本 + 新增资源消耗 \quad (7-6)$$

1）劳动力机会成本是拟建项目占用的人力资源由于在本项目使用而不能再用于其他地方或享受闲暇而被迫放弃的价值。它应根据项目所在地的人力资源市场及劳动力就业状况，按下列原则进行分析确定：

① 过去受雇于别处，由于本项目的实施而转移过来的人员，其影子工资应是其放弃过去就业机会的工资（含工资性福利）及支付的税金之和。

② 对于自愿失业人员，影子工资应等于本项目的使用所支付的税后净工资额，以反映边际工人投入到劳动力市场所必须支付的金额。

③ 非自愿失业劳动力的影子工资应反映他们为了工作而放弃休闲愿意接受的最低工资金额，其数值应低于本项目的使用所支付的税后净工资并大于支付的最低生活保障收入。当缺少信息时，可以按非自愿失业人员接受的最低生活保障收入和税后净工资率的平均值近似测算。

2）新增资源耗费是指劳动力在本项目新就业或由其他就业岗位转移到本项目而发生的经济资源消耗，而这种消耗与劳动者生活水平的提高无关。在分析中应根据劳动力就业的转移成本测算。新增资源耗费包括迁费、新增的城市交通和城市基础设施配套等相关投资与费用。

影子工资换算系数是项目经济费用效益分析的参数，是影子工资与财务分析中的职工个人实得货币工资加提取的福利基金之比。几种影子工资换算系数的取值是：对于技术劳动力，采取影子工资，等于财务工资，即影子工资换算系数为1；对于非技术劳动力，推荐在

一般情况下采取财务工资的 0.2~0.8 作为影子工资，即影子工资换算系数为 0.2~0.8；由于我国农村人口劳动力大量过剩，需要到城镇寻找工作，因此在项目的经济费用效益分析中，劳动力的影子工资一般取较低的数值，特别是对于非技术劳动力，其机会成本等于零。

（2）土地的影子价格。土地是一种重要的经济资源，项目占用的土地无论是否需要支付财务成本，均应根据土地用途的机会成本原则或消费者支付意愿的原则计算其影子价格。

土地是一种特殊投入物，在我国是一种稀缺资源。项目使用了土地，就造成了社会费用，无论是否需要支付费用，都应根据机会成本或消费者的支付意愿计算土地的影子价格。土地的地理位置对土地的机会成本或消费者支付意愿的影响很大，因此土地的地理位置是影响土地影子价格的关键因素。

① 非生产性用地的土地影子价格。对于非生产性用地，如住宅、休闲用地等，应按照支付意愿原则，根据市场交易价格测算其影子价格。市场不完善或无市场交易价格的，应按消费者支付意愿确定土地的影子价格。

② 生产性用地的土地影子价格。项目占用生产性用地，主要是指农业、林业、牧业、渔业及其他生产性用地，其影子价格按照这些生产用地未来可以提供的产出物的效益及因改变土地用途而发生的新增资源消耗进行计算。即

$$土地影子价格 = 土地机会成本 + 新增资源消耗 \qquad (7-7)$$

土地机会成本应按照社会对这些生产用地未来可以提供的消费产品的支付意愿价格进行分析计算，一般按照项目占用土地在"无项目"情况下的"最佳可行替代用途"的生产性产出的经济效益限制进行计算。

新增资源消耗应按照在"有项目"情况下土地的征用造成原有土地上附属物财产的损失及其他资源耗费计算，土地平整等开发成本应计入工程建设成本中，在土地经济成本估算中不再重复计算。

③ 在经济费用效益分析中，应根据项目计算期内未来土地用途的可能变化合理预测项目占用土地的影子价格。对土地机会成本的计算应按以下要求进行：

a. 通过政府公开招标取得的国有土地出让使用权，以及通过市场交易取得的已出让国有土地使用权，应按市场交易价格计算其影子价格。

b. 未通过正常市场交易取得的土地使用权，应分析价格优惠或扭曲情况，参照当地正常情况下的市场交易价格，调整或类比计算其影子价格。

c. 当无法通过正常市场交易价格类比确定土地影子价格时，应采用收益现值法或以土地开发成本加开发投资应得收益确定。

d. 由于土地开发规划许可的取得，会对土地市场价格产生影响，土地价值的估算应反映实际的或潜在的规划批准情况，应分析规划得到批准的可能性及其对土地价值的影响。如果土地用途受到限制，其影子价格就会被压低。应分析这些限制被解除的可能性，以及解除限制对土地价值的影响。

e. 项目征用农村用地，应按土地征用费调整计算其影子价格。其中耕地补偿费及青苗补偿费应视为土地机会成本，地上建筑物补偿费及安置补偿费应视为新增资源消耗。这些费用如果与农民进行了充分协商并获得认可，可直接按财务成本计算其影子价格；若存在征地费优惠，或在征地过程中没有进行充分协商导致补偿和安置费低于市场定价，应按当地正常

征地补偿标准调整计算土地的影子价格。

f. 在征地过程中收取的征地管理费、耕地占用税、耕地开垦费、土地管理费和土地开发费等各种税费，应视为转移支付，不列入土地经济费用的计算。

(3) 自然资源的影子价格。项目投入的自然资源，无论在财务上是否付费，在经济费用效益分析中都必须测算其经济费用。不可再生自然资源的影子价格应按资源的机会成本计算，可再生自然资源的影子价格应按资源的再生费用计算。

自然资源是指自然形成的，在一定的经济、技术条件下可以被开发利用以提高人们的生活福利水平和生存能力，并同时具有某种"稀缺性"的实物性资源的总称，包括土地资源、森林资源、矿产资源和水资源等。项目经济费用效益分析将自然资源分为资源资产和非资产性自然资源，在影子价格的计算中只考虑资源资产。

资源资产是指所有权已经界定，或者随着项目的实施可以界定，所有者能够有效控制并能够在目前或可预见的未来产生预期经济效益的自然资源。资源资产属于经济资产范畴，包括土地资产、森林资产、矿产资产和水资产等。在经济费用效益分析中，项目的建设和运营需要投入的自然资源，是项目投资所付出的代价，这些代价要用资源的经济价值而不是市场价格表示，可以用项目投入物的替代方案的成本对这些资源资产用于其他用途的机会成本等进行分析测算。

(4) 人力资本和生命价值的估算。某些项目的产出效果表现为对人力资本、生命延续或疾病预防等方面的影响，如教育项目、医疗卫生和卫生保健项目等，应根据项目的具体情况测算人力资本增值的价值、可能减少死亡的价值，以及减少疾病增进健康等的价值，并将量化结果纳入项目经济费用效益分析的框架之中。如果因缺乏可靠依据难以货币量化，可采用非货币方法进行量化，也可只进行定性分析。

对于教育项目，其效果可以表现为人力资本增值，例如，通过教育提高了人才素质，引发了工资提高。在劳动力市场发育成熟的情况下，其人力资本的增值应根据"有项目"和"无项目"两种情况下的所得税前工作的差额进行估算。世界银行的一项研究表明，每完成一年教育可以给受教育者增加5%的月收入。

对于医疗卫生项目，其效果常常表现为减少死亡的价值。可根据社会成员为避免死亡而愿意支付的费用进行计算。当缺乏对维系生命的支付意愿的资料时，可采用人力资本法，通过分析人员的死亡导致为社会创造收入的减少来评价死亡引起的损失，以测算生命的价值；或者通过分析伤亡风险高低不同的工种的工资差别来间接测算人们对生命价值的支付意愿。

对于卫生保健项目，其效果表现为对人们增进健康的影响效果时，一般应通过分析疾病发病率与项目影响之间的关系，测算由于健康状况改善而增加的工作收入，发病率降低而减少的看病、住院等医疗成本及其他各项相关支出，并综合考虑人们对避免疾病而获得健康生活所愿意付出的代价，测算其经济价值。

(5) 时间节约价值的估算。交通运输等项目，其效果可以表现为时间的节约，需要计算时间节约的经济价值。应按照有无对比原则分析"有项目"和"无项目"情况下的时间耗费情况，区分不同人群、货物，根据项目的具体特点分别测算人们出行时间节约和货物运送时间节约的经济价值。

1) 出行时间节约的经济价值。出行时间节约的经济价值可以按节约时间的受益者为了获得这种节约所愿意支付的货币数量来度量。在项目经济费用效益分析中，应根据所节约时间的具体性质分别测算。

如果所节约的时间用于工作,时间节约的价值应为因时间节约而进行生产从而引起产出增加的价值。在完善的劳动力市场条件下,企业支付给劳动者的工资水平,可以看作劳动者的边际贡献,因此可以将企业负担的所得税前工资、各项保险费用及有关的其他劳动成本用于估算时间节约的价值。

如果所节约的时间用于闲暇,应从受益者个人的角度,综合考虑个人的家庭情况、收入水平、闲暇偏好等因素。

2)货物运送时间节约的经济价值。货物运送时间节约的经济价值应为这种节约的受益者为了得到这种节约所愿意支付的货币数量。在项目经济费用效益分析中,应根据不同货物对运送时间的敏感程度以及受益者的支付意愿测算时间节约的经济价值。

(6)环境价值的估算。环境工程项目,其效果表现为对环境质量改善的贡献,可采用前面章节提到的环境价值评估方法估算其经济价值。

(7)几种主要的政府调控价格产品及服务的影子价格,见表7-6。

表7-6 几种主要的政府调控价格产品及服务的影子价格

| 货 物 | 作为投入物 | | 作为产出物 |
| --- | --- | --- | --- |
| 电价 | 按成本分解法测定。一般情况下应按当地的电力供应完全成本口径的分解成本定价。存在阶段性电力过剩的地区,可以按电力生产的变动成本分解定价 | | 按照电力对于当地经济的边际贡献测定 |
| 铁路运价 | 一般情况下按完全成本分解定价 | 在铁路运输能力过剩的地区可按照变动成本分解定价 | 采取专门方法,按替代运输量运输成本的节约、诱发运输量的支付意愿以及时间节约的效益等测定 |
| | | 在铁路运输紧张的地区应当按照被挤占用户的支付意愿定价 | |
| 水价 | 按后备水源的成本分解定价,或者按照恢复水功能的成本定价 | | 按消费者支付意愿或者按消费者承受能力加政府补贴测定 |

## 7.4 经济费用效益分析指标和报表

### 7.4.1 经济费用效益分析指标

经济费用效益分析可在直接识别估算经济费用和经济效益的基础上,利用表格计算相关指标;也可在财务分析的基础上将财务现金流量转换为经济效益与费用流量,利用表格计算相关指标。如果项目的经济费用和效益能够进行货币化,应在费用效益识别和计算的基础上编制经济费用效益流量表,计算经济费用效益分析指标,分析项目投资的经济效益。

**1. 经济净现值(ENPV)**

经济净现值是指项目按照社会折现率将计算期内各年的经济效益流量折现到建设期初的现值之和。其计算公式为

$$\mathrm{ENPV} = \sum_{t=1}^{n}(B-C)_t(1+i_S)^{-t} \tag{7-8}$$

式中，$B$ 为经济效益流量；$C$ 为经济费用流量；$(B-C)_t$ 为第 $t$ 期的经济净效益流量；$n$ 为项目计算期；$i_S$ 为社会折现率。

在经济费用效益分析中，如果经济净现值等于或者大于 0，表明项目可以达到符合社会折现率的效率水平，认为该项目从经济资源配置的角度可以被接受。

**2. 经济内部收益率**（EIRR）

经济内部收益率是指项目在计算期内经济净效益流量的现值累计等于 0 时的折现率。其计算公式为

$$\sum_{t=1}^{n}(B-C)_t(1+\mathrm{EIRR})^{-t} = 0 \tag{7-9}$$

式中，$B$ 为经济效益流量；$C$ 为经济费用流量；$(B-C)_t$ 为第 $t$ 期的经济净效益流量；EIRR 为经济内部收益率；$n$ 为项目计算期。

如果经济内部收益率等于或大于社会折现率，表明项目资源配置的经济效益达到了可以被接受的水平。

**3. 经济效益费用比**（$R_{BC}$）

$$R_{BC} = \frac{\sum_{t=1}^{n} B_t(1+i_S)^{-t}}{\sum_{t=1}^{n} C_t(1+i_S)^{-t}} \tag{7-10}$$

式中，$R_{BC}$ 为经济效益费用比；$B_t$ 为第 $t$ 期的经济效益；$C_t$ 为第 $t$ 期的经济费用。

如果经济效益费用比大于 1，表明项目资源配置的经济效益达到了可以被接受的水平。

在完成经济费用效益分析之后，应进一步分析对比经济费用效益与财务现金流量之间的差异，并根据需要对财务分析与经济费用效益分析结论之间的差异进行分析，找出受益或受损群体，分析项目对不同利益相关者在经济上的影响程度，并提出改进资源配置效率及财务生存能力的政策建议。

对于效益和费用可以货币化的项目应采用上述经济费用效益分析方法；对于效益难以货币化的项目，应采用费用效果分析方法；对于效益和费用均难以量化的项目，应进行定性经济费用效益分析。

### 7.4.2 经济费用效益分析报表

**1. 项目投资经济费用效益流量表**

编制"项目投资经济费用效益流量表"，其格式见表 7-7。项目投资经济费用效益流量表用以综合反映项目计算期内，按项目投资口径计算各年的各项经济效益和费用流量及净效益流量，并可以计算项目投资经济内部收益率和项目投资经济净现值指标。

## 第7章 经济费用效益分析

表 7-7 项目投资经济费用效益流量表　　　　　　　（单位：万元）

| 序号 | 项　目 | 合计 | 计 算 期 ||||||
|---|---|---|---|---|---|---|---|---|
| | | | 1 | 2 | 3 | 4 | … | n |
| 1 | 效益流量 | | | | | | | |
| 1.1 | 项目直接效益 | | | | | | | |
| 1.2 | 资产余值回收 | | | | | | | |
| 1.3 | 回收流动资金 | | | | | | | |
| 1.4 | 项目间接收益 | | | | | | | |
| 2 | 费用流量 | | | | | | | |
| 2.1 | 建设投资 | | | | | | | |
| 2.2 | 流动资金 | | | | | | | |
| 2.3 | 经营费用 | | | | | | | |
| 2.4 | 项目间接费用 | | | | | | | |
| 3 | 净效益流量（1－2） | | | | | | | |

计算指标：
项目投资经济内部收益率（%）
项目投资经济净现值（$i_S = 8\%$）

经济费用效益流量表的编制，可以按照经济费用效益识别与计算的原则和方法直接进行，也可以在财务分析的基础上将财务现金流量转换为反映真正资源变动状况的经济费用效益流量。

(1) 直接进行经济费用效益流量的识别和计算。其基本步骤如下：

1) 对于项目的各种投入物，应按照机会成本的原则计算其经济价值。

2) 识别项目产出物可能带来的各种影响效果。

3) 对于具有市场价格的产出物，以市场价格为基础计算其经济价值。

4) 对于没有市场价格的产出效果，应按照支付意愿及接受补偿意愿的原则计算其经济价值。

5) 对于难以进行货币量化的产出效果，应尽可能地采用其他量纲进行量化。难以量化的，进行定性描述，以全面反映项目的产出效果。

(2) 在财务分析的基础上进行经济费用效益流量的识别和计算。其基本步骤如下：

1) 剔除财务现金流量中的通货膨胀因素，得到以实价表示的财务现金流量。

2) 剔除运营期财务现金流量中不反映真实资源流量变动状况的转移支付因素。

3) 用影子价格和影子汇率调整建设投资各项组成，并剔除其费用中的转移支付项目。

4) 调整流动资金。将流动资产和流动负债中不反映实际资源耗费的有关现金，应收、应付账款，预收、预付账款，从流动资金中剔除。

5) 调整经营费用。用影子价格调整主要原材料、燃料动力费用、工资及福利费等。

6) 调整营业收入。对于具有市场价格的产出物，以市场价格为基础计算其影子价格；对于没有市场价格的产出效果，以支付意愿或接受补偿意愿的原则计算其影子价格。

7) 对于可货币化的外部效果，应将货币化的外部效果计入经济效益费用流量；对于难以进行货币化的外部效果，应尽可能地采用其他量纲进行量化。难以量化的，进行定性描述，以全面反映项目的产出效果。

**2. 经济费用效益分析投资费用估算调整表**

编制"经济费用效益分析投资费用估算调整表"，其格式见表 7-8。

表 7-8　经济费用效益分析投资费用估算调整表

（人民币单位：万元，外币单位：　　　）

| 序号 | 项目 | 财务分析 | | | 经济费用效益分析 | | | 经济费用效益分析比财务分析增减 |
|---|---|---|---|---|---|---|---|---|
| | | 外币 | 人民币 | 合计 | 外币 | 人民币 | 合计 | |
| 1 | 建设投资 | | | | | | | |
| 1.1 | 建筑工程费 | | | | | | | |
| 1.2 | 设备购置费 | | | | | | | |
| 1.3 | 安装工程费 | | | | | | | |
| 1.4 | 其他费用 | | | | | | | |
| 1.4.1 | 其中：土地费用 | | | | | | | |
| 1.4.2 | 专利及专有技术费 | | | | | | | |
| 1.5 | 基本预备费 | | | | | | | |
| 1.6 | 涨价预备费 | | | | | | | |
| 1.7 | 建设期利息 | | | | | | | |
| 2 | 流动资金 | | | | | | | |
| | 合计（1+2） | | | | | | | |

注：若投资费用是通过直接估算得到的，本表应略去财务分析的相关栏目。

**3. 经济费用效益分析经营费用估算调整表**

编制"经济费用效益分析经营费用估算调整表"，其格式见表7-9。

表 7-9　经济费用效益分析经营费用估算调整表

| 序号 | 项目 | 单位 | 投入量 | 财务分析 | | 经济费用效益分析 | |
|---|---|---|---|---|---|---|---|
| | | | | 单价（元） | 成本（元） | 单价（元） | 成本（元） |
| 1 | 外购原材料 | | | | | | |
| 1.1 | 原材料A | | | | | | |
| 1.2 | 原材料B | | | | | | |
| 1.3 | 原材料C | | | | | | |
| 1.4 | ⋮ | | | | | | |
| 2 | 外购燃料动力 | | | | | | |
| 2.1 | 煤 | | | | | | |
| 2.2 | 水 | | | | | | |
| 2.3 | 电 | | | | | | |
| 2.4 | 重油 | | | | | | |
| 2.5 | ⋮ | | | | | | |
| 3 | 工资及福利费 | | | | | | |
| 4 | 修理费 | | | | | | |
| 5 | 其他费用 | | | | | | |
| | 经营费用合计 | | | | | | |

注：若经营费用是通过直接估算得到的，本表应略去财务分析的相关栏目。

**4. 项目直接效益估算调整表**

编制"项目直接效益估算调整表"，主要是为了调整在效益中占较大比重的产出物的价格，以合理确定经济费用效益分析中的内部效益，其格式见表7-10。

在表 7-10 中，经济费用效益分析的数据与财务分析相对应。财务分析中的数据依据"营业收入、税金及附加和增值税估算表"填列。经济费用效益分析中的数据依据该表中所列的年销产出量和影子价格计算结果填列。若拟建项目的产品单一，可不编制该表。

表 7-10　项目直接效益估算调整表

| 序号 | 产品名称 | 年销产出量 | | | | 财务分析 | | | | 经济费用效益分析 | | | | 合计 |
|---|---|---|---|---|---|---|---|---|---|---|---|---|---|---|
| | | 计算单位 | 国内市场 | 国际市场 | 合计 | 国内市场 | | 国际市场 | | 国内市场 | | 国际市场 | | |
| | | | | | | 单价 | 现金收入 | 单价 | 现金收入 | 单价 | 现金收入 | 单价 | 现金收入 | |
| 1 | 投产第 1 年负荷（%） | | | | | | | | | | | | | |
| | A 产品 | | | | | | | | | | | | | |
| | B 产品 | | | | | | | | | | | | | |
| | 小计 | | | | | | | | | | | | | |
| 2 | 投产第 2 年负荷（%） | | | | | | | | | | | | | |
| | A 产品 | | | | | | | | | | | | | |
| | B 产品 | | | | | | | | | | | | | |
| | 小计 | | | | | | | | | | | | | |
| 3 | 正常生产年份（100%） | | | | | | | | | | | | | |
| | A 产品 | | | | | | | | | | | | | |
| | B 产品 | | | | | | | | | | | | | |
| | 小计 | | | | | | | | | | | | | |

注：1. 本表适用于新设法人项目，以及既有法人项目的"有项目""无项目"和增量的营业收入、营业税金与附加和增值税估算。
2. 根据行业或产品的不同可增减相应的税收科目。

## 7.5　费用效果分析

### 7.5.1　费用效果分析概述

**1. 费用效果分析的概念**

费用效果分析有广义和狭义之分。广义的费用效果分析泛指通过比较所达到的效果与所付出的耗费，用以分析判断所付出的代价，它并不刻意强调采用何种计量方式。狭义的费用效果分析专指耗费采用货币计量、效果采用非货币计量的分析方法。而效果和耗费均用货币计量的，称为费用效益分析。项目评价中一般采用狭义的概念。

根据社会和经济发展的客观需要直接进行费用效果分析的项目，通常是在充分论证项目必要性的前提下，重点在于制订项目目标的途径和方案，并根据以尽可能少的费用获得尽可能大的效果原则，通过对多方案的比选，提供优先选定方案或进行方案优先次序排队，以供决策。正常情况下，进入方案比选阶段，不再对项目的可行性提出质疑，不可能得出不可行的结论。费用效果分析只能比较不同方案的优劣，不能像费用效益分析那样保证所选方案的效果大于费用，因此，更应强调充分挖掘方案的重要性。

费用效果分析是通过对项目预期效果和所支付费用的比较，判定项目费用的有效性和项目经济合理性的分析方法。效果难于或不能货币化，或货币化的效果不是项目目标的主体时，在经济评价中应采用费用效果分析法，其结论作为项目投资决策的依据之一。

效果是指项目引起的效应或效能，表示项目目标的实现程度，往往不能或难于货币量化。费用是指社会经济为项目所付出的代价，是可以货币量化计算的。

费用效果分析中的费用是指为实现项目预定目标所付出的财务代价或经济代价，采用货币计量；效果是指由项目的结果所起的作用、效应或效能，是项目要实现的目标，一个项目可选用一个或几个效果指标。

**2. 费用效果分析的应用条件**

费用效果分析遵循多方案比选的原则，所分析的项目应满足下列条件：

(1) 备选方案不少于两个，且为互斥方案或可转化为互斥方案。
(2) 备选方案应具有共同目标。目标不同的方案、不满足最低效果要求的方案不可进行比较。
(3) 备选方案的费用应能货币化，且资金用量不应突破资金限制。
(4) 效果应采用统一非货币计量单位衡量，如果有多个效果，其指标加权处理形成单一综合指标。
(5) 备选方案应具有可比的寿命期。

**3. 费用效果分析的基本程序**

(1) 确立项目目标。
(2) 构想和建立备选方案。
(3) 将项目目标转化为具体的、可量化的效果指标。
(4) 识别费用与效果要素，并估算各个备选方案的费用与效果。
(5) 利用指标关系，综合比较、分析各个方案的优缺点。
(6) 推荐最佳方案或提出优先采用的次序。

**4. 费用估算要点**

(1) 费用应包括整个计算期内发生的全部费用。
(2) 费用可用现值或年值表示，备选方案计算期不一致时应采用年值。

**5. 效果计量单位的选择**

效果可以采用有助于说明项目效能的任何计量单位。选择的计量单位应能切实度量项目目标的实现程度，且便于计算。例如，供水工程可以选择供水量（吨）、教育项目选择受教育人数等。若项目的目标不止一个，或项目的效果难以直接度量，需要建立分解目标加以度量时，需要用科学的方法确定权重，借助层次分析法对项目的效果进行加权计算，处理成统一的综合指标。

## 7.5.2 费用效果分析基本指标和计算

费用应包含从项目投资开始到项目终结的整个期间内所发生的全部费用。费用可按现值公式或年值公式计算。

**1. 费用现值**（PC）

费用现值的计算公式为

$$PC = \sum_{t=1}^{n} (CO)_t (P/F, i, t) \quad (7-11)$$

式中，PC 为费用现值；$(CO)_t$ 为第 $t$ 期现金流出量；$n$ 为计算期；$i$ 为折现率；$(P/F, i, t)$ 为现值系数。

**2. 费用年值（AC）**

费用年值的计算公式为

$$AC = \left[\sum_{t=1}^{n} (CO)_t (P/F, i, t)\right](A/P, i, n) \quad (7-12)$$

式中，AC 为费用年值；$(CO)_t$ 为第 $t$ 期现金流出量；$n$ 为计算期；$i$ 为折现率；$(P/F, i, t)$ 为现值系数；$(A/P, i, n)$ 为资金回收系数。

备选方案的计算期不一致时，应采用费用年值公式。

**3. 效果费用比**

费用效果分析可采用效果费用比为基本指标，其计算公式为

$$R_{E/C} = \frac{E}{C} \quad (7-13)$$

式中，$R_{E/C}$ 为效果费用比；$E$ 为项目效果；$C$ 为项目的计算期费用，用现值或年值表示。

有时为方便或习惯起见，也可采用费用效果比指标，其计算公式为

$$R_{C/E} = \frac{C}{E} \quad (7-14)$$

式中，$R_{C/E}$ 为费用效果比。

### 7.5.3 费用效果分析方法

**1. 最小费用法**

最小费用法是指在效果相同的条件下，选择满足效果的费用最小的备选方案。这种方法也称固定效果法。

**2. 最大效果法**

最大效果法是指在费用相同的条件下，应选取效果最大的备选方案。这种方法也称固定费用法。例如，用于某一贫困地区扶贫的资金通常是事先固定的，扶贫效用最大化是通常所追求的目标，也就是采用最大效果法。

**3. 增量分析法**

当备选方案效果和费用均不固定，且分别具有较大幅度的差别时，应比较两个备选方案之间的费用差额，不可盲目选择效果费用比较大的方案或费用效果比较小的方案。

在这种情况下，需要首先确定效果与费用比值最低可以接受的基准指标 $[E/C]_0$，或最高可以接受的单位成本指标 $[C/E]_0$，当 $\Delta E/\Delta C \geq [E/C]_0$ 或 $\Delta C/\Delta E \leq [C/E]_0$ 时，选择费用高的方案；否则，选择费用低的方案。

**4. 项目有两个以上备选方案进行增量分析的方法**

如果项目有两个以上备选方案进行增量分析，则应按下列步骤选优：将方案由小到大排队；从费用最小的两个方案开始比较，通过增量分析选择优势方案；将优势方案与紧邻的下一个方案进行增量分析，并选出新的优势方案；重复第三步，直至最后一个方案，最终被选

定的优势方案为最优方案。

【例7-2】 某地方政府拟实行一个五年免疫接种计划项目，减少国民的死亡率。设计了A、B、C三个备选方案，效果为减少死亡人数，费用为方案实施的全部费用，三个方案实施期和效果预测期相同。拟通过费用效果比的计算，在政府财力许可的情况下，决定采用何种方案。根据以往经验，设定基准指标［C/E］。为400，即每减少死亡一人需要花费400元。

**解** （1）预测免疫接种项目三个方案的费用和效果现值及其费用效果比，见表7-11。

表7-11 方案费用效果比计算表

| 项 目 | A方案 | B方案 | C方案 |
|---|---|---|---|
| 费用 | 8900万元 | 10000万元 | 8000万元 |
| 效果 | 26.5万人 | 29.4万人 | 18.5万人 |
| 费用效果比 | 336元/人 | 340元/人 | 432元/人 |

（2）C方案费用效果比明显高于基准值，不符合备选方案的条件，应予以放弃。

（3）A、B两个方案费用效果比都低于基准值，符合备选方案的条件。计算A和B两个互斥方案的增量费用效果比。其增量费用效果比为

$$\Delta C/\Delta E = \frac{10000 \text{万元} - 8900 \text{万元}}{29.4 \text{万人} - 26.5 \text{万人}} = 379 \text{元/人}$$

（4）由计算结果可知，A和B两个方案的费用效果比都低于设定的基准值400，而增量费用效果比也低于基准值400，这说明费用高的B方案优于A方案，在政府财力许可的情况下可选择B方案。如果有资金限制，可选择A方案。

### 7.5.4 费用效益分析和费用效果分析的优点和使用领域

费用效益分析的优点是：简洁、明了、结果透明，易于被人们接受。在市场经济中，货币是最为统一和被认可的参照物，在不同产出物的叠加计算中，各种产出物的价格往往是市场认可的公平权重。总收入、净现金流量等是效果的货币化表达。财务盈利能力、偿债能力分析必须采用费用效益分析方法。在项目经济分析中，当项目效果或其中主要部分易于货币化时也采用费用效益分析方法。

费用效果分析的优点是：回避了效果定价的难题，直接用非货币化的效果指标与费用进行比较，方法相对简单，适用于效果难于货币化的领域。在项目经济费用效益分析中，当涉及代内公平（发达程度不同的地区、不同收入阶层等）和代际公平（当代人的福利和未来人的福利）等问题时，对效益的价值判断将十分复杂和困难。环境的价值、生态的价值、生命和健康的价值、自然和人类文化遗产等，往往很难定价，而且不同的测算方法可能有数十倍的差距。勉强定价，往往引起争议，降低评价的可信度。此外，在可行性研究的不同技术经济环节，如场址选择、工艺比较、设备选型、总图设计、环境保护和安全措施等，无论是进行财务分析，还是进行经济费用效益分析，都很难直接与项目最终的货币效益直接挂钩测算。在这些情况下，都适宜采用费用效果分析。

费用效果分析既可以应用于财务现金流量，也可以用于经济费用效益流量。用于财务现金流量，主要是进行项目各个环节的方案比选和项目总体方案的初步筛选；用于经济费用效

益流量，除了可以进行上述方案比选、筛选之外，对于项目主体效益难于货币化的，则取代费用效益分析，并作为经济分析的最终结论。

## 7.6 经济分析参数

经济分析参数是进行经济分析的重要工具。经济分析参数分为两类：一类是通用参数，包括社会折现率、影子汇率、影子工资等，应由专门机构组织测算和发布；另一类是各种货物、服务、土地、自然资源等影子价格，需要由项目评价人员根据项目的具体情况自行测算。

### 7.6.1 社会折现率

**1. 社会折现率的含义**

社会折现率反映社会成员对于社会费用效益价值的时间偏好，即对于现在的社会价值与未来价值之间的权衡。社会折现率又代表着社会投资所要求的最低动态收益率。社会折现率是经济分析的重要通用参数，既用作经济内部收益率的判别基准，也用作计算经济净现值的折现率。

**2. 社会折现率的取值**

社会折现率根据社会经济发展的多种因素综合测定，由专门机构统一测算发布，根据社会经济发展目标、发展战略、发展优先顺序、发展水平、宏观调控意图、社会成员的费用效益时间偏好、社会投资收益水平、资金供求状况、资金机会成本等因素综合分析确定。

我国目前的社会折现率一般取值为8%。对于永久性工程或者受益期超长的项目，例如，水利设施等大型基础设施和具有长远环境保护效益的建设项目，社会折现率可适当降低，低于8%。

**3. 社会折现率对经济的影响**

（1）社会折现率可用于间接调控投资规模。社会折现率取值的高低直接影响项目经济合理性判断的结果，因此可以作为国家建设投资总规模的间接调控参数，需要缩小投资规模时，就提高社会折现率；需要扩大投资规模时，可降低社会折现率。

（2）社会折现率取值的高低会影响项目的选优和方案的比选。社会折现率较高，则较为不利于初始投资大而后期费用节省或收益增大的方案或项目；而社会折现率较低时，情况正好相反。

### 7.6.2 影子汇率

影子汇率的取值对于项目决策也有着重要的影响。产出物是可外贸货物的建设项目，外汇影子价格的高低直接影响项目收益价值的高低，影响对项目效益的判断。

影子汇率换算系数越高，外汇的影子价格越高，产品可外贸货物的项目效益较高，评价结论有利于出口方案。外汇的影子价格较高时，项目引进投入物的方案费用较高，评价结论不利于引进方案。

**【例7-3】** 若美元兑人民币的外汇牌价＝6.3486元/美元，影子汇率换算系数取值为1.08，试计算美元的影子汇率。

**解** 美元的影子汇率 = 美元的外汇牌价 × 影子汇率换算系数
= 6.3486 元/美元 × 1.08 = 6.8565 元/美元

### 7.6.3 影子工资

在经济分析中，影子工资是指项目使用劳动力的费用。影子工资一般通过影子工资换算系数计算。

技术性工作的劳动力的工资报酬一般由市场供求决定，影子工资换算系数一般取值为1。

## 本 章 小 结

本章对经济费用效益分析的目的、内容和基本方法的运用进行了介绍，对经济费用效益分析的适用范围及与财务分析进行了比较，阐明经济效益与费用的识别和估算，重点介绍了经济费用效益分析报表的编制与指标计算，介绍了经济费用效益分析中的费用效果分析，以及经济分析参数及应用。

## 思 考 题

1. 简述费用效益分析的含义。
2. 简述费用效益分析与财务效益分析的相同点和不同点。
3. 简述转移支付的含义以及主要包括的内容。
4. 简述费用效益分析的步骤。
5. 什么是影子价格？劳动力影子价格是如何确定的？
6. 简述经济效益与费用的识别和估算。
7. 费用效益分析指标与报表主要有哪些？
8. 费用效果分析的应用条件有哪些？
9. 简述经济分析参数及其应用。
10. 某特大型中外合资经营石化项目生产的产品中包括市场急需的聚丙烯产品，预测的目标市场价格为9000元/t（含销项税），生产地到目标市场运杂费为100元/t，在进行经济分析时，聚丙烯的影子价格为多少？
11. 某公司以离岸价为订货合同价格进口一套设备，离岸价为400万美元，到岸价为455万美元，银行财务费费率为0.5%，外贸手续费费率为1.5%，进口关税税率为22%，进口环节增值税税率为16%，人民币外汇牌价为1美元=6.3元人民币，影子汇率换算系数为1.08，设备的国内运杂费费率为2.5%。进口相关费用经济价值与财务价值相同，不必调整，该套进口设备的到厂价为多少？

# 第8章

# 项目风险与不确定性分析

## 学习目标

(1) 理解风险与不确定性的概念、风险与不确定性分析的意义
(2) 熟悉风险分析的程序、内容和投资项目的主要风险
(3) 掌握平衡点分析的方法
(4) 熟悉单参数敏感性分析的方法
(5) 熟悉概率分析的方法

## 8.1 概述

### 8.1.1 风险与不确定性的概念

**1. 风险的概念与特征**

人们对风险（Risk）的研究由来已久，其最初来源于法语 risque（最早应用于 18 世纪中叶的保险交易中），基于不同的理解，目前存在多种定义。按照传统的理解，风险总是与灾害或损失联系在一起的，风险的本质是有害的或不利的。此外，一些学者对风险也有多种定义，典型的如：

(1) 风险是意外结果出现的概率。
(2) 风险是事件出现差错并影响工作（任务）完成的可能性。
(3) 风险是特定威胁发生的概率或频率以及后果的严重性。
(4) 风险是影响工作（任务）成功完成的高概率事件。
(5) 风险是因采取特定的活动涉及的可变性导致经济和财务损失、身体伤害或伤亡等的可能性。

不同的行业，对风险有不同的定义。例如在保险界，风险被定义为可保险以规避事故或损失的项目或条款，它表明承担保险责任的保险公司存在损失机会；在管理术语中，风险被视为变化或不确定性；在加工工业特别是化学工业中，风险是指火灾、泄漏、爆炸、人员伤亡、财产损失、环境损害、经济损失等灾害事件。

以上定义，被称为狭义的风险。它们只反映风险的一个方面，即风险是有害的和不利的，将给项目带来威胁。而风险的另一方面，即风险也可能是有利的和可以被利用的，将给项目带来机会，涵盖以上两方面内容的风险被称为广义的风险。越来越多的国际性项目管理组织开始接受"风险是中性的"这一概念；英国项目管理学会（APM）因此将"风险"定义

为"对项目目标产生影响的一个或若干不确定事件",英国土木工程师学会(ICE)更明确定义"风险是一种将影响目标实现的不利威胁或有利机会",英国风险管理学会(IRM)将风险定义为"不利结果出现或不幸事件发生的机会",国际标准化组织(ISO)则将风险定义为"某一事件发生的概率和其后果的组合"。概括起来,广义的风险可以定义为:风险是未来变化偏离预期的可能性以及对目标产生影响的大小。其特征是:①风险是中性的,既可能产生不利影响,也可能带来有利影响。②风险的大小与变动发生的可能性有关,也与变动发生后对项目影响的大小有关。变动出现的可能性越大,变动出现后对目标的影响越大,风险就越高。

**2. 不确定性与风险**

不确定性(Uncertainty)是与确定性(Certainty)相对的一个概念,是指某一事件、活动在未来可能发生,也可能不发生,其发生状况、时间及其结果的可能性或概率是未知的。

1921年,美国经济学家弗兰克·奈特(Frank Knight)对风险进行了开拓性的研究,他首先将风险与不确定性区分开来,认为风险是介于确定性和不确定性之间的一种状态,其出现的可能性是可以知道的,而不确定性的概率是未知的。由此,出现了基于概率的风险分析,以及未知概率的不确定性分析两种决策分析方法。

不确定性与风险的区别体现在以下四个方面:

(1)是否可量化。风险是可以量化的,即其发生概率是已知的或通过努力是可以知道的;而不确定性则是不可以量化的。风险分析可以采用概率分析方法,分析各种情况发生的概率及其影响;不确定性分析只能进行假设分析,假定某些因素发生后,分析不确定性因素对项目的影响。

(2)是否可保险。风险是可以保险的,而不确定性是不可以保险的。由于风险概率是可以知道的,理论上保险公司就可以计算确定的保险收益,从而提供有关保险产品。

(3)概率可获得性。不确定性,发生概率未知;而风险,发生概率是可知的,或是可以测定的,可以用概率分布来描述。

(4)影响大小。不确定性代表不可知事件,因而有更大的影响。如果对同样的事件可以量化风险,则其影响可以防范并得到有效的控制。

概括而言,确定性是指在决策涉及的未来期间内一定发生或者一定不发生,其关键特征只有一种结果。不确定性则是指不可能预测未来将要发生的事件。因为存在多种可能性,其特征是可能有多种结果。由于缺乏历史数据或类似事件的信息,不能预测某一事件发生的概率,因而,该事件发生的概率是未知的。风险则是介于不确定性与确定性之间的一种状态,其概率是可知的或已知的。在投资项目分析与评价中,虽然对项目要进行全面的风险分析,但其分析重点在风险的不利影响和防范对策研究上。

## 8.1.2 风险与不确定性的性质及其分析方法

**1. 风险与不确定性的性质**

(1)客观性。风险与不确定性是客观存在的,无论是自然现象中地震、洪水等自然灾害,还是现实社会中的各种矛盾、冲突,都不可能完全根除,只能采取措施降低其不利影响。随着社会的发展和科技的进步,人们对自然界和社会的认识逐步加深,对风险的认识也逐步提高,对有关风险防范的技术不断完善,但仍然存在大量风险。

(2)可变性。可能造成损失也可能带来收益是风险与不确定性的基本特征;风险是否发生、风险事件的后果如何都是难以确定的。但是可以通过历史数据和经验，对风险发生的可能性和后果进行一定的分析预测。

（3）阶段性。投资项目的不同阶段存在的主要风险有所不同，投资决策阶段的风险主要包括政策风险、融资风险等，项目实施阶段的主要风险可能是工程风险和建设风险等，而在项目运营阶段的主要风险可能是市场风险、管理风险等，因此，风险对策是因时而变的。

（4）多样性。不同的行业和不同的项目具有不同的风险，如高新技术行业投资项目的主要风险可能是技术风险和市场风险，而基础设施行业投资项目的主要风险则可能是工程风险和政策风险，必须结合行业特征和不同项目的情况来识别。

（5）相对性。对于项目的有关各方（不同的风险管理主体）可能会有不同的风险，而且对于同一风险因素，对不同主体的影响也是不同的，甚至是截然相反的。例如，工程风险对业主而言可能产生不利后果；而对于保险公司而言，正是由于工程风险的存在，才使得保险公司有了通过工程保险获利的机会。

（6）层次性。风险的表现具有层次性，需要层层剖析，才能深入到最基本的风险单元，以明确风险的根本来源。如市场风险，可能表现为市场需求量的变化、价格的波动以及竞争对手的策略调整等，而价格的变化又可能包括产品或服务的价格、原材料的价格和其他投入物价格的变化等，必须挖掘最关键的风险因素，才能制定有效的风险应对措施。

**2. 风险的分类**

投资项目可能有各种各样的风险，从不同角度出发可以进行不同的分类，但有些分类会有交叉。按系统分，有个体风险和系统风险；按阶段分，有前期阶段的风险、实施阶段的风险和经营阶段的风险；按性质分，有政治风险、经济风险、财务风险、信用风险、技术风险和社会风险等；按内在因素和外来影响分，有内在风险和外来风险；按控制能力分，有可控风险和不可控风险等。基于不同的分类标准，风险还可以有多种划分，见表8-1。

表8-1 风险的其他分类

| 分类方法 | 风险类型 | 特　点 |
| --- | --- | --- |
| 按照风险的性质分 | 纯风险 | 只会造成损失，不能带来利益 |
|  | 投机风险 | 可能带来损失，也可能产生利益 |
| 按照风险来源分 | 自然风险 | 由于自然灾害、事故而造成的人员、财产伤害或损失 |
|  | 非责任风险（或人为风险） | 由于人为因素而造成的人员、财产伤害或损失，包括政策风险、经济风险和社会风险等 |
| 按照风险事件主体的承受能力分 | 可承受风险 | 风险的影响在风险事件主体的承受范围内 |
|  | 不可承受风险 | 风险的影响超出了风险事件主体的承受范围 |
| 按照技术因素分 | 技术风险 | 由于技术原因而造成的风险，如技术进步使得原有的产品生命周期缩短，选择的技术不成熟而影响生产等 |
|  | 非技术风险 | 非技术原因带来的风险，如社会风险、经济风险和管理风险等 |
| 按照独立性分 | 独立风险 | 风险独立发生 |
|  | 非独立风险 | 风险依附于其他风险而发生 |
| 按照风险的可管理性分 | 可管理风险（可保风险） | 可以通过购买保险等方式控制风险的影响 |
|  | 不可管理风险（不可保风险） | 不能通过购买保险等方式控制风险的影响 |
| 按照风险的边界分 | 内部风险 | 风险发生在风险事件主体的组织内部，如生产风险和管理风险等 |
|  | 外部风险 | 风险发生在风险事件主体的组织外部，只能被动接受，如政策风险和自然风险等 |

**3. 风险与不确定性分析的方法**

在对项目相关因素的波动和影响的分析中，通过对拟建项目具有较大影响的因素进行分析，计算由基本变量的增减变化而引起项目财务或经济效益指标的变化，找出最敏感的因素及其临界点，预测项目可能承担的风险，称为不确定性分析。不确定性分析使用的方法主要包括盈亏平衡分析和敏感性分析。通过对风险因素的识别，采用定性或定量分析的方法估计各风险因素发生的可能性及对项目影响的程度，揭示影响项目成败的关键风险因素，提出项目风险的预警、预报和相应的对策，称为风险分析。风险分析的过程包括风险识别、风险估计、风险评价与风险应对，使用的方法主要包括敏感性分析和概率分析。

## 8.1.3 风险与不确定性分析的意义

项目的财务分析和国民经济评价通过各种评价指标来判断项目是否可行，如净现值、内部收益率等，但这些指标判断的前提是现金流、基准贴现率在未来是固定不变。而现金流的分析是建立在分析人员对未来事件所做的预测与判断基础上的。相关变量和影响现金流的因素在未来难免会发生变化，如政治、经济形势，资源条件，技术发展情况等因素未来的变化，会导致投资、成本、产量、价格等基础数据的估算与实际值不可避免地会有偏差，从而给投资者和经营者带来风险。例如，投资超支、生产能力达不到设计要求、产品售价波动、市场需求变化、贷款利率变动等都可能使项目达不到预期的经济效果，甚至发生亏损。

为了尽量避免决策失误，需要了解各种外部条件发生变化时对项目经济效果的影响程度，需要了解项目对各种外部条件变化的承受能力以及项目实施后偏离预期财务和经济效益目标的可能性，这就需要分析对项目影响较大的因素及其可能产生的风险，并提出相应的对策，为投资决策服务。

从风险与不确定性的客观属性和对项目运营的影响来看，风险和不确定性分析的意义体现在以下几个方面：

（1）投资风险与不确定性是客观存在的，对它进行正确的分析和评估有助于提高投资决策的可靠性。事实证明，人们对拟建项目的分析和预测不可能完全符合未来的情况和结果。这是因为，人所处的环境、条件及相关因素是变化发展的，而人们根据过去的数据资料和经验所做的预测很难完全符合未来事物的发展规律和实际状况，而且时间距离越远，预测的误差也越大。所以，投资风险和不确定性是客观存在的，不应回避，而应进行正确的分析和评估，使投资决策建立在正确、可靠的基础上。

（2）对投资决策进行风险和不确定性分析有着特殊重要的作用。投资决策是一种长期决策，长期投资决策与短期经营决策相比，有两个明显的特点：①投资项目耗费资金多，影响面广，延续时间长，难以变更修改等，因而决策者的责任特别重大。如果事先对投资的风险和不确定性没有正确的估计，一旦决策错误，其带来的损失必然是巨大的、长期的，甚至是难以补救的。②投资项目的各种预测多为长期预测，长期预测与短期预测相比，其可靠性要低得多，因而长期投资决策所面临的风险和不确定性也比短期经营决策大得多。由此可见，风险与不确定性分析在长期投资决策中具有更加重要的意义和作用。

## 8.2 风险分析

### 8.2.1 风险分析的程序和基础

项目风险分析是认识项目可能存在的潜在风险因素，估计这些因素发生的可能性及由此造成的影响，分析为防止或减少不利影响而采取对策的一系列活动，包括风险识别、风险估计、风险评价与风险对策研究四个基本阶段。风险分析所经历的四个阶段，实质上是从定性分析到定量分析，再从定量分析到定性分析的过程。其基本流程如图 8-1 所示。

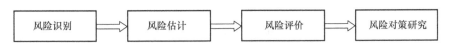

图 8-1 风险分析流程

项目决策分析中的风险分析应遵循以下程序，首先，从认识风险特征入手去识别风险因素，然后根据需要和可能选择适当的方法估计风险发生的可能性及其影响；其次，按照一个标准评价风险程度，包括单个风险因素风险程度估计和对项目整体风险程度估计；最后，提出具有针对性的风险对策，将项目风险进行归纳，提出风险分析结论。

**1. 风险函数**

描述风险有两个变量：一是事件发生的概率或可能性（Probability），二是事件发生后对项目目标的影响（Impact）。因此，风险可以用一个二元函数描述

$$R(p,I) = pI \tag{8-1}$$

式中，$p$ 为风险事件发生的概率；$I$ 为风险事件对项目目标的影响。

显然，风险的大小或高低既与风险事件发生的概率成正比，也与风险事件对项目目标的影响程度成正比。

**2. 风险影响**

按照风险发生后对项目影响程度的大小，可以划分为五个影响等级。说明如下：

（1）严重影响：一旦风险发生，将导致整个项目的目标失败，可用字母 S 表示。

（2）较大影响：一旦风险发生，将导致整个项目的价值严重下降，用 H 表示。

（3）中等影响：一旦风险发生，对项目的目标造成中度影响，但仍然能够部分达到，用 M 表示。

（4）较小影响：一旦风险发生，项目对应部分的目标受到影响，但不影响整体目标，用 L 表示。

（5）可忽略影响：一旦风险发生，对于项目对应部分的目标影响可忽略，并且不影响整体目标，用 N 表示。

**3. 风险概率**

按照风险因素发生的可能性，可以将风险概率划分为五个档次：

（1）很高：风险发生的概率在 81%～100%，意味着风险很有可能发生，用 S 表示。

（2）较高：风险发生的概率在 61%～80%，意味着风险发生的可能性较大，用 H 表示。

(3) 中等：风险发生的概率在41%~60%，意味着风险可能在项目中预期发生，用M表示。

(4) 较低：风险发生的概率在21%~40%，意味着风险不可能发生，用L表示。

(5) 很低：风险发生的概率在0~20%，意味着风险非常不可能发生，用字母N表示。

**4. 风险评价矩阵**

风险的大小可以用风险评价矩阵也称风险概率-影响矩阵（Probability-Impact Matrix，PIM）来表示，它以风险因素发生的概率为横坐标，以风险因素发生后对项目的影响大小为纵坐标，发生概率大且对项目影响也大的风险因素位于矩阵的右上角，发生概率小且对项目影响也小的风险因素位于矩阵的左下角。风险概率-影响矩阵如图8-2所示。

图8-2 风险概率-影响矩阵

**5. 风险等级**

根据风险因素对投资项目影响程度的大小，采用风险评价矩阵方法，可将风险程度分为微小风险、较小风险、一般风险、较大风险和重大风险五个等级。

(1) 微小风险。风险发生的可能性很小，且发生后造成的损失较小，对项目的影响很小，对应图中的N区域。

(2) 较小风险。风险发生的可能性较小，或者发生后造成的损失较小，不影响项目的可行性，对应图中的L区域。

(3) 一般风险。风险发生的可能性不大，或者发生后造成的损失不大，一般不影响项目的可行性，但应采取一定的防范措施，对应图中的M区域。

(4) 较大风险。风险发生的可能性较大，或者发生后造成的损失较大，但造成的损失是项目可以承受的，必须采取一定的防范措施，对应图中的H区域。

(5) 重大风险。风险发生的可能性大，风险造成的损失大，将使项目由可行转变为不可行，需要采取积极有效的防范措施，对应图中的S区域。

### 8.2.2 风险分析的内容

**1. 风险因素识别**

风险因素识别首先要认识和确定项目究竟可能存在哪些风险，这些风险因素会给项目带来什么影响，具体原因又是什么。在对风险特征充分认识的基础上，识别项目的潜在风险和引起这些风险的具体因素，只有首先把项目的主要风险因素揭示出来，才能进一步通过风险评估确定损失程度和发生的可能性，进而找出关键风险因素，提出风险对策。

风险因素识别应注意借鉴历史经验，特别是后评价的经验。同时可运用"逆向思维"方法来审视项目，寻找可能导致项目"不可行"的因素，以充分揭示项目的风险来源。

投资项目可行性研究阶段涉及的风险因素较多，各行业和项目又不尽相同。风险识别要根据行业和项目的特点，采用适当的方法进行。风险识别要采用分析和分解原则，把综合性的风险问题分解为多层次的风险因素。常用的方法主要有风险分解法、流程图法、头脑风暴法和情景分析法等。具体操作中，大多通过专家调查法完成。

**2. 风险估计**

风险估计是估计风险发生的可能性及其对项目的影响。投资项目涉及的风险因素有些是可以量化的，可以通过定量分析的方法对它们进行分析；同时客观上也存在着许多不可量化的风险因素，它们有可能给项目带来更大的风险，有必要对不可量化的风险因素进行定性描述。因此风险估计应采取定性描述与定量分析相结合的方法，从而对项目面临的风险做出全面估计。应该注意到定性与定量不是绝对的，在深入研究和分解之后，有些定性因素可以转化为定量因素。

风险估计的方法包括风险概率估计方法和风险影响估计方法两类，前者分为主观估计和客观估计，后者有概率树分析、蒙特卡罗模拟等方法。

**3. 风险评价**

风险评价是在风险估计的基础上，通过相应的指标体系和评价标准，对风险程度进行划分，以揭示影响项目成败的关键风险因素，以便针对关键风险因素采取防范对策。风险评价包括单因素风险评价和项目整体风险评价。

单因素风险评价，即评价单个风险因素对项目的影响程度，以找出影响项目的关键风险因素。其评价方法主要有风险概率矩阵、专家评价法等。

项目整体风险评价，即综合评价若干主要风险因素对项目整体的影响程度。对于重大投资项目或估计风险很大的项目，应进行投资项目整体风险分析。

**4. 风险分析结论**

在完成风险识别和评估后，应归纳和综述项目的主要风险，说明其原因、程度和可能造成的后果，以全面、清晰地展现项目的主要风险。同时将风险对策研究结果进行汇总，见表 8-2。

表 8-2　风险与对策汇总表

| 主要风险 | 风险起因 | 风险程度 | 后果与影响 | 主要对策 |
| --- | --- | --- | --- | --- |
| A | | | | |
| B | | | | |
| ⋮ | | | | |

## 8.2.3 投资项目的主要风险

**1. 市场风险**

市场风险是竞争性项目常遇到的主要风险。它的损失主要表现为项目产品销路不畅、产品价格低迷等，以致产量和销售收入达不到预期的目标。细分起来市场方面涉及的风险因素较多，可分层次予以识别。市场风险一般来自四个方面：一是由于消费者的消费习惯、消费偏好发生变化，市场需求发生重大变化，导致投资项目的市场出现问题，市场供需总量的实际情况与预测值发生偏离；二是由于市场预测方法或数据错误，市场需求分析出现重大偏差；三是市场竞争格局发生重大变化，竞争者采取了进攻策略，或者出现了新的竞争对手，对项目的销售产生重大影响；四是由于市场条件的变化，项目产品和主要原材料的供应条件与价格发生较大变化，对项目的效益产生了重大影响。

### 2. 技术与工程风险

在可行性研究中，虽然对投资项目采用的技术先进性、可靠性和适用性进行了必要的论证分析，选定了认为合适的技术，但是，由于各种主观和客观原因，仍然可能会发生预想不到的问题，使投资项目遭受风险损失。可行性研究阶段应考虑的技术方面的风险因素主要有：对技术的适用性和可靠性认识不足，运营后达不到生产能力、质量不过关或消耗指标偏高，特别是高新技术开发项目方面的风险更大。对于引进国外二手设备的项目，设备的性能能否如愿是应认真分析的风险因素。另外，工艺技术与原材料的匹配问题也是应考察的风险因素。

对于矿山、铁路、港口、水库以及部分加工业项目，工程地质情况十分重要。但限于技术水平有可能勘探不清，致使在项目的生产运营甚至施工中就出现问题，造成经济损失，因此在地质情况复杂的地区，应慎重对待工程地质风险因素。

### 3. 组织与管理风险

组织风险是指由于项目存在众多参与方，各方的动机和目的不一致将导致项目合作的风险，影响项目的进展和项目目标的实现。组织风险还包括项目组织内部各部门对项目的理解、态度和行动不一致而产生的风险。完善项目各参与方的合同，加强合同管理，可以降低项目的组织风险。

管理风险是指由于项目管理模式不合理，项目内部组织不当、管理混乱，或者主要管理者的能力不足、人格缺陷等，导致投资大量增加、项目不能按期建成投产造成损失的可能性。因此，合理设计项目的管理模式、选择适当的管理者和加强团队建设是规避管理风险的主要措施。

### 4. 政策风险

政策风险主要是指国内外政治经济条件发生重大变化或者政策调整，项目原定目标难以实现的可能性。项目是在一个国家或地区的社会经济环境中存在的，由于国家或地方各种政策，包括经济政策、技术政策、产业政策等，涉及税收、金融、环保、投资、土地、产业等政策的调整变化，都会对项目带来各种影响。特别是对于海外的投资项目，由于不熟悉当地政策，规避政策风险更是项目决策阶段的重要内容。

例如产业政策的调整，国家对某些过热的行业进行限制，并相应调整信贷政策，收紧银根、提高利率等，将导致企业融资的困难，可能带来项目的停工甚至破产；又如国家土地政策的调整，严格控制项目新占耕地，提高项目用地的利用率，对建设项目的生产布局会带来重大影响。

### 5. 环境与社会风险

环境风险是由于对项目的环境生态影响分析深度不足，或者是环境保护措施不当，引起项目的环境冲突，带来重大的环境影响，从而影响项目的建设和运营。

社会风险是指由于对项目的社会影响估计不足，或者项目所处的社会环境发生变化，给项目建设和运营带来困难和损失的可能性。有的项目由于选址不当，或者因对项目的受损者补偿不足，都可能导致当地单位和居民的不满和反对，从而影响项目的建设和运营。社会风险的影响面非常广泛，包括宗教信仰、社会治安、文化素质、公众态度等方面，因而社会风险的识别难度极大。

**6. 其他风险**

对于某些项目，还要考虑其特有的风险因素。例如，对于矿山、油气开采等资源开发项目，资源风险是主要的风险因素。在可行性研究阶段，矿山和油气开采等项目的设计规模，一般是根据政府相关部门批准的地质储量设计的。对于地质结构比较复杂的地区，加上受勘探的技术、时间和资金的限制，实际储量可能会与预测有较大的出入，致使矿山和油气开采等项目的产量降低、开采成本过高或者寿命缩短，造成巨大的经济损失；对于投资巨大的项目还存在融资风险，由于资金供应不足或者来源中断导致建设工期拖延甚至被迫终止建设，或者由于利率、汇率变化导致融资成本升高造成损失的可能性加大；对于大量消耗原材料和燃料的项目，还存在原材料供应量、价格和运输保障三个方面的风险；对于在水资源短缺地区建设的项目，或者本身耗水量大的项目，水资源风险因素应予以重视；对于中外合资项目，要考虑合资对象的法人资格和资信问题，还有合作的协调性问题；对于农业投资项目，还要考虑因气候、土壤、水利、水资源分配等条件的变化对收成不利影响的风险因素。

上面只列举出投资项目可能存在的一些风险因素，并不能涵盖所有投资项目的全部风险因素；也并非每个投资项目都同时存在这么多风险因素，而可能只是其中的几种，要根据项目的具体情况予以识别。

### 8.2.4 风险对策

投资项目的建设是一种大量耗费资源的经济活动，投资决策的失误将引起不可挽回的损失。在投资项目决策前的可行性研究中，不仅要了解项目可能面临的风险，也要提出有针对性的风险对策，只有避免风险的发生或将风险损失降到最小，才能有助于提高投资的安全性，促使项目获得成功。同时，可行性研究阶段的风险对策研究可为投资项目实施过程的风险监督与管理提供依据。另外，风险对策研究的结果应及时反馈到可行性研究的各个方面，并据此修改部分数据或调整方案，进行项目方案的再设计。

为将风险损失控制在最小范围内，促使项目获得成功，在项目的决策、实施和经营的全过程中实施风险管理是十分必要的。在投资项目周期的不同阶段，风险管理具有不同的内容。可行性研究阶段的风险对策研究是整个项目风险管理的重要组成部分。对策研究的基本要求包括以下几个方面：

(1) 风险对策研究应贯穿于可行性研究的全过程。可行性研究是一项复杂的系统工程，而风险因素又可能存在于技术、市场、工程、经济等各个方面。在正确识别投资项目各方面的风险因素之后，应从方案设计上采取规避防范风险的措施，才能防患于未然。因此，风险对策研究应贯穿于可行性研究的全过程。

(2) 风险对策应具有针对性。投资项目可能涉及各种各样的风险因素，且各个投资项目又不尽相同。风险对策研究应有很强的针对性，应结合行业特点，针对特定项目主要的或关键的风险因素提出必要的措施，将其影响降到最小。

（3）风险对策应有可行性。可行性研究阶段所进行的风险对策研究应立足于现实客观的基础之上，提出的风险对策应是切实可行的。所谓可行，不仅是指技术上可行，且从财力、人力和物力方面也是可行的。

（4）风险对策必须经济上可行。规避防范风险是要付出代价的，如果提出的风险对策所花费的费用远大于可能造成的风险损失，该对策将毫无意义。在风险对策研究中应将规避防范风险措施所付出的代价与该风险可能造成的损失进行权衡，旨在寻求以最少的费用获取最大的风险效益。

（5）风险对策研究是项目有关各方的共同任务。风险对策研究不仅有助于避免决策失误，而且是投资项目风险管理的基础，因此它应是投资项目有关各方的共同任务。项目发起人和投资者应积极参与和协助进行风险对策研究，并真正重视风险对策研究的结果。

## 8.3 平衡点分析

影响项目现金流的因素很多，包括投资、经营成本、产品销售量、产品价格和项目寿命期等。这些因素在项目实施后可能会发生变化，影响投资方案的经济效果，当这些因素的变化达到某一临界值时，会影响方案的取舍。盈亏平衡分析的目的就是找出各关键影响因素的临界值，判断投资方案对不确定性因素变化的承受能力，为决策提供依据。在决策是否投资一个方案时，一个最重要的考虑是项目能否盈利，并且能够盈利多少。项目的盈利只涉及成本和收入，包括三个方面的因素：产品的销售量、产品的价格、成本。

从市场供求关系来看，销售量和价格存在一定的关系：向市场提供某一产品的数量越多，产品的价格越低；反过来，提供的产品数量越少，产品的价格越高。投资项目也会面对向市场投入一定量的产品后，市场价格会怎么样变化的问题。在产量等于销售量的情况下，会有两种情况：一是该项目的生产销售活动不会明显影响市场供求关系，假定其他市场条件不变，产品价格不会随该项目销售量的变化而变化；二是该项目的生产销售活动会明显地影响市场供求状况，随着该项目产品销售量的增加，产品价格会下降。在第一种情况下，产品价格不变，总收入和产量呈线性关系；在第二种情况下，产品价格随产量改变，总收入和产量呈非线性关系。

项目的生产成本构成中，在一定的生产规模限度内不随产量变动而变动的费用，称为固定成本；随产品产量变动而变动的费用，称为变动成本。固定成本主要包括固定资产折旧、无形资产及其他资产摊销费、修理费等，在每个经营周期或会计年度这些费用都是基本不变的。变动成本主要包括原材料、动力、计件工资等，大部分都与产量呈线性关系；也有一部分变动成本与产量不呈线性关系，如与批量有关的模具费、运输费等，这部分变动成本通常在总成本中所占比例很小，在分析中一般可以近似地认为它与产量呈线性关系。

对产品的销售量、产品的价格、成本的各种关系有不同的假设时，盈亏平衡分析可分为线性盈亏平衡分析和非线性盈亏平衡分析，项目评价中只需进行线性盈亏平衡分析。

### 8.3.1 线性盈亏平衡分析

线性盈亏平衡分析对产品的销售量、产品的价格、成本有以下四个假设条件：

(1) 产量等于销售量,即当年生产的产品或服务当年销售出去。
(2) 产量变化,单位变动成本不变,所以总成本费用是产量的线性函数。
(3) 产量变化,产品售价不变,所以销售收入是销售量的线性函数。
(4) 按单一产品计算,当生产多种产品时,应换算为单一产品,不同产品的生产负荷率的变化应保持一致。

按照以上四个假设条件,销售收入是产品价格和产量的乘积,即

$$\text{TR} = PQ \tag{8-2}$$

式中,TR 为销售收入;$P$ 为产品的价格;$Q$ 为产量。

总成本是固定成本与变动成本之和,变动成本是单位变动成本和产量的乘积,即

$$\text{TC} = \text{TFC} + \text{AVC} \cdot Q \tag{8-3}$$

式中,TC 为总成本;TFC 为总固定成本;AVC 为单位变动成本。

项目的盈利是销售收入减去总成本和税金及附加,即

$$\text{TP} = \text{TR} - \text{TC} - \text{Tax} \tag{8-4}$$

式中,Tax 为税金及附加。

为简化计算,可假设税金及附加为 0。线性盈亏平衡分析如图 8-3 所示。

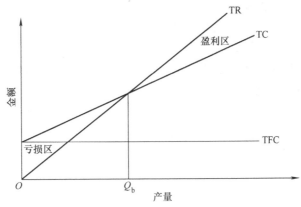

图 8-3 线性盈亏平衡分析

如图 8-3 所示,销售收入曲线与总成本曲线有一个交点。在交点上,销售收入等于总成本,盈利为 0。在交点的左侧,销售收入小于总成本,项目处于亏损状态,称交点左侧为亏损区;在交点的右侧,销售收入大于总成本,项目处于盈利状态,称交点右侧为盈利区。交点所对应的产量 $Q_b$ 称为平衡点产量。其计算公式为

$$Q_b = \frac{\text{TFC}}{P - \text{AVC}} \tag{8-5}$$

平衡点生产负荷率为

$$R_b = \frac{Q_b}{Q_c} \times 100\% \tag{8-6}$$

式中,$R_b$ 为平衡点生产负荷率;$Q_c$ 为设计产量。

【例 8-1】 某项目设计产量为 6000 t/年,产品售价为 1335 元/t,其年总固定成本为 1430640 元,单位变动成本为 930.65 元/t,假定:产量、成本、盈利之间的关系均呈线性关系,试进行平衡点分析。

**解** 盈亏平衡点产量为

$$Q_b = \frac{TFC}{P - AVC} = \frac{1430640 \text{元}}{1335 \text{元/t} - 930.65 \text{元/t}} = 3538t$$

盈亏平衡点销售额为

$$TR_b = PQ_b = 1335 \text{元/t} \times 3538t = 4723230 \text{元}$$

盈亏平衡点的生产负荷率为

$$R_b = \frac{Q_b}{Q_c} = \frac{3538t}{6000t} \times 100\% = 58.97\%$$

若该项目产量大于3538t，销售额超过4723230元，生产负荷率大于58.97%，则该项目处于盈利状态；反之，则处于亏损状态。

### 8.3.2 非线性盈亏平衡分析

在实际工作中，非线性盈亏平衡分析往往不是随产量呈线性变化的，而是出现如图8-4所示的变化趋势。

由图8-4可以看出，当产量、成本和销售收入三者之间呈非线性关系时，可能出现几个盈亏平衡点。一般把最后出现的盈亏平衡点叫盈利限制点。在图8-4中，只有当产量 $Q$ 在 $Q_{b1} \sim Q_{b2}$ 时才能盈利，并可以找到最大盈利所对应的产量 $Q_{\max}$。

【例8-2】 某项目的最终产品为一种专用小型设备，年总销售收入与产量的关系为

$$TR = (300 - 0.01Q)Q$$

年总成本与产量的关系为

$$TC = 180000 + 100Q + 0.01Q^2$$

试进行盈亏平衡分析。

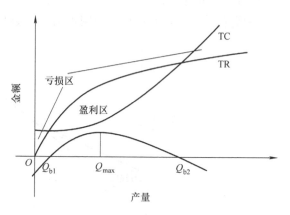

图8-4 非线性平衡点分析

**解** 项目的盈利函数为

$$\begin{aligned}TP &= TR - TC \\ &= (300 - 0.01Q)Q - (180000 + 100Q + 0.01Q^2) \\ &= 200Q - 0.02Q^2 - 180000\end{aligned}$$

因为达到平衡点时，销售收入等于生产成本，TP = 0，所以有

$$-0.02Q^2 + 200Q - 180000 = 0$$

解方程得

$$Q_{b1} = 1000 \text{台}, Q_{b2} = 9000 \text{台}$$

说明可使该项目盈利的产量范围为1000～9000台，若产量 $Q < 1000$ 台或 $Q > 9000$ 台，都会发生亏损。

若对盈利函数求导数，并令其等于零，则可求出最大盈利时的产量值。

$$\frac{dTP}{dQ} = -0.04Q + 200$$

令 $\dfrac{dTP}{dQ}=0$，即 $-0.04Q+200=0$，则得

$$Q_{\max}=5000\text{ 台}$$

最大盈利为

$$TP_{\max}=-0.02\times 5000^2\text{元}+200\times 5000\text{元}-180000\text{元}=320000\text{元}$$

### 8.3.3 优劣平衡点分析

如果把盈亏平衡的原理应用到排他型方案的比选中，两个排他型方案都是一个单变量的函数，那么它们会有一个交点。当变量的取值在交点上时，两个方案的经济效果相同，交点称为优劣平衡点。当变量的取值在交点左侧和交点右侧，对应选择不同的最优方案。这种比选方法就称为优劣平衡点分析。

设两个方案的总成本受一个公共变量 $x$ 的影响，且每个方案的总成本都能表示为该公共变量的函数，则该变量的某个数值可使两个方案的总成本相等，即有

$$TC_1=f_1(x)\text{ 和 } TC_2=f_2(x)$$

当 $TC_1=TC_2$ 时，就有

$$f_1(x)=f_2(x)$$

若解出 $f_1(x)=f_2(x)$ 时的 $x$ 值，就得出了两个方案的优劣平衡点 $x_b$，即当变量 $x$ 取值为 $x_b$ 时，两个方案的经济效果相同。

**【例 8-3】** 建设某工厂有三种方案：

A：从国外引进，每年固定成本 800 万元，单位产品变动成本为 10 元。

B：采用一般国产自动化装置，每年固定成本为 500 万元，单位产品变动成本为 12 元。

C：采用自动化程度较低的生产设备，每年固定成本为 300 万元，单位产品变动成本为 15 元。

若市场预测该产品的年销售量为 80 万件，问应该选择哪种建设方案？

**解** 各方案的总成本函数为

$$TC_A=TFC_A+AVC_A Q=800+10Q$$
$$TC_B=TFC_B+AVC_B Q=500+12Q$$
$$TC_C=TFC_C+AVC_C Q=300+15Q$$

各方案的总成本曲线如图 8-5 所示。

从图 8-5 中可以看出，最低成本线被两个交点分为三段，其中 $Q_1$、$Q_2$ 分别为优劣平衡点 1、2 下的产量。具体计算如下：

对于点 1：

$$TC_B=TC_C$$

即 $\qquad 500+12Q=300+15Q$

解得 $\qquad Q_1=66.7\text{ 万件}$

对于点 2：

$$TC_A=TC_B$$

即 $\qquad 800+10Q=500+12Q$

解得 $\qquad Q_2=150\text{ 万件}$

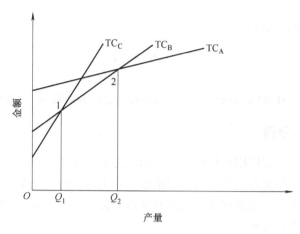

图 8-5 各方案的总成本曲线

因此，当产量小于 66.7 万件时，C 方案成本最低；当产量在 66.7 万～150 万件时，B 方案成本最低；当产量大于 150 万件时，A 方案成本最低。

根据市场预测，选择 B 方案建厂经济上最有利。

从上例可以看出，优劣平衡点分析并不属于盈亏平衡分析，而是一种排他型方案的比选方法。它不仅可以应用在排他型方案的产量因素的比较分析，还可以应用到排他型方案的项目寿命、贴现率等因素的比选。

【例 8-4】 某工厂为加工一种产品，有 A、B 两种设备供选用，两种设备的投资及加工费见表 8-3。

表 8-3 两种设备的投资及加工费

| 设　　备 | 初始投资（万元） | 加工费（元/个） |
|---|---|---|
| A | 2000 | 800 |
| B | 3000 | 600 |

试问：

（1）贴现率为 12%，使用年限均为 8 年，每年产量为多少时，选用 A 设备有利？

（2）贴现率为 12%，年产量均为 13000 个，设备使用年限多长时，选用 A 设备有利？

**解** （1）此问即求 A、B 两种设备的产量优劣平衡点，考虑资金的时间价值以后，两种方案的年固定成本为

$$TFC_A = 2000(A/P, 12\%, 8)$$

$$TFC_B = 3000(A/P, 12\%, 8)$$

根据优劣平衡点的定义，有

$$TC_A = TC_B$$

$$TFC_A + 800Q = TFC_B + 600Q$$

即

$$2000(A/P, 12\%, 8) + 800Q = 3000(A/P, 12\%, 8) + 600Q$$

解得

$$Q_b = \frac{(3000-2000)(A/P, 12\%, 8)}{200} \text{万个/年} = 1.0065 \text{万个/年}$$

因此，当产量小于1.0065万个/年时，A设备有利。

(2) 此时分析的不确定性因素是使用年限$n$，由$TC_A = TC_B$得

$$2000(A/P,12\%,n) + 800 \times 1.3 = 3000(A/P,12\%,n) + 600 \times 1.3$$

化简得
$$(A/P,12\%,n) = 0.26$$

即
$$\frac{0.12(1+0.12)^n}{(1+0.12)^n - 1} = 0.26$$

解得
$$n = 5.46 \text{ 年}$$

因此，当设备的使用年限小于5.46年时，选用A设备有利。

## 8.4 敏感性分析

影响项目实现预期经济目标的风险因素来源于法律法规及政策、市场供需、资源开发与利用、技术的可靠性、工程方案、融资方案、组织管理、环境与社会、外部配套条件等一个方面或几个方面。在项目的风险和不确定性分析中，需要发现对经济效益的不确定性影响较大的参数，在项目的施工和以后的经营管理中就能有的放矢地重点控制这些敏感性参数，以保证项目预期经济效益的实现。

敏感性分析是指通过分析不确定性因素发生增减变化时对财务或经济评价指标的影响，并找出敏感性因素。如果不确定性因素通过参数来表示，则投资项目经济效益随其现金流量中某个或某几个参数的变化而变化称为投资经济效益对参数的敏感性。若某参数值的较小变化能导致经济效益的较大变化，则称投资经济效益对该参数的敏感性大；反之，则称投资经济效益对该参数的敏感性小。敏感性分析可以大体揭示投资经济效益的变化范围或幅度，在一定程度上反映了投资项目的风险和不确定程度。在进行方案选择时，风险和不确定性大小是取舍方案的重要依据之一。

通常采用敏感度系数和临界点来表示不确定性因素的敏感性，计算时应符合下列要求：

(1) 敏感度系数是指项目评价指标变化率与不确定性因素变化率之比。可按下式计算

$$S_{AF} = \frac{\Delta A/A}{\Delta F/F} \tag{8-7}$$

式中，$\Delta F/F$为不确定性因素$F$的变化率；$\Delta A/A$为不确定性因素$F$发生$\Delta F$变化时，评价指标$A$的相应变化率。

(2) 临界点（转换值）是指不确定性因素的变化使项目由可行变为不可行的临界数值，一般采用不确定性因素相对基本方案的变化率或其对应的具体数值表示。临界点可通过敏感性分析图得到近似值。

敏感性分析根据其一次变动参数的多少可分为单参数敏感性分析、双参数敏感性分析和多参数敏感性分析。假设项目现金流量中的其他参数保持原有预测水平不变，仅考察某一参数变化对项目经济效益的影响，则称为单参数敏感性分析。如果考察两个或两个以上因素相互影响的变化对项目经济效益的影响，则称为双参数或多参数敏感性分析。敏感性分析中通常只进行单参数敏感性分析。

单参数敏感性分析的步骤如下：

(1) 按照最可能的情况预测出现金流量中各参数的数值，并计算方案的经济效益（如

净现值或内部收益率等)。

（2）以上述各参数的预测值为基点，设想某一参数以其预测值为基点沿正负方向发生变化（变化幅度一般用百分数表示），而其他参数保持预测值不变，并计算变化后方案相应的经济效益。

（3）将所得数据列成表或绘成单参数敏感性分析图。

**【例 8-5】** 项目现金流量的各参数最初预测值见表 8-4，试对年营业收入、年经营成本、寿命、净残值四个参数逐一进行 NPV 的单参数敏感性分析。

表 8-4 项目现金流量的各参数最初预测值

| 参　　数 | 预　测　值 |
| --- | --- |
| 初始投资 | 170 万元 |
| 年营业收入 | 35 万元 |
| 年经营成本 | 3 万元 |
| 净残值 | 20 万元 |
| 寿命 | 10 年 |
| 贴现率 | 12% |
| 净现值 | 17.24 万元 |

**解** 各参数的变化分别以 ±10%、±20%、±30% 取值，项目的参数敏感性计算结果见表 8-5，单参数敏感性分析如图 8-6 所示。

表 8-5 项目的参数敏感性计算结果　　　　（金额单位：万元）

| 参　　数 | -30% | -20% | -10% | 0 | 10% | 20% | 30% |
| --- | --- | --- | --- | --- | --- | --- | --- |
| 年营业收入（$R$） | -42.08 | -22.30 | -2.53 | 17.24 | 37.02 | 56.79 | 76.57 |
| 年经营成本（$C$） | 22.33 | 20.63 | 18.94 | 17.24 | 15.55 | 13.85 | 12.16 |
| 寿命（$N$）/年 | -17.52 | -4.60 | 6.94 | 17.24 | 26.44 | 34.66 | 41.99 |
| 净残值（$L$） | 15.37 | 15.96 | 16.60 | 17.24 | 17.89 | 18.53 | 19.16 |

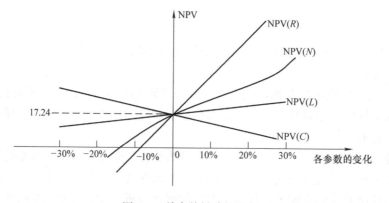

图 8-6 单参数敏感性分析

在图 8-6 中，NPV($R$) 表示年营业收入变化引起的项目净现值变化；NPV($N$) 表示寿命变化引起的项目净现值变化；NPV($L$) 表示净残值变化引起的项目净现值变化；NPV($C$) 表示年经营成本变化引起的项目净现值变化。

根据图 8-6 可做如下分析：

（1）经济效益对某一参数的敏感性大，则此参数对净现值关系曲线的斜率也大；反之，则小。此项目经济效益对年营业收入、寿命两参数的敏感性较大，年经营成本次之，净残值最小。

（2）各曲线与横轴的交点坐标值称为临界值。参数的临界值是项目经济效益处于临界状态（由盈转亏或由亏转盈）时的关键值。图中年营业收入参数的临界值接近于原预测值的90%，寿命参数的临界值接近于原预测值的85%，决策时，可以通过临界值来估计某一参数对项目盈亏的影响，并在实施过程中着力对其进行控制，以保证项目预期经济效益的实现。

## 8.5 概率分析

敏感性分析对项目经济效益的不确定性进行初步的定量描述，能识别出各种风险因素。但对参数不同值发生的可能性并未加以估计，项目的风险和不确定性还不能得到更符合实际的反映，因此还需要进行风险估计，定量估计参数不同值发生的可能性及其影响。其中，采用概率与数理统计理论来定量描述项目的风险和不确定性的方法就称为概率分析。

概率分析的基本原理是：假设各参数是服从某种分布的相互独立的随机变量，因而项目经济效益作为参数的函数必然也是一个随机变量。在进行概率分析时，先对参数做出概率估计，并以此为基础计算项目的经济效益，最后通过累计概率、经济效益期望值、标准差就可以定量反映出项目的风险和不确定程度。

概率分析中最重要的是确定各参数的概率分布，采用的方法主要有概率树、蒙特卡罗模拟、CIM 模型（控制区间和记忆模型）等分析方法。蒙特卡罗模拟和 CIM 模型较为复杂，本章不做阐述，主要介绍概率树法。

概率树分析是假定风险变量之间是相互独立的，在构造概率树的基础上，将每个风险变量的各种状态取值组合计算，分别计算每种组合状态下的评价指标值及相应的概率，得到评价指标的概率分布，并统计出评价指标低于或高于基准值的累计概率，计算评价指标的期望值、方差、标准差和离散系数。

经济效益期望值是指在参数值不确定的条件下，投资经济效益可能达到的平均水平。其一般表达式为

$$E(X) = \sum_{i=1}^{n} X_i P_i \tag{8-8}$$

式中，$E(X)$ 为经济效益期望值；$X_i$ 为变量 $X$ 的第 $i$ 个值 $(i=1,2,\cdots,n)$；$P_i$ 为 $X_i$ 发生的概率。

标准差反映了随机变量实际发生值对其期望值的离散程度，说明经济效益实际值对期望值的偏离度。标准差越大，实际值对期望值的偏离越大，项目风险越大。标准差 ($\sigma$) 的计算公式为

$$\sigma = \sqrt{\sum_{i=1}^{n} P_i [X_i - E(X)]^2} \tag{8-9}$$

【例 8-6】 项目 A、B 的净现值及其概率见表 8-6，试计算项目的经济效益期望值及标准差，并做项目风险和不确定性比较。

表 8-6  项目 A、B 的净现值及其概率

| 项目 A | | 项目 B | |
|---|---|---|---|
| 净现值（元） | 概　　率 | 净现值（元） | 概　　率 |
| 2500 | 0.1 | 1500 | 0.1 |
| 3500 | 0.2 | 3000 | 0.25 |
| 4000 | 0.4 | 4000 | 0.3 |
| 4500 | 0.2 | 5000 | 0.25 |
| 5500 | 0.1 | 6500 | 0.1 |

**解**　（1）计算项目净现值的期望值。根据式（8-8）得

项目 A 的净现值期望值 $E_A(X) = 2500\text{元} \times 0.1 + 3500\text{元} \times 0.2 + 4000\text{元} \times 0.4 +$
$\qquad 4500\text{元} \times 0.2 + 5500\text{元} \times 0.1$
$\qquad = 4000\text{元}$

项目 B 的净现值期望值 $E_B(X) = 1500\text{元} \times 0.1 + 3000\text{元} \times 0.25 + 4000\text{元} \times 0.3 +$
$\qquad 5000\text{元} \times 0.25 + 6500\text{元} \times 0.1$
$\qquad = 4000\text{元}$

（2）计算项目净现值的标准差。根据式（8-9）得

$\qquad$ 项目 A 净现值的标准差 $\sigma_A = 741.62\text{元}$

$\qquad$ 项目 B 净现值的标准差 $\sigma_B = 1322.8\text{元}$

（3）根据计算结果分析。由计算结果可知，项目 A、B 的净现值期望是相等的，均为 4000 元。但是两个项目的风险和不确定性是不完全相同的。由于 $\sigma_A < \sigma_B$，故项目 B 净现值的实际发生值同期望值间的差异一般要比项目 A 大，即项目 B 的风险和不确定程度比项目 A 大。

由此可见，在项目经济效益期望值相近的情况下，有必要通过标准差来进一步反映项目在风险和不确定性方面的差异。

在风险与不确定性分析中，有时需要评估项目经济效益值发生在某一区间的可能性。这时，就需计算这个区间内所有可能取值的概率之和，即累计概率。可以绘制以评价指标为横坐标、累计概率为纵坐标的累计概率曲线。概率树计算项目净现值的期望值和净现值大于或等于零的累计概率的计算步骤为：

（1）通过敏感性分析，确定风险变量。设存在多个影响因素，通过敏感性分析，确定其中 $n$ 个变量为风险变量，分别为 $A, B, C, \cdots, N$。

（2）判断风险变量可能发生的情况。

（3）确定每种情况可能发生的概率，每种情况发生的概率之和必须等于 1。对风险变量逐个分析其可能存在的状态，并确定各种状态发生的概率。

$$\sum_{i=1}^{n_1} P\{A_i\} = P\{A_1\} + P\{A_2\} + \cdots + P\{A_{n_1}\} = 1 \qquad (8\text{-}10)$$

$$\sum_{i=1}^{n_n} P\{N_i\} = 1 \qquad (8\text{-}11)$$

（4）求出可能发生事件的净现值、加权净现值，然后求出净现值的期望值。对各种发生的状态进行组合，分别计算每种组合发生的概率和净现值，其概率为 $P(A_i)$，$P(B_j)$，$\cdots$，$P(N_k)$，其中 $i, j, \cdots, k$ 分别是指每种情况的某一种状态。

(5) 可用插入法求出净现值大于或等于零的累计概率 $P[\text{NPV}(i_c) \geq 0]$，由累计概率表计算 $i_c$。

【例 8-7】 假设项目净现值服从正态分布。已知其期望值为 1000 元，标准差为 100 元，试求项目净现值小于 875 元的概率。

**解** 已知净现值 NPV 为随机变量，根据标准正态分布的概率计算公式

$$P(\text{NPV} < X) = P\left(Z < \frac{X - \mu}{\sigma}\right)$$

得

$$P(\text{NPV} < 875) = P(Z < -1.25)$$
$$= \Phi(-1.25) = 1 - \Phi(1.25)$$

查正态分布表得

$$P(Z < -1.25) = 1 - \Phi(1.25) = 0.106$$

即

$$P(\text{NPV} < 875) = 10.6\%$$

【例 8-8】 某计算机公司拟生产一种新研制的芯片，共需投资 200000 元。根据技术发展趋势预测，该生产线的经济寿命有 2 年、3 年、4 年、5 年四种可能，发生的概率分别为 0.2、0.2、0.5、0.1；通过对市场调查后，对该芯片的市场销售预测前景有三种可能：①销路很好，年净收入为 125000 元，发生的概率为 0.2；②销路较好，年净收入为 100000 元，发生的概率为 0.5；③销售不理想，年净收入为 50000 元，发生的概率为 0.3。目前公司的最低期望收益率为 9%，需决策是否投资该生产线，并判断项目风险。项目参数值及其概率见表 8-7。

表 8-7 项目参数值及其概率

| 投资额 | | 贴现率 | | 年净收入 | | 寿命 | |
|---|---|---|---|---|---|---|---|
| 金额（元） | 概率 | 数值 | 概率 | 金额（元） | 概率 | 时间/年 | 概率 |
| 200000 | 1.00 | 9% | 1.00 | 50000 | 0.3 | 2 | 0.2 |
| | | | | 100000 | 0.5 | 3 | 0.2 |
| | | | | 125000 | 0.2 | 4 | 0.5 |
| | | | | | | 5 | 0.1 |

**解** (1) 列出各参数不同取值的所有组合，并计算每种组合下方案的净现值及其相应的组合概率。用树形图的形式加以表示，如图 8-7 所示。

(2) 根据每组组合下的净现值及其相应的组合概率，计算项目净现值的加权平均值即期望值。

根据 $i$ 值、投资额、年净收入及寿命四个参数不同取值的组合，项目净现值有 12 种可能结果，每一种结果都有其相应的组合概率。在第一种情况下：

组合概率 $P_1 = 1 \times 1 \times 1 \times 0.3 \times 0.2 = 0.06$

净现值 $\text{NPV}_1 = -200000 \text{ 元} + 50000 \text{ 元} \times (P/A, 9\%, 2) = -112045 \text{ 元}$

以此类推，相应计算出 12 种情况下的净现值和累计概率，见表 8-8。

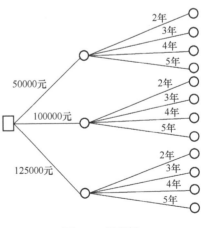

图 8-7 概率树

表 8-8　12 种情况下的净现值和累计概率

| 序　号 | 净现值（元） | 概　率 | 累　计　概　率 |
|---|---|---|---|
| 1 | -112045 | 0.06 | 0.06 |
| 2 | -73440 | 0.06 | 0.12 |
| 3 | -38020 | 0.15 | 0.27 |
| 4 | -24090 | 0.10 | 0.37 |
| 5 | -5520 | 0.03 | 0.40 |
| 6 | 19880 | 0.04 | 0.44 |
| 7 | 53120 | 0.10 | 0.54 |
| 8 | 116400 | 0.04 | 0.58 |
| 9 | 123960 | 0.25 | 0.83 |
| 10 | 188960 | 0.05 | 0.88 |
| 11 | 204950 | 0.10 | 0.98 |
| 12 | 286200 | 0.02 | 1.00 |

（3）根据图中所列期望值和概率数据，即可求得该项目净现值期望值和标准差分别为

$$E(X) = \sum_{i=1}^{n} X_i P_i = 58014 \text{ 元}$$

$$\sigma = \sqrt{\sum_{i=1}^{n} P_i [X_i - E(X)]^2} = 101963 \text{ 元}$$

（4）根据表 8-8 中的数据做净现值累计概率图，如图 8-8 所示。

（5）根据图 8-8 对项目进行风险与不确定性分析。从图中可以看出，项目净现值小于零的累计概率使用插入法计算为

$$i = 0.4 + \frac{5520 \text{ 元}}{5520 \text{ 元} + 19880 \text{ 元}} \times (0.44 - 0.40) = 0.4087 \approx 41\%$$

这意味着项目亏损的可能性约占 41%。同理，项目净现值在 0～150000 元区间的可能性略大于 41%；超过 150000 元的可能性约为 15%。这些数值从不同的角度反映了项目的风险和不确定程度。

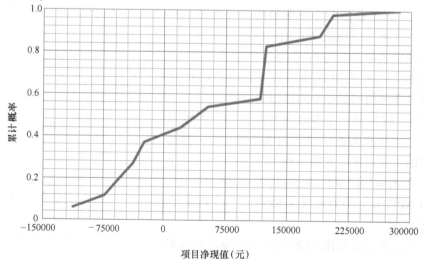

图 8-8　净现值累计概率

## 本章小结

投资项目不可避免地会遇到各类风险，本章通过分析风险与不确定性的概念、意义和作用，详细介绍了风险分析的程序与内容，总结了投资项目中可能存在的各类风险，重点介绍了三种基本的风险与不确定性分析的方法：平衡点分析、敏感性分析和概率分析。其中，线性盈亏平衡分析可适用于财务分析和经济评价，是最基础的不确定性分析方法；敏感性分析既可用于不确定性分析，也可用于风险分析，具有很强的适用性；概率分析则是一种基础的风险分析方法。

## 思 考 题

1. 某种产品 D，其销售单价为 1300 元/t，年总成本 TC 和产量 $Q$ 的关系为 $TC = 180000 + 1000Q$。如果产品不积压，单价不变，固定成本在一定范围内不随产量变化。其盈亏平衡点为多少？在该产量下，其年固定成本为多少？年变动成本为多少？

2. 一家公司估计，如果用降价的办法来增加销售量，它的销售收入按下列关系式变化：销售收入 = $aD - bD^2$，式中，$D$ 表示每月需求量，且 $0 < D < a/b$，这家公司固定成本每月 1000 元，单位产量变动成本为 4 元，设 $a = 6$，$b = 0.001$，试计算最大利润的销售额和最大利润。

3. 具有同样功能的设备 A、B 的有关资料见表 8-9。

表 8-9 设备 A、B 的有关资料

| 设　　备 | 初始投资（万元） | 产品加工费（元/件） |
|---|---|---|
| A | 2000 | 800 |
| B | 3000 | 600 |

试回答下列问题：

（1）两台设备的使用年限均为 8 年，贴现率为 13%，年产量为多少 A 设备有利？

（2）年产量为 13000 件，贴现率 $i$ 在什么范围时 A 设备有利（使用年限仍为 8 年）？

（3）年产量为 15000 件，贴现率为 13%，使用年限为多少时 A 设备有利？

4. 某项目的参数预测结果如下：初始投资 10000 元，年净收入 3000 元，寿命 5 年，$i = 12\%$。试对年净收入和寿命在变化范围 ±30% 内做 NPV 的单参数敏感性分析。

5. 某项目的市场前景分为有利、稳定和不利三种可能性，其相应的净现金流量与概率见表 8-10。

表 8-10 某项目相应的净现金流量与概率　　　　　　　　（单位：万元）

| 年　　份 | 市　场　情　况 | | |
|---|---|---|---|
| | 有利（$P = 0.3$） | 稳定（$P = 0.5$） | 不利（$P = 0.2$） |
| 0 | -4000 | -4000 | -4000 |
| 1 | 2500 | 2000 | 1000 |
| 2 | 2000 | 2000 | 1500 |
| 3 | 2000 | 2000 | 2000 |

若贴现率为 15%，试计算该项目的净现值期望值和标准差。

# 第9章 建设项目其他相关评价

**学习目标**

(1) 掌握项目环境影响评价的工作等级的相关内容
(2) 熟悉项目环境影响评价中工程分析的内容和方法
(3) 熟悉项目环境影响报告书的编制要求、主要内容及审批规定
(4) 了解项目社会调查与社会评价的主要方法
(5) 了解安全预评价的目的、内容和范围
(6) 了解安全预评价的报告内容及安全预评价的程序
(7) 了解项目后评价的概念、主要内容和程序

## 9.1 项目环境影响评价

项目建设及运营与环境密切相关，环境是由不同的环境要素组成的，环境要素主要包括：大气、水（地表水和地下水）、声环境、土壤、生态、人群健康状态、文物与自然遗迹、珍贵景观、地质环境及日照、热、振动、放射性、电磁与光辐射波等。在项目评价阶段如何运用科学方法和技术手段，对项目进行环境影响评价是项目评价的重要组成部分，也是项目法人必须履行的法律义务。为了规范建设项目的环境影响评价工作，国家颁布了《中华人民共和国环境影响评价法》及《环境影响评价技术导则　总纲》等法律法规，规定了建设项目环境影响评价的一般原则、评价方法、内容和要求。其目的是规范项目环境影响评价工作，以保护环境，促进经济、社会的可持续发展。

### 9.1.1 项目环境影响评价的工作程序

**1. 建设项目环境影响评价的管理程序**

(1) 编制环境影响评价大纲。
(2) 编制环境影响报告书（表）。
(3) 评估环境影响报告书（表）。
(4) 审批环境影响报告书（表）。

**2. 建设项目环境影响评价的工作阶段**

(1) 工作准备阶段。工作准备阶段主要是研究有关文件，具体包括：国家、行业和地方的法律法规、发展规划、环境功能区划、技术导则和相关标准、建设项目依据、可行性研究资料及其他技术文件。根据项目组成和工艺流程进行初步的工程分析，确定排污环节和主

要污染物。根据环境现状调查及初步工程分析识别项目的环境影响因素，明确评价重点，确定评价的范围和工作等级，最终编制完成环境影响评价大纲。

（2）评价工作阶段。评价工作阶段主要是进一步做工程分析，进行充分的环境现状调查、监测并开展环境质量现状评价。根据污染源及环境现状资料进行项目的环境影响预测，评价项目的环境影响。根据环境保护方面的法律法规、标准及公众意愿，提出减少环境污染和生态影响的措施。

（3）环境影响报告编制阶段。根据评价工作阶段所得的各种数据、资料，从环境保护的角度确定建设项目的可行性，给出评价结论并提出减缓环境影响的建议，最终完成环境影响报告书或报告表的编制。

## 9.1.2 项目环境影响评价的工作等级

根据《中华人民共和国环境影响评价法》的规定，国家根据建设项目对环境的影响程度，对建设项目的环境影响评价实行分类管理。

建设单位应当按照下列规定组织编制环境影响报告书、环境影响报告表或者填报环境影响登记表：

（1）可能造成重大环境影响的，应当编制环境影响报告书，对产生的环境影响进行全面评价。

（2）可能造成轻度环境影响的，应当编制环境影响报告表，对产生的环境影响进行分析或专项评价。

（3）对环境影响很小、不需要进行环境影响评价的，应当填报环境影响登记表。

建设项目的环境影响评价分类管理目录，由国务院环境保护行政主管部门制定并公布。

## 9.1.3 项目环境影响评价的工程分析

工程分析为项目的环境影响预测和评价提供数据，为项目的环境管理及环境决策提供基础服务。

### 1. 工程分析的主要内容

工程分析应对建设项目全部项目组成和所有时段的全部行为过程的环境影响因素及影响特征、强度、方式等进行详细分析与说明。工程分析的重点是通过工艺过程分析、核算，确定污染源源强（即污染源的排放能力），其中应特别注意非正常工况污染源源强的核算与确定。此外，根据需要还应对资源及能源的储运、交通运输、场地开发利用、项目运行期的累积影响或毒害影响等进行工程分析。

（1）工艺过程分析。通过对工程项目的选址、选线、各时段及工艺过程的分析，了解对环境产生各类影响的来源，各种污染物产生、排放情况，确定种类、性质、产生量、产生浓度、削减量、排放量、排放浓度、排放方式、去向及达标情况。分析噪声、振动、热、光、辐射等污染的来源、特性及强度，根据工程设计及项目运行情况分析各种污染物的治理、回收、利用措施及环保设施状况。

（2）资源、能源的储运分析。通过对建设项目的资源、能源、产品、废物等的装卸、搬运、储存、预处理等环节的分析，核定这些环节的污染来源、种类、性质、排放方式、强度、去向及达标情况等，确定环境影响的来源。

（3）交通运输影响分析。根据建设项目资源、能源、产品、废物等的运输方式（包括公路、铁路、空运、水运及管道运输等），分析物流输入输出平衡表。通过分析由于建设项目的施工建设和运行对该地区交通运输量变化的影响，进而分析由此带来的环境影响类型、因子、性质及强度。

（4）场地开发利用分析。了解拟建项目所在地区的土地利用规划，分析项目建设与土地利用的协调性，以及项目建设开发利用土地带来的环境影响因素。

（5）非正常工况分析。对建设项目生产运行阶段的开车、停车、检修、一般性事故和泄漏等情况时的污染物非正常排放进行分析，找出污染物排放的来源、种类与强度，分析发生的可能性及发生的频率。

（6）宏观背景分析。分析建设项目在所在地域、流域或行业发展规划中的地位及与总体规划和其他建设项目的关系。

（7）总图布置方案分析。从保护周围环境、景观及敏感目标要求出发，分析总图及规划布置方案的合理性。

（8）生态影响因素分析。生态可以分为自然生态、城市生态或陆域生态、水生生态等，结合工程项目的特点，分析各种生态影响作用因子，并对其影响范围、性质、特点和程度等进行工程分析。尤其要重点分析项目对生态的间接性影响、区域性影响、累积性影响及战略性影响等。

**2. 工程分析的主要方法**

工程分析常用的主要方法有：类比分析法、物料平衡计算法和查阅参考资料分析法等。

（1）类比分析法。此方法通过考察相同或类似的工程项目进行类比分析。类比分析的时间较长，工作量较大，但结果比较准确，可信度较高。

（2）物料平衡计算法。此方法按照设备运行的理想状态进行物料平衡理论计算，确定污染源源强。但此方法有一定的局限性，理论数值偏低，不利于提出合适的环境保护措施。

（3）查阅参考资料分析法。此方法最为简便，可以作为上述两种方法的补充，但采用此方法所获得的工程分析数据准确性较差，不适用于定量程度要求高的建设项目。

**3. 工程分析的基本原则**

（1）贯彻执行我国环境保护的法律法规和方针政策。

（2）应以对建设项目选址选线、设计方案、运行方式等进行充分调查为基础。

（3）突出重点，对不利因素进行重点分析。

（4）提出的数据资料真实、准确、可信。

（5）定量表述的内容应通过科学分析，尽量给出定量的结果。

## 9.1.4 项目环境现状调查

**1. 环境现状调查的内容**

（1）地理位置。说明建设项目所处的经度、纬度，行政区位置和交通位置，并附区域平面图。

（2）地质环境。概要说明与建设项目直接相关的地质构造，如岩层、断层、断裂、坍塌、地面沉陷等不良地质构造对项目的影响。

（3）地形地貌。概要说明项目所在地区的海拔高度、地形特征、相对高差及地貌类型，如山地、平原、沟谷、丘陵、海岸、熔岩地貌、冰川地貌、风成地貌等情况。特别说明可能直接或间接威胁建设项目的崩塌、滑坡、泥石流、冻土等具有危害性的地貌及分布情况。

（4）气候与气象。概要说明项目所在地的大气环境状况，如风速、主导风向、年平均气温、极端气温、年平均相对湿度、平均降水量、降水天数、降水量极值、日照等。特别说明主要灾害性天气的特征，如梅雨、寒潮、雹、台风、飓风等对项目的影响。

（5）地表水环境。概要说明地表水情况，如水系分布、水文特征、极端水情、地表水资源的分布利用情况、水质状况、地表水的污染来源等。

（6）地下水环境。概要说明地下水资源的储存及开采利用情况，地下水水位、水质状况与污染来源。还应根据需要，调查分析水质的物理、化学特性，污染源情况，水的储量与运动状态，水质的演变趋势，水文地质方面的蓄水层特性，承压水状况，水源地及保护区状况。

（7）大气环境。简单说明建设项目周围地区大气环境中主要的污染物、污染来源，污染物的浓度、超标量、变化趋势、大气环境质量现状等。

（8）土壤与水土流失。概要说明建设项目周围地区的主要土壤类型及其分布，土壤层厚度、肥力与使用情况，土壤的物理及化学性质，土壤成分与结构，颗粒度，土壤容重，含水率与持水能力，土壤污染状况，水土流失的原因、特点、面积、流失量等，应附土壤和水土流失现状图。

（9）生态调查。概要说明建设项目周围地区植被的类型、主要组成、覆盖度、生长情况、有无应重点保护的野生动植物等。如果项目规模较大，还应进一步调查生态系统的生产力、物质循环状况、生态系统与周围环境的关系、生态功能区及生态敏感目标等。

（10）声环境。按照评价需要确定声环境现状调查范围，根据布点监测与污染源调查，确定噪声源的种类、数量、噪声级、超标情况及受噪声影响的人口分布等。明确噪声敏感目标及噪声限制标准。

（11）社会经济。概要说明建设项目周围地区现有厂矿企业的分布，产值及能源供给与消耗方式，交通运输概况，居民区分布，人口状况，农业生产及土地利用状况，确定环境中现有污染物及项目将排放污染物的评价指标。

（12）人文遗迹、自然遗迹与珍贵景观。概要说明建设项目周围地区有哪些人文遗迹、自然遗迹与珍贵景观需要保护，建设项目与遗迹或景观的相对位置和距离，遗迹或景观易受哪些物理的、化学的或生物学的影响，目前有无已损害的迹象及其原因，主要污染或其他影响的来源。

（13）人群健康状况。当建设项目规模或拟排放污染物毒性较大时，应进行一定的人群健康状况调查，以确定建设项目拟排放污染物的限制指标。

（14）其他。根据当地环境及项目特点，决定是否将放射性、光与电磁辐射、振动、地面下沉及其他项目列入调查范围。

**2. 环境现状调查的方法**

环境现状调查的常用方法主要包括：收集资料法、现场调查法和遥感方法。

（1）收集资料法。进行环境现状调查时，应首先收集现有各种相关资料，此方法省时、省力且范围广、收效大。但由于资料的时效性、准确性等方面的限制，还需要其他方法进行补充。

（2）现场调查法。通过现场调查可直接获得第一手的数据和资料，信息真实可靠，但耗用人力、物力和时间较多，有时还可能受季节、仪器设备条件的限制。

（3）遥感方法。利用先进的遥感遥测技术，获取环境信息。

**3. 环境现状调查的一般原则**

（1）根据建设项目的污染源、影响因素、所在地区的环境特点及环境影响评价工作等级，确定环境现状调查范围及有关参数。

（2）进行环境现状调查时，应首先收集现有资料，当现有资料不能满足要求时，再通过现场调查或其他方法获取信息。

（3）在环境现状调查中，应重点调查与建设项目密切相关的内容，如大气、地表水、地下水等。对这部分环境质量现状应有定量数据并做出分析或评价，其他调查内容可根据需要增减。

## 9.1.5 项目环境影响预测

**1. 环境影响预测的内容**

对建设项目的环境影响进行预测，通常是指对评价区的各种环境质量参数的变化进行预测。环境质量参数一般包括常规参数和特征参数，前者反映评价项目的一般质量状况，后者反映与建设项目联系的环境质量状况。具体的参数类别和数目可根据工程项目和环境特性及当地环保要求确定。

预测应给出具体结果，建设项目所造成的环境影响如不能满足环境质量要求，应在计算环境容量的基础上，对建设项目污染物排放量或区域削减量提出要求，并给出对建设项目进行环境影响控制、实施环保措施和区域削减计划后的预测结果。

**2. 环境影响预测的范围及时段**

环境影响预测的范围及时段取决于评价工作的等级、工程特点、环境特性及敏感保护目标分布等情况。具体的预测范围、预测点和断面设置，因环境要素的不同而不同。例如，大气环境的影响预测范围以边长和面积表示，预测点以相距污染源的方位和距离表述；河流水环境的影响预测范围以河流上下游距离和预测断面表示等。

环境影响预测时段可以按照项目实施的不同阶段，划分为建设期、生产运行期、服务期满后三个时段。项目建设期应对施工噪声、振动、地表水、大气、土壤等环境影响因素进行预测，生产运行期要对正常排放和非正常排放对环境的影响进行预测分析，矿山开发等建设项目应预测服务期满后的环境影响。

**3. 环境影响预测的方法**

（1）数学模型法。根据环境影响因素的产生机理及历史监测数据建立预测模型，按照数学模型的应用条件输入必要的参数、数据，通过计算即可得出定量的预测结果。采用此方法要特别注意模型的适用条件，必要时要对预测模型进行修正并验证。

（2）物理模型法。在具备基础数据的前提下，建立仿真试验设施，模拟真实环境条件，通过试验对环境影响进行预测。此方法定量化程度高，再现性好，预测精度较高。但花费的人力、物力、财力和时间较多，同时必须具备合适的试验条件。

（3）类比分析法。此方法采用类似项目的环境影响数据做类比分析，进行预测。预测结果属于半定量性质，在评价工作时间较短时可采用。

（4）专业判断法。对建设项目的某些环境影响很难定量估算时，可通过向专家调查求证，并通过专家的专业判断力对建设项目的环境影响进行预测。比如，项目对人文遗迹、自然遗迹与珍贵景观的影响，可采用专业判断法。

**4. 环境影响预测的原则**

（1）对需要进行环境影响评价的项目，都应分析、预测和评估其对环境产生的影响。

（2）根据评价工作的等级、工程特点、环境特性和当地的环保要求，确定分析、预测和评估范围、时段、内容和方法。

（3）对建设项目的环境影响预测要充分，能满足项目环境影响评价的需要。

### 9.1.6 项目环境影响报告书的编制

建设项目的环境影响报告书或环境影响报告表，应当由具有相应环境影响评价资质的机构编制。任何单位和个人不得为建设单位指定对其建设项目进行环境影响评价的机构，为建设项目环境影响评价提供技术服务的机构，不得与负责审批建设项目环境影响评价文件的环境保护行政主管部门或者其他有关审批部门存在任何利益关系。

**1. 环境影响报告书编制的总体要求**

环境影响报告书应全面、概括地反映环境影响评价的全部工作，文字应当简洁、准确，并尽量采用图表和照片，以使提出的资料清楚，论点明确，有利于阅读和审查。原始数据、全部计算过程等不必在报告书中列出，必要时可编入附录。参考文献应按时间著录规则列出。评价内容较多的报告书，可另编分项报告书或专题技术报告。

**2. 环境影响报告书的主要内容**

（1）建设项目概况。

（2）建设项目周围环境状况。

（3）建设项目对环境可能造成影响的分析、预测和评估。

（4）建设项目环境保护措施及其技术经济论证。

（5）建设项目对环境影响的经济损益分析。

（6）对建设项目实施环境监测的建议。

（7）环境影响评价的结论。

涉及水土保持的建设项目，还必须有经水行政主管部门审查同意的水土保持方案。

**3. 环境影响报告书的结论**

环境影响报告书的结论应在概括和总结全部评价工作的基础上，总结建设项目实施过程各阶段的生产和生活活动与当地环境的关系，明确一般情况和特定情况下的环境影响，规定应采取的环境保护措施，从环境保护角度分析，得出建设项目是否可行的结论。

### 9.1.7 项目环境影响评价文件的审批

根据《中华人民共和国环境影响评价法》的规定，除国家规定需要保密的情形外，对环境可能造成重大影响、应当编制环境影响报告书的建设项目，建设单位应当在报批建设项目环境影响报告书前举行论证会、听证会，或者采取其他形式征求有关单位、专家和公众的意见。建设单位报批的环境影响报告书应当附具对有关单位、专家和公众的意见采纳或者不采纳的说明。

建设项目的环境影响评价文件，由建设单位按照国务院的规定报有审批权的环境保护行政主管部门审批；建设项目有行业主管部门的，其环境影响报告书或者环境影响报告表应当经行业主管部门预审后,报有审批权的环境保护行政主管部门审批。审批部门应当自收到环境影响报告书之日起 60 日内,收到环境影响报告表之日起 30 日内,收到环境影响登记表之日起 15 日内,分别做出审批决定并书面通知建设单位。

## 9.2 项目社会评价

项目评价是为了实现一个国家或地区的发展目标,对政府或私人企业的投资项目进行可行性评价。从投资主体的角度出发,评价就是通过分析项目费用和效益来进行可行性分析,这种评价称为财务评价。从国家的角度出发,评价就是通过考察国家在经济方面所付出的代价和项目对国家经济的贡献,判别项目的可行性,这种评价称为国民经济评价。以上这两种评价统称为项目经济评价,即传统的项目评价。

社会发展使人们已经认识到社会发展应是以人为核心、以可持续为原则的发展。项目评价也应着重强调项目与社会的相互适应性,即项目与自然、社会等之间的协调发展。而这些问题是经济评价所不能解决的,故需要从社会层面对项目进行评价,使之成为经济评价的有益补充。这种评价就是项目的社会评价,即根据国家或地区的基本目标,把效益目标、公平目标、环境目标,以及加速贫困地区经济发展等影响社会发展的其他因素通盘考虑,对项目进行多因素、多目标的综合分析评价,最终从社会评价角度判断项目的可行性。

### 9.2.1 项目社会评价与经济评价的比较分析

项目评价一般包含财务评价、国民经济评价、环境影响评价及社会评价等,其中,社会评价应居于最高层面。

社会评价与经济评价相比较有着相当大的区别,主要有以下几点:

(1) 目标多元化。经济评价主要是财务盈利与经济增长,而社会评价要统筹资源、环境及社会的诸多方面。

(2) 长期性。社会评价不但要考察项目近期的社会效果,更要考虑项目对社会长期的影响。

(3) 定量难。社会评价不但大部分指标难以用经济货币指标来衡量,而且既要考虑短长期效果,还要考虑直接和间接效果。由于上述种种特性,社会评价至今缺乏统一的标准与方法,目前只能进行以定性为主的分析。

(4) 范围不同。社会评价与经济评价范围也是不同的,并不是所有项目都要进行社会评价。从项目的类别来看,只有以发挥社会功能为目的的公益性和基础性的公共项目,以及对社会经济、生态资源以及社会环境等方面有较大影响的项目才要进行社会评价,如电力、水利、石油、矿产、电信、交通、化工等项目。

### 9.2.2 项目社会评价的必要性与意义

进行项目社会评价,有利于加强投资的宏观指导与调控,实现项目与社会的相互协调发展,进而促使经济与社会发展目标顺利实现。

进行项目社会评价,有利于提高公众参与程度、充分考虑民众的真正要求,减少或避免决策失误所带来的重大损失,有利于全面提高项目决策的科学性和项目决策的民主化。

当前，国际社会日益重视社会持续发展问题。世界银行和亚洲开发银行等国际金融机构均要求对贷款项目进行社会评价，否则不予立项。进行项目社会评价，有利于同国际社会接轨，吸引外资，深化改革和开放。

许多项目仅仅着眼于短期效益，结果造成项目长期效益逐渐退减，甚至对社会长远目标的实现起负面作用。对世界银行资助的 57 个项目的一项研究表明，社会评价与项目的收益关系很大，其中，30 个与当地社会经济相协调的项目平均收益率为 18.3%，而另外 27 个被认为不具有社会协调性的项目的平均收益率仅为 8.6%。

对项目进行社会评价，有利于在经济建设中合理利用与节约有限的自然资源，保护自然与生态环境，造福人类，实现以人为本的可持续发展；否则，必会造成严重的后果。

### 9.2.3 项目社会评价研究现状

项目评价的主要理论是建立在宏观和微观经济学基础上的，如效用理论、发展经济学、福利经济学等。但是，社会评价更关心的是"社会福利"，而不是"经济福利"，而社会福利是难以计量的。故迄今为止，项目社会评价理论和方法仍处于发展之中，尚未规范化。

目前，社会评价方法主要有以下四种：

（1）包含在国民经济评价中的社会效益评价。
（2）在经济评价中加入分配分析。
（3）立足于国家宏观经济分析。
（4）基于社会学的社会分析与评价。

从理论上分析，前三种都属于经济学范畴，其理论基础是福利经济学。第四种社会评价是广泛的社会分析，理论上以社会学为基础。这种方法是西方国家在近几十年来开展起来的，它以社会学家参与分析为主要特色，是项目社会评价的发展趋势。前三种评价方法着重于社会经济效益分析，已不太适应当今社会以人为本、以可持续为原则的发展要求。因此，现代项目社会评价应以第四种方法为主。

### 9.2.4 项目社会评价研究中存在的主要问题

（1）未能建立较为系统的社会评价指标体系。社会评价涉及经济、文化、科技、教育、环境、资源、卫生、民族以及国家或区域政策等众多的社会因素，具有显著的多目标性。除此之外，社会评价指标还具有长期性、许多指标难以量化、不同具体项目社会评价指标不确定性等特征，故至今仍未形成较为系统的项目社会评价指标体系。

（2）社会评价涉及社会的诸多方面，有许多方面无法采用统一的衡量标准，即各指标之间缺乏有效的比较手段。社会评价着重于其社会效益，而经济学界研究证明，"经济福利"是可以计量的，"社会福利"则难以计量。同时，效用内涵是随着需求者需求的变化而变化的，且同一事物在不同的个体间也存在着较大的差异。这样就造成同一评价体系中存在定量与定性两种不同的计量口径，而且许多指标衡量单位也不同，难以简单计算，这就造成在衡量社会效益时易于失真。

（3）未将可持续发展观引入评价中，造成生态资源过度开发和浪费及代际发展的不公正。传统项目评价理论的核心是经济评价，理论基础是生态环境外因论，即仅将资本、劳动看作经济增长的内在变量，而将生态环境视为经济发展的外在变量。这种思想以牺牲生态资源为代价去换取经济发展和社会繁荣。所以,未考虑到社会可持续发展是传统评价方法的显著局限性。

(4) 在社会评价决策处理方法方面,目前主要的应用方法是层次分析法(AHP法),此方法的基本特征是分解、判断、综合,具有思路清晰、方法简便和系统性强等特点。但是,相关研究表明,层次分析法也存在以下不足:判断矩阵是由专家或评价者给定的,因此其一致性必然会受到有关人员的知识结构、判断水平及个人偏好等许多主观因素的影响。判断矩阵有时难以保持判断的传递性。评价方案集中方案数的增减有时会影响方法的保序性。

### 9.2.5 社会评价的原则要求

(1) 认真贯彻我国社会发展的方针、政策,遵循有关法律及规章。

(2) 以国民经济与社会发展计划的发展目标为依据,以近期目标为重点,兼顾远期各项社会发展目标,并考虑项目与当地社会环境的关系,力求分析评价能全面反映项目投资引发的各项社会效益与影响。

(3) 充分调查当地社区及民众对项目的不同反应,促进项目与当地社区、民众相互适应、共同发展。

(4) 依据客观规律,从实际出发,实事求是,采用科学、适用的评价方法。

(5) 运用可比的原则、按目标的重要程度进行排序的原则、以人为本的原则及"有无"对比的原则,深入社会调查,摸清基本情况,提高分析评价的科学性。

(6) 社会评价人员必须以公正、客观、实事求是的态度从事社会评价工作。

### 9.2.6 社会调查的主要方法

社会调查是社会评价工作的基础。社会调查的主要方法简述如下:

(1) 文献调查法。文献调查法就是通过收集有关的文献资料,选取其中对社会评价有用的社会信息。社会调查一般是从文献调查开始的,因为社会调查人员无论是进行访谈,还是进行现场观察或进行问卷调查等,都应首先了解相关的文献和资料。

(2) 问卷调查法。问卷调查是一种以书面提问方式调查社会信息的方法,它属于标准化调查,即要求所有被调查者按统一的格式回答同样的问题。

(3) 专家讨论会法。专家讨论会法就是邀请有关专家讨论所需调查的内容,从而获取所需信息的方法。由于专家看问题往往有自己独到的见解,有时还能提出别的类似项目成功的经验或失败的教训,往往也能直接获得解决某些因项目引发的社会问题的办法或措施。在项目社会评价中通常有必要邀请社会学家、人类学家、经济学家、环境保护学家、生态学家、市政规划学家、项目管理学家、心理学家和统计学家等参加专家讨论会。

(4) 访谈法。访谈法又称访问调查法,就是调查人员主要通过与被调查者以口头交谈的方式了解社会信息的方法。

(5) 参与式观察法。参与式观察法就是调查者作为项目目标群体的一员,通过耳闻目睹收集社会信息的方法。

(6) 实验观察法。实验观察法是通过社会实验获取社会信息的方法。它起源于自然科学,通过设计实验方案,运用现场观察、参与式观察、访谈和问卷调查等方法,收集资料和信息,并最终获取所需的社会评价信息。

(7) 现场观察法。现场观察法是调查者通过现场参观、考察获取所需社会信息的方法。该方法的最大优点是直观和可靠性高。其缺点一是获得的社会信息都带有一定的偶然性和表面性；二是受时空等条件的限制，许多社会信息不能或不宜进行现场参观和考察。

### 9.2.7 社会评价的主要方法

（1）有无对比分析法。有无对比分析法是指对有项目情况和无项目情况的社会影响对比分析。通过有无对比分析，确定拟建项目可能引起的社会变化，预测各种社会影响的性质、范围和程度。在社会评价中，无项目情况就是指没有拟建项目情况下研究区域的社会情况；有项目情况就是考虑拟建项目建设运营中引起各种社会经济变化后的社会经济状况。有项目情况减去同一时刻的无项目情况，就是由于项目建设引起的社会影响。

（2）利益相关者分析法。项目利益相关者是指与项目有直接或间接利害关系，并对项目的成功与否有直接或间接影响的所有各方，如：①项目受益人；②项目受害人；③受项目影响人；④其他利益相关者，包括项目的建设单位、设计单位、咨询单位、与项目有关的政府部门与非政府组织。

利益相关者分析的主要内容有：根据项目单位的要求和项目的主要目标，确定项目所包括的主要利益相关者；明确各利益相关者的利益所在以及与项目的关系；分析各个利益相关者之间的相互关系；分析各利益相关者参与项目的设计、实施的各种可能方式。

（3）排序打分法。排序打分法就是把所研究或分析的对象按一定的顺序排列起来，通过设定分析因素及相应得分值和权重，让评价者进行打分评价的分析方法。

（4）财富排序法。财富排序法是对被调查者提供的其所拥有的财富信息，按所设定的排序标准进行排序，通过对排序结果的分析，确定项目地区社会分层状况的方法。这种方法多应用于扶贫取向型的项目。

（5）综合分析评价法。分析项目的社会可行性时通常要考虑项目的多个社会因素及目标的实现程度。对这种多目标的评价决策问题，通常选用多目标决策科学方法，如逻辑框架法、德尔菲法、矩阵分析法、层次分析法和模糊综合评价法等。下面重点介绍逻辑框架法在社会评价中的运用。

### 9.2.8 社会评价案例分析

**1. 项目背景**

某项目位于国家重点扶持的西部某贫困地区，贫困是困扰该地区发展的最大问题。该地区的贫困状况具有以下特点：贫困面广且相对集中；贫困度高、返贫率高；少数民族人口比重大；由贫困引起的社会问题多；地区抵御灾害的能力差等。这些特点决定了本项目建设的必要性。造成该地区贫困的原因是多方面的，其中影响最大的是当地恶劣的自然条件对农业生产和人类生存的严重制约。水资源奇缺，降水量小，蒸发量大，水土流失严重；自然灾害频繁，灾害种类繁多；有效农业资源不足；自然生态系统破坏严重。在国家的扶持下，当地政府进行了不懈的努力，开展了异地移民开发和原地移民开发等多种扶贫措施，但难以从根本上解决问题。为了尽快完成脱贫任务，本项目提出要进行水土优化组合的异地移民开发扶贫工程，从改变耕地少的生存条件入手，把水利灌溉与扶贫结合起来，以灌溉工程为基础，通过大规模移民解决贫困问题，从根本上改变当地贫困人口的生存条件，加快该地区经济、社会的发展步伐。本项目计划结合水利灌溉工程的建设，用6年时间，投资30亿元，开发200万亩耕地，解决100万人的脱贫问题。其主要建设内容包括：水利骨干工程、农业及灌溉配套工程、移民工程、供电工程和通信工程。

**2. 目标分析**

本项目的建设实施，将会达到如下效果：

（1）对移民进行培训，使其掌握相应的生产技能。

（2）通过建设新的农业发展区和移民安置，本地区100万贫困人口能够摆脱贫困并得以进一步发展。

（3）彻底摆脱贫困状况，促进本地区协调发展。

（4）水利骨干工程的建设。

（5）与水利工程配套的各种基础设施的建设。

（6）建成引水主干渠，开发新的灌区。

（7）行政管理机构的建设。

（8）农业生产技术服务体系的建设。

下面分析指出哪些是宏观目标、具体目标和项目的产出成果。

投资项目的目标分析，是编制逻辑框架表、进行逻辑框架分析的核心工作之一。在分析中应注意，宏观目标是一个国家、地区、部门或投资组织的整体目标，一个项目的实施往往只能够对宏观目标的实现做出一定的贡献，宏观目标的实现，除有赖于本项目的成功实施外，还需要其他方面的配合；具体目标则是本项目的直接效果，是本项目成功实施能够实现的目标，是项目实施能够为受益目标群体带来的效果；项目的产出成果则是指项目的建设内容或投入活动的直接产出物。宏观目标一般是多个项目直接目标实现的结果。在分析中应注意各个目标层次之间的垂直逻辑关系。

本项目的宏观目标是：彻底摆脱贫困状况，促进本地区协调发展。本项目的具体目标是：通过建设新的农业发展区和移民安置，本地区100万贫困人口能够摆脱贫困并得以进一步发展。项目的产出成果主要包括：①水利骨干工程的建设；②与水利工程配套的各种基础设施的建设；③行政管理机构的建设；④农业生产技术服务体系的建设；⑤对移民进行培训，使其掌握相应的生产技能；⑥建成引水主干渠，开发新的灌区。

**3. 客观验证指标的设计**

为了评价上述各种效果能否顺利实现，设计了下列客观验证指标：

（1）引水工程建设按期完成，灌区土地开发按期完成。

（2）新建16个乡镇，123个中心村。

（3）保证目标人口人均拥有两亩水浇地。

（4）灌区配套工程完成，130万亩土地开发完成并可以耕作。

（5）提高移民收入水平及项目影响区的社会经济发展水平。

（6）水利骨干设施如期完成并引水到灌区。

（7）各项基础设施如道路、通信、医院、学校等建设完成并投入使用。

（8）移民搬迁按期、分批完成，移民搬迁后能够启动其生产与生活。

（9）各项基础设施建设如期完成并交付使用。

（10）72个农业技术服务站建设完成并发挥效用。

(11) 行政管理的机构、制度、人员、经费得到落实。

下面分析指出哪些可以作为宏观目标、具体目标和项目产出成果的验证指标。

本项目的宏观目标是，彻底摆脱贫困状况，促进本地区协调发展。应该将提高移民收入水平及项目影响区的社会、经济发展水平作为客观验证指标。

本项目的具体目标是：通过建设新的农业发展区和移民安置，本地区100万贫困人口能够摆脱贫困并得以进一步发展。为了验证这些目标能否实现，可以采用下列验证指标：①水利工程建设按期完成，灌区土地开发按期完成；②移民搬迁按期、分批完成，移民搬迁后能够启动其生产与生活；③保证目标人口人均拥有两亩水浇地；④各项基础设施建设如期完成并交付使用。

本项目的产出成果有多项内容，每一项产出成果都应该有其对应的客观的、可验证的指标，具体指标可以包括：①水利骨干设施如期完成并引水至灌区；②各项基础设施如道路、通信、医院、学校等建设完成并投入使用；③行政管理机构、制度、人员、经费得到落实；④72个农业技术服务站建设完成并发挥效用；⑤新建16个乡镇，123个中心村；⑥灌区配套工程完成，130万亩土地开发完成并可以耕作。

**4. 验证方法的设计**

为了评价上述验证指标，专家组设计了下列验证方法：

(1) 项目实施效果分析报告。
(2) 本地区国民经济和社会发展统计资料。
(3) 工程进度报告。
(4) 项目后评价报告。
(5) 项目竣工验收报告。
(6) 项目及工程监理报告。
(7) 移民培训计划和移民培训的记录报告。
(8) 对移民和安置区的调查资料。

下面分析指出上述哪些资料可以分别用于验证宏观目标、具体目标和项目的产出成果的验证指标。

本项目宏观目标的验证指标为"提高移民收入水平及项目影响区的社会经济发展水平"。能够对这些指标进行验证的方法可以是：①本地区国民经济和社会发展统计资料；②项目实施效果分析报告。

验证本项目具体目标的指标包括：①水利工程建设按期完成，灌区土地开发按期完成；②移民搬迁按期、分批完成，移民搬迁后能够启动其生产与生活；③保证目标人口人均拥有两亩水浇地；④各项基础设施建设如期完成并交付使用。为了对这些指标进行验证，可以采用以下验证方法：①项目实施效果分析报告；②对移民和安置区的调查资料；③项目及工程监理报告；④工程进度报告；⑤项目后评价报告；⑥项目竣工验收报告。

本项目产出成果的验证指标有多项内容，每一项验证指标都应该有其对应的客观、可行的验证方法。在上述给定的专家组设计的验证方法中，下列可用于产出成果的验证：①项目及工程监理报告；②工程进度报告；③对移民和安置区的调查资料；④项目竣工验收报告；⑤移民培训计划和移民培训的记录报告。

**5. 逻辑框架矩阵的编制**

实现本项目的宏观目标、具体目标和产出成果应具备的重要假设及外部条件见表9-1。

表9-1　某水利扶贫项目的重要假设及外部条件

| 目标层次 | 重要假设及外部条件 |
|---|---|
| 宏观目标 | ①相关政策进一步完善；②移民按计划实施并完成；③移民进入安置区后能够顺利启动其生产与生活，并且能够积聚进一步发展的力量；④水利工程按期完成并发挥效益；⑤移民区的经济、社会发展规划顺利实施 |
| 直接目标 | ①水利骨干工程如期完成，灌区土地开发完成并具备农业生产条件；②基础设施的建设按照设计如期完成；③移民搬迁与安置顺利完成；④移民的生产与生活已启动并得到高于原来水平的经济收入，移民得到培训的机会 |
| 产出成果 | ①资金到位，不留缺口；②项目如期开工，按期完成水利骨干工程和灌区土地开发；③基础设施按期完成并发挥作用；④培训人员到位并发挥作用，移民有能力接受培训 |

本项目的各项投入及其验证指标、验证方法以及保证各项投入活动能够实现的外部条件见表9-2。

表9-2　某水利扶贫项目的投入及验证条件

| 项目投入 | 各项投入的验证指标 | 各项投入的验证方法 | 保证各项投入活动能够实现的外部条件 |
|---|---|---|---|
| 1. 资金投入<br>2. 项目组织管理机构投入<br>3. 培训人员投入<br>4. 相关政策投入 | 1. 外国政府贷款1.4亿美元<br>2. 国家投资7.06亿元人民币<br>3. 当地政府自筹9亿元人民币<br>4. 组建项目组织管理机构<br>5. 当地政府制定相关政策 | 1. 项目开工报告<br>2. 项目可行性研究报告<br>3. 当地政府制定的相关政策文件 | 1. 项目得到批准<br>2. 资金筹措计划得到批准并落实<br>3. 建立完善高效的项目组织管理机构<br>4. 培训人员来源确定并能够发挥作用<br>5. 当地政府制定的相关政策 |

根据上述分析结果，得出某水利扶贫项目社会评价逻辑框架矩阵，见表9-3。

表9-3　某水利扶贫项目社会评价逻辑框架矩阵

| 项目目标 | 客观验证指标 | 客观检验方法 | 达到目标的重要假设条件 |
|---|---|---|---|
| 1. 宏观目标<br>彻底摆脱贫困状况，促进本地区协调发展 | 提高移民收入水平及项目影响区的社会、经济发展水平 | （1）本地区国民经济和社会发展统计资料<br>（2）项目实施效果分析报告 | （1）相关政策进一步完善<br>（2）移民按计划实施并完成<br>（3）移民进入安置区后能够顺利启动其生产与生活，并且能够积聚进一步发展的力量<br>（4）水利工程按期完成并发挥效益<br>（5）移民区的经济、社会发展规划顺利实施 |
| 2. 具体目标<br>通过建设新的农业发展区和移民安置，本地区100万贫困人口能够摆脱贫困并得以进一步发展 | （1）水利工程建设按期完成，灌区土地开发按期完成<br>（2）移民搬迁按期、分批完成，移民搬迁后能够启动其生产与生活<br>（3）保证目标人口人均拥有两亩水浇地<br>（4）各项基础设施建设如期完成并交付使用 | （1）项目实施效果分析报告<br>（2）对移民和安置区的调查资料<br>（3）项目及工程监理报告<br>（4）工程进度报告<br>（5）项目后评价报告<br>（6）项目竣工验收报告 | （1）水利骨干工程如期完成，灌区土地开发完成并具备农业生产条件<br>（2）基础设施的建设按照设计如期完成<br>（3）移民搬迁与安置顺利完成<br>（4）移民的生产与生活已启动并得到高于原来水平的经济收入，移民得到培训的机会 |

(续)

| 项目目标 | 客观验证指标 | 客观检验方法 | 达到目标的重要假设条件 |
| --- | --- | --- | --- |
| 3. 产出成果<br>（1）水利骨干工程的建设<br>（2）与水利工程配套的各种基础设施的建设<br>（3）行政管理机构的建设<br>（4）农业生产技术服务体系的建设<br>（5）对移民进行培训，使其掌握相应的生产技能<br>（6）建成引水主干渠，开发新的灌区 | （1）水利骨干设施如期完成并引水至灌区<br>（2）各项基础设施如道路、通信、医院、学校等建设完成并投入使用<br>（3）行政管理机构、制度、人员、经费得到落实<br>（4）72个农业技术服务站建设完成并发挥效用<br>（5）新建16个乡镇，123个中心村<br>（6）灌区配套工程完成，130万亩土地开发完成并可以耕作 | （1）项目及工程监理报告<br>（2）工程进度报告<br>（3）对移民和安置区的调查资料<br>（4）项目竣工验收报告<br>（5）移民培训计划和移民培训的记录报告 | （1）资金到位，不留缺口<br>（2）项目如期开工，按期完成水利骨干工程和灌区土地开发<br>（3）基础设施按期完成并发挥作用<br>（4）培训人员到位并发挥作用，移民有能力接受培训 |
| 4. 项目投入<br>（1）资金投入<br>（2）项目组织管理机构投入<br>（3）培训人员投入<br>（4）相关政策投入 | （1）外国政府贷款1.4亿美元<br>（2）国家投资7.06亿元人民币<br>（3）当地政府自筹9亿元人民币<br>（4）组建项目组织管理机构<br>（5）当地政府制定相关政策 | （1）项目开工报告<br>（2）项目可行性研究报告<br>（3）当地政府制定的相关政策文件 | （1）项目得到批准<br>（2）资金筹措计划得到批准并落实<br>（3）建立完善高效的项目组织管理机构<br>（4）培训人员来源确定并能够发挥作用<br>（5）当地政府制定的相关政策 |

## 9.3 项目安全预评价

### 9.3.1 概述

保障投资项目建设过程和生产过程的安全是构建社会主义和谐社会的重要方面。安全评价（Safety Assessment）是指以实现安全为目的，应用安全系统工程原理和方法，辨识与分析工程、系统、生产经营活动中的危险、有害因素，预测发生事故或造成职业危害的可能性及其严重程度，提出科学、合理、可行的安全对策措施及建议，得出评价结论的活动。安全评价可针对一个特定的对象，也可针对一定的区域范围。

安全评价按照工程、系统寿命周期和评价目的的不同分为四类：安全预评价（Safety Assessment Prior to Start）、安全验收评价（Safety Assessment upon Completion）、安全现状评价（Safety Assessment in Operation）和专项安全评价（Safety Assessment of Special）。

安全预评价是指在建设项目可行性研究阶段、工业园区规划阶段或生产经营活动组织实施之前，根据相关的基础资料，辨识与分析建设项目、工业园区、生产经营活动潜在的危险、有害因素，确定其与安全生产法律法规、标准、行政规章、规范的符合性，预测发生事故的可能性及其严重程度，提出科学、合理、可行的安全对策措施及建议，得出安全评价结论的活动。

本节所述的安全评价内容属于安全预评价内容，供一般建设项目进行安全预评价参考，矿山项目另有其特殊要求。

### 9.3.2 安全预评价的目的、范围和内容

**1. 安全预评价的目的**

安全预评价的目的是贯彻"安全第一、预防为主"的方针，为建设项目前期工作决策分析和初步设计提供科学依据，以利于提高建设项目本身的安全程度。建设项目的安全预评价工作应在工程可行性研究阶段进行，在建设项目初步设计会审前完成，并通过安全管理部门的审批。

**2. 安全预评价的适用范围**

《建设项目安全设施"三同时"监督管理暂行办法》（国家安全生产监督管理总局第36号令）第四条规定，"建设项目安全设施必须与主体工程同时设计、同时施工、同时投入生产和使用"。安全设施投资应当纳入建设项目概算。第七条规定，在可行性研究时应进行安全预评价的建设项目有：

（1）非煤矿矿山的建设项目（注：对煤矿建设项目有单独特别规定）。

（2）生产、储存危险化学品（包括使用长输管道输送危险化学品）的建设项目。

（3）生产、储存烟花爆竹的建设项目。

（4）金属冶炼建设项目。

（5）使用危险化学品从事生产并且使用量达到规定数量的化工建设项目（属于危险化学品生产的除外）。

（6）法律、行政法规和国务院规定的其他建设项目。

**3. 安全预评价的内容**

根据《安全预评价导则》的要求，安全预评价主要包括危险、有害因素识别，危险度评价和安全对策措施及建议等方面的内容。

危险、有害因素识别是指找出危险、有害因素，并分析其性质和状态的过程。危险度评价是指评价危险、有害因素导致事故发生的可能性和严重程度，确定承受水平，并按照承受水平采取措施，使危险度降低到可承受水平的过程。安全对策措施及建议是指根据评价结果，提出消除或减弱危险、有害因素的技术和管理措施及建议。

### 9.3.3 安全预评价程序

根据《安全预评价导则》，安全预评价程序一般包括：准备阶段，危险、有害因素识别与分析，确定安全预评价单元，选择安全预评价方法，定性、定量评价，安全对策措施及建议，安全预评价结论，以及编制安全预评价报告。

**1. 准备阶段**

明确被评价的对象和范围，进行现场调查和收集国内外相关法律法规、技术标准及建设

项目资料。

**2. 危险、有害因素识别与分析**

根据建设项目周边环境、生产工艺流程或场所的特点，识别和分析其潜在的危险、有害因素。

**3. 确定安全预评价单元**

在危险、有害因素识别和分析的基础上，根据评价的需要将建设项目分成若干个评价单元。评价单元是为了安全评价的需要，按照建设项目生产工艺或场所的特点，将生产工艺或场所划分成若干相对独立的部分。

划分评价单元的一般性原则为：按生产工艺功能，生产设施设备相对空间位置，危险、有害因素类别及事故范围划分评价单元，使评价单元相对独立，具有明显的特征界限。

**4. 选择安全预评价方法**

根据评价对象的特点，选择科学、合理、适用的定性、定量评价方法。采用选择的评价方法，对危险、有害因素导致事故发生的可能性和严重程度进行定性、定量评价，以确定事故可能发生的部位、频次、严重程度的等级及相关结果，为制定安全对策措施提供科学依据。常用的安全预评价方法有专家现场询问、观察法、危险和可操作性研究、故障类型及影响分析、事故树分析、风险矩阵评价法、统计图表分析法、模糊矩阵法和因果（鱼刺）图分析法等。

**5. 定性、定量评价**

根据选择的评价方法，对危险、有害因素导致事故发生的可能性和严重程度进行定性、定量评价，以确定事故可能发生的部位、频次，严重程度的等级及相关结果，为制定安全对策措施提供科学依据。

**6. 安全对策措施及建议**

根据定性、定量评价结果，提出消除或减弱危险、有害因素的技术和管理措施及建议（应急预案）。安全对策措施应包括以下几个方面：

（1）总图布置和建筑方面的安全措施。
（2）工艺和设备、装置方面的安全措施。
（3）安全工程设计方面的对策措施。
（4）安全管理方面的对策措施。
（5）应采取的其他综合措施。

**7. 安全预评价结论**

简要列出主要危险、有害因素评价结果，指出建设项目应重点防范的重大危险、有害因素，明确应重视的重要安全对策措施，给出建设项目从安全生产角度是否符合国家有关法律、法规、技术标准的结论。

**8. 编制安全预评价报告**

安全预评价程序如图 9-1 所示。

## 9.3.4 编制安全预评价报告

安全预评价报告应当包括以下重点内容：

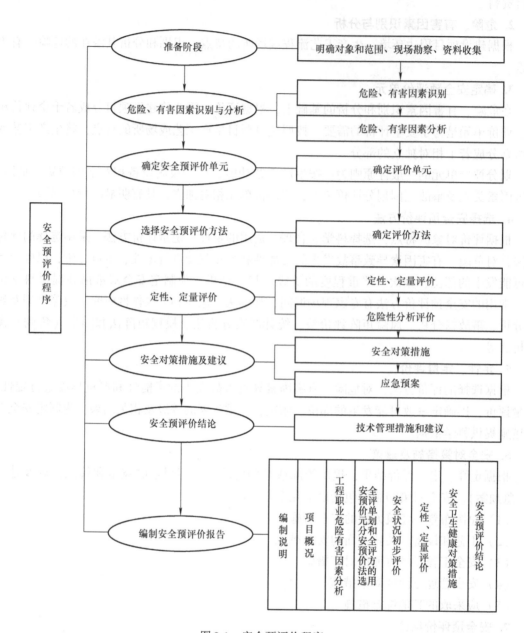

图 9-1 安全预评价程序

**1. 编制说明**

（1）评价目的。

（2）安全预评价依据。它包括有关安全预评价的法律、法规及技术标准；建设项目可行性研究报告等建设项目相关文件；安全预评价参考的其他资料。

（3）评价原则。

（4）评价工作程序。

**2. 项目概况**

（1）项目背景、建设单位简介。

（2）建设条件。例如，建设项目场（厂）址地理位置及自然条件等。

（3）工程概况。例如生产规模、工艺流程、主要设备、主要原材料、中间体、产品、经济技术指标、工厂总平面布置、公用工程及辅助设施等。

**3. 工程职业危险、有害因素分析**

工程职业危险、有害因素包括火灾、爆炸危险因素分析，有毒有害物质危险因素分析，高温高压危险因素分析，机械动力设备及高空坠落危险因素分析，电气伤害危险因素分析，雷击、静电危险因素分析，生产性粉尘危险因素分析，噪声危险因素分析，放射性元素危险因素分析，其他危险因素分析，重大危险源辨识。

**4. 安全预评价单元划分和安全预评价方法的选用**

它包括预评价单元的确定、安全预评价方法简介及所选用的评价方法。

**5. 安全状况初步评价**

它包括场（厂）址安全评价、工艺技术方案安全评价、总图布置安全评价、电气安全评价、易燃易爆场所安全评价、生产性粉尘场所安全评价、有毒物质场所安全评价、腐蚀性场所安全评价、放射性场所安全评价、高温高压场所安全评价、防灾害（防震、防潮防浪、防雷击、防高温、防台风）安全评价。

**6. 定性、定量评价**

它包括定性和定量评价的内容与方法以及评价结果分析。

（1）预先危险性分析。预先危险性分析包括单元划分、预先危险性等级划分、预先危险性分析过程、预先危险性指数评价。

（2）典型事故后果影响评价。依据物料特性、工艺特点以及危险品生产储存的规模，辨识建设项目内重大事故危险源。根据其理化特点、生产存储和使用方式，分析其事故后果类型。根据重大事故后果分析模型及伤害准则，进行重大事故后果计算，得出重大事故后果结论。

**7. 安全卫生健康对策措施**

它包括：可行性研究报告提出的安全对策措施；安全预评价补充的安全措施，例如，总图布置和建筑方面、工艺和设备方面、安全工程设计方面、安全管理方面、其他综合措施；事故应急救援预案。

事故应急救援预案是规范安全生产事故灾难的应急管理和应急响应程序，能及时、有效地实施应急救援工作，最大限度地减少人员伤亡、财产损失，维护人民群众的生命安全和社会稳定。重大事故应急救援预案的主要内容包括：根据评价范围内危险品的实际情况，按照事故的可控性、严重程度和影响范围进行事故级别划分，提出应急机构和职责、应急响应、后期处置、宣传培训和演习以及预案管理等。

**8. 安全预评价结论**

简要列出主要危险、有害因素评价结果，指出建设项目应重点防范的重大危险、有害因素，明确应重视的重要安全对策措施，从安全生产的角度得出建设项目是否符合国家有关法律、法规、技术标准的结论。

## 9.4 项目后评价

### 9.4.1 项目后评价概述

**1. 项目后评价的概念**

项目后评价是指对已经完成的项目（或规划）的目的、执行过程、效益、作用和影响进行系统、客观的分析，它是对已经完成的项目进行分析和价值评定的一种活动。项目后评价通过对项目的实施过程、结果及其影响进行调查研究和全面系统回顾，与项目决策所确定的目标以及技术、经济、环境、社会指标进行对比，确定项目预期的目标是否实现，项目或规划是否合理有效，项目的主要效益指标是否实现；通过分析评价找出成败的原因，总结经验教训；通过及时、有效的信息反馈，为提高未来新项目的决策水平和管理水平提供基础。同时，后评价也可为项目实施运营中出现的问题提出改进建议，从而达到提高投资效益的目的。

现代项目后评价是范围更广泛、内容更深入、方法更科学的评价活动。在评价内容上，一方面，更多地要求对已经完成的项目评价其对社会环境和健康发展的影响；另一方面，强调和细化对项目管理的评估，注重评价项目管理过程如何导致项目结果、项目结果如何体现项目管理，从而更有利于具体总结项目管理的经验教训，提高未来新项目的决策水平，促进可持续发展。

**2. 项目后评价的作用和意义**

（1）项目后评价是一个学习和知识管理的过程。后评价是在项目投资完成以后，通过对项目目的、执行过程、效益、作用和影响所进行的全面、系统的分析，总结正反两方面的经验教训，使项目的决策者、管理者和建设者学习到更加科学、合理的方法和策略，提高决策、管理和建设水平。

（2）后评价是增强投资活动工作者责任心的重要手段。由于后评价的透明性、公开性和科学性等特点，可以比较公正、客观地确定投资决策者、管理者和建设者工作中实际存在的问题，从而进一步提高他们的责任心和工作水平。

（3）后评价主要是为投资决策服务的。后评价对完善已建项目、改进在建项目和指导待建项目具有重要的意义；更重要的是为提高投资决策水平服务。

**3. 项目后评价的特点**

由项目后评价的定义及项目后评价所涉及的内容可以看出，项目后评价与前期评价、中期评价相比具有如下特点：

（1）现实性。项目后评价是以实际情况为基础，对项目建设、运营现实存在的情况、产生的数据进行评价，所以具有现实性特点。在这一点上它与项目前期评估不同。例如，在前期评估中，项目可行性研究是预测性评价，所使用的数据为预测数据。

（2）公正性。项目后评价必须保证公正性，这同时也是一条很重要的原则。公正性表示在评价时，应抱有实事求是的态度，在发现问题、分析原因和得出结论时避免出现避重就轻的情况，始终保持客观、负责的态度对待评价工作，做到一碗水端平，客观地做出评价。公正性标志着后评价及评价者的信誉，它应贯穿于整个后评价的全过程，即从后评价项目的选定、计划的编制、任务的委托、评价者的组成、具体评价过程直到形成报告。

（3）全面性。项目后评价是对项目实践的全面评价，是对项目立项决策、设计施工、生产运营等全过程进行的系统评价。这种评价不仅涉及项目寿命周期的各阶段，还涉及项目的方方面面，不仅包括经济效益、社会影响、环境影响，还包括项目综合管理等。因此，它是系统、全面的技术经济活动。

（4）反馈性。项目后评价的结果需要反馈到决策部门，作为新项目立项和评估的基础以及调整投资计划和政策的依据，这是后评价的最终目标。因此，后评价结论的扩散和反馈机制、手段和方法便成为后评价成败的关键环节之一。很多国家建设了"项目管理信息系统"，通过项目寿命周期各阶段的信息交流和反馈，系统地为项目后评价提供资料和向决策机构提供项目后评价的反馈信息。

### 9.4.2 项目后评价的总体内容

项目后评价通常在项目竣工以后项目运作阶段或项目结束之前进行，它的内容包括项目效益后评价和项目管理后评价。

**1. 项目效益后评价**

项目效益后评价是项目后评价理论的重要组成部分。它以项目投产后实际取得的效益（经济、社会、环境等）及隐含在其中的基数影响为基础，重新测算项目的各项经济数据，取得相关的投资效果指标，然后将它们与项目前期评估时预测的有关经济效果值（如净现值 NPV、内部收益率 IRR、投资回收期等）、社会环境影响值（如环境质量值 IEQ 等）进行对比，评价和分析其偏差情况及其产生原因，吸取经验教训，从而为提高项目的投资管理和投资决策水平服务。项目效益后评价具体包括经济效益后评价、项目的环境影响后评价、社会影响后评价、项目可持续性后评价以及项目综合后评价。

（1）经济效益后评价。项目后评价的经济效益评价主要是指项目的财务评价和经济评价（或称国民经济评价），其主要原理与项目前期评价一样，只是评价的目的和数据取值不同。

（2）项目的环境影响后评价。项目的环境影响后评价是指对照项目前期评估时批准的环境影响评价报告，重新审定项目环境影响的实际结果，审核项目环境管理的决策、规定、规范、参数的可靠性和实际效果。实施环境影响后评价应遵循《中华人民共和国环境保护法》的规定，遵照国家和地方环境质量标准、污染物排放标准以及相关产业部门的环保规定。在审核已实施的环评报告和评价环境影响现状的同时，要对对未来的影响进行预测。对有可能产生突发事件的项目，要有环境影响的风险分析。如果项目生产或使用对人类和生态危害极大的剧毒物品，或项目位于环境高度敏感区，或项目已发生严重的污染事件，那么还需要提出一份单独的项目环境影响后评价报告。环境影响后评价一般包括五部分内容：项目的污染控制、区域的环境质量、自然资源的利用、区域的生态平衡和环境管理能力。

（3）项目的社会影响后评价。从社会发展的角度来看，项目的社会影响后评价是分析项目对国家（或地方）社会发展目标的贡献和影响，包括项目本身和对周围地区社会的影响。社会影响后评价一般定义为对项目在经济、社会和环境方面产生的有形和无形的效益和结果所进行的一种分析。

（4）项目的可持续性后评价。项目的可持续性后评价的要点包括如下几个方面：

1）确立项目目标、产出和投入与相关"持续性因素"之间的真实关系（即因果关系）。

2）区别在无控制条件下可能产生影响的因素，即行为因素和需执行者调整的结构因素。其中重要的一点是，一个因素对某些执行者来说是结构方面的问题而对其他人来说则可能是行为因素。

3）区别在项目立项、计划、投资（决策）、项目运作和维持中各种因素的区别。对于项目各方面的了解很重要，因为不同的人（如投资者、部门、地方、银行执行单位、项目组织实施单位和当地社区）对同一发展项目的看法可能是不一致的，而且对问题的理解、采取的措施等也可能不同。

（5）项目综合后评价。项目综合后评价包括项目的成败分析和项目管理的各个环节的责任分析。综合后评价一般采用成功度评价方法，该评价方法是依靠评价专家或专家组的经验，综合后评价各项指标的评价结果，对项目的成功程度得出定性结论，也就是通常所说的打分的方法。成功度评价是以用逻辑框架法分析的项目目标的实现程度和经济效益的评价结论为基础、以项目的目标和效益为核心所进行的全面、系统的评价。

项目评价的成功度可分为以下五个等级：

1）完全成功的（A+）：项目的各项指标都已全面实现或超过，相对成本而言，项目取得了巨大的效益和影响。

2）成功的（A）：项目的大部分目标已经实现，相对成本而言，项目达到了预期的效益和影响。

3）部分成功的（B）：项目实现了原定的部分目标，相对成本而言，项目只取得了一定的效益和影响。

4）不成功的（C）：项目实现的目标非常有限，相对成本而言，项目几乎没产生什么正效益和影响。

5）失败的（D）：项目的目标是不现实的，无法实现，相对成本而言，项目不得不中止。

**2. 项目管理后评价**

传统的项目管理后评价是以项目竣工验收和项目效益后评价为基础的，结合其他相关资料，对项目整个寿命周期中各阶段管理工作进行评价。其目的是通过对项目各阶段管理工作的实际情况进行分析研究，形成项目管理情况的总体概念。通过分析、比较和评价，了解目前项目管理的水平。吸取经验和教训，以便更好地完成以后的项目管理工作，促使项目预期目标更好地实现。项目管理后评价包括项目的过程后评价、项目综合管理后评价及项目管理者评价，主要包括以下几个方面的内容：

（1）投资者的表现。评价者要从项目立项、准备、评估、决策和监督等方面评价投资者和投资者在项目实施过程中的作用和表现。

（2）借款人的表现。评价者要分析评价借款者的投资环境和条件，包括执行协议能力、资格和资信，以及机构设置、管理程序和决策质量等。世界银行、亚洲开发银行贷款项目还要分析评价协议承诺兑现情况、政策环境和国内配套资金等。

（3）项目执行机构的表现。评价者要分析评价项目执行机构的管理能力和管理者的水平，包括合同管理、人员管理和培训以及与项目受益者的合作等。世界银行、亚洲开发银行的贷款项目还要对项目技术援助、咨询专家使用、项目的监测评价系统等进行评价。

（4）外部因素的分析。影响项目成果的还有许多外部的管理因素，如价格的变化、国际国内市场条件的变化、自然灾害、内部形势不安定等，以及项目其他相关机构的因素，如联合融资者、合同商和供应商等。评价者要对这些因素进行必要的分析和评价。

近年来，国际国内在项目管理评估方面有了较大发展。2001年国际项目管理协会推出了国际卓越项目管理评估模型，我国也在中国（双法）项目管理研究委员会的组织下，研发了中国卓越项目管理评估模型并开始运用，对项目管理的评估有了科学的可依据的标准及一套具有操作性的办法、流程，推动了项目管理评估活动的实际进展。

### 9.4.3 项目后评价的程序

项目后评价的程序一般包括选定后评价项目、编制项目后评价计划、确定项目后评价范围、编写与报送项目自我总结评价报告、选择项目后评价的咨询机构和专家、实施独立项目后评价和出具项目后评价报告等。

**1. 选定后评价项目**

选定后评价项目有两条基本原则，即特殊的项目和规划总结需要的项目。选定后评价项目主要应考虑以下几个方面：

（1）因项目实施而引起运营中出现重大问题的项目。

（2）一些非常规的项目，如规模过大、建设内容复杂或带有试验性的新技术项目。

（3）发生重大变化的项目，如建设内容、外部条件、厂址布局等发生了重大变化的项目。

（4）急切需要了解项目作用和影响的项目。

（5）组织管理体系复杂的项目（包括境外投资项目）。

（6）可为即将实施的国家预算、宏观战略和规划原则提供信息的相关投资活动和项目。

（7）为投资规划确定未来发展方向的有代表性的项目。

（8）对开展行业部门或地区后评价研究有重要意义的项目。

跟踪评价或中期评价的项目选定属于（1）类的项目，因为这类项目评价更注重现场解决问题，其后评价报告类似于监测诊断报告，并针对症结所在提出具体的措施建议。一般后评价计划以项目为基础，有时难以达到从宏观上总结经验教训的目的，为此不少国家和国际组织采用了"打捆"的方式，将各行业或一个地区的几个相关的项目一起列入计划，同时进行后评价，以便在更高层次上总结出带有方向性的经验教训。

**2. 编制项目后评价计划**

选定进行后评价的项目之后，需要制订项目后评价计划，以便项目管理者和执行者在项目实施过程中注意收集资料。从项目周期的概念出发，每个项目都应重视和准备事后的评价工作。因此，以法律或其他手段，把项目后评价作为建设程序中必不可少的一个阶段确定下来就显得格外重要。国家、部门和地方的年度评价计划是项目后评价计划的基础，时效性比较强。但是，与银行等金融组织不同的是，国家的后评价更注重投资活动的整体效果、作用和影响等。所以国家的后评价计划应从长远角度和更高的层次上考虑，做出合理安排，使之与长远目标相结合。

**3. 确定项目后评价范围**

由于项目后评价范围很广，一般后评价的任务限定在一定的内容范围内，因此，在评实施前必须明确评价的范围和深度。评价范围通常在委托合同中确定，委托者要把评价任务的目的、内容、深度、时间和费用等，特别是那些在本次任务中必须完成的特定要求，交代得十分明确具体。受托者应根据自身的条件来确定是否能按期完成合同。

**4. 编写与报送项目自我总结评价报告**

项目后评价通常分两个阶段实施，即自我评价阶段和独立评价阶段。列入项目后评价计划的项目单位，应当在项目后评价年度计划下达后在主管部门规定的时间内，向主管部门报送项目自我总结评价报告。报告的主要内容包括项目概况、项目实施过程总结、项目效果评价、项目目标评价、项目建设的主要经验教训和相关建议等。

**5. 选择项目后评价的咨询机构和专家**

在项目独立评价阶段，需要委托一个独立的评价咨询机构去实施（通常委托具备相应资质的甲级工程咨询机构承担项目后评价任务），或由银行内部相对独立的后评价专门机构来实施，例如世界银行的业务评价局，项目后评价往往由这两类机构完成。一般情况下，这些机构要确定一名项目负责人，该负责人不应是参与过此项目前期评估和项目实施的人。该负责人聘请并组织项目后评价专家组实施后评价。近年来我国从中央到地方，已经陆续建立了各自的专家库。后评价咨询专家的聘用，要根据后评价项目的特点、后评价要求和专家的专业特长及经验来选择。

**6. 实施独立项目后评价**

承担项目后评价任务的工程咨询机构，在接受了委托、组建了满足专业评价要求的工作组后，后评价即可开始执行。

（1）资料信息的收集。项目后评价的基本资料应包括项目自身的资料、项目所在地区的资料、评价方法的有关规定和指导原则等。

（2）后评价现场调查。项目后评价现场调查应事先做好充分准备，明确调查任务，制定调查提纲。调查任务一般应回答项目基本情况、目标实现程度、项目管理情况、作用和影响。

（3）分析和结论。后评价项目经过现场调查后，应对资料进行全面认真的分析，主要得出总体结果、可持续性、方案比选、经验教训等方面的结论。

**7. 出具项目后评价报告**

项目后评价报告是评价结果的汇总，是反馈经验教训的重要文件。后评价报告必须反映真实情况，报告的文字要准确、简练，尽可能不用过分生疏的专业化词汇；报告内容的结论、建议要与问题分析相对应，并把评价结果与将来规划和政策的制定、修改相联系。后评价报告包括摘要、项目概况、评价内容、主要变化和问题、原因分析、经验教训、结论和建议、基础数据和评价方法说明等。

## 本 章 小 结

本章通过对建设项目环境影响评价相关法律法规的介绍，阐述了项目环境影响评价的工作等级、工程分析的内容和主要方法、环境现状调查的内容和主要方法及项目环境影响报告书的编制和审批要求。通过对项目社会评价的介绍，提出了目前项目社会评价研究中存在的主要问题及社会调查与社会评价的主要方法；以案例分析的方式，运用逻辑框架法对扶贫项目进行了社会评价。安全预评价是根据项目的建设方案分析预测建设项目可能存在的危险、有害因素的种类和程度，提出合理可行的安全对策措施及建议。项目决策分析与评价人员需要了解安全预评价的目的、内容和范围，同时明确安全预评价的报告内容及安全预评价的程序。项目后评价是对已经完成的项目进行系统、客观的分析和价值评定，其意义在于总结经验教训，提出改进建议，达到提高投资效益的目的；其评级的总体内容包括项目效益后评价和项目管理后评价，评价的程序一般包括七个步骤，最后出具项目后评价报告。

## 思 考 题

1. 根据《中华人民共和国环境影响评价法》的规定，国家根据建设项目对环境的影响程度，对建设项目的环境影响评价是如何实行分类管理的？
2. 简述项目环境影响评价中工程分析的主要内容。
3. 环境影响预测的时段一般包括哪几个时段？
4. 简述环境影响报告书的主要内容。
5. 简述项目社会评价的含义。
6. 社会调查的主要方法包括哪些？
7. 社会评价的主要方法包括哪些？
8. 了解逻辑框架法在社会评价中的运用。
9. 安全预评价的范围是什么？
10. 安全预评价报告一般包含哪几项内容？
11. 项目后评价的总体内容包括哪些？
12. 简述项目后评价的一般程序。

# 第10章 建设项目多方案比选方法与实务

**学习目标**

(1) 掌握建设项目多方案之间的相互关系的内容
(2) 掌握互斥型项目及设备更新方案的比选方法
(3) 熟悉独立型方案的比选方法与评价指标
(4) 熟悉混合型方案的比选方法与评价指标
(5) 了解建设项目多方案比选决策的数学模型——万加特纳公式

在建设项目方案论证中，往往会出现在一定的约束条件下有多个建设方案可供选择的情况，一般称之为建设项目多方案比选。由于约束条件不同，多个建设方案之间关系不同，所以比选的方法及采用的经济效果评价指标也可能不同。本章通过对建设项目多方案间相互关系的分析，运用案例，介绍了几种典型的多方案比选方法。

## 10.1 建设项目多方案之间的相互关系

### 10.1.1 互斥型关系

在建设项目多方案比选中，方案之间呈现为互斥型关系是最常见的。互斥型方案的特点是，在若干个备选方案中只能选择其中一个建设方案。例如，建设项目的生产规模、厂址、设备选型、生产工艺流程等的确定以及设备更新方案论证等，在项目评价中可以提出很多可供选择的建设方案，但在最终决策中只能选择其中一个最优方案。

### 10.1.2 独立型关系

在建设项目多方案比选中，若干个备选方案彼此互不相关，相互独立。选择其中一个建设方案，并不排斥选择其他方案。例如，某公司在一定时间内有如下投资意向：增加一套生产装置，扩建办公楼，对现有装置进行节能降耗改造，更换污水处理装置等。这些建设项目之间相互独立，互不相关，如果资金预算能满足需要，只要项目可行，均可以实施。因此，呈现独立型关系的多方案比选问题是在满足一定的资源约束条件下，寻求经济效益最优的项目集合。

### 10.1.3 混合型关系

拟建项目及相关建设方案之间既互斥又相互独立，呈现出混合型关系。这种关系的多方案之间一般是一个建设项目中存在多种建设方案，这些方案之间彼此互斥，不同建设项目之间相互独立。例如，某公司拟投资建设如下项目：①增建一台锅炉，但在市场上有三种型号的锅炉可供选用；②建设一座冷藏库，绝热层壁厚有四种设计方案；③更换一台反应器中的催化剂，现有两种催化剂可供选用。此时，每个拟建项目中的多个备选方案之间彼此互斥，如锅炉的选型等。不同建设项目之间相互独立，即增建锅炉、建设冷藏库、更换催化剂这三个投资项目彼此互不相关，相互独立。最终要在一定的资金约束条件下，以寻求经济效益最优的项目集合，即 $A_i$ $B_j$ $C_k$ 等。

### 10.1.4 相关型关系

相关型关系是指多个拟建项目之间存在一定的关联性关系，如互补型关系、依赖型关系等。互补型关系是指多个建设项目之间存在互相补充、相互促进的关系。例如，园林景观工程与周边地区的房地产项目，景观工程将使周边地区的房地产项目增值；采用先进的生产工艺将减少项目运行对环境的影响，从而将减少环保工程投资等。依赖型关系是指多个拟建项目之间存在功能上的相互依赖关系或运营上存在一定的上下游关系。例如，在煤矿附近投资建设大型火力发电厂，发电厂的建设规模有赖于煤矿的生产能力；同样，乙烯工程项目的建设与炼油工程项目相互依赖，密切相关。相关型项目在多个项目评价中，只需将其作为约束条件既可，在选择方法上不做专门阐述。

## 10.2 互斥型方案比选

### 10.2.1 互斥型方案的评价指标

首先，看一个互斥型方案的比选问题。

【例 10-1】 某公司拟建一个建设项目，该项目有如下三个可供选择的方案，项目计算期均为 10 年，基准贴现率为 10%，其初始投资和年净收益见表 10-1，试择优选择最佳建设方案。

表 10-1 建设方案

| 方　案 | 初始投资（万元） | 年净收益（万元/年） |
| --- | --- | --- |
| A | 10 | 3.2 |
| B | 20 | 5.2 |
| C | 30 | 6.2 |

**解** 通过计算，上述三个方案的财务净现值及财务内部收益率见表 10-2。

表 10-2 建设方案及评价指标

| 方　案 | 初始投资（万元） | 年净收益（万元/年） | FNPV（万元） | FIRR（%） |
| --- | --- | --- | --- | --- |
| A | 10 | 3.2 | 9.66 | 32 |
| B | 20 | 5.2 | 11.95 | 26 |
| C | 30 | 6.2 | 8.10 | 21 |

由于是一个建设项目中提出三个备选方案，只能选其一。备选方案之间呈现出典型的互斥型关系。而根据表 10-2，三个建设方案的经济效益评价指标排序不一致。财务净现值最大的为 B 方案，财务内部收益率最大的为 A 方案，因为在互斥型方案的比选中，不考虑剩余资金的使用问题，所以该公司应采取绝对效益额最大的项目，即选择财务净现值最大的 B 方案，而不是财务内部收益率最大的 A 方案。

综上所述，在互斥型方案的比选中，一般应选择差额指标，而不是效率指标。

对于能产生效益的互斥型方案，应选择差额效益指标进行比选，即择优选择财务净现值（FNPV）或财务净年金（FNAV）最大的建设方案。

对于不产生财务效益或效益相同的互斥型方案，则应选择费用指标进行比选，即择优选择费用现值（PC）或费用年值（AC）最小的建设方案。

（1）费用现值（PC）。费用现值就是把项目计算期内的各年费用现金流（现金流出取正值，现金流入取负值），按财务基准收益率换算为建设期期初的现值之和。其公式为

$$PC = \sum_{t=1}^{n} (CO - CI)_t (P/F, i, n) \tag{10-1}$$

式中，$(CO - CI)_t$ 是第 $t$ 年的现金净流出量；$i$ 是折现率；$n$ 是项目计算期；$(P/F, i, n)$ 是复利现值系数。

（2）费用年值（AC）。费用年值就是把项目的投资及其各年的费用现金流换算为等额年费用。其公式为

$$AC = \left[ \sum_{t=1}^{n} (CO - CI)_t (P/F, i, n) \right] (A/P, i, n) \tag{10-2}$$

式中，$(A/P, i, n)$ 是资金回收系数；其他符号同前。

### 10.2.2 菲希尔交点

根据上述互斥型方案的选择问题，可以发现对于 A 方案和 B 方案，$FNPV_A < FNPV_B$，而 $FIRR_A > FIRR_B$。这说明在某种情况下，在多个备选方案评价中采用财务净现值指标排序与采用财务内部收益率指标排序可能不一致。但对于 C 方案和 B 方案，$FNPV_C < FNPV_B$，而 $FIRR_C < FIRR_B$。这说明在某种情况下，在多个备选方案评价中采用财务净现值指标排序与采用财务内部收益率指标排序的结论可能一致。产生上述结果的原因可用菲希尔交点（Fisher's Intersection）进行分析。

菲希尔交点是指两方案 FNPV（$i$）曲线的交点。若基准贴现率为该交点所对应的贴现率 $r_f$，则两方案的财务净现值相等，如图 10-1 所示。

在例 10-1 中，A 方案和 B 方案的菲希尔交点对应的贴现率 $r_f$ 计算如下：

A 方案和 B 方案的财务净现值表达式为

$FNPV_A(i) = 3.2 万元 \times (P/A, i, 10) - 10 万元$

$FNPV_B(i) = 5.2 万元 \times (P/A, i, 10) - 20 万元$

令 $FNPV_A(i) = FNPV_B(i)$，则解得 $i = 15.1\%$，即两方案的菲希尔交点所对应的贴现率 $r_f = 15.1\%$，而

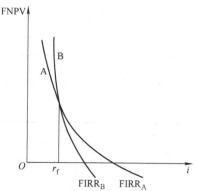

图 10-1 两项目的菲希尔交点

例 10-1 中给出的基准贴现率 $i=10\%$，根据图 10-1，当基准贴现率 $i<r_f$ 时，两方案采用财务净现值指标排序与采用财务内部收益率指标排序进行方案比选的结论相反，符合表 10-2 所得结论。而当基准贴现率 $i>r_f$ 时，两方案采用财务净现值指标排序与采用财务内部收益率指标排序进行方案比选的结论相同。

### 10.2.3 互斥型方案的比选方法

**1. 项目计算期相同的方案比选**

对于项目计算期相同的互斥型方案，常用的比选方法有两种。

（1）直接比较法。首先排除不能满足资源约束的备选方案，再计算满足资源约束的所有备选方案的差额指标。即在若干个备选的互斥型方案中选择财务净现值（或净年金）最大的方案或选择费用现值（或费用年值）最小的方案。

根据例 10-1 中财务净现值的排序，该公司应采取财务净现值最大的 B 方案。

（2）差额现金流量法。差额现金流量法是指在进行多方案比选时，将备选方案按投资从小到大排序，再依次就相邻方案两两比较，将高投资方案的净现金流量减去低投资方案的净现金流量，构成所谓差额现金流量。根据差额现金流量计算经济效益评价指标，即差额财务净现值或差额财务内部收益率。如果根据所计算的评价指标判断，差额现金流量方案可行，即差额财务净现值大于 0 或差额财务内部收益率大于基准贴现率，则说明高投资方案优于低投资方案；反之，低投资方案优于高投资方案。经过一一比选，最终确定最优投资方案。

根据例 10-1 中的数据，将建设方案按投资从小到大排序，首先得出 A - 0 方案的差额现金流量图，如图 10-2 所示。

差额财务净现值 $FNPV_{A-0}(10\%) = 3.2\text{ 万元} \times (P/A, 10\%, 10) - 10\text{ 万元} = 9.66\text{ 万元}$

因为差额财务净现值 $FNPV_{A-0}(10\%) > 0$，所以 A 方案优于 0 方案（不投资），即 A 方案可行。在 A 方案的基础上，追加投资 10 万元，即可投资 B 方案，两方案的差额现金流量图如图 10-3 所示。

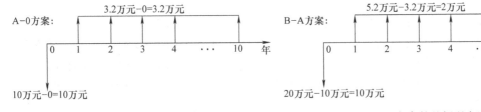

图 10-2  A - 0 方案的差额现金流量图

图 10-3  B - A 方案的差额现金流量图

差额财务净现值 $FNPV_{B-A}(10\%) = 2\text{ 万元} \times (P/A, 10\%, 10) - 10\text{ 万元} = 2.29\text{ 万元}$

因为差额财务净现值 $FNPV_{B-A}(10\%) > 0$，说明追加投资可行，所以高投资方案优于低投资方案，即 B 方案优于 A 方案。同理，在 B 方案的基础上，再追加投资 10 万元，即可投资 C 方案，两方案的差额现金流量图如图 10-4 所示。

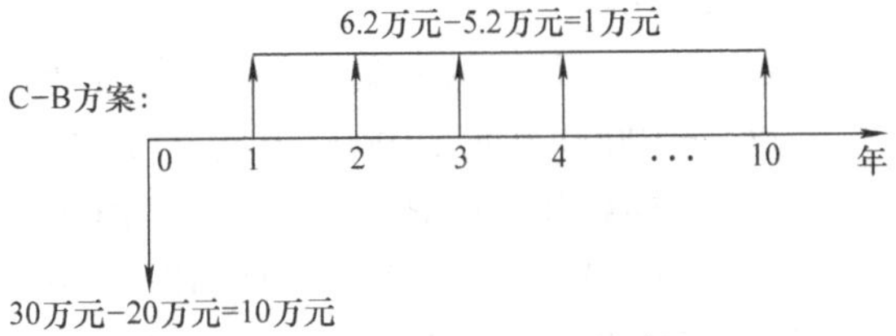

图 10-4  C - B 方案的差额现金流量图

差额财务净现值 $FNPV_{C-B}(10\%) = 1\ 万元 \times (P/A, 10\%, 10) - 10\ 万元 = -3.86\ 万元$

因为差额财务净现值 $FNPV_{C-B}(10\%) < 0$，说明追加投资不可行，所以低投资方案优于高投资方案，即 B 方案优于 C 方案。通过上述差额现金流量法，将所有互斥型方案一一比选，最终结论与直接选择法相同，即最佳投资方案为 B 方案。

在采用差额现金流量法进行互斥型方案比选时，除用差额财务净现值进行方案比选外，还可以使用差额财务内部收益率（$\Delta FIRR$），即根据差额现金流量，计算差额财务内部收益率（$\Delta FIRR$）。如果 $\Delta FIRR > i$，则说明追加投资可行，即高投资方案优于低投资方案；若 $\Delta FIRR < i$，则说明追加投资不可行，低投资方案优于高投资方案。通过一一比选，最终确定最优投资方案。

### 2. 项目计算期不同的方案比选

项目计算期不同的方案，严格说来是不可比的。除非准确说明项目计算期较短的方案，从其现金流终止到项目计算期较长的方案现金流终止期间的现金流状况。但项目计算期较短的方案在此期间的现金流状况很难估算，因此，为了使投资方案可比，通常依靠假设进行方案比选。

（1）重复更新假设。所谓重复更新假设，是指所有备选方案的现金流，可以按相同条件不断复制更新。这样就可以将项目计算期不同的方案，按照所有备选方案计算期的最小公倍数，将其现金流按相同条件不断重复更新，最终将所有进行比选的方案均按相同期限（所有备选方案计算期的最小公倍数）计算其经济效益评价指标。再按上述项目计算期相同的方案比选方法进行选择。

【例 10-2】 某公司拟对其化工装置进行技术改造，现提出两种改造方案，两种改造方案的生产能力相同，即年销售收入相同，其他数据见表 10-3。

表 10-3 技术改造项目经济数据

| 方案 | 初始投资（万元） | 经营成本（万元/年） | 净残值（万元） | 项目计算期 |
|---|---|---|---|---|
| A | 10000 | 3400 | 1000 | 6 年 |
| B | 16000 | 3000 | 2000 | 9 年 |

试分析该公司应采用哪种技术改造方案（基准贴现率 $i = 15\%$）？

**解** 本题属于项目计算期不同的互斥型方案比选问题，由于两方案收入相同，可按不产生财务效益或效益相同的投资方案进行比选，该公司应选择费用指标即费用现值（PC）或费用年值（AC）最小的方案。因两方案的项目计算期不同，所以不能直接使用费用现值（PC）进行比选。

在重复更新假设条件下，项目计算期的最小公倍数为 18 年，此时可将 A 方案重复更新两次，B 方案重复更新一次，两方案的比较期限就同为 18 年了，重复更新后两方案的现金流量图如图 10-5 所示。

根据图 10-5 计算两方案的费用现值（PC）。

$PC_A = 10000\ 万元 + 10000\ 万元 \times (P/F, 15\%, 6) + 10000\ 万元 \times (P/F, 15\%, 12) +$
$\quad 3400\ 万元 \times (P/A, 15\%, 18) - 1000\ 万元 \times (P/F, 15\%, 6) - 1000\ 万元 \times (P/F, 15\%, 12) -$
$\quad 1000\ 万元 \times (P/F, 15\%, 18) = 36327\ 万元$

$PC_B = 16000\ 万元 + 16000\ 万元 \times (P/F, 15\%, 9) + 3000\ 万元 \times (P/A, 15\%, 18) -$
$\quad 2000\ 万元 \times (P/F, 15\%, 9) - 2000\ 万元 \times (P/F, 15\%, 18) = 38202\ 万元$

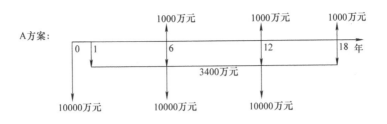
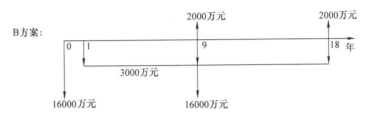

图 10-5　A 方案和 B 方案重复更新后的现金流量图

根据项目计算期相同的互斥型方案比选原则，该公司应采用费用现值最小的技术改造方案，即应选择 A 方案。

如果用年金法进行方案比选，两方案在 18 年中的费用年值（AC）为

$$AC_A = 36327 \text{ 万元} \times (A/P, 15\%, 18) = 5928 \text{ 万元}$$
$$AC_B = 38202 \text{ 万元} \times (A/P, 15\%, 18) = 6234 \text{ 万元}$$

比选结论与费用现值法相同。如果再分别计算两方案在本项目计算期内的费用年值：

$$AC_A = 3400 \text{ 万元} + 10000 \text{ 万元} \times (A/P, 15\%, 6) - 1000 \text{ 万元} \times (A/F, 15\%, 6) = 5928 \text{ 万元}$$
$$AC_B = 3000 \text{ 万元} + 16000 \text{ 万元} \times (A/P, 15\%, 9) - 2000 \text{ 万元} \times (A/F, 15\%, 9) = 6234 \text{ 万元}$$

可以发现，在重复更新假设条件下，某个方案在本项目计算期内的费用年值与重复更新后在新项目计算期内的费用年值相同（此结论可以用数学方法证明）。因此，可以得出一个重要结论：在重复更新假设条件下，对项目计算期不同的备选方案进行比选时，最好采用年金法进行比选，此时只需计算每个备选方案在本项目计算期内的财务净年金（FNAV）或费用年值（AC）进行比选即可，而无须将所有备选方案按项目计算期的最小公倍数重复更新后再计算经济效果评价指标。但如果用现值法（财务净现值 FNPV）或费用现值（PC））进行比选，就必须将所有进行比选的方案按相同期限（所有项目计算期的最小公倍数）计算其经济效益评价指标。因此，采用年金法进行方案比选，计算工作量小，相对简单。

（2）再投资假设。由于在对项目计算期不同的建设方案进行比选时，很难估算项目计算期较短的项目，从其现金流终止到项目计算期较长的项目现金流终止期间的现金流状况。再投资假设认为，可以假设将项目计算期较短的项目在其项目计算期内产生的净现金流以基准贴现率进行再投资，再投资的期限为项目计算期较长的项目现金流终止期，这样两项目的项目计算期就相同了，再计算每个项目的经济效益评价指标进行项目比选。

【例 10-3】　某公司要在 A、B 两个互斥型项目中进行选择，基准贴现率 $i = 10\%$，其现金流量图如图 10-6 所示。

**解**　由于两项目的项目计算期不同，无法直接比较。根据再投资假设，可以将 A 项目在第 1 年年末产生的净现金流 120 万元，按基准贴现率 $i = 10\%$ 进行再投资，到第 5 年年末

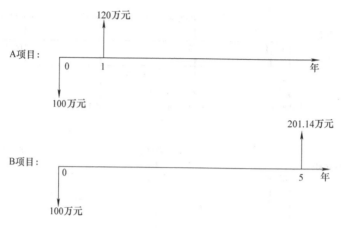

图 10-6 A 项目和 B 项目的现金流量图

可得新的现金流 120 万元 $\times (1+10\%)^4$。这样，A 项目与 B 项目的项目计算期就相同了。

两项目的财务净现值计算如下：

$\text{FNPV}_A(10\%) = 120 \text{ 万元} \times (F/P, 10\%, 4) \times (P/F, 10\%, 5) - 100 \text{ 万元} = 9.09 \text{ 万元}$

$\text{FNPV}_B(10\%) = 201.14 \text{ 万元} \times (P/F, 10\%, 5) - 100 \text{ 万元} = 24.89 \text{ 万元}$

因为 $\text{FNPV}_B > \text{FNPV}_A$，所以该公司应选择 B 项目。

实际上，对于 A 项目来说，相当于后 4 年增加了一个投资项目，即初始投资为 120 万元，第 4 年年末净收入为 120 万元 $\times (1+10\%)^4$。而此增加的投资项目的财务净现值为 120 万元 $\times (1+10\%)^4 \times 1/(1+10\%)^4 - 120$ 万元 $= 0$，因此根据再投资假设，只需计算各备选项目在本项目计算期内的财务净现值，直接进行比选即可。很明显，这种假设也有很大的局限性，因为任何公司不会以财务净现值为 0 进行再投资决策。

## 10.2.4 设备更新项目案例分析

【例 10-4】 某仓库内现有的搬运设备已经陈旧，故障时有发生，影响正常作业。现要研究维修或更换的方案。

A. 修理方案：修理费 700 万元，修理后预计使用 3 年，年经营费用为 400 万元。
B. 更换成简易运输设备：初始投资 2500 万元，年经营费用为 820 万元，预计使用 10 年。
C. 更换成正式运输设备：初始投资 3200 万元，年经营费用为 560 万元，预计使用 15 年。

假如现在采用 A 方案，随后也要再考虑采用 B 方案或 C 方案。如果现在就更换成新设备，旧设备的处理价为 600 万元，如果使用 3 年后处理，则处理收入为 0。另外，假定 B、C 两种设备在预计使用寿命之后的残值为 0。

试分析该公司应采取什么投资决策（基准贴现率 $i = 6\%$）。

**解** 设备更新问题属于典型的互斥型方案的比选问题，根据案例背景分析，若立即更新，可以选择更换成简易运输设备（B方案）或更换成正式运输设备（C方案）。如采用修理方案（A方案），随后也要再考虑采用 B 方案或 C 方案。因此本案例共包含四个互斥型方案，即 B 方案、C 方案、A→B 方案和 A→C 方案。

首先分析 B 方案和 C 方案，两个方案的现金流量图如图 10-7 和图 10-8 所示。

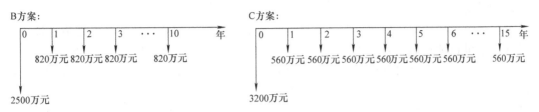

图 10-7　B 方案的现金流量图　　　　图 10-8　C 方案的现金流量图

根据项目计算期不同的互斥型方案选择方法（一般均以重复更新假设为条件），采用年金法进行比较。两方案的费用年值计算如下：

$$AC_B = 820\ 万元 + 2500\ 万元 \times (A/P,6\%,10) = 1160\ 万元$$
$$AC_C = 560\ 万元 + 3200\ 万元 \times (A/P,6\%,15) = 889.5\ 万元$$

因为 $AC_C < AC_B$，所以 C 方案优于 B 方案。因此也可以推定 A→C 方案优于 A→B 方案，只要再比较 C 方案和 A→C 方案的优劣即可。A→C 方案的现金流量图如图 10-9 所示。

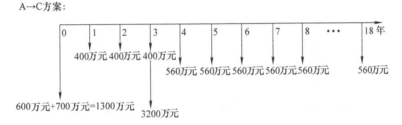

图 10-9　A→C 方案的现金流量图

在图 10-9 中，A 方案投资包括修理费 700 万元和立即更新时旧设备的处理收入 600 万元（继续使用旧设备的机会成本或从第三方评价角度理解为旧设备的购置费）。经比较图 10-8 与图 10-9 发现，若项目计算期趋于无穷（C 项目可重复更新），则 A→C 方案与 C 方案只在前 3 年存在差异，3 年后两项目的费用年值完全相同（为 $AC_C$）。因此只需比较两方案前 3 年的费用年值即可。计算如下：

$$AC_A = 400\ 万元 + (600\ 万元 + 700\ 万元) \times (A/P,6\%,3) = 886.3\ 万元$$
$$AC_C = 560\ 万元 + 3200\ 万元 \times (A/P,6\%,15) = 889.5\ 万元$$

因为 $AC_A < AC_C$，所以 A→C 方案优于 C 方案，两方案相比，在前 3 年中每年可节约费用：889.5 万元 – 886.3 万元 = 3.2 万元，3 年后两方案相同。因此，该公司应采取的投资决策为将旧设备修理使用 3 年后，再更换成正式运输设备。

## 10.3　独立型方案比选

独立型方案是指若干个备选方案彼此互不相关，相互独立。在此类多方案比选中，选择其中一个方案，并不排斥选择其他方案。如果能满足所有约束条件，只要项目可行，均可以实施。因此，独立型方案的比选问题是在一定的约束条件下，以寻求经济效益最优的项目集合。其选择方法一般包括两类：一类是穷举法，另一类是效率型指标排序法。

**1. 穷举法**

穷举法也称构造互斥型项目法，就是将所有备选的独立型项目的财务净现值计算出来，在排除了不可行项目后，对所有可行项目进行任意组合，所有项目组合均不相同，彼此互斥，在确定了所有项目组合后，排除其中超过资源约束的项目组合，再计算满足所有约束条件的项目组合的财务净现值之和，财务净现值之和最大的项目组合即为寻求的经济效益最优的项目集合。例如，当有 A、B、C、D 四个相互独立的项目可供选择时，按穷举法可提出的所有不同的项目组合有：0、A、B、C、D、AB、AC、AD、BC、BD、CD、ABC、ABD、ACD、BCD、ABCD，共计 16 种。这就相当于构造了 16 个互斥型项目，在排除了不可行及超约束的项目后，财务净现值之和最大的项目组合即为寻求的经济效益最优的项目集合。但根据组合原理，当有 $n$ 个相互独立的项目时，其所有项目组合数（包括 0 项目）为 $2^n$ 个。因此，当备选项目数比较多时，采用此方法将面临大量烦琐计算，如有 10 个备选项目时，其所有项目组合数（包括 0 投资项目）为 $2^{10}$ 个 $= 1024$ 个。

【例 10-5】 某企业现有三个独立的投资项目 A、B、C，其初始投资及各年净收益见表 10-4。总投资限额为 8000 万元，基准贴现率为 10%，试采用穷举法选择最优投资项目组合。

表 10-4 各项目经济数据

| 投资项目 | 第 0 年年末投资（万元） | 年净现金流（万元） | 项目计算期/年 |
|---|---|---|---|
| A | 2000 | 460 | 8 |
| B | 3000 | 600 | 8 |
| C | 5000 | 980 | 8 |

**解** 各项目的财务净现值分别为

项目 A：$FNPV_A = -2000\text{万元} + 460\text{万元} \times (P/A, 10\%, 8)$
$= -2000\text{万元} + 460\text{万元} \times 5.3349 = 454.05\text{万元}$

项目 B：$FNPV_B = -3000\text{万元} + 600\text{万元} \times (P/A, 10\%, 8)$
$= -3000\text{万元} + 600\text{万元} \times 5.3349 = 200.94\text{万元}$

项目 C：$FNPV_C = -5000\text{万元} + 980\text{万元} \times (P/A, 10\%, 8)$
$= -5000\text{万元} + 980\text{万元} \times 5.3349 = 228.20\text{万元}$

以上三个项目均可行，列出所有的投资项目组合及其财务净现值，见表 10-5。

表 10-5 各投资项目组合及其财务净现值

| 组 号 | 项目组合 | 投资额（万元） | 是否满足资金约束 | 财务净现值（万元） |
|---|---|---|---|---|
| 1 | 0 | 0 | 是 | 0 |
| 2 | A | 2000 | 是 | 454.05 |
| 3 | B | 3000 | 是 | 200.94 |
| 4 | C | 5000 | 是 | 228.20 |
| 5 | AB | 5000 | 是 | 654.99 |
| 6 | AC | 7000 | 是 | 682.25 |
| 7 | BC | 8000 | 是 | 429.14 |
| 8 | ABC | 10000 | 否 | — |

根据表 10-5 的计算结果，在满足 8000 万元资金约束下，第 6 组财务净现值之和最大，为最优的投资组合，故该企业在 8000 万元资金约束下，应选择 A 项目和 C 项目为最优投资项目组合。

## 2. 效率型指标排序法

效率型指标排序法是一种简单快速寻求经济效益最优的项目集合的方法。具体做法是：首先选定并计算项目排序所需的效率型指标，即单位资源所产生的经济效益目标值，如财务内部收益率、投资利润率、单位时间盈利率、单台设备盈利率等；然后按照每个项目的效率型指标从高到低排序，直到满足资源约束条件为止。采用此方法时要注意以下三个问题：

（1）必须实施的项目（一般称为不可避免费）不论其效率型指标高低，在项目排序时必须将其排在第一位；然后再按照其余项目的效率型指标从高到低排序，直到满足资源约束条件为止。这样既可以保证该项目的实施，又能确保剩余资源产生的经济效益最大化。

（2）在投资项目选择中，通过基准贴现率排除不可行项目。即当投资项目的 $FIRR<i$ 时，即使资金预算能满足该项目的投资需要，也要将该项目排除。

（3）在投资项目选择中，如果资金约束不能满足某个项目的投资需要，而项目建设是个整体，不可分离，这就是所谓不可分项目问题。此时为了保证所选项目组合是经济效益最优的项目集合，必须对项目进行适当的前后比较，具体做法见例10-6。

【**例 10-6**】 项目背景见例10-5，试采用效率型指标排序法选择最优投资项目组合。

**解** 先计算各项目的财务内部收益率，分别为

$$FIRR_A = 15.97\%$$
$$FIRR_B = 11.82\%$$
$$FIRR_C = 11.25\%$$

按各项目的财务内部收益率指标从高到低进行项目排序，如图10-10所示。

项目选择：

根据图10-10，资金预算为5000万元时，可选择 A 项目和 B 项目为最优投资项目组合。资金预算为10000万元时，可选择 A 项目、B 项目和 C 项目为最优投资项目组合。但当资金预算为8000万元时，资金预算处在 C 项目中间。而 C 项目不可分割，这就是所谓不可分项目问题。此时为了保证效益最大化，必须适当对项目进行组合比选。选择方法如下：

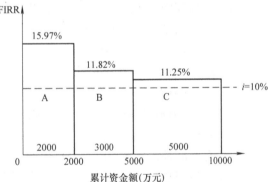

图 10-10 投资项目的排序图

（1）第一种选择，放弃使用多余的3000万元资金，选择 A、B 项目组合。此时，共使用资金5000万元。扣除资金成本后年投资净收益为

2000 万元 × (15.97% - 10%) + 3000 万元 × (11.82% - 10%) = 174 万元

（2）第二种选择，在第一种选择的基础上，放弃 B 项目，此时共剩余资金6000万元投资于 C 项目，即选择 A、C 项目组合。此时，共使用资金7000万元。扣除资金成本后年投资净收益为

2000 万元 × (15.97% - 10%) + 5000 万元 × (11.25% - 10%) = 181.9 万元

（3）第三种选择，在第一种选择的基础上，放弃 A 项目，此时共剩余资金5000万元投资于 C 项目，即选择 B、C 项目组合。此时，共使用资金8000万元。扣除资金成本后年投资净收益为

3000 万元 × (11.82% − 10%) + 5000 万元 × (11.25% − 10%) = 117.1 万元

综上所述，在投资预算为 8000 万元时，最佳的投资项目为第二种选择，即 A、C 项目组合。

在确定项目的生产方案时，也可以采用效率型指标排序法进行最优决策。

【例 10-7】 某机械加工项目，主要生产设备为数台大型模压机，都可以生产 A、B、C、D 四种产品。对于任何一种产品来说，其产量可以认为是无限的。但每个月这些设备的可用生产时间总共是 2000h，其他各种数据估算见表 10-6。

表 10-6 生产各种产品的数据

| 产品 | A | B | C | D |
| --- | --- | --- | --- | --- |
| 售价（元/个） | 760 | 940 | 1000 | 1300 |
| 材料及加工费（元/个） | 300 | 400 | 650 | 600 |
| 正常生产耗时/（h/个） | 0.02 | 0.06 | 0.01 | 0.05 |
| 最大售出量（个/月） | 40000 | 20000 | 50000 | 20000 |

问题：

(1) 该项目应如何确定最优生产方案？该项目每月最大盈利为多少？

(2) 如果以每月至少生产 5000 个 B 产品为先决条件，如何安排生产计划最有利？为保证这个先决条件所付出的代价是多少？

**解** 本例属于编制项目优化生产计划的问题，由于不同产品的生产彼此独立，互不相关，在每月的生产时间（资源）约束条件下，进行不同产品生产量的决策，属于典型独立型项目的选择问题。下面按效率型指标排序法确定最优生产方案。

(1) 首先计算每种产品在每月最大售出量时所需要的生产时间：

A 产品：40000 个 × 0.02h/个 = 800h

B 产品：20000 个 × 0.06h/个 = 1200h

C 产品：50000 个 × 0.01h/个 = 500h

D 产品：20000 个 × 0.05h/个 = 1000h

总计：800h + 1200h + 500h + 1000h = 3500h

若所有产品都按最大售出量安排生产，则每月共需生产时间 3500h。但每个月生产设备的可用生产时间总共是 2000h。所以，时间资源满足不了生产所有产品的需要。按照独立型项目的选择方法（效率型指标排序法），首先确定生产方案排序所需的效率型指标，本案例应采用的评价指标为单位时间的盈利额，计算如下：

A 产品：(760 元 − 300 元)/0.02h = 23000 元/h

B 产品：(940 元 − 400 元)/0.06h = 9000 元/h

C 产品：(1000 元 − 650 元)/0.01h = 35000 元/h

D 产品：(1300 元 − 600 元)/0.05h = 14000 元/h

按上述效率型指标排序，如图 10-11 所示。

根据图 10-11，若每月设备的可用生产时间为 2000h，为获得最大盈利，应采取的最优生产方案为：用 500h 生产 C 产品，800h 生产 A 产品，700h 生产 D 产品。

此时，该项目每月最大盈利为

35000 元/h × 500h + 23000 元/h × 800h + 14000 元/h × 700h = 4570 万元

（2）如果以每月至少生产5000个B产品为先决条件，即必须安排300h（5000h×0.06）生产B产品，这相当于独立型项目选择中的不可避免费。在项目排序时，首先将不可避免费项目排在第一位，剩余的资源再按评价指标从高到低进行项目排序，如图10-12所示。

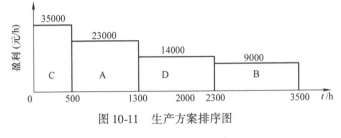

图10-11 生产方案排序图

根据图10-12，若每月生产设备可用生产时间为2000h，且以B产品至少生产5000个为先决条件，最优生产计划为：用300h生产B产品，500h生产C产品，800h生产A产品，400h生产D产品。与上述最优生产方案相比，为保证这个先决条件所付出的代价是(14000元/h－9000元/h)×300h＝150万元。

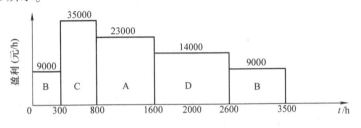

图10-12 不可避免费生产方案排序图

## 10.4 混合型方案比选

混合型方案是指多个投资方案之间既存在互斥关系，又相互独立。一般是不同项目之间相互独立，同类项目中的不同建设方案之间彼此互斥。比如某公司现有三个相互独立的投资计划，分别为A、B、C类项目。其中A类项目又包含$A_1$、$A_2$、$A_3$等彼此互斥的建设方案，B类项目也包含$B_1$、$B_2$、$B_3$等彼此互斥的建设方案，同样，C类项目也是如此。最终要在一定的资源约束条件下，以寻求经济效益最优的项目集合，即$A_i$、$B_j$、$C_k$等。为解决此类建设方案的比选问题通常也有两种方法，即穷举法和差额效率型指标排序法。

**1. 穷举法**

穷举法与独立型方案比选类似，只是在提出项目组合时，每一类项目在一种组合中只能出现一次。例如：$A_1B_1C_1$ 或 $A_1B_2C_1$、$A_2B_2C_1$、$A_3B_2C_2$ 等。在排除了超出资源约束的项目组合后，再计算满足约束条件的项目组合的净现值之和，最终选择净现值之和最大的项目组合$A_iB_jC_k$作为寻求的经济效益最优的项目集合。

**2. 差额效率型指标排序法**

差额效率型指标排序法也是一种简单快速解决混合型方案比选的方法。此方法运用了差额现金流量法，首先将每类投资项目按投资从小到大排序，再依次就相邻项目两两比较，将高投资项目的净现金流量减去低投资项目的净现金流量，构成所谓差额现金流量。根据差额现金流量计算差额内部收益率（$\Delta IRR$），该指标既可以解决互斥型方案的选择问题，又因其为投资效率型指标可以通过项目排序解决独立型项目集合最优问题。按照每类项目追加投资的差额内部收益率指标从高到低排序，直到满足资金约束条件为止。采用此方法时，要注意以下四个问题：

（1）在计算追加投资的差额内部收益率时，要注意排除无资格方案。在同一类项目

（如 $A_1$、$A_2$、$A_3$ 等，按投资从低到高排序）中，计算差额内部收益率时如发现，后边方案的差额内部收益率比前边方案的差额内部收益率高，即差额内部收益率 $\Delta \text{IRR}(A_3 - A_2) > \Delta \text{IRR}(A_2 - A_1)$，当按照该指标从大到小排序，就会出现追加投资方案排在低投资方案之前的逻辑错误（追加投资方案必须排在低投资方案之后）。因此，必须将低投资方案作为无资格方案排除，具体分析过程见例 10-8。

（2）若规定某一类项目必须实施（如环保工程等），则不论其差额效率型指标高低，在项目排序时必须将该类项目中投资最小的方案排在第一位，作为不可避免费。然后再按照其他追加投资方案的差额效率型指标从高到低排序，直到满足资金约束条件为止。这样既可以保证不可避免费项目的实施，同时又能确保剩余资金产生的经济效益最大化。

（3）在投资项目选择中，通过基准贴现率排除不可行方案。即当追加投资方案的 $\Delta \text{IRR} < i$ 时，则说明追加投资方案不可行，即低投资方案优于高投资方案，即使资金预算能满足该项目追加投资的需要，也要将该高投资方案排除。

（4）在投资方案比选中，可能出现资金约束不能满足某个建设方案追加投资的需要，而该方案的追加投资不可分割，这也是不可分项目问题。此时为了保证所选项目组合是经济效益最优的项目集合，必须对建设方案进行适当的前后比较，具体做法见例 10-8。

【例 10-8】 某综合性生产设备，由动力装置 A、控制装置 B、检查装置 C 及传送装置 D 四部分组成。因动力装置 A 与控制装置 B 密切相关，所以操作费用因组装不同而异。在生产设备组成中，动力装置与控制装置是系统必不可少的装置。其经济数据见表 10-7 及表 10-8。

表 10-7 动力装置与控制装置各型号设备投资额

| 设备型号 | $A_1$ | $A_2$ | $A_3$ | $B_1$ | $B_2$ |
|---|---|---|---|---|---|
| 投资额（万元） | 500 | 1500 | 3000 | 1500 | 2500 |

表 10-8 动力装置与控制装置各型号设备组合年费用 （单位：万元）

| 设备型号 | $B_1$ | $B_2$ |
|---|---|---|
| $A_1$ | 2000 | 1500 |
| $A_2$ | 1600 | 1400 |
| $A_3$ | 1100 | 1000 |

根据资金能力和经济性的考虑，检查装置 C 及传送装置 D 也可以不投资，而采用人工方式。其经济数据见表 10-9 及表 10-10。

表 10-9 检查装置各型号设备投资额及年费用

| 设备型号 | 投资额（万元） | 年费用（万元） |
|---|---|---|
| $C_0$ | 0（人工方式） | 1000 |
| $C_1$ | 1000 | 600 |
| $C_2$ | 2000 | 390 |

表 10-10 传送装置各型号设备投资额及年费用

| 设备型号 | 投资额（万元） | 年费用（万元） |
|---|---|---|
| $D_0$ | 0（人工方式） | 500 |
| $D_1$ | 500 | 350 |
| $D_2$ | 1500 | 300 |

假定各型号设备使用寿命很长($n\to+\infty$),各种设备组合构成的设备系统生产产品的产量与质量水平相同。投资预算在以下三种情况时,如何设计设备组合最有利?(基准贴现率 $i=10\%$)

①无资金约束;②6000万元;③5000万元。

**解** 此类问题是典型的混合型方案选择问题。目标是在一定的资金约束条件下,设计出一套最佳的设备组合。因此,同类型设备中只能选择一种型号的设备,为互斥型项目的选择问题,不同类型设备彼此独立,属于独立型项目的选择问题。按照差额效率型指标排序法对混合型方案进行比选:

(1) 计算各类设备系统中相关型号设备的追加投资差额内部收益率。

若项目为标准投资模式,如图10-13所示。内部收益率的计算可以适当简化。

根据图10-13,项目净现值为

$$NPV = R(P/A,i,n) - C$$

若要计算项目内部收益率,应使 NPV =0,此时

$$(P/A,i^*,n) = C/R$$

若已知初始投资($C$)和年净收益($R$),通过反查复利系数表,即可求得项目内部收益率 IRR = $i^*$。

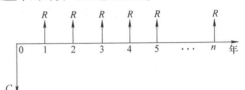

图10-13 标准投资模式

若假定 $n\to+\infty$,则

$$(P/A,i^*,n) = \frac{1-(1+i)^{-n}}{i} = \frac{1}{i^*}$$

此时项目内部收益率可简化计算,即

$$IRR = \frac{R}{C}\times 100\%$$

在计算差额内部收益率时,要注意排除无资格方案。若某类投资项目为必须投资项目,应将其最小投资方案作为不可避免费排在该类投资项目的第一位。

详细计算结果见表10-11。

表10-11 各型号设备追加投资的差额内部收益率

| 项 目 | 投资额(万元) | 年费用(万元) | 节约额(万元) | 差额内部收益率 |
| --- | --- | --- | --- | --- |
| $A_1 B_1$ | 2000 | 2000 | — | —(不可避免费) |
| $A_1 B_2$ | 3000 | 1500 | 500 | 50% |
| $A_2 B_1$ | 3000 | 1600 | -100 | 无资格方案 |
| $A_2 B_2$ | 4000 | 1400 | 100 | 10%(无资格方案) |
| $A_3 B_1$ | 4500 | 1100 | 400 | 27% |
| $A_3 B_2$ | 5500 | 1000 | 100 | 10% |
| $C_0$ | 0 | 1000 | — | —(不可避免费) |
| $C_1$ | 1000 | 600 | 400 | 40% |
| $C_2$ | 2000 | 390 | 210 | 21% |
| $D_0$ | 0 | 500 | — | —(不可避免费) |
| $D_1$ | 500 | 350 | 150 | 30% |
| $D_2$ | 1500 | 300 | 50 | 5% |

差额内部收益率计算过程如下:首先将每类投资项目中的方案按投资额从小到大排序,因

为动力装置与控制装置是系统必不可少的装置，所以 $A_1B_1$ 设备组合（该类投资项目中最小投资方案）作为不可避免费排在该类投资项目的第一位，必须投资。在 $A_1B_1$ 项目基础上追加投资 1000 万元，就可以采用 $A_1B_2$ 投资方案，此时，年费用将节约 500 万元（2000 万元 − 1500 万元）。两方案的差额现金流量图如图 10-14 所示。

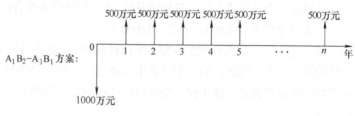

图 10-14 $A_1B_2 - A_1B_1$ 方案的差额现金流量图

上述追加投资方案的现金流符合标准投资模式。当 $n \to +\infty$ 时，其内部收益率（即差额内部收益率）为

$$\Delta IRR = \frac{2000 \text{万元} - 1500 \text{万元}}{3000 \text{万元} - 2000 \text{万元}} \times 100\% = \frac{500 \text{万元}}{1000 \text{万元}} \times 100\% = 50\%$$

由于 $A_2B_1$ 方案与 $A_1B_2$ 方案投资额相同，但年费用比 $A_1B_2$ 方案多 100 万元，所以将 $A_2B_1$ 方案作为无资格项目排除。

由于 $A_2B_2$ 方案与 $A_1B_2$ 方案的差额内部收益率为 10%，比 $A_3B_1$ 方案与 $A_2B_2$ 方案的差额内部收益率 60% 低，在方案排序时会出现逻辑错误（追加投资方案排在低投资方案之前），因此，必须将 $A_2B_2$ 方案作为无资格方案排除。

在排除 $A_2B_1$ 方案和 $A_2B_2$ 方案后，$A_3B_1$ 方案与 $A_1B_2$ 方案的差额内部收益率为

$$\Delta IRR = \frac{1500 \text{万元} - 1100 \text{万元}}{4500 \text{万元} - 3000 \text{万元}} \times 100\% = \frac{400 \text{万元}}{1500 \text{万元}} \times 100\% \approx 27\%$$

其他设备选型方案的差额内部收益率计算如上述分析。

（2）方案排序。首先将不可避免费方案排在第一位，再按差额内部收益率从高到低进行追加投资项目的排序，如图 10-15 所示。

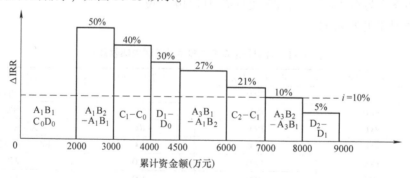

图 10-15 各方案追加投资排序图

（3）项目选择

1）无资金约束。因为 $A_3B_2$ 方案与 $A_3B_1$ 方案的差额内部收益率为 10%，不大于基准贴现率（$i = 10\%$），所以在 $A_3B_1$ 方案的基础上，追加投资 $A_3B_2$ 方案不可行。同理，因为 $D_2$ 方案与 $D_1$ 方案的差额内部收益率为 5%，小于基准贴现率（$i = 10\%$），所以在 $D_1$ 方案的基础上，追加投资 $D_2$ 方案不可行。其他项目间的差额内部收益率均大于基准贴现率，所以高

投资方案优于低投资方案。综上所述，当无资金约束时，选择 $A_3B_1C_1D_1$ 设备组合最有利，此时共使用资金 7000 万元。

2）6000 万元。若投资预算为 6000 万元，根据图 10-15，按照效益最大化原则，排除在 $C_1$ 方案的基础上追加投资到 $C_2$ 方案的选择。选择 $A_3B_1C_1D_1$ 设备组合最有利。

3）5000 万元。若投资预算为 5000 万元，根据图 10-15，当选择 $A_1B_2C_1D_1$ 设备组合时，共需投资 4500 万元，剩余资金 500 万元。若想继续追加投资 $A_3B_1$ 方案，则还需增加资金 1500 万元，这就出现了所谓"不可分项目"问题，即资金预算比 $A_1B_2C_1D_1$ 设备组合多，而选择 $A_3B_1C_1D_1$ 设备组合又不够。因此，应对此问题做如下讨论：

① 第一种选择，放弃使用多余的 500 万元资金，选择 $A_1B_2C_1D_1$ 设备组合，此时，共使用资金 4500 万元。

② 第二种选择，在第一种选择的基础上，放弃 $D_1$ 设备，此时共剩余资金 1000 万元，追加投资于 $C_2$ 设备。即选择项目 $A_1B_2C_2D_0$ 设备组合，此时，共使用资金 5000 万元。

③ 第三种选择，在第一种选择的基础上，放弃 $C_1$ 设备，此时共剩余资金 1500 万元，追加投资于 $A_3B_1$ 设备。即选择项目 $A_3B_1C_0D_1$ 设备组合，此时，共使用资金 5000 万元。

在以上三种选择中进行效益比较，根据工程经济的差异比较原则，由于以上三种选择中都包括 $A_1B_2$ 追加投资方案，所以对该追加投资方案无须比较，上述三种选择中追加投资效益的不同点体现在：

① 第一种选择：$C_1 - C_0$ 的追加投资效益 + $D_1 - D_0$ 的追加投资效益
$$= (40\% - 10\%) \times 1000\ 万元 + (30\% - 10\%) \times 500\ 万元 = 400\ 万元$$

② 第二种选择：$C_1 - C_0$ 的追加投资效益 + $C_2 - C_1$ 的追加投资效益
$$= (40\% - 10\%) \times 1000\ 万元 + (21\% - 10\%) \times 1000\ 万元 = 410\ 万元$$

③ 第三种选择：$D_1 - D_0$ 的追加投资效益 + $A_3B_1 - A_1B_2$ 的追加投资效益
$$= (30\% - 10\%) \times 500\ 万元 + (27\% - 10\%) \times 1500\ 万元 = 355\ 万元$$

综上所述，在投资预算为 5000 万元时，最佳的投资项目为第二种选择，即 $A_1B_2C_2D_0$ 设备组合最有利。

## 10.5　建设项目多方案比选决策的数学模型

本节简单介绍多方案比选的基本数学模型——万加特纳公式。

目标函数：
$$\max \sum_{j=1}^{m} \sum_{t=0}^{n_j} Y_{tj}(1+i)^{-t}(x_j) \tag{10-3}$$

式中，$j$ 是项目序数（$j = 1, 2, 3, \cdots, m$）；$m$ 是备选项目个数；$t$ 是周期数（$t = 0, 1, 2, \cdots, n_j$）；$n_j$ 是第 $j$ 个项目的项目计算期；$Y_{tj}$ 是第 $j$ 个项目第 $t$ 周期末的净现金流；$i$ 是基准贴现率；$x_j$ 是决策变量（仅采用 0 或 1 两个值，采纳该项目取 1，否则取 0）。

根据式（10-3）分析，其中 $\sum_{t=0}^{n_j} Y_{tj}(1+i)^{-t}$ 就是第 $j$ 个项目的净现值。因此上述目标函数就是在 $m$ 个备选项目中，寻求净现值之和最大的项目集合。这也是多个项目选择的最终目标。

约束条件：

(1) 资源约束：
$$\sum_{j=1}^{m} c_{tj}(x_j) \leq B_t \tag{10-4}$$

式中，$c_{tj}$ 是第 $j$ 个项目在第 $t$ 个周期内所需消耗的资源量；$B_t$ 是某种资源在第 $t$ 个周期内可获得量。

在投资项目选择中，$B_t$ 可理解为在第 $t$ 个周期内的资金预算。

(2) 互斥约束：
$$x_a + x_b + x_c + \cdots + x_k \leq 1 \tag{10-5}$$

式中，$x_a$ 是 $a$ 项目的决策变量，由于决策变量 $x$ 的取值仅为 0 或 1 两个值，因此，约束条件式（10-5）的含义是，在 $a$、$b$、$c$、$\cdots$、$k$ 项目中只能选择其中一个项目（或一个也不选）。这是典型的互斥型项目约束条件。

(3) 依赖约束：
$$x_a - x_b \leq 0 \tag{10-6}$$

此约束条件的含义是 $a$ 项目的实施以 $b$ 项目的实施为先决条件，即如果采纳 $b$ 项目 ($x_b = 1$)，$a$ 项目才可以实施 ($x_a = 1$) 或不实施 ($x_a = 0$)。如果不采纳 $b$ 项目 ($x_b = 0$)，$x_a$ 也必须为 0，即 $a$ 项目不得采纳。

(4) 互补约束：
$$x_c - x_d = 0 \tag{10-7}$$

此约束条件的含义是要求 $c$ 项目和 $d$ 项目同时采纳 ($x_c = 1$ 同时 $x_d = 1$)，或者都不采用 ($x_c = 0$ 同时 $x_d = 0$)。式（10-7）表示 $c$ 项目和 $d$ 项目紧密互补。

但有时两项目间不要求紧密互补，如 $e$ 项目和 $f$ 项目不要求紧密互补，这样，可以将其构造成 3 个互斥项目，即 $e$、$f$、$ef$ 项目。参照式（10-5），可以将约束条件写为
$$x_e + x_f + x_{ef} \leq 1 \tag{10-8}$$

(5) 项目不可分约束：
$$x_j = 0 \text{ 或 } 1 (j = 1, 2, 3, \cdots, m) \tag{10-9}$$

这种约束条件要求：要么所有项目都被选中 ($x_j = 1$)，要么没有任何项目被选中 ($x_j = 0$)。在这种约束条件下，不允许采用项目的某个部分或局部。

这是一个 0-1 整数规划问题，其中所有关系都是线性的。这个问题可以用整数线性规划问题的任何一种解法来解答。满足所有约束条件的最优解将为组织进行多个项目选择提供咨询建议。

## 本章小结

本章通过对建设项目多方案之间相互关系的分析，提出了互斥型、独立型、混合型建设方案的比选方法及相应的评价指标。通过介绍万加特纳公式，提出了建设项目多方案优化比选决策的基本数学模型。运用案例分析，论述了建设项目多方案比选的方法，以优化投资项目组合，降低项目投资决策风险。

## 思 考 题

1. A、B 两种设备生产同样的产品，但投资不同，设备的生产能力及经营成本也不同，已知基准贴现率为 15%，根据表 10-12 的资料，采用现值法或年金法选择项目（采用重复更新假设）。

表 10-12 第 1 题的资料

| 项 目 | A | B |
| --- | --- | --- |
| 初始投资（元） | 20000 | 25000 |
| 年收入（元） | 150000 | 180000 |

（续）

| 项目 | A | B |
|---|---|---|
| 年经营成本（元） | 138000 | 170000 |
| 净残值（元） | 2000 | 0 |
| 项目计算期/年 | 10 | 8 |

2. 某大型冷库拟对冷库绝热壁厚度进行设计决策，资料见表10-13。

表10-13 第2题的资料

| 绝热壁厚度/cm | 每年每千平方米的热损失/kBtu |
|---|---|
| 3 | 38544 |
| 4 | 29784 |
| 5 | 24528 |
| 6 | 21024 |
| 7 | 17520 |
| 8 | 15768 |

此绝热材料每千平方米、厚度为1cm的成本为150元。预计绝热壁的寿命为20年且残值为0。已知除热成本为0.01元/kBtu，基准贴现率为15%，试采用直接选择法或差额现金流量法确定采用以上哪种绝热壁厚度最经济？

3. 某公司要选择一台设备，现有四种具有同样功能的设备，使用寿命均为10年，残值均为0。初始投资和年经营费用见表10-14。

表10-14 初始投资和年经营费用

| 项目 | A | B | C | D |
|---|---|---|---|---|
| 初始投资（万元） | 3000 | 3800 | 4500 | 5000 |
| 年经营费用（万元） | 1800 | 1770 | 1470 | 1320 |

试用差额内部收益率或现值法选择项目。（基准贴现率为10%）

4. 某公司现有四个相互独立的投资项目，资料见表10-15。

表10-15 第4题资料

| 项目 | A | B | C | D |
|---|---|---|---|---|
| 初始投资（万元） | 2000 | 3000 | 4000 | 5000 |
| 年净收益（万元） | 500 | 900 | 1100 | 1380 |

表中各项目的项目计算期均为7年，若基准贴现率为10%，资金预算为11000万元，试采用穷举法确定项目最优组合。

5. 某公司现有六个互不相关的投资项目，假定各项目的寿命年限很长。其初始投资及年净收益见表10-16。

表10-16 各项目的初始投资及年净收益

| 项目 | A | B | C | D | E | F |
|---|---|---|---|---|---|---|
| 初始投资（万元） | 5 | 7 | 4 | 7.5 | 9 | 8.5 |
| 年净收益（万元） | 1.71 | 2.28 | 1.5 | 1.67 | 2.35 | 1.59 |

（1）若资金预算为 25 万元，基准贴现率为 12%，试采用效率型指标排序法选择项目。

（2）若基准贴现率随投资额增加而变化，设投资额在 6 万元以内基准贴现率为 12%，以后投资额每增加 3 万元，所增加投资额的基准贴现率将增加 2%，在此种条件下选择最优项目组合。

6. 某企业原有一台设备还可以使用 4 年，年经营费用为 7000 元。现要研究更新方案，与原有设备性能基本相同的设备有三种，具体情况为：

设备Ⅰ：需投资 50 万元，可使用 10 年，年经营费用为 5000 元。

设备Ⅱ：需投资 60 万元，可使用 15 年，年经营费用为 4000 元。

设备Ⅲ：需投资 100 万元，可使用 20 年，年经营费用为 2000 元。

假定所有新设备的残值均为零，现在旧设备的转卖价值为 10 万元，使用到 4 年后，净残值为 1 万元。假如现在继续使用旧设备，随后也要再考虑采用新设备。（基准贴现率为 10%）

试问：（1）该企业应如何决策？为什么？

（2）立即更新项目与延迟更新项目效益相差多少？（求出现值和）

7. 某公司有三项投资计划，具体项目如下：

A. 增建一套设备以扩大产能，可供选择的设备型号有三种，初始投资及年净收益见表 10-17。

表 10-17　各项目的初始投资及年净收益

| 设备型号 | 初始投资（万元） | 年净收益（万元） |
| --- | --- | --- |
| $A_1$ | 100 | 30 |
| $A_2$ | 200 | 50 |
| $A_3$ | 300 | 55 |

B. 对现有的某台大型关键设备进行技术改造，从而可以降低运行成本，可供选择的改造方案有三种，初始投资及年节约额见表 10-18。

表 10-18　各方案的初始投资及年节约额

| 改造方案 | 初始投资（万元） | 年节约额（万元） |
| --- | --- | --- |
| $B_1$ | 200 | 10 |
| $B_2$ | 300 | 65 |
| $B_3$ | 400 | 80 |

C. 增建一座污水处理站，因属环保工程，所以该项目必须投资。可供选择的建设方案有三种，初始投资及年运行费用见表 10-19。

表 10-19　各方案的初始投资及年运行费用

| 建设方案 | 初始投资（万元） | 年运行费用（万元） |
| --- | --- | --- |
| $C_1$ | 100 | 50 |
| $C_2$ | 200 | 25 |
| $C_3$ | 300 | 12 |

假定所有项目的寿命均很长（$n \to +\infty$），基准贴现率为 10%，若投资预算在以下四种情况时，应如何确定最优项目组合？

①无资金约束；②700 万元；③400 万元；④500 万元。

# 第11章 项目可行性研究及其报告撰写

**学习目标**

（1）掌握可行性研究的含义与类型
（2）熟悉项目申请报告的相关内容
（3）熟悉可行性研究报告的内容及其要求

## 11.1 可行性研究

### 11.1.1 可行性研究的含义

项目可行性研究是对项目在投资决策前进行技术经济论证的一门综合性学科。它是保证投资项目以最小的投入取得一定经济效益的科学手段，也是对拟建项目在技术上是否可能、在经济上是否有利、在建设上是否可行进行的综合分析和全面论证的技术经济研究活动，或者说是对拟建项目在做出决策之前，全面论证项目的必要性、可能性、有效性和合理性。可行性研究的目的是避免和减少项目决策失误，提高投资的综合效果。推行可行性研究可促进经济建设各部门真正尊重客观现实，按经济规律办事，它也是国家、地方及企业等各级领导和经济管理人员对建设项目进行合理决策的重要依据。

可行性研究的核心是经济问题。可行虽然包含着可以做到，但可以做到的事并不一定可行。因此，可行性研究应该同时考虑必要性、可能性、有效性和合理性，即要回答"是否应该做""什么时间做""如何去做"等问题。具体地说，项目可行性研究是在投资决策前，对项目有关的社会、经济和技术等各方面情况进行深入细致的调查研究；对各种可能拟订的建设方案和技术方案进行认真的技术经济分析与比较论证；对项目建成后的经济效益进行科学的预测和评价。在此基础上，综合研究建设项目的技术先进性和适用性、经济合理性和有效性、建设可能性和可行性，由此确定项目是否投资和如何投资，或就此终止投资，还是继续投资，使之进入项目开发建设和下一阶段等。它为项目决策部门对项目投资的最终决策提供了科学依据，并作为开展下一步工作的基础。

随着社会经济和科技的不断发展，技术更新速度加快，拟建项目增多，市场竞争加剧，项目规模越来越大，投资金额越来越多，项目可行性研究日益受到社会各部门、各行业的重视并得到广泛应用。

## 11.1.2 可行性研究的起源及发展

现代意义上的对建设项目进行分析、评价的方法产生于20世纪30年代。当时的世界性经济大萧条使得各西方国家的经济形势发生了重大变化。随着自由放任经济体系的崩溃,许多国家越来越重视政府对经济的调控作用,随着各国政府管理公共事务的经验积累和人民要求改善生活的愿望不断加强,政府干预社会经济的需要越来越迫切,作用逐渐增强。一些西方国家的政府施行新经济政策,大量投资公共工程项目,于是出现了公共工程项目分析评价方法。现代意义上的可行性研究就在这种条件下产生了。1936年,美国为了有效防止洪水泛滥和提高农业生产效率,大兴水利工程项目,并颁发了《全国洪水控制法》,该法正式规定了运用费用效益分析方法,分析评价洪水控制和水域资源开发项目。《全国洪水控制法》提出了这样一个原则:一个项目,只有当其产生的效益(不论受益人是谁)大于其投入的费用时才被认为是可行的。在此之后,美国的水利部门必须依该法的要求,对所投资的工程项目进行费用效益计算后,才能交国会审批。随后,美国、英国和加拿大等国政府相继规定了可行性研究的原则和程序。

到了20世纪60年代,随着宏观经济理论和微观经济理论的逐步完善、经济数学和计算技术的进一步发展,以及对社会实践的总结,可行性研究的理论和方法体系得到了进一步完善,并日臻成熟。

20世纪70年代末,随着我国经济对外开放,在西方发达国家应用了40多年的工程项目决策工具——可行性研究开始进入我国。政府有关部门组织国内外的一些专家、学者,开始从理论和实践两个方面探讨把可行性研究纳入我国工程项目决策程序的必要性和可行性。经过充分的讨论和实证研究,我国开始把可行性研究列为工程项目决策的重要内容。1983年,国家计委以计资〔1983〕116号文件颁发了《关于建设项目进行可行性研究的试行管理办法》,正式把可行性研究纳入工程项目决策程序。该办法规定:"可行性研究是建设前期工作的重要内容,是基本建设程序中的组成部分。"该办法还规定,利用外资的项目、技术引进和设备引进项目、大型的工业交通项目,都要进行可行性研究,其他工程项目有条件时,也应进行可行性研究。没有进行可行性研究的项目,有关决策部门不审批设计任务书,不列入投资计划。1987年、1993年和2006年,国家相关部门先后组织编制与修订出版了第1版、第2版和第3版《建设项目经济评价方法与参数》,成为指导项目前期工作的重要依据。

从可行性研究在我国的实践来看,它在工程项目决策中的作用并不明显,特别是在刚开始应用的十多年的时间里。从制度经济学家的观点来看,这是制度安排的缺陷所造成的。对我国来讲,把可行性研究纳入工程项目决策程序是一种新的制度安排,或者说是政府通过强制手段所做的一种制度安排。新制度经济学认为,强制性制度变迁(即一种新的制度安排)有一定的局限性,尽管这种安排可以降低组织成本和实施成本,但它可能违背一致性同意原则,而从某种意义上讲,一致性同意原则是经济效益的基础。某一制度尽管在强制执行,但它可能违背了一些人的利益,这些人可能并不按这些制度规范自己的行为,这类制度就很难有效率。当时,我国实行的是比较严格的项目审批制度,有关部门已经把可行性研究纳入工程项目决策程序,凡是没有进行可行性研究的大中型工程项目,都得不到审批。因为缺乏责任约束和利益激励,投资者进行可行性研究没有内在的动力,只是迫于外在的压力而不得不为之，可行性研究的作用没有得到充分的发挥。

20世纪90年代，随着我国经济体制改革的不断深入、市场在经济发展中的地位的确立和国家计委颁发的四个规定性文件的顺利执行，以及国家计委对工程咨询机构实行资质制度，人们对可行性研究的作用和地位的认识有了很大的进步，可行性研究的编制质量有了较大的提高，可行性研究在工程项目决策中的作用也逐步显现出来。

进入21世纪后，可行性研究工作又有了进一步的发展与丰富。国务院在2004年发布了《国务院关于投资体制改革的决定》（国发〔2004〕20号）文件，对原有的投资体制进行了一系列改革，打破了传统计划经济体制下高度集中的投资管理模式。该决定中明确了除涉及政府投资的项目依然需要国家相关部门审批外，其余企业投资的项目区别不同情况实行核准制和备案制。企业投资建设实行核准制的项目，需在可行性研究的基础上向政府提交项目申请报告。这些做法使我国的投资管理工作更加科学和有效。2016年7月，《中共中央 国务院关于深化投融资体制改革的意见》创造性地提出"投资核准范围最小化""推行投资项目审批首问负责制""多评合一、统一评审""编制三年滚动政府投资计划""开展金融机构以适当方式依法持有企业股权的试点""加快建设投资项目在线审批监管平台"等一系列投融资体制改革新模式、新举措。

### 11.1.3 可行性研究的作用

可行性研究作为投资前期所必需的阶段，是投资决策的依据，这已为各国所广泛采纳。可行性研究之所以受到如此重视，是因为它是多年建设经验的科学总结，是行之有效的科学方法，也是提高项目经济效益的首要环节。可行性研究的作用有以下几个方面：

**1. 作为确定项目的决策依据**

可行性研究对拟建项目所做的经济评价，用于判定项目是否可行，进而为项目决策提供可靠依据。一是为投资者或企业决定项目是否能够上马提供依据，二是为投资主管部门审批项目提供依据。

**2. 作为向银行申请贷款的依据**

世界银行等国际金融组织都把可行性研究作为申请项目贷款的先决条件。我国国内的专业银行、商业银行在接受贷款申请时，也首先对贷款项目进行全面、细致的分析评估，确定项目具有偿还贷款能力、不承担过大风险时，才会同意贷款。

**3. 作为编制初步设计文件的依据**

按照项目建设程序，一般只有在可行性研究报告完成后，才能进行初步设计（或基础设计）。初步设计（或基础设计）文件应在可行性研究的基础上，根据审定的可行性研究报告进行编制。

### 11.1.4 可行性研究的类型

在联合国工业发展组织（UNIDO）编写的《工业项目可行性研究手册》中，把投资前期的可行性研究工作分为四个阶段，也就是投资机会研究、初步可行性研究、可行性研究和项目评估决策。

由于建设项目前期的各研究工作阶段的研究性质、工作目标、工作要求及作用不同，因而其工作时间与费用也各不相同，可行性研究工作的目的和要求见表11-1。通常因为各阶段研究的内容是由浅入深的，使得项目投资和成本估算的精度要求也由粗到细，研究工作量由小到大，研究的目标和作用逐步提升，因而研究工作时间和费用也随之逐渐增加。

表 11-1　可行性研究工作的目的和要求

| 研究阶段 | 投资机会研究 | 初步可行性研究 | 可行性研究 | 项目评估决策 |
| --- | --- | --- | --- | --- |
| 研究性质 | 项目设想 | 项目初选 | 项目准备 | 项目评估 |
| 研究目的和内容 | 鉴别投资方向，寻求投资机会，选择项目，提出项目投资建议 | 对项目做初步评价，进行专题辅助研究，广泛分析、筛选方案，确定项目的初步可行性 | 对项目进行深入细致的技术经济论证，重点对项目的技术方案和经济效益进行分析评价，进行多方案比选，提出结论性意见 | 综合分析各种效益，对项目建议书、可行性研究报告、项目申请报告进行全面审核和评估，分析判断项目建议书、可行性研究报告和项目申请报告的可靠性 |
| 研究要求 | 编制机会研究报告 | 编制初步可行性研究报告或项目建议书 | 编制可行性研究报告 | 提出项目评估报告 |
| 研究作用 | 为初步选择投资项目提供依据，批准后列入建设前期工作机会，作为国家对投资项目的初步决策 | 判断是否有必要进行下一步详细可行性研究，进一步判明建设项目的生命力 | 作为项目投资决策的基础和重要依据 | 为投资决策者提供最后决策依据，决定项目取舍和选择最佳投资方案 |
| 估算精度 | ±30% | ±20% | ±10% | ±10% |
| 研究费用（占总投资的比例） | 0.2%~1.0% | 0.25%~1.25% | 大项目 0.2%~1.0%<br>中小项目 1%~3% | — |
| 时间/月 | 1~3 | 4~6 | 8~12 | — |

**1. 投资机会研究**

投资机会研究（Opportunity Study, OS）也称投资机会鉴别，是指为寻找有价值的投资机会而进行的准备性调查研究。投资机会研究的目的是发现有价值的投资机会。

投资机会研究可分为一般投资机会研究与具体项目投资机会研究两种。

（1）一般投资机会研究。一般投资机会研究就是对某个指定的地区、行业或部门鉴别各种投资机会，或是识别利用以某种自然资源或工农业产品为基础的投资机会。此项研究一般由国家机构和公共机构进行，作为制订经济发展计划的基础。一般投资机会研究又可分为以下三类：

1）地区投资机会研究，即调查分析地区的基本特征、资源状况、人口及人均收入、地区产业结构、经济发展趋势、地区进出口结构等状况，研究、寻找在某一特定地区内的投资机会。

2）部门投资机会研究，即调查分析产业部门在国民经济中的地位和作用、产业的规模和结构、各类产品的需求及其增长率等状况，研究、寻找在某一特定产业部门的投资机会。

3）资源开发机会研究，即调查分析资源的特征、储量、可利用和已利用状况、相关产品的需求和限制条件等情况，研究、寻找开发某项资源的投资机会。

（2）具体项目投资机会研究。在一般投资机会研究初步筛选投资方向和投资机会后，需要进行具体项目的投资机会研究。具体项目投资机会研究比一般投资机会研究更为深入、具体，需要对项目的背景、市场需求、资源条件、发展趋势以及需要的投入和可能的产出等进行研究分析并做出大致的判断。

企业进行投资机会研究，还应结合自身的发展战略和经营目标以及企业内外部资源条件进行。企业内外部资源条件主要是指企业的财力、物力和人力资源，技术和管理水平，以及外部建设条件。

投资机会研究的内容包括市场调查、供需分析、投资政策和税收政策研究等，其重点是分析投资环境，如在某一地区或某一产业部门，对某类项目的背景、市场需求、资源条件、发展趋势以及需要的投入和可能的产出等方面进行准备性的调查、研究和分析，从而发现有价值的投资机会。

投资机会研究的成果是机会研究报告。机会研究报告是开展初步可行性研究工作的依据。这一阶段的研究工作比较粗略，通常是根据类似条件和背景的工程项目来估算投资额与生产成本，初步分析建设投资效果，提供一个或一个以上可能进行建设的投资项目和投资方案。这个阶段所估算的投资额和生产成本的精确程度控制在±30%，大中型项目的机会研究所需时间 1~3 个月，所需费用占投资总额的 0.2%~1%。如果投资者对这个项目感兴趣，则可再进行下一步的可行性研究工作。

需要指出的是，在实际操作中，投资机会研究逐步被产业规划所替代，无论是区域、行业还是企业，随着规划的重要性及其内容的不断加深，产业规划逐步担当了投资机会研究甚至项目建议书的角色。

**2. 初步可行性研究**

初步可行性研究（Pre-feasibility Study, PS）也称预可行性研究，是在投资机会研究的基础上，对项目方案进行初步的技术、经济分析和社会、环境评价，对项目是否可行做出初步判断。主要判断项目是否有生命力，是否值得投入更多的人力和资金进行可行性研究。

初步可行性研究的重点，主要是根据国民经济和社会发展长期规划、行业规划和地区规划以及国家产业政策，从宏观上分析论证项目建设的必要性，并初步分析项目建设的可能性。

初步可行性研究的深度介于投资机会研究和可行性研究之间，这一阶段一般采用指标估算法估算建设投资和成本费用。

经初步可行性研究，如果判断项目是有生命力的，并有必要投资建设，即可以进一步进行可行性研究。需要指出的是，不是所有项目都必须进行初步可行性研究，有些小型项目或简单的技术改造项目，在选定投资机会后，可以直接进行可行性研究。

这一阶段的主要工作目标是：

（1）分析投资机会研究的结论，并在占有详细资料的基础上做出初步投资估价。该阶段工作需要深入弄清项目的规模、原材料资源、工艺技术、厂址、组织机构和建设进度等情况，进行经济效果评价，以判定是否有可能和有必要进行下一步的详细可行性研究。

（2）确定对某些关键性问题进行专题辅助研究。例如，市场需求预测和竞争能力研究，原料辅助材料和燃料动力等供应和价格预测研究，厂址选择、合理经济规模以及主要设备选型等研究。在广泛的方案分析比较论证后，对各类技术方案进行筛选，选择效益最佳的方案，排除一些不利方案，缩小下一阶段的工作范围和工作量，尽量节省时间和费用。

（3）鉴定项目的选择依据和标准，确定项目的初步可行性。根据初步可行性研究结果编制初步可行性研究报告，决定是否有必要继续进行研究，如通过所获资料的研究确定该项目设想不可行，则应立即停止工作。该阶段是项目的初选阶段，研究结果应做出是否投资的初步决定。

初步可行性研究的成果是初步可行性研究报告或者项目建议书，可根据投资主体及审批机构的要求确定。两者的差别表现在对研究成果的具体阐述上，初步可行性研究报告详尽一些，项目建议书简略一些。对于企业投资项目，政府不再审批项目建议书，初步可行性研究仅作为企业内部决策层进行项目投资策划、决策的依据；而对于政府投资项目，仍需按基本建设程序要求审批项目建议书，此类项目往往是在完成初步可行性研究报告的基础上形成或者代替项目建议书。《中共中央 国务院关于深化投融资体制改革的意见》（2016 年 7 月 5 日）改进和规范了政府投资项目审批制：采用直接投资和资本金注入方式的项目，对经济社会发展、社会公众利益有重大影响或者投资规模较大的，要在咨询机构评估、公众参与、专家评议、风险评估等科学论证基础上，严格审批项目建议书、可行性研究报告、初步设计；经国务院及有关部门批准的专项规划、区域规划已经明确的项目，部分改扩建项目，以及建设内容单一、投资规模较小、技术方案简单的项目，可以简化相关文件内容和审批程序。如果企业内部判断项目是有生命力的或政府投资项目经投资主管部门批准立项，就可以开展下一步的可行性研究。需要指出的是，不是所有项目都必须进行初步可行性研究，小型项目或者简单的技术改造项目，在选定投资机会后，可以直接进行可行性研究。

初步可行性研究的研究内容和结构与可行性研究的内容和结构基本相同。其主要区别是所获资料的详尽程度不同，研究的深度不一样。初步可行性研究对建设投资和生产成本的估算精度要求一般控制在 ±20% 的范围，投资估算可采用 0.6 指数估算法、工程系数法和投资比例法等，研究所需时间为 4~6 个月，所需费用占投资总额的 0.25%~1.25%。

**3. 可行性研究**

可行性研究（Feasibility Study，FS）一般是在初步可行性研究的基础上进行的详细研究。通过主要建设方案和建设条件的分析比选论证，得出该项目是否值得投资，建设方案是否合理、可行的研究结论，为项目最终决策提供依据。因此，可行性研究也是项目决策分析与评价的最重要工作。

可行性研究为项目决策提供技术、经济、社会和财务方面的评价依据，为项目的具体实施（即进行建设和生产）提供科学依据。因此，这个阶段是进行详细深入的技术经济分析的论证阶段，其主要目标是：

（1）深入研究有关产品方案、生产流程、资源供应、厂址选择、工艺技术、设备选型、工程实施进度计划、资金筹措计划，以及组织管理机构和定员等各种可能选择的技术方案，进行全面深入的技术经济分析和比较选择工作，并推荐一个可行的投资建设方案。

（2）着重对投资总体建设方案进行企业财务效益、国民经济效益和社会效益的分析与评价，对投资方案进行多方案比较选择，确定一个能使项目投资费用和生产成本降到最低限度并取得最佳经济效益和社会效果的建设方案。

（3）确定项目投资的最终可行性和选择依据标准，对拟建投资项目提出结论性意见。可行性研究的结论，可以推荐一个认为最好的建设方案，也可以提出可供选择的几个方案，说明各个方案的利弊和可能采取的措施，或者也可以提出"不可行"的结论。按照可行性研究结论编制出可行性研究报告，作为项目投资决策的基础和重要依据。

可行性研究是决定项目性质的阶段（定性阶段），是项目决策研究的关键环节，该阶段为下一步的工程设计提供基础资料和设计依据。因此，此阶段要求建设投资和生产成本计算精度控制在 ±10% 的范围内；研究工作所花费的时间为 8~12 个月；所需费用中，大项目占总投资的 0.2%~1.0%，中小型项目为总投资的 1%~3%。

可行性研究的成果是可行性研究报告。对于需要政府核准的企业投资的重大项目和限制类项目，还应在可行性研究报告的基础上编制项目申请报告。

可行性研究报告与项目申请报告的主要区别有以下三个方面：

（1）适用范围不同。可行性研究报告是投资项目内在规律的要求，是项目建设程序的客观要求，它适用于所有投资项目。

项目申请报告是政府行政许可的要求，适用于企业投资建设实行政府核准制的项目，即列入《政府核准的投资项目目录》的项目。

政府投资项目和实行备案制的企业投资项目，均不需要编制项目申请报告。

（2）目的不同。企业投资项目编审可行性研究报告的目的是论证项目的可行性，供企业内部决策机构（如企业董事会）使用，并作为贷款方（包括内、外资银行以及国际金融组织和外国政府）确定贷款的依据。

项目申请报告不是对项目可行性的研究，而是对政府关注的项目外部影响的有关问题进行论证说明，报请政府投资主管部门核准（行政许可）。在政府投资主管部门核准之前，企业需要根据规划、环保、国土资源等部门的要求进行相关分析论证，得到各有关部门的许可。

（3）内容不同。可行性研究报告的内容包括项目的内、外部条件和影响，既要对市场前景、技术方案、项目选址、投资估算、融资方案、财务效益、投资风险等企业关注的方面进行分析与研究，又要对政府关注的涉及公共利益的有关问题进行论证。

项目申请报告主要是从维护经济安全、合理开发利用资源、保护生态环境、优化重大布局、保障公共利益、防止出现垄断等方面进行论证，属于市场、资金来源、财务效益等不涉及政府公共权力的"纯内部"影响，不作为主要内容，但需要对项目有关问题做简要说明，以作为对项目外部影响评估的基础材料。例如，为了便于政府对行业准入标准等问题进行审查，需要对工艺技术方案做简要说明。

**4. 项目评估决策**

项目评估（Project Appraisal, PA）按项目周期的不同阶段分为前评估、中评估（又称中间评价）和后评估（又称后评价）。这里指的是前评估。项目前评估是指为对项目决策提供依据所编制的项目建议书、可行性研究报告和项目申请报告进行评估。

（1）项目建议书和可行性研究报告评估。项目建议书和可行性研究报告评估是指在其编制完成后，由另一家符合资质要求的工程咨询单位对项目建议书和可行性研究报告所做结论的真实性和可靠性进行复核和评价，为项目决策者提供决策依据。

项目建议书和可行性研究报告评估通常在以下几种情况下进行：

1）政府投资项目的项目建议书和可行性研究报告，应经过符合资质要求的工程咨询单位的评估论证。项目建议书的评估结论作为项目立项的依据，可行性研究报告的评估结论作为政府投资决策的依据。

2）项目业主或投资者为了分析可行性研究报告的可靠性，进一步优化完善项目方案，聘请另一家工程咨询单位对原可行性研究报告进行再评估。

3) 拟对项目贷款的银行，一般自行组织专家组，有时也委托工程咨询单位对可行性研究报告进行评估，评估结论作为银行贷款决策的依据。

(2) 项目申请报告评估。项目申请报告评估是政府投资主管部门根据需要，委托符合资质要求的工程咨询单位对拟建项目的外部影响进行评估论证。项目申请报告评估对项目建设用地与相关规划、资源和能源耗用分析、经济和社会效果分析等内容的真实性和可靠性进行核实的同时，侧重从维护经济安全、合理开发利用资源、保护生态环境、优化重大布局、保障公共利益、防止出现垄断等方面进行评估论证。评估结论作为政府核准项目的依据。

## 11.2 可行性研究报告的编制及其要求

### 11.2.1 可行性研究报告的编制步骤

可行性研究报告的编制要遵循一定的步骤，具体做法如下：

**1. 签订委托协议**

可行性研究报告编制单位与委托单位，就项目可行性研究报告编制工作的范围、重点、深度要求、完成时间、费用预算和质量要求交换意见，并签订委托协议，据以开展可行性研究的各阶段工作。

**2. 组建工作小组**

对拟建项目进行可行性研究，首先要确定工作人员，组建可行性研究工作小组。工作小组的人员结构要尽量合理，工业项目可行性研究的编制工作小组一般包括工业经济学家、市场分析专家、财务分析专家、土木建筑工程师、专业技术工程师和其他辅助人员等。从国外的实践来看，项目的可行性研究一般都由投资者委托有实力、有信誉的专业中介机构去做。根据我国的有关规定，项目可行性研究一般也要委托有资质的工程咨询机构来承担，特别是大型项目。如果投资者委托工程咨询机构进行可行性研究，首先由委托单位与可行性研究的编制机构签订委托协议；然后成立工作小组。工作小组一般由编制可行性研究的机构组织，工作小组的人员可以是咨询机构的专职人员，也可以是外聘的专家。工作小组成立以后，可按可行性研究的内容进行基本的分工，并分头进行调研，分别撰写详细的提纲，然后由组长综合工作小组各成员的意见，编写可行性研究报告的详细提纲，并要求根据提纲展开下一步的工作。

**3. 数据调研和收集**

根据分工，工作小组各成员分头进行数据调查、整理、估算、分析以及有关指标的计算等。在可行性研究过程中，数据的调查和分析是重点。可行性研究所需要的数据来源于三个方面：①委托方（投资者）提供的资料。因为投资者在进行工程项目的初步决策时，已经对与项目有关的问题进行过比较详细的考察，并获取了一定量的信息，这可以作为咨询机构的重要信息来源渠道。②咨询机构本身所拥有的信息资源。咨询机构都是有资质的从事项目咨询的机构，拥有丰富的经验和专业知识，同时也占有大量历史资料、经验资料和关于可行性研究方面的其他相关信息。③通过调研占有的信息。一般来讲，投资者提供的资料和咨询机构占有的信息不可能满足编制可行性研究报告的要求，还要进行广泛的调研，以获取更多的信息资料。必要时，也可以委托专业调研机构进行专项信息调研，以保证获得更加全面的信息资料。从实践来看，对于结构比较复杂的大型工程项目，在进行可行性研究时，委托专业调研机构进行专项调查研究，往往会取得事半功倍的效果。在实践中，可以由工程咨询机构委托，也可以由投资者委托，但从实际效果看，由工程咨询机构委托比较合理。

**4. 方案编制与优化**

在取得信息资料后，要对其进行整理和筛选，并组织有关人员进行分析论证，以考察其全面性和准确性。在此基础上，对项目的建设规模与产品方案、场址方案、技术方案、设备方案、工程方案、原材料供应方案、环境保护方案、组织机构设置方案、实施进度方案以及项目投资与资金筹措方案等，进行备选方案的编制，并在方案论证后提出推荐方案。

**5. 形成可行性研究报告初稿**

在提出推荐方案以后，就进入可行性研究报告的编写阶段，首先根据可行性研究报告的要求和开始的分工，编写可行性研究报告的初稿。报告的编写，要求工作小组成员之间的工作能进行很好的衔接，因为可行性研究报告的各项内容是有联系的，需要各成员的衔接、配合和联合才能完成。

**6. 论证和修改**

编写出可行性研究报告的初稿以后，首先要由工作小组成员进行分析论证，主要是由工作小组成员介绍各自负责的部分，大家一起讨论，提出修改意见。对于可行性研究报告，要注意前后的一致性、数据的准确性、方法的正确性和内容的全面性等，提出的每一个结论都要有充分的依据。有些项目还可以扩大参加论证的人员的范围，可以请有关方面的决策人员、专家和投资者等参加讨论。在经过充分的讨论以后，再对可行性研究报告进行修改，并最后定稿。

## 11.2.2　可行性研究报告的编制依据

可行性研究报告的编制是一件很严谨的事情，报告的编制要有一定的依据，这些依据可能是国家的法律、法规、行业规定、合同及相关资料等。具体来说，可行性研究报告的编制依据遵循以下内容：

（1）项目建议书（初步可行性研究报告）及其批复文件。

（2）国家和地方的经济与社会发展规划；行业部门的发展规划，如江河流域开发治理规划、铁路公路路网规划、电力电网规划、森林开发规划等。

（3）国家有关法律、法规、政策。

（4）国家相关部门批准的矿产储量报告及矿产勘探最终报告。

（5）有关机构发布的工程建设方面的标准、规范、定额。

（6）中外合资、合作项目各方签订的协议书或意向书。

（7）编制可行性研究报告的委托合同。

（8）其他有关依据和资料。

## 11.2.3　可行性研究报告编制单位及人员资质要求

可行性研究报告的质量取决于编制单位的资质和编写人员的素质。承担可行性研究报告的编制单位和人员应符合下列要求：

（1）报告编制单位应具有经国家有关部门审批登记的资质等级证明。

（2）编制单位应具有承担编制可行性研究报告的能力和经验。

（3）可行性研究人员应具有所从事专业的中级以上专业职称，并具有相关的知识、技能和工作经历。我国从 2004 年开始在人事部和国家发改委的领导下，实施全国注册咨询工程师（投资）资格考试，为严格工程咨询市场准入条件创造了有利条件。在可行性研究报告上签字的咨询单位人员必须具有国家注册咨询工程师（投资）证书。

（4）报告编制单位及人员，应坚持独立、公正、科学、可靠的原则，实事求是，对提供的可行性研究报告质量负完全责任。

### 11.2.4　编制可行性研究报告应注意的问题

为给拟建项目提供可靠的决策依据，编写可行性研究报告时应特别注意以下几个问题：

**1. 要从实际出发，按经济规律办事**

编写可行性研究报告一定要从实际出发，以实事求是的态度，认真、全面、细致地做好调查研究工作，收集准确可靠的数据，通过科学的分析和论证，冷静中肯地评价有关项目建设的必要性和可行性，并选择技术上合理、经济上合算、经济风险尽可能小的最优方案，得出可靠的结论。这些既是职业道德的要求，也是政策和法律的规定。尤其要防止出现两种恶果：①凭着主观愿望，为使某项工程能够实施，就在事先定好的结论里研究，只讲有利的条件，有意掩盖潜在的不利因素，得出早已拟订好的结论。这样做有可能给投资者带来不可估量的巨大损失。②为了否定某项工程方案，片面强调甚至夸大不利因素，少讲甚至不讲有利条件，以致对有利于国民经济发展有很大影响的建设项目无法及时立项。总之，必须从实际出发，实事求是，摆脱个人主观偏见，把一切情况写清楚，从而合乎逻辑地归纳出结论，以便投资者得出正确的决策。

**2. 编写报告必须尽可能掌握与项目有关的专业知识**

可行性研究是一项很复杂的工作，所研究分析的项目涉及许多专业知识性很强的内容，为此必须组成一个专家小组。一般来说，小组技术方面和经济方面的人员构成以 3∶7 为最佳比例。联合国工业发展组织认为，任何较大型项目的可行性研究小组的成员应该包括下列人员：①1 名工业经济专家；②1 名市场分析专家；③若干名精通拟建项目的工艺师或工程师；④1 名机械师或工艺工程师；⑤1 名土木工程师；⑥1 名会计师。

由此可见，编写该项目的可行性研究报告的工作并非一个人所能承担的。同时编写报告的主持人必须掌握项目有关的专业知识，精心组织协调，才能保证可行性研究报告的编写质量。

**3. 要重视不确定性因素的分析研究**

可行性研究的核心是要求提供合乎理想而且可靠的经济效益评价。在对经济效益的论证过程中，所使用的数据，如经营成本、营业收入、利润额、贷款还本付息等资料，大部分都是预测和估算出来的，与将来的实际情况会有相当大的出入，也就是说这些数据中含有不确定性因素。这些不确定性因素的变化会影响到项目的经济效益变动，给拟建的项目带来潜在的风险，可能会造成决策失误。这种对建设项目的一些不确定性因素变化而引起的经济效益的变化及其变化程度的分析，称为不确定性分析。

预测和估算发生误差的原因很多，如技术和工艺的变化或重大突破，新产品、替代产品的出现以及没有预见到的经济形势的变化等。为了弄清和减少不确定性对经济评价的影响，需要进行不确定性分析，以预测项目可能承担风险的程度。

## 11.3 可行性研究报告的内容及其要求

### 11.3.1 我国可行性研究及其报告的主要内容

投资项目可行性研究的内容，因项目的性质和行业特点而异。从总体看，可行性研究的内容与初步可行性研究的内容基本相同，但研究的重点有所不同，研究的深度有所提高，研究的范围有所扩大。可行性研究的重点是项目建设的可行性，必要时还需进一步论证项目建设的必要性。

**1. 企业投资项目可行性研究及其报告的主要内容**

（1）项目建设的必要性。项目建设的必要性要从两个层次进行分析：一是从项目层次分析拟建项目在实现企业自身可持续发展重要目标、重要战略和生存壮大能力的必要性；二是从国民经济和社会发展层次分析拟建项目是否符合合理配置和有效利用资源的要求，是否符合区域规划、行业发展规划、城市规划的要求，是否符合国家产业政策的要求，是否符合保护环境、可持续发展的要求等。

（2）市场分析。调查分析和预测拟建项目产品和主要投入品的国际、国内市场的供需状况和价格；研究确定产品的目标市场；在竞争力分析的基础上，预测可能占有的市场份额；研究产品的营销策略。

（3）项目建设方案研究。项目建设方案研究主要包括：建设规模和产品方案，工艺技术和主要设备方案，场（厂）址选择，主要原材料、辅助材料和动力燃料的供应方案，总图运输和土建工程方案，公用、辅助工程方案及节能、节水措施，环境保护治理措施方案，职业安全卫生健康措施和消防设施方案，项目的组织机构与人力资源配置。

（4）投资估算。在确定项目建设方案的基础上估算项目所需的投资，分别估算建筑工程费、设备购置费、安装工程费、工程建设其他费用、基本预备费、涨价预备费、建设期利息和流动资金。

（5）融资方案。在投资估算确定投资额的基础上，研究分析项目的融资主体、资金来源渠道和方式、资金结构即融资成本和融资风险等。结合融资方案的财务分析，比较、选择和确定融资方案。

（6）财务分析（也称财务评价）。按规定科目详细估算营业收入和成本费用，预测现金流量；编制现金流量表等财务报表，计算相关指标；进行财务盈利能力、偿债能力以及财务生存能力分析，评价项目的财务可行性。

（7）经济分析（也称国民经济评价）。对于财务现金流量不能全面、真实地反映其经济价值的项目，应进行经济分析。从社会经济资源有效配置的角度，识别项目产生的直接和间接经济费用和效益，编制经济费用效益流量表，计算有关评价指标，分析项目建设对经济发展所做出的贡献以及项目所耗费的社会资源，评价项目的经济合理性。

（8）经济影响分析。对于区域及宏观经济影响较大的项目，还应从区域经济发展、产业布局及结构调整、区域财政收支、收入分配以及是否可能导致垄断等角度进行分析。对于涉及国家经济安全的项目，还应从产业技术安全、资源供应安全、资本控制安全、产业成长安全、市场环境安全等角度进行分析。

（9）资源利用分析。对于高耗能、耗水、大量消耗自然资源的项目，应分析能源、水资源和自然资源的利用效率；一般项目也应进行节能、节水、节地、节材分析；所有项目都要提出降低资源消耗的措施。

（10）土地利用及移民搬迁安置方案分析。对于新增建设用地的项目，应分析项目用地情况，提出节约用地的措施。涉及搬迁和移民的项目，还应分析搬迁方案和移民安置方案的合理性。

（11）社会评价。对于涉及社会公共利益的项目，如农村扶贫项目，要在社会调查的基础上，分析拟建项目的社会影响，分析主要利益相关者的需求，对项目的支持和接受程度，分析项目的社会风险，提出防范和解决社会问题的方案。

（12）不确定性分析。进行敏感性分析，计算敏感度系数和临界点，找出敏感因素及其对项目效益的影响程度；进行盈亏平衡分析，计算盈亏平衡点，粗略预测项目适应市场变化的能力。

（13）风险分析。对项目主要风险因素进行识别，采用定性和定量分析方法估计风险程度，研究提出防范和降低风险的对策措施。

（14）结论与建议。在以上各项分析研究之后，应做出归纳总结，说明所推荐方案的优点，指出可能存在的主要问题和可能遇到的主要风险，得出项目是否可行的明确结论，并对项目下一步工作和项目实施中需要解决的问题提出建议。

**2. 政府投资的特殊项目可行性研究及其报告的要求**

政府投资建设的社会公益性项目、公共基础设施项目和环境保护项目，除上述各项内容外，可行性研究及其报告还应包括以下内容：

（1）政府投资的必要性。

（2）项目实施代建制方案。

（3）政府投资项目的投资方式。采用资本金注入方式的项目，应分析出资人代表的情况及其合理性。

（4）政府提供补贴的方式和数额。没有营业收入或收入不足以弥补运营成本的公益性项目，要从项目运营的财务可持续性角度分析、研究政府提供补贴的方式和数额。

（5）PPP项目应根据政府有关规定，在满足项目目标和基准收益的前提下，推算政府介入的条件和给予的优惠等。

## 11.3.2　联合国工业发展组织规定的可行性研究报告的内容

联合国工业发展组织编写的《工业可行性研究编制手册》（最新修订及增补版）提供了一般工业项目可行性研究的内容和报告的编写格式。其内容和编写格式主要包括以下几个方面：

**1. 实施纲要**

实施纲要简要描述可行性研究的结论，并归纳出可行性研究报告的各个关键性问题。实施纲要的结构与可行性研究的正文相一致。归纳的关键性问题主要包括：有关商业环境的数据及可靠程度；项目的投入物和产出物；对市场、供应和工艺技术趋势所做预测的误差

（不确定性风险）幅度和范围以及项目的设计等。

**2. 项目的背景和基本设想**

项目的背景和基本设想主要考察项目的设想是如何适合于有关国家总的经济情况的基本结构以及工业发展情况的。要详细地对项目加以叙述，对项目发起人（投资者）及他们对项目感兴趣的理由都要加以考察和落实。

**3. 市场分析与销售设想**

这一部分是可行性研究的重点之一，要求对项目的市场供求量进行预测和分析，判断项目产品是否有市场潜力，确定销售产品的规划和设想，为实现预期利润奠定基础。

**4. 原材料和供应品**

简要描述原材料和供应品，并确定工厂生产所需的不同的投入物，分析并叙述各种投入物的来源和供应情况，以及估算最终生产成本的方法，为进行财务基础数据估算打好基础。

**5. 建厂地区、厂址和环境**

建厂地区、厂址和环境主要叙述确定项目建厂地区、厂址的分析方法和选择方法，并就项目对环境的影响进行深入的分析和评价。

**6. 工程设计和工艺**

工程设计的任务是设计工厂生产规定的产品所必需的功能布置图和各单项工程的布置图。工艺选择及技术的取得也是工程设计的一个必要组成部分。在工艺选择和技术取得中要涉及工业产权问题。工程设计和工艺选择要考虑整个建筑工程的布置和设计、生产能力的确定、工艺的遴选、设备的选型和安装以及各项投资支出和生产运营支出的估算。

**7. 组织和管理费用**

组织和管理费用涉及两个方面的内容：一是管理和控制工厂整体运作所需要的组织和管理的发展与设计；二是这些组织和管理所发生的相关费用。

**8. 人力资源**

人力资源部分主要论述如何制订人力资源计划，涉及项目对人力资源的质量和数量要求、人员来源和培训的需要，以及工资和其他与人员有关的费用及培训成本的估算方法。

**9. 实施计划和预算**

实施计划和预算主要论述项目实施计划和预算的目标，叙述主要的实施工作的特点和主要的限制因素，并介绍编制实施计划的技术。

**10. 财务分析与投资评估**

财务分析与投资评估主要是在上述投资估算和有关财务基础数据（如销售收入、生产运营成本和利润等）的基础上编制一系列带有汇总性质的表格，并计算相应的技术经济指标，进行项目的财务效益分析和国民经济效益分析，以及各层面的不确定性分析。

### 11.3.3 可行性研究报告的附图、附表与附件

可行性研究报告中还应包括一些附图、附表、附件。

**1. 附图**

附图包括：①场址位置图；②工艺流程图；③总平面布置图。

**2. 附表**

（1）投资估算表：①项目投入总资金估算汇总表；②主要单项工程投资估算表；③流

动资金估算表。

(2) 财务评价报表：①营业收入、税金及附加和增值税估算表；②总成本费用估算表；③财务现金流量表；④利润与利润分配表；⑤总投资使用计划和资金筹措表；⑥借款还本付息计划表。

**3. 国民经济评价报表**

(1) 项目国民经济费用效益流量表。

(2) 国内投资国民经济费用效益流量表。

**4. 附件**

(1) 项目建议书（初步可行性研究报告）的批复文件。

(2) 环保部门对项目环境影响的批复文件。

(3) 资源开发项目有关资源勘察及开发的审批文件。

(4) 主要原材料、燃料及水、电、气供应的意向性协议。

(5) 项目资本金的承诺证明及银行等金融机构对项目贷款的承诺函。

(6) 中外合资、合作项目各方草签的协议。

(7) 引进技术考察报告。

(8) 土地主管部门对场址的批复文件。

(9) 新技术开发的技术鉴定报告。

(10) 组织股份公司草签的协议。

### 11.3.4 可行性研究及其报告应达到的深度要求

(1) 可行性研究报告内容齐全、数据准确、论据充分、结论明确，能满足决策者定方案、定项目的需要。

(2) 可行性研究中选用的主要设备的规格、参数应能满足预订货的要求。引进的技术设备的资料应能满足合同谈判的要求。

(3) 可行性研究中的重大技术、财务方案应有两个以上方案的比选。

(4) 可行性研究中确定的主要工程技术数据应能满足项目初步设计的要求。

(5) 可行性研究阶段对投资和生产成本的估算应采用分项详细估算法，估算的准确度应达到规定的要求。

(6) 可行性研究确定的融资方案应能满足资金筹措及使用计划对投资数额、时间和币种的要求，并能满足银行等金融机构信贷决策的需要。

(7) 可行性研究报告应反映在可行性研究中出现的某些方案的重大分歧及未被采纳的理由，供决策者权衡利弊进行决策。

(8) 可行性研究报告附有评估、决策必需的合同、协议、意向书、政府批件等。

## 11.4 可行性研究报告和项目申请报告结论的撰写要求

### 11.4.1 报告结论的必要性

项目可行性研究报告和项目申请报告是项目决策分析与评价的重要内容，在完成对项目各个方面的分析研究之后，需要对各方面的研究结果进行归纳，综合分析，形成评价结论，供决策者进行科学决策。

决策分析与评价中的每项指标能够提供的信息都有一定的局限性，只能从某个方面或某个角度来评价项目，而且各项指标所提供的信息对项目效益的判断可能并不一致，使得如何权衡利弊进行决策并非易事。例如，项目所选择的技术的先进性、可靠性和经济性是必须考虑的重要因素，但这三者之间有时存在冲突，先进的技术有可能并不完全可靠，并且成本高昂，影响财务效益。又如，某项目虽然财务效益很好，但可能对环境带来较大的损害等。所以在完成决策分析与评价后要对各项指标提供的信息进行概括，得出综合性的结论。

### 11.4.2 报告结论的要求

（1）坚持客观性。项目的影响可能是多方面的，而这些影响既有正面的又有负面的，或与项目的目标相悖。例如，一个造纸项目，在为业主创造利润的同时，将带来严重的水污染；一个大型水利项目，在为农民造福的同时，又引起了生态的改变；项目业主在追求利润目标或服务民众目标的同时可能或多或少带来了负面影响，项目评价不能置明显的负面影响而不顾，只有坚持客观性，才能对项目得出正确结论。

（2）注意针对性。项目决策分析与评价是系统性的多方面、多层次的分析与评价。但不是所有项目都需要进行全方位的评价，例如，一个普通的竞争性产品项目，可能不需要进行经济分析和社会评价，而一个特大型水利项目必须进行社会评价。结论应注意根据项目特点增加或减少相关内容，也就是说，不同项目侧重的方面可以有所不同，应注意结论的针对性。

（3）满足合理性。2004年国家投资体制改革后，政府管理投资项目的方式由单一的审批制改为审批、核准或备案制。对于企业投资项目，结论的内容除满足业主投资决策的需求外，还要分别符合核准或备案的要求。需要政府核准的项目，应注意政府核准项目的规定和条件；只需备案的项目，主要是满足业主投资决策的需求，但也要在环境、安全和用地等方面符合政府有关法律法规的要求。

对于政府投资项目，采用直接投资和资本金注入方式的，应满足政府投资决策的要求；采用投资补助、转贷和贷款贴息方式的，应满足政府审批资金申请报告的要求。

### 11.4.3 结论的具体内容

结论的具体内容包括推荐方案、主要比选方案的概述以及对项目有关各方的建议。

**1. 推荐方案**

（1）依次说明推荐方案各部分的主要内容和分析研究结果。

（2）推荐方案实施的基本条件。有些项目目标的实现是以某些限定条件为前提的，对于这类项目要明确描述项目（方案）实施的基本条件，以及该基本条件的满足程度。

（3）推荐方案的不同意见和存在的主要问题。对于推荐方案一般会有不同的意见，应对推荐方案的不同意见和存在的主要问题进行实事求是的描述。

（4）推荐方案的结论性意见归纳。根据对推荐方案的主要内容和分析研究结果的总体描述，归纳对推荐方案的结论性意见，着重说明项目建设的必要性和可能性，项目目标可实现性、项目的外部影响、项目可能面临的风险程度和拟采取的风险对策以及项目建设的必要条件。

(5) 给出主要的技术经济指标表。

**2. 主要比选方案的概述**

在项目的决策分析与评价过程中，通过多方案比较，推荐相对优化的方案。在结论部分应对由于各种原因未被推荐的一些重大比选方案进行描述，阐述方案的主要内容、优缺点和未被推荐的原因，以便决策者从多方面进行思考并做出决策。

**3. 对项目有关各方的建议**

(1) 建议的必要性。任何项目方案都有利有弊，且要具备一定的条件才能扬长避短，实现项目方案的整体优化。另外，某些风险对策有待在实施和运营过程中落实。因此，有必要对在项目实施和运营阶段应注意的有关问题和应采取的措施提出相应的建议，包括对项目下一步工作中的重要意见和建议。例如，在商务谈判、设计、建设和运营中需引起重视的问题和关于工作安排的意见和建议，以及项目实施中需要协调解决的问题和建议等。

(2) 建议的针对性。由于项目有关方面，包括项目发起人（或兼投资人）、投资人、审批人、债权人对项目有着不同的要求，也肩负着不同的责任，因此所提建议应有针对性，特别是针对各级政府和项目的发起人。例如，对于关系国计民生的重大项目，国家作为国有资本的出资者和政策制定者可以根据项目目标的要求，给以必要的政策和资金支持。

(3) 建议的明确性。如果项目通过决策分析与评价，得出项目可行的结论，注册咨询工程师（投资）在得出结论的同时则可提出推荐项目的建议；如果评价结论显示，因受到某些因素的制约而达不到预定的目标，那么就应提出放弃或暂时放弃项目的建议，或者是提出对项目方案进行根本性修正的意见。

## 本 章 小 结

项目可行性研究是对拟建项目在技术上是否可能、在经济上是否有利、在建设上是否可行而进行的综合分析和全面论证的技术经济研究活动。可行性研究按阶段划分为几种类型：投资机会研究、初步可行性研究、可行性研究和项目评估决策。针对不同类型的研究其作用和内容有所不同。国家投资体制改革后，政府管理投资项目的方式由单一的审批制改为审批、核准或备案制。其中，需要核准的项目应编制项目申请报告，该报告的角度与可行性研究报告有所不同。项目决策分析与评价的结论要满足客观性、针对性和合理性的要求。

## 思 考 题

1. 项目可行性研究的含义是什么？
2. 项目可行性研究的作用有哪些？
3. 简述项目可行性研究的类型及其特点。
4. 简述项目可行性研究报告和项目申请报告的区别。
5. 简述项目可行性研究报告和项目申请报告的结论撰写要求。

# 第12章 技术创新

**学习目标**

(1) 掌握技术创新的含义、作用及其评价
(2) 熟悉企业技术创新战略的模式
(3) 了解中国式创新的主要内容

## 12.1 概述

随着知识经济即以知识为基础的经济增长时代的来临，知识密集型产业在整个产业部门结构的比重逐渐加大，经济增长日趋主要依赖知识的作用及创新，知识在经济发展过程中发挥着越来越重要的作用。但是，从本质上看，知识的作用仍是科学技术的作用，科学技术仍然是推动经济发展的第一生产力。

在以知识为基础的经济增长过程中，企业仍是社会的基本经济细胞，在社会经济中具有核心作用。世界工业发达国家的实践证明，企业日益成为创新主体，知识的创新将更多地源于企业。在知识经济时代，要实现以知识为基础的经济增长，必须依靠企业的技术创新。

一些发达国家已开始进入知识经济时代，这对我国既是机遇也是挑战。我们要抓住这种机遇，准备面对挑战，首要的一环是认识技术创新的作用，掌握其基本概念，并进一步加深对技术创新的认识。

### 12.1.1 技术创新的概念及作用

**1. 技术创新的基本含义**

"创新"这一概念由熊彼特（J. A. Schumpeter）首先提出，他将"创新"定义为"新的生产函数的建立"，也即把从来没有过的生产要素和生产条件的"新组合"引入生产体系。依据其观点，技术创新包括产品创新、工艺创新和组织管理上的创新。具体来讲，创新包括五种情况：引入一种新产品或提供一种产品的新质量；采用一种新的生产方法；开辟一个新的市场；获得一种原料或半成品新的供给来源；实现一种新的企业组织形式。可见，熊彼特的创新包含的范围很广，涉及技术性变化的创新及非技术性变化的创新。

自熊彼特之后，不少经济学家发展和补充了熊彼特的创新理论。美国经济学家爱德温·曼斯菲尔德（Edwin Mansfield）定义创新为：第一次引进一个新产品或新过程所包含的技术、设计、生产、财务、管理和市场各步骤。也有学者将技术创新定义为技术变为商品并在市场上得以销售实现其价值，从而获得经济效益的过程和行为。

我国学者对技术创新也做了不少的研究，并结合我国实际情况，提出技术创新是企业家抓住市场的潜在盈利机会，以获取商业利益为目标，重新组织生产条件和要素，建立起效能更强、效率更高和费用更低的生产经营系统，从而推出新产品、新的生产方法，开辟新的市场，获得新的原材料或半成品供给来源或建立企业的新组织。技术创新是包括科技、组织、商业和金融等一系列活动的综合过程。

**2. 技术创新的作用**

知识经济更加依赖知识的积累和应用，更加强调创新的作用。只有不断地创新，才能保持竞争优势，弥补资源和资本上的不足。技术创新在知识经济中起核心作用，是人类财富的源泉，是经济增长的根本动力。

企业是创新的主体，企业技术创新是知识经济的基础。国际竞争在相当大的程度上是凭借以技术创新为基础的经济实力，其成败在于一国企业的技术创新效果如何。从国内外成功企业的发展经历可以看出，企业发展的历史就是技术创新的历史，企业生存发展的基础就在于技术创新。企业只有不断地推进技术创新，才能在市场竞争中获胜。

技术创新对企业的生存和发展具有重要的作用，可归纳为以下几个方面：

（1）技术创新是企业改善市场环境的重要措施。首先，通过技术创新，企业可以有效地改善产品质量，完善产品功能，更好地满足用户需求，提高企业产品的竞争力，从而改善市场条件；其次，如果企业的技术创新成果是适销的新产品，将带来新的用户，形成新的市场；最后，技术创新成功的企业，一般是率先进入新的市场领域的领先者，具有领先者的优势，在很大程度上决定产品的价格、市场规模等。

（2）通过技术创新，企业可以更有效地降低产品成本，提高生产效率。经过改进产品或工程设计，开发或采用新工艺、新装备、新技术，改进或更新服务等手段，可以降低原材料消耗，缩短生产周期，提高生产率。

（3）通过技术创新，能加速新技术、新材料和新工艺等在企业中的应用。不断运用最新的或先进的技术和装备，使企业始终保持技术优势，为在市场竞争中取胜奠定重要的技术基础。

（4）通过技术创新，也能促进企业其他产品的销售，增强企业的市场竞争力。当一种技术创新产品成功地进入市场后，也为本企业其他产品进入市场和扩大销售量提供了有利条件。这种技术创新的连带效果，是企业进行技术创新的重要因素。

（5）通过技术创新，可以利用企业剩余的生产能力。中国在一定时期内，不少企业的生产能力过剩，企业的资源利用率不高。但若能深入了解、开拓市场，结合本企业实际，积极地组织技术创新，就可能开发、生产出满足用户需要的新产品，扩大销售量，充分利用企业剩余生产能力，提高企业的经济效益。

（6）技术创新是全面提高企业素质和能力的最有效方式之一。通过技术创新，一方面可以改善研究、开发条件，提高其能力，增强企业内部的基本素质；另一方面，也可以改善企业的对外适应能力，更好地应对外部的市场竞争。技术创新是提高企业竞争力的根本途径。

## 12.1.2 技术创新的分类及创新模式

**1. 技术创新的基本类型**

根据技术创新的目的或内容，可将其分为几种不同的类型。

(1) 按技术应用的对象，可将技术创新分为产品创新、工艺创新和管理创新。

1) 产品创新。产品创新是指其目的是生产新产品的技术创新活动。按照产品所含技术量变化的大小，产品创新可分为全新或重大的产品创新和改进或渐近的产品创新。

2) 工艺创新。工艺创新是指其目的是对生产过程中的工艺流程、生产技术和装备进行改善的技术创新活动。工艺创新又可分为独立的工艺创新与伴随性工艺创新两种。前者是指工艺创新的结果不改变产品的基本功能，只是降低生产成本，提高产品性能；后者则指由于产品变化导致的工艺创新。

3) 管理创新。管理创新是指其目的是为产生新的组织管理方式而进行的技术创新活动。管理创新活动涉及面较广，包括企业性质、领导制度、人事制度、管理方式等多方面内容。

(2) 按创新的程度，可将创新分为全新型创新和改进型创新。

1) 全新型创新。全新型创新是指采用新技术原理、新设计构思，研制和生产完全新型产品的技术创新活动。

2) 改进型创新。改进型创新是指应用新技术原理、新设计方案，对现有产品在结构、材质、工艺等任一方面有重要改进，显著提高产品性能或扩大使用功能的技术创新活动。

(3) 按节约资源的类型，可将技术创新分为节约劳动的技术创新、节约资本的技术创新和中性的技术创新。

节约劳动的技术创新是指能够使产品成本中活劳动所占比重减少的技术创新；节约资本的技术创新是指能够使产品成本中物化劳动所占比重减少的技术创新；中性的技术创新是指既不偏重于节约劳动，又不偏重于节约资本的技术创新。这种划分不仅有理论意义，还有政策上的意义，可作为选择和引进新技术、研究和发展新技术的依据。

(4) 按照技术创新的组织方式，可分为独立创新、联合创新和引进创新。

1) 独立创新。独立创新是指单位或个人自行研制并组织生产和销售的技术创新活动，其主要特点是易于协调和控制，但要求创新者具备较好的技术、生产及销售能力。

2) 联合创新。联合创新是由若干单位相互合作进行的技术创新活动。这种创新大都具有攻关性质，可以优势互补，但组织协调及管理控制工作较复杂。联合创新的形式主要有企业与企业间的联合创新，企业与科研机构间的联合创新，以及企业、高等院校和研究机构间的联合创新等。

3) 引进创新。引进创新是指从本单位以外引进必要的技术、生产设备或其他软件，在此基础上自行研制和开发的技术创新。这种创新的优点是开发周期较短，风险降低，但其不足是创新初期需投入较多的经费，并应对引进的技术等进行认真的评估和消化。

**2. 技术创新的基本模式**

技术创新涉及创新构思产生、研究开发、技术管理与组织、工程设计与生产、用户参与及市场营销等一系列活动。这些活动相互联系，也可能交叉循环或并行开展。自20世纪60年代以来出现了五代具有代表性的技术创新模式。

(1) 技术推动模式。技术推动模式是指由技术发展的推动作用而产生技术创新。技术推动力表现为科学和技术的重要突破，使科学技术明显地走在生产的前面，从而创造全新的市场需求，或激发市场潜在的需求。这种模式认为，研究开发或科学发现是创新的主要来源，经过生产和销售最终将某项新技术产品引入市场。在经济发展过程中，许多重大的技术创新成果，如人造纤维、半导体、核电站等都属于这一模式。这种模式如图 12-1 所示。

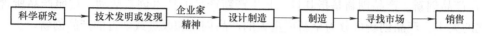

图 12-1　技术推动的创新过程模式

（2）需求拉动模式。20 世纪 60 年代中期，通过对大量技术创新的实例研究和分析，发现大多数创新特别是渐进型或改进型创新，并非由技术推动引发，而 60%～80% 的技术创新是由市场需求和生产需要所激发的，于是提出了需求拉动模式。强调市场需求是研究与开发构思的来源，市场需求为产品和工艺创新提供了机会，并激发为之寻找可行的技术方案的研究与开发活动。从而，技术创新是市场需求引发的结果，该模式如图 12-2 所示。

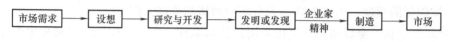

图 12-2　需求拉动的创新过程模式

（3）技术与市场交互作用模式。这种交互作用模式，是指在技术创新时，创新者在拥有或部分拥有技术发明或发现的条件下，受市场需求的诱发，由此开展技术创新活动。实际上，由于技术与经济的相互渗透，以及技术创新过程涉及多种因素，很难确定是技术推动还是市场需求拉动为技术创新的动力。于是，在 20 世纪 70 年代和 80 年代初，提出了第三代创新过程模式，如图 12-3 所示。

图 12-3　技术与市场交互作用的创新过程模式

（4）一体化创新过程模式。这种模式不是将技术创新过程视为从一个阶段或环节到另一个阶段或环节的顺序过程，而是将技术创新视为同时涉及创新构思的产生、研究与开发、设计、制造和市场营销的并行过程。该模式于 20 世纪 80 年代后期提出，作为第四代创新过程模式，如图 12-4 所示。

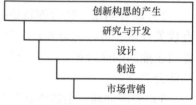

图 12-4　一体化创新过程模式

（5）系统集成网络模式。系统集成网络模式是一体化模式的进一步发展，作为第五代技术创新模式于 20 世纪 80 年代初提出。该模式最显著的特征是强调合作企业之间更密切的战略关系，更多地借助专家系统进行研究和开发，利用仿真模型替代实物原型，并运用创新过程一体化的计算机辅助设计与计算机集成制造系统，完成创新过程。

## 12.1.3　技术创新的过程

对技术创新过程的认识和划分，目前国内外学者从不同的角度形成不同的看法，既然技术创新是一个新产品或新工艺的第一次商业运用，那么技术创新过程也必然是一个从新的产品或工艺创意到真正商业化的过程。结合我国企业技术创新运行过程的实际情况，可以把技术创新过程划分为以下六个阶段：

**1. 创意思想的形成阶段**

创意的形成主要表现在创新思想的来源和创新思想形成环境两个方面。创意思想可能来自科学家或从事某项技术活动的工程师的推测或发现，也可能来自市场营销人员或用户对环境或市场需要或机会的感受，但是这些创意要变成创新还需要很长时间。人造纤维从创意到创新大约用了200年，计算机是100年，而航天飞机时间更长。创新思想的形成环境主要包括市场环境、宏观政策环境、经济环境、社会人文环境、政治法律环境等。

**2. 研究开发阶段**

研究开发阶段的基本任务是创造新技术，一般由科学研究（基础研究、应用研究）和技术开发组成。企业从事研究开发活动的目的是很实际的，那就是开发可以或可能实现实际应用的新技术，即根据本企业的技术、经济和市场需要，捕捉各种技术机会和市场机会，探索应用的可能性，并把这种可能性变为现实。研制出可供利用的新产品和新工艺是研究开发的基本内容。研究开发阶段是根据技术、商业、组织等方面的可能条件对创新构思阶段的计划进行检查和修正。有些企业也可能根据自身的情况购买技术或专利，从而跳过这个阶段。

**3. 中试阶段**

中试阶段的主要任务是完成从技术开发到试生产的全部技术问题，以满足生产需要。小型试验在不同规模上考验技术设计和工艺设计的可行性，解决生产中可能出现的技术和工艺问题，是技术创新过程不可缺少的阶段。

**4. 批量生产阶段**

批量生产阶段的主要任务是按商业化规模要求把中试阶段的成果变为现实的生产力，产生出新产品或新工艺，并解决大量的生产组织管理和技术工艺问题。

**5. 市场营销阶段**

技术创新成果的实现程度取决于其市场的接受程度。本阶段的任务是实现新技术所形成的价值与使用价值，包括试销和正式营销两个阶段。试销具有探索性质，探索市场的可能接受程度，进一步验证其技术的完善程度，并反馈到以上各个阶段，予以不断改进与完善。市场营销阶段实现了技术创新所追求的经济效益，完成技术创新过程中质的飞跃。

**6. 创新技术扩散阶段**

在创新技术扩散阶段，创新技术被赋予新的用途，进入新的市场。例如雷达设备用于机动车测速，微波技术用于微波炉的制造。

在实际创新过程中，各阶段的划分不一定十分明确，各个阶段的创新活动也不仅仅是按线性序列递进的，有时存在着过程的多重循环与反馈以及多种活动的交叉和并行。下一阶段的问题会反馈到上一阶段以求解决，上一阶段的活动也会从下一阶段所提出的问题及其解决中得到推动、深入和发展。各阶段相互区别又相互联系和促进，形成技术创新的统一过程。

## 12.1.4 技术创新能力及其评价

**1. 技术创新能力及构成要素**

技术创新能力是指企业依靠新技术推动企业发展的能力，是企业发展技术能力的核心。只有拥有技术创新能力，经过不断创新，企业在技术能力上才能最终战胜技术领先者并保持领先水平。

技术创新能力是一种综合能力，由若干要素构成，包括如下基本要素：

（1）创新资源投入能力。创新资源投入能力是指企业投入技术创新资源的数量与质量。技术创新资源投入又可分为研究开发投入和非研究开发投入。研究开发投入能力集中体现在经费、人员和设备上，只限于同行企业或者生产相同产品企业间的比较。

在自主创新的情况下，非研究开发投入是指除研究开发经费之外的其余部分，包括市场研究和材料准备等经费。对于购买技术实现技术创新的情况，非研究开发投入包括技术引进、技术改造的投资。

（2）研究与开发能力。研究与开发能力是指企业在掌握现有科学技术知识的基础上，把握市场需求，确定选题，并组织人力、物力去从事创新技术产品的开发的能力。研究与开发能力是创新资源投入积累的结果，但创新资源投入能力不能代替研究与开发能力。创新资源投入能力强调研究与开发的投入和非研究与开发的投入，而研究与开发能力则强调研究与开发的结果。

（3）创新管理能力。创新管理能力是指企业发现和评价创新机会、组织技术创新活动的能力。创新管理能力主要由创新战略、创新机制和创新速度三要素构成。

（4）创新倾向。创新倾向是指企业家个人具有的创新主动性和前瞻性。创新倾向可以从创新率、创新视野、创新规划以及创新愿望等方面体现。

（5）制造能力。制造能力是指把研究与开发的成果转化为符合设计要求的可批量生产产品的能力。企业的制造能力包括企业装备先进性、工艺设计管理能力、工人的技术水平及工作质量等。

（6）营销能力。营销能力包括两方面的能力：一是市场调查研究能力；二是销售能力。

**2. 技术创新能力评价**

创新能力要素的评价指标主要有以下几个方面：

（1）研究开发投入能力指标

$$研究开发投入强度 = \frac{研究开发经费}{销售收入}$$

$$研究开发人员的素质 = \frac{\sum_{i=1}^{n} w_i r_i}{\sum_{i=1}^{n} w_i}$$

式中，$i$ 为素质的等级，一般分为4个等级；$r_i$ 为第 $i$ 级别的研究与开发人员数；$w_i$ 为第 $i$ 级别的人员素质权重。

（2）研究与开发能力指标

1）专利拥有数。专利拥有数是衡量研究开发能力的有效指标，用 $S_5$ 表示。

2）自主创新产品率。用 $S_6$ 表示，其计算公式为

$$S_6 = \frac{自主创新产品数}{创新产品数}$$

3）技术引进改进指标。该指标反映企业技术引进后消化吸收方面所做的工作，对其计量很复杂，国内学者提出以经验数据测度其指标，用 $E_3$ 表示，取值范围为 $0 \sim 100$。

研究开发能力用以上三个指标表示为

$$研究开发能力(\text{RDC}) = \frac{S_5 + S_6 + E_3}{3}$$

(3) 创新管理能力指标。目前尚难以准确进行计量，可用经验数据表示为

$$创新管理能力(\text{IMC}) = \frac{E_1 + E_2}{2}$$

式中，$E_1$ 为创新战略评分，0~100分；$E_2$ 为创新机制评分，0~100分。

(4) 创新倾向指标。创新倾向指标可以用创新频率来衡量，其计算公式为

创新频率 = 年内产品创新数 + 年内工艺创新数

## 12.1.5 专利制度与技术创新的关系

技术创新成果往往凝结为信息、知识等无形资产，具有一定的公共产品属性，只有通过专利制度对企业在一定时期内的新产品垄断经营权进行法律上的保护和认可，才能有效激励企业的技术创新活动，因而专利制度被很多国家确定为创新激励政策体系的重要组成部分。

**1. 完善的专利制度有助于降低企业创新成果的溢出效应**

创新成果的溢出效应会显著降低企业对技术创新活动的预期收益，因而成为阻碍企业开展技术创新活动的重要内部因素。专利制度则是从法律层面对企业的技术创新成果进行权威性的保护，这有效地解决了创新成果溢出这一市场失灵问题；同时通过完善的权、责、利对等机制，减少了"搭便车"行为，从而为企业的技术创新活动扫除了一大障碍。

**2. 专利交易体系能够加速创新成果的转化**

从社会福利最大化的角度出发，对专利权的保护绝非产权保护制度的终点和最终目的，通过构建科学合理的知识产权制度，实现创新成果的迅速转化和充分交流，才是产权保护制度的最高目标。专利成果交易意味着创新成果在企业之间的交换，对于出售专利成果的企业而言，某项专利成果可能并不符合该企业的目标市场需求，或者专利成果在转化过程中遇到了困难，通过将专利成果转让给其他企业，转让企业可以获得一笔收益，从而挽回技术研发阶段的沉没成本；对于购买专利成果的企业而言，直接购买现成的创新成果能够规避研发过程中的种种风险，缩短企业的新产品研发周期，同时购买行为本身意味着企业存在专利成果需求，从而会加快对专利成果进行商业化的应用步伐。由此可见，通过建立"以重点区域知识产权交易市场为主导，各类分支交易市场为基础，专业知识产权市场为补充，各类专业中介组织广泛参与"的多层次知识产权交易市场体系，能够促进企业之间在专利成果方面互通有无，优化创新成果配置，加速创新成果的顺利转化和商业化，为企业的技术创新活动提供持续动力和后续支撑。

**3. 专利保护强度过高不利于激发企业的创新活力**

专利制度本是有利于企业技术创新的法律制度，但若保护强度过高也会对技术创新产生不利影响，而这通常是由专利寿命过长所导致的。专利保护期过长，不论是对被保护企业还是其他同类企业的技术创新活动都将产生不利影响。对被保护企业而言，过长的专利使用寿命意味着该企业在较长时期内拥有某项创新成果的独家使用权，进而在新产品销售方面享有高额垄断利润和较大的市场份额，以至于很难有企业能够对其构成竞争威胁，长此以往必将导致被保护企业缺乏竞争意识和创新精神，不利于被保护企业继续进行技术创新；对其他同类企业而言，在漫长的专利保护期内，创新成果的传播处于停滞状态，这类企业无法通过模

仿创新来提升技术水平，而落后的技术水平又使得这些企业在产品市场上销售不佳、利润低下，从而无力支撑耗资巨大的技术创新活动。总之，专利保护强度过高也将不利于激发被保护企业以及其他同类企业的技术创新活力。

**4. 经济发展水平越高，越有利于发挥专利制度的创新激励作用**

专利制度创新激励作用的充分发挥，不仅需要专利制度本身具备适当的保护强度，还需要有一定外部经济基础与之相匹配。当地区经济发展水平整体上较为落后时，专利制度的创新激励效果可能会受到抑制。原因在于：①地区经济发展水平落后，意味着该地区的大部分企业可能尚处于模仿创新阶段，提高专利保护强度不仅会减少企业创新活动预期收益，还会增加企业的创新成本和创新风险，综合考虑这两方面因素，企业创新受到的正向激励往往十分有限；②一个地区的基础设施水平、人才吸引能力、金融市场化程度等因素对企业的创新积极性和创新效率都具有重要影响，而以上这些因素在一定程度上都是由地区经济发展水平决定的，落后地区由于在配套基础设施、人力资本水平、金融市场环境等方面存在较大缺陷，因此会限制专利制度的创新激励功能的发挥，从而不利于企业创新积极性和创新效率的提升。

## 12.2 企业技术创新

### 12.2.1 企业技术创新的战略

**1. 企业技术创新战略的概念**

所谓企业技术创新战略，是指企业对其技术创新活动的总体谋划。企业技术创新战略有如下特征：

（1）长远性。技术创新战略虽然立足于企业当前的状况，但它所规定的是较长时期内企业技术未来发展的方针、政策和措施，不仅影响企业的近期效益，而且对长期竞争力、效益会产生深远影响，因此具有较深远的意义。处理好技术上当前与长远的关系是技术创新战略的一个重点。

（2）全局性。技术创新战略规定了对企业发展有全面影响的技术发展目标和措施，会导致企业较大范围甚至整体性的技术变化，对企业全局都有重大影响，对企业竞争力、发展前途起重大的作用，需要企业所有部门、全体员工共同协力完成。

（3）协调性。企业的技术创新战略是企业战略的一部分，与企业总体战略密切关联，是实现企业战略的技术保证，还需要其他职能（营销、生产运作、财务等）战略的支持和配合，同时也影响其他职能战略的实现。因此，技术创新战略必须与企业的所有战略相互协调、配合、协作，而不是孤立的、单纯的技术创新战略。

（4）风险性。机会和风险是并存的，制定技术创新战略的目的就是要减少创新的风险；但未来的市场、需求等环境因素具有不确定性，技术本身也具有很大的不确定性，技术创新战略需要较长时间才能呈现出结果，技术创新既可能成功也可能失败，从而可能出现战略错误或战略失误，而技术创新战略的全局性特点则会使战略失误的损失放大，这就决定了技术创新战略面临着较大的风险。

**2. 企业技术创新战略的作用**

从现代战略管理的观点来看,企业技术创新战略是企业战略的一个职能战略,企业要进行技术创新,应该首先解决企业技术创新战略问题。企业技术创新战略在企业战略中具有独特的作用。

(1) 技术创新战略是企业战略的重要组成部分。在新的生产方式革命面前,每一个企业都面临着新的危机,也都具备新的发展机会,因此必须重新构造自己的发展战略。技术创新的作用大,难度也大,不确定性程度很高,这就需要企业有一个全面、长期的谋略——技术创新战略来予以指导和安排。因而,技术创新战略在企业战略中的地位将越来越高,甚至有人将此视为处于企业战略中心地位的战略。

(2) 技术创新战略是影响企业长期竞争能力的重要因素。处于激烈竞争中的企业犹如逆水行舟,不进则退。技术创新战略决定着未来企业的新产品开发、技术改造、技术转移或扩散等行为,决定着企业的产品市场拓展能力、成本水平、质量水平、反应速度等,从而成为影响企业竞争力的一个非常重要的因素。

(3) 技术创新战略是应对技术创新不确定性的重要手段。任何技术创新都具有不确定性,创新的程度越高,不确定性就越大。对技术创新活动做出全面、长期、充分的估计和合理的安排,可以在一定程度上减少这种不确定性。

(4) 技术创新战略是企业技术创新活动的指南。技术创新战略将指明企业创新的方向,促使企业形成自己的核心技术能力和优势;将帮助企业找到最为适宜的技术发展轨道,将有限的创新资源用在最佳的创新机会上,获得尽可能多的创新成果和创新效益。

**3. 企业技术创新战略的模式**

企业在确定技术创新战略时,都面临着一个基本的问题——选择什么样的战略模式。战略模式的适当性关系到企业技术创新战略的有效性。有多种多样的技术创新战略模式供企业选择,企业必须根据自己的战略目标、外部环境条件、竞争条件以及自身的技术实力等,从中选择一个合适的技术创新战略模式。企业技术创新战略模式可以从不同角度进行划分,下面详细介绍关于技术态势的战略模式。

(1) 领先型技术创新战略。采用领先型技术创新战略,必须不断探索新的技术及新的应用领域,完全进行开创性的研究与开发,从而在引进创新产品和创新工艺方面领先于其他竞争者,以获得技术主导地位,成功的领先型战略可获得技术的独占性或垄断优势,能较好地取得排他性的创新收益。

(2) 跟随型技术创新战略。企业追随同一产业主导企业开展相应的技术创新活动,其主导方式是对领先型企业的新技术和新产品加以选择、改进和提高,并在降低制造成本和拓展市场方面做更多的努力。一般来讲,采用领先型技术创新战略的企业只是少数,大部分企业采用的是跟随型技术创新战略,不完全是因为缺乏研究与开发能力,相反这类企业往往具有较强的技术开发力量,采用跟随型技术创新战略,企业既不愿意成为第一个先导者,也不愿意成为落后者。他们主动落后于先导者,是为了避免技术创新的风险,可以避免走弯路,减少失败与缺陷。在看到创新技术的良好前景时,再及时进行独立的研究与开发活动,既可从早期先导者的经验中学习,又可从先导者打开的市场中获利,还能在先导者的基础上做些进一步的创新,"后发制人"。该战略与领先型技术创新战略的主要区别在于创新的时间。

(3) 模仿型技术创新战略。企业采用模仿型技术创新战略,自己不进行新技术的研究与开发,而是靠仿制或购买技术专利等方式取得新技术。从社会角度讲,模仿型技术创新本质上不是创新,但对企业本身而言,仍然是一种技术创新。因为企业需要对所模仿的技术做大量的独立研究与试验,开发相应的技术,而且成本低、速度快、收益高,还有先导者被模仿者淘汰出市场的情形。但模仿总是滞后的,有时甚至是不可能的。

**4. 企业技术创新战略的制定**

企业技术创新战略的制定包括以下几个方面:

(1) 分析企业外部环境和内部条件。这个阶段至关重要,关系到企业技术创新战略的成功与失败,因为企业内外部环境、条件是制定技术创新战略的前提和出发点,所以企业必须小心、细致、周全地进行调查、预测。调查、预测的主要内容包括:技术发展、经济和社会发展趋势、机遇、挑战;竞争者的情况和竞争压力;企业战略对技术创新战略提出的要求,企业技术能力等。

(2) 确定技术创新战略目标。在进行前述分析之后,就需要权衡利弊,初步确定本企业技术创新战略的目标。企业技术创新战略的目标规定了企业技术创新活动的长期任务和阶段任务的要求和应达到的水平。企业技术创新战略目标是企业技术创新活动的方向,也是企业技术创新活动对内外部环境变化所做出的恰当反应。目标不宜定得太高,也不宜定得过低。

(3) 拟定技术创新战略方案。技术创新战略方案是在战略目标指导下的技术创新行动方案或实现技术创新目标的途径。拟定技术创新战略方案的基本过程如下:

首先,探索可能的技术创新战略方案。

其次,比较分析和评价技术创新战略方案。

最后,选择合适的技术创新战略方案。

一个技术创新战略方案应具有以下基本内容:①采用的技术创新战略模式;②技术性质、重点、主要技术发展方向;③对相关资源(人力、物力、财力)的需求性质、数量和时间;④职责分配、组织形式;⑤人员素质要求、培训计划;⑥支持体系;等等。

(4) 实施技术创新战略方案。技术创新战略实施就是执行选定的技术创新战略方案,技术创新战略方案必须首先分战略、战术和作业,形成行动计划,才具有操作性,最终才能组织实施。其次是具体落实技术创新的任务,确保资源供应,在实施活动中予以正确的领导和控制。具体内容如下:

1) 把战略目标层层分解为各相关部门、各时间段的具体分目标。

2) 根据分目标确定分战略和行动计划。

3) 根据战略要求分配所需的人力、物力和财力。

4) 加强领导,实行及时和合理的激励,调动创新人员的积极性。

5) 根据具体情况,对创新活动进行适当控制,保证技术创新战略的最终完成。

## 12.2.2 企业技术创新的内容

**1. 产品创新**

产品创新是指在产品技术变化基础上进行的技术创新。产品创新是一个全过程的概念,包括新产品的研究与开发过程,也包括新产品的商业化扩散过程。

产品创新是企业技术创新中最重要、最基本的内容,是企业技术创新的核心。这是因为一个企业要想生存和发展，要实现自己的目标，都要通过向社会提供适销对路的产品来实现。而在科技高速发展、市场竞争空前激烈的今天，要使自己的产品为市场所接受，就必须根据市场的需要和需求的变化坚持进行研究与开发，不断地推出能够满足用户要求的新产品。只有这样才能跟上时代发展的步伐，在竞争中获胜。也就是说，产品创新是企业生存发展之本。

### 2. 工艺创新

工艺是指劳动者利用生产工具对各种原材料、在制品进行加工处理，使之成为合格产品的方法和过程。作为企业技术创新的重要组成部分，工艺创新的主要内容除了加工方法的更新和生产过程的重组以外，还涉及生产过程中其他一些技术要素。从广义的角度来界定工艺创新，应包括如下三个层面：①对生产装备的更新，即机器设备和工艺装备的更新，生产装备的技术水平和性能状态对产品的生产过程有着重要的影响；②对加工方法的更新和生产过程的重组，这是更高层次的工艺创新活动，是新的生产技术的运用，是对提高生产效率所做的根本性的创新活动；③既有对生产装备的更新，又包括对整个生产过程的重组，这一层面的工艺创新活动代表着企业生产方式的革命。

### 3. 组织创新

组织创新中最受关注的是营销创新。营销创新是指企业为实现经营目标，其营销行为在观念、体系、策略、方式等诸方面实现的更新、改进和完善。营销创新要求企业能创造出"新"的营销策略与方式，它必须不同于现有的营销方式。但是这种不同，可以是整体意义上的不同，比如创造出一种全新的营销方式，如网络营销，也可以是局部或某个营销环节上的不同，比如品牌创新、促销创新等。营销创新所创造的"新"的营销策略和方式，必须具有技术上的可行性、经济上的合理性，并能被市场所接受。只有这样才能使企业的市场状况发生有利的变化，为企业、为社会带来良好的效益。

## 本章小结

本章对技术创新的概念、作用及其基本类型、基本模式，以及企业技术创新的战略、企业技术创新的内容进行了介绍。

## 思 考 题

1. 技术创新的基本含义是什么？
2. 技术创新的作用有哪些？
3. 简述技术创新的基本类型和基本模式。
4. 企业技术创新战略的模式包含哪几种？

# 附 录

## 附录 A  相关系数临界值表

| α\\(n-2) | 0.05 | 0.01 | α\\(n-2) | 0.05 | 0.01 |
|---|---|---|---|---|---|
| 1 | 0.997 | 1.000 | 21 | 0.413 | 0.526 |
| 2 | 0.950 | 0.990 | 22 | 0.404 | 0.515 |
| 3 | 0.878 | 0.959 | 23 | 0.396 | 0.505 |
| 4 | 0.811 | 0.917 | 24 | 0.383 | 0.496 |
| 5 | 0.754 | 0.874 | 25 | 0.381 | 0.487 |
| 6 | 0.707 | 0.834 | 26 | 0.374 | 0.478 |
| 7 | 0.666 | 0.798 | 27 | 0.367 | 0.470 |
| 8 | 0.632 | 0.765 | 28 | 0.361 | 0.463 |
| 9 | 0.602 | 0.735 | 29 | 0.355 | 0.456 |
| 10 | 0.576 | 0.708 | 30 | 0.349 | 0.449 |
| 11 | 0.553 | 0.684 | 35 | 0.325 | 0.418 |
| 12 | 0.532 | 0.661 | 40 | 0.304 | 0.393 |
| 13 | 0.514 | 0.641 | 45 | 0.288 | 0.372 |
| 14 | 0.497 | 0.623 | 50 | 0.273 | 0.354 |
| 15 | 0.482 | 0.606 | 60 | 0.250 | 0.325 |
| 16 | 0.468 | 0.590 | 70 | 0.232 | 0.302 |
| 17 | 0.456 | 0.575 | 80 | 0.217 | 0.283 |
| 18 | 0.444 | 0.561 | 90 | 0.205 | 0.267 |
| 19 | 0.433 | 0.549 | 100 | 0.195 | 0.254 |
| 20 | 0.423 | 0.537 | 200 | 0.138 | 0.181 |

## 附录 B  t 分布表

$$P\{t(n) > t_n\} = \alpha$$

| $n-2$ | $\alpha/2 = 0.25$ | 0.10 | 0.05 | 0.025 | 0.01 | 0.005 |
|---|---|---|---|---|---|---|
| 1 | 1.0000 | 3.0777 | 6.3138 | 12.7062 | 31.8207 | 63.6574 |
| 2 | 0.8165 | 1.8856 | 2.9200 | 4.3027 | 6.9646 | 9.9248 |
| 3 | 0.7649 | 1.6377 | 2.3534 | 3.1824 | 4.5407 | 5.8409 |
| 4 | 0.7407 | 1.5332 | 2.1318 | 2.7764 | 3.7469 | 4.6041 |
| 5 | 0.7267 | 1.4759 | 2.0150 | 2.5706 | 3.3649 | 4.0322 |
| 6 | 0.7176 | 1.4398 | 1.9432 | 2.4469 | 3.1427 | 3.7074 |
| 7 | 0.7111 | 1.4149 | 1.8946 | 2.3646 | 2.9980 | 3.4995 |
| 8 | 0.7064 | 1.3964 | 1.8595 | 2.3060 | 2.8965 | 3.3554 |
| 9 | 0.7027 | 1.3830 | 1.8331 | 2.2622 | 2.8214 | 3.2498 |
| 10 | 0.6998 | 1.3722 | 1.8125 | 2.2281 | 2.7638 | 3.1693 |
| 11 | 0.6974 | 1.3034 | 1.7959 | 2.2010 | 2.7181 | 3.1058 |
| 12 | 0.6955 | 1.3562 | 1.7823 | 2.1788 | 2.6810 | 3.0545 |
| 13 | 0.6938 | 1.3502 | 1.7709 | 2.1604 | 2.6503 | 3.0123 |
| 14 | 0.6924 | 1.3450 | 1.7613 | 2.1448 | 2.6245 | 2.9768 |
| 15 | 0.6912 | 1.3406 | 1.7531 | 2.1315 | 2.6025 | 2.9467 |
| 16 | 0.6901 | 1.3368 | 1.7459 | 2.1199 | 2.5835 | 2.9208 |
| 17 | 0.6892 | 1.3334 | 1.7396 | 2.1098 | 2.5669 | 2.8982 |
| 18 | 0.6884 | 1.3304 | 1.7341 | 2.1009 | 2.5524 | 2.8784 |
| 19 | 0.6876 | 1.3277 | 1.7291 | 2.0930 | 2.5395 | 2.8609 |
| 20 | 0.6870 | 1.3253 | 1.7247 | 2.0860 | 2.5280 | 2.8453 |
| 21 | 0.6864 | 1.3232 | 1.7207 | 2.0796 | 2.5177 | 2.8314 |
| 22 | 0.6858 | 1.3212 | 1.7171 | 2.0739 | 2.5083 | 2.8188 |
| 23 | 0.6853 | 1.3159 | 1.7139 | 2.0687 | 2.4999 | 2.8073 |
| 24 | 0.6848 | 1.3178 | 1.7109 | 2.0639 | 2.4922 | 2.7969 |
| 25 | 0.6844 | 1.3163 | 1.7081 | 2.0595 | 2.4851 | 2.7874 |
| 26 | 0.6840 | 1.3150 | 1.7056 | 2.0555 | 2.4786 | 2.7787 |
| 27 | 0.6837 | 1.3137 | 1.7033 | 2.0518 | 2.4727 | 2.7707 |
| 28 | 0.6834 | 1.3125 | 1.7011 | 2.0484 | 2.4671 | 2.7633 |
| 29 | 0.6830 | 1.3114 | 1.6991 | 2.0452 | 2.4620 | 2.7564 |
| 30 | 0.6828 | 1.3104 | 1.6973 | 2.0423 | 2.4573 | 2.7500 |
| 31 | 0.6825 | 1.3095 | 1.6955 | 2.0395 | 2.4528 | 2.7440 |
| 32 | 0.6822 | 1.3086 | 1.6939 | 2.0369 | 2.4487 | 2.7385 |
| 33 | 0.6820 | 1.3077 | 1.6924 | 2.0345 | 2.4448 | 2.7333 |
| 34 | 0.6818 | 1.3070 | 1.6909 | 2.0322 | 2.4411 | 2.7284 |
| 35 | 0.6816 | 1.3062 | 1.6896 | 2.0301 | 2.4377 | 2.7233 |
| 36 | 0.6814 | 1.3055 | 1.6883 | 2.0281 | 2.4345 | 2.7195 |
| 37 | 0.6812 | 1.3049 | 1.6871 | 2.0262 | 2.4314 | 2.7154 |
| 38 | 0.6810 | 1.3042 | 1.6860 | 2.0244 | 2.4286 | 2.7116 |
| 39 | 0.680 | 1.3036 | 1.6849 | 2.0227 | 2.4258 | 2.7079 |
| 40 | 0.6807 | 1.3031 | 1.6839 | 2.0211 | 2.4233 | 2.7045 |
| 41 | 0.6805 | 1.3025 | 1.6829 | 2.0195 | 2.4208 | 2.7012 |
| 42 | 0.6804 | 1.3020 | 1.6820 | 2.0181 | 2.4185 | 2.6981 |
| 43 | 0.6802 | 1.3016 | 1.6811 | 2.0167 | 2.4163 | 2.6951 |
| 44 | 0.6801 | 1.3011 | 1.6802 | 2.0154 | 2.4141 | 2.6923 |
| 45 | 0.6800 | 1.3006 | 1.6794 | 2.0141 | 2.4121 | 2.6896 |

## 附录C 复利系数表

| i | n | F/P, i, n | P/F, i, n | A/P, i, n | P/A, i, n | A/F, i, n | F/A, i, n |
|---|---|---|---|---|---|---|---|
| 3% | 1 | 1.0300 | 0.9709 | 1.03000 | 0.9709 | 1.00000 | 1.0000 |
| | 2 | 1.0609 | 0.9426 | 0.52262 | 1.9135 | 0.49262 | 2.0300 |
| | 3 | 1.0927 | 0.9151 | 0.35353 | 2.8286 | 0.32353 | 3.0909 |
| | 4 | 1.1255 | 0.8885 | 0.26903 | 3.7171 | 0.23903 | 4.1836 |
| | 5 | 1.1593 | 0.8626 | 0.21836 | 4.5797 | 0.18836 | 5.3091 |
| | 6 | 1.1941 | 0.8375 | 0.18460 | 5.4172 | 0.15460 | 6.4684 |
| | 7 | 1.2299 | 0.8131 | 0.16051 | 6.2303 | 0.13051 | 7.6625 |
| | 8 | 1.2668 | 0.7894 | 0.14246 | 7.0197 | 0.11246 | 8.8923 |
| | 9 | 1.3048 | 0.7664 | 0.12843 | 7.7861 | 0.09843 | 10.159 |
| | 10 | 1.3439 | 0.7441 | 0.11723 | 8.5302 | 0.08723 | 11.464 |
| | 11 | 1.3842 | 0.7224 | 0.10808 | 9.2526 | 0.07808 | 12.808 |
| | 12 | 1.4258 | 0.7014 | 0.10046 | 9.9540 | 0.07046 | 14.192 |
| | 13 | 1.4685 | 0.6810 | 0.09403 | 10.6350 | 0.06403 | 15.618 |
| | 14 | 1.5126 | 0.6611 | 0.08853 | 11.2961 | 0.05853 | 17.086 |
| | 15 | 1.5580 | 0.6419 | 0.08377 | 11.9379 | 0.05377 | 18.599 |
| | 16 | 1.6047 | 0.6232 | 0.07961 | 12.5611 | 0.04961 | 20.157 |
| | 17 | 1.6528 | 0.6050 | 0.07595 | 13.1661 | 0.04595 | 21.762 |
| | 18 | 1.7024 | 0.5874 | 0.07271 | 13.7535 | 0.04271 | 23.414 |
| | 19 | 1.7535 | 0.5703 | 0.06981 | 14.3238 | 0.03981 | 25.117 |
| | 20 | 1.8061 | 0.5537 | 0.06722 | 14.8775 | 0.03722 | 20.870 |
| | 21 | 1.8603 | 0.5375 | 0.06487 | 15.4150 | 0.03487 | 28.676 |
| | 22 | 1.9161 | 0.5219 | 0.06275 | 15.9369 | 0.03275 | 30.537 |
| | 23 | 1.9736 | 0.5067 | 0.06082 | 16.4436 | 0.03082 | 32.453 |
| | 24 | 2.0328 | 0.4919 | 0.05905 | 16.9355 | 0.02905 | 34.426 |
| | 25 | 2.0938 | 0.4776 | 0.05743 | 17.4131 | 0.02743 | 36.459 |

（续）

| i | n | F/P, i, n | P/F, i, n | A/P, i, n | P/A, i, n | A/F, i, n | F/A, i, n |
|---|---|---|---|---|---|---|---|
| | 1 | 1.0400 | 0.9615 | 1.04000 | 0.9615 | 1.00000 | 1.0000 |
| | 2 | 1.0816 | 0.9246 | 0.53020 | 1.8861 | 0.49020 | 2.0400 |
| | 3 | 1.1249 | 0.8890 | 0.36035 | 2.7751 | 0.32035 | 3.1216 |
| | 4 | 1.1699 | 0.8548 | 0.27549 | 3.6299 | 0.23549 | 4.2465 |
| | 5 | 1.2167 | 0.8219 | 0.22463 | 4.4518 | 0.18463 | 5.4163 |
| | 6 | 1.2653 | 0.7903 | 0.19076 | 5.2421 | 0.15076 | 6.6330 |
| | 7 | 1.3159 | 0.7599 | 0.16661 | 6.0021 | 0.12661 | 7.8983 |
| | 8 | 1.3686 | 0.7307 | 0.14853 | 6.7327 | 0.10853 | 9.2142 |
| | 9 | 1.4233 | 0.7026 | 0.13449 | 7.4353 | 0.09449 | 10.583 |
| | 10 | 1.4802 | 0.6756 | 0.12329 | 8.1109 | 0.08329 | 12.006 |
| | 11 | 1.5395 | 0.6496 | 0.11415 | 8.7605 | 0.07415 | 13.486 |
| | 12 | 1.6010 | 0.6246 | 0.10655 | 9.3851 | 0.06655 | 15.026 |
| 4% | 13 | 1.6651 | 0.6006 | 0.10014 | 9.9856 | 0.06014 | 16.627 |
| | 14 | 1.7317 | 0.5775 | 0.09467 | 10.5631 | 0.05467 | 18.292 |
| | 15 | 1.8009 | 0.5553 | 0.08994 | 11.1184 | 0.04994 | 20.024 |
| | 16 | 1.8730 | 0.5339 | 0.08582 | 11.6523 | 0.04582 | 21.825 |
| | 17 | 1.9479 | 0.5134 | 0.08220 | 12.1657 | 0.04220 | 23.698 |
| | 18 | 2.0258 | 0.4936 | 0.07899 | 12.6593 | 0.03899 | 25.645 |
| | 19 | 2.1068 | 0.4746 | 0.07614 | 13.1339 | 0.03614 | 27.671 |
| | 20 | 2.1911 | 0.4564 | 0.07358 | 13.5903 | 0.03358 | 29.778 |
| | 21 | 2.2788 | 0.4388 | 0.07128 | 14.0292 | 0.03128 | 31.969 |
| | 22 | 2.3699 | 0.4220 | 0.06920 | 14.4511 | 0.02920 | 34.248 |
| | 23 | 2.4647 | 0.4057 | 0.06731 | 14.8568 | 0.02731 | 36.618 |
| | 24 | 2.5633 | 0.3901 | 0.06559 | 15.2470 | 0.02559 | 39.083 |
| | 25 | 2.6658 | 0.3751 | 0.06401 | 15.6221 | 0.02401 | 41.646 |

（续）

| i | n | F/P, i, n | P/F, i, n | A/P, i, n | P/A, i, n | A/F, i, n | F/A, i, n |
|---|---|---|---|---|---|---|---|
| 5% | 1 | 1.0500 | 0.9524 | 1.05000 | 0.9524 | 1.00000 | 1.0000 |
| | 2 | 1.1025 | 0.9070 | 0.53780 | 1.8594 | 0.48780 | 2.0500 |
| | 3 | 1.1576 | 0.8638 | 0.36721 | 2.7232 | 0.31721 | 3.1525 |
| | 4 | 1.2155 | 0.8227 | 0.28201 | 3.5460 | 0.23201 | 4.3101 |
| | 5 | 1.2763 | 0.7835 | 0.23097 | 4.3295 | 0.18097 | 5.5256 |
| | 6 | 1.3401 | 0.7462 | 0.19702 | 5.0757 | 0.14702 | 6.8019 |
| | 7 | 1.4071 | 0.7107 | 0.17282 | 5.7864 | 0.12282 | 8.1420 |
| | 8 | 1.4775 | 0.6768 | 0.15472 | 6.4632 | 0.10472 | 9.5491 |
| | 9 | 1.5513 | 0.6446 | 0.14069 | 7.1078 | 0.09069 | 11.027 |
| | 10 | 1.6289 | 0.6139 | 0.12950 | 7.7217 | 0.07950 | 12.578 |
| | 11 | 1.7103 | 0.5847 | 0.12039 | 8.3064 | 0.07039 | 14.207 |
| | 12 | 1.7959 | 0.5568 | 0.11283 | 8.8633 | 0.06283 | 15.917 |
| | 13 | 1.8856 | 0.5303 | 0.10646 | 9.3936 | 0.05646 | 17.713 |
| | 14 | 1.9799 | 0.5051 | 0.10102 | 9.8986 | 0.05102 | 19.599 |
| | 15 | 2.0789 | 0.4810 | 0.09634 | 10.3797 | 0.04634 | 21.579 |
| | 16 | 2.1829 | 0.4581 | 0.09227 | 10.8378 | 0.04227 | 23.657 |
| | 17 | 2.2920 | 0.4363 | 0.08870 | 11.2741 | 0.03870 | 25.840 |
| | 18 | 2.4066 | 0.4155 | 0.08555 | 11.6896 | 0.03555 | 28.132 |
| | 19 | 2.5270 | 0.3957 | 0.08275 | 12.0853 | 0.03275 | 30.539 |
| | 20 | 2.6533 | 0.3769 | 0.08024 | 12.4622 | 0.03024 | 33.066 |
| | 21 | 2.7860 | 0.3589 | 0.07800 | 12.8212 | 0.02800 | 35.719 |
| | 22 | 2.9253 | 0.3418 | 0.07597 | 13.1629 | 0.02597 | 38.505 |
| | 23 | 3.0715 | 0.3256 | 0.07414 | 13.4886 | 0.02414 | 41.430 |
| | 24 | 3.2251 | 0.3101 | 0.07247 | 13.7986 | 0.02247 | 44.502 |
| | 25 | 3.3864 | 0.2953 | 0.07095 | 14.0939 | 0.02095 | 47.727 |

(续)

| i | n | F/P, i, n | P/F, i, n | A/P, i, n | P/A, i, n | A/F, i, n | F/A, i, n |
|---|---|---|---|---|---|---|---|
| | 1 | 1.0600 | 0.9434 | 1.06000 | 0.9434 | 1.00000 | 1.0000 |
| | 2 | 1.1236 | 0.8900 | 0.54544 | 1.8334 | 0.48544 | 2.0600 |
| | 3 | 1.1910 | 0.8396 | 0.37411 | 2.6730 | 0.31411 | 3.1835 |
| | 4 | 1.2625 | 0.7921 | 0.28859 | 3.4651 | 0.22859 | 4.3745 |
| | 5 | 1.3382 | 0.7473 | 0.23740 | 4.2123 | 0.17740 | 5.6370 |
| | 6 | 1.4185 | 0.7050 | 0.20336 | 4.9173 | 0.14336 | 6.9753 |
| | 7 | 1.5036 | 0.6651 | 0.17914 | 5.5824 | 0.11914 | 8.3938 |
| | 8 | 1.5938 | 0.6274 | 0.16104 | 6.2098 | 0.10104 | 9.8975 |
| | 9 | 1.6895 | 0.5919 | 0.14702 | 6.8017 | 0.08702 | 11.491 |
| | 10 | 1.7908 | 0.5584 | 0.13587 | 7.3601 | 0.07587 | 13.181 |
| | 11 | 1.8983 | 0.5268 | 0.12679 | 7.8869 | 0.06679 | 14.972 |
| | 12 | 2.0122 | 0.4970 | 0.11928 | 8.3838 | 0.05928 | 16.870 |
| 6% | 13 | 2.1329 | 0.4688 | 0.11296 | 8.8527 | 0.05296 | 18.882 |
| | 14 | 2.2609 | 0.4423 | 0.10758 | 9.2950 | 0.04758 | 21.015 |
| | 15 | 2.3966 | 0.4173 | 0.10296 | 9.7122 | 0.04296 | 23.276 |
| | 16 | 2.5404 | 0.3936 | 0.09895 | 10.1059 | 0.03895 | 25.673 |
| | 17 | 2.6928 | 0.3714 | 0.09544 | 10.4773 | 0.03544 | 28.213 |
| | 18 | 2.8543 | 0.3503 | 0.09236 | 10.8276 | 0.03236 | 30.906 |
| | 19 | 3.0256 | 0.3305 | 0.08962 | 11.1581 | 0.02962 | 33.760 |
| | 20 | 3.2071 | 0.3118 | 0.08718 | 11.4699 | 0.02718 | 36.786 |
| | 21 | 3.3996 | 0.2942 | 0.08500 | 11.7641 | 0.02500 | 39.993 |
| | 22 | 3.6035 | 0.2775 | 0.08305 | 12.0416 | 0.02305 | 43.392 |
| | 23 | 3.8197 | 0.2618 | 0.08128 | 12.3034 | 0.02128 | 46.996 |
| | 24 | 4.0489 | 0.2470 | 0.07968 | 12.5504 | 0.01968 | 50.816 |
| | 25 | 4.2919 | 0.2330 | 0.07823 | 12.7834 | 0.01823 | 54.865 |

（续）

| $i$ | $n$ | $F/P, i, n$ | $P/F, i, n$ | $A/P, i, n$ | $P/A, i, n$ | $A/F, i, n$ | $F/A, i, n$ |
|---|---|---|---|---|---|---|---|
| | 1 | 1.0700 | 0.9346 | 1.07000 | 0.9346 | 1.00000 | 1.0000 |
| | 2 | 1.1449 | 0.8734 | 0.55310 | 1.8080 | 0.48310 | 2.0700 |
| | 3 | 1.2250 | 0.8163 | 0.38105 | 2.6243 | 0.31105 | 3.2149 |
| | 4 | 1.3108 | 0.7629 | 0.29523 | 3.3872 | 0.22523 | 4.4399 |
| | 5 | 1.4026 | 0.7130 | 0.24389 | 4.1002 | 0.17389 | 5.7507 |
| | 6 | 1.5007 | 0.6663 | 0.20980 | 4.7665 | 0.13980 | 7.1533 |
| | 7 | 1.6058 | 0.6227 | 0.18555 | 5.3893 | 0.11555 | 8.6540 |
| | 8 | 1.7182 | 0.5820 | 0.16747 | 5.9713 | 0.09747 | 10.260 |
| | 9 | 1.8385 | 0.5439 | 0.15349 | 6.5152 | 0.08349 | 11.978 |
| | 10 | 1.9672 | 0.5083 | 0.14238 | 7.0236 | 0.07238 | 13.816 |
| | 11 | 2.1049 | 0.4751 | 0.13336 | 7.4987 | 0.06336 | 15.784 |
| | 12 | 2.2522 | 0.4440 | 0.12590 | 7.9427 | 0.05590 | 17.888 |
| 7% | 13 | 2.4098 | 0.4150 | 0.11965 | 8.3577 | 0.04965 | 20.141 |
| | 14 | 2.5785 | 0.3838 | 0.11435 | 8.7455 | 0.04435 | 22.550 |
| | 15 | 2.7590 | 0.3624 | 0.10980 | 9.1079 | 0.03980 | 25.129 |
| | 16 | 2.9522 | 0.3387 | 0.10586 | 9.4466 | 0.03586 | 27.888 |
| | 17 | 3.1588 | 0.3166 | 0.10243 | 9.7632 | 0.03243 | 30.840 |
| | 18 | 3.3799 | 0.2959 | 0.09941 | 10.0591 | 0.02941 | 33.999 |
| | 19 | 3.6165 | 0.2765 | 0.09675 | 10.3356 | 0.02675 | 37.379 |
| | 20 | 3.8697 | 0.2584 | 0.09439 | 10.5940 | 0.02439 | 40.995 |
| | 21 | 4.1406 | 0.2415 | 0.09229 | 10.8355 | 0.02229 | 44.865 |
| | 22 | 4.4304 | 0.2257 | 0.09041 | 11.0612 | 0.02041 | 49.006 |
| | 23 | 4.7405 | 0.2109 | 0.08871 | 11.2722 | 0.01871 | 53.436 |
| | 24 | 5.0724 | 0.1971 | 0.08719 | 11.4693 | 0.01719 | 58.177 |
| | 25 | 5.4274 | 0.1842 | 0.08581 | 11.6536 | 0.01581 | 63.294 |

（续）

| i | n | F/P, i, n | P/F, i, n | A/P, i, n | P/A, i, n | A/F, i, n | F/A, i, n |
|---|---|---|---|---|---|---|---|
| 8% | 1 | 1.0800 | 0.9259 | 1.08000 | 0.9259 | 1.00000 | 1.0000 |
| | 2 | 1.1664 | 0.8573 | 0.56077 | 1.7833 | 0.48077 | 2.0800 |
| | 3 | 1.2597 | 0.7938 | 0.38803 | 2.5771 | 0.30803 | 3.2464 |
| | 4 | 1.3605 | 0.7350 | 0.30192 | 3.3121 | 0.22192 | 4.5061 |
| | 5 | 1.4693 | 0.6806 | 0.25046 | 3.9927 | 0.17046 | 5.8666 |
| | 6 | 1.5869 | 0.6302 | 0.21632 | 4.6229 | 0.13632 | 7.3359 |
| | 7 | 1.7138 | 0.5835 | 0.19207 | 5.2064 | 0.11207 | 8.9228 |
| | 8 | 1.8509 | 0.5403 | 0.17401 | 5.7466 | 0.09401 | 10.637 |
| | 9 | 1.9990 | 0.5002 | 0.16008 | 6.2469 | 0.08008 | 12.488 |
| | 10 | 2.1589 | 0.4632 | 0.14903 | 6.7101 | 0.06903 | 14.487 |
| | 11 | 2.3316 | 0.4289 | 0.14008 | 7.1390 | 0.06008 | 16.645 |
| | 12 | 2.5182 | 0.3971 | 0.13270 | 7.5361 | 0.05270 | 18.977 |
| | 13 | 2.7196 | 0.3677 | 0.12652 | 7.9038 | 0.04652 | 21.495 |
| | 14 | 2.9372 | 0.3405 | 0.12130 | 8.2442 | 0.04130 | 24.215 |
| | 15 | 3.1722 | 0.3152 | 0.11683 | 8.5595 | 0.03683 | 27.152 |
| | 16 | 3.4259 | 0.2919 | 0.11298 | 8.8514 | 0.03298 | 30.324 |
| | 17 | 3.7000 | 0.2703 | 0.10963 | 9.1216 | 0.02963 | 33.750 |
| | 18 | 3.9960 | 0.2502 | 0.10670 | 9.3719 | 0.02670 | 37.450 |
| | 19 | 4.3157 | 0.2317 | 0.10413 | 9.6036 | 0.02413 | 41.446 |
| | 20 | 4.6610 | 0.2145 | 0.10185 | 9.8181 | 0.02185 | 45.762 |
| | 21 | 5.0338 | 0.1987 | 0.09983 | 10.0168 | 0.01983 | 50.423 |
| | 22 | 5.4365 | 0.1839 | 0.09803 | 10.2007 | 0.01803 | 55.457 |
| | 23 | 5.8715 | 0.1703 | 0.09642 | 10.3711 | 0.01642 | 60.893 |
| | 24 | 6.3412 | 0.1577 | 0.09498 | 10.5288 | 0.01498 | 66.765 |
| | 25 | 6.8485 | 0.1460 | 0.09368 | 10.6748 | 0.01368 | 73.106 |

（续）

| i | n | F/P, i, n | P/F, i, n | A/P, i, n | P/A, i, n | A/F, i, n | F/A, i, n |
|---|---|-----------|-----------|-----------|-----------|-----------|-----------|
| | 1 | 1.0900 | 0.9174 | 1.09000 | 0.9174 | 1.00000 | 1.0000 |
| | 2 | 1.1881 | 0.8417 | 0.56847 | 1.7591 | 0.47847 | 2.0900 |
| | 3 | 1.2950 | 0.7722 | 0.39505 | 2.5313 | 0.30505 | 3.2781 |
| | 4 | 1.4116 | 0.7084 | 0.30867 | 3.2397 | 0.21867 | 4.5731 |
| | 5 | 1.5386 | 0.6499 | 0.25709 | 3.8897 | 0.16709 | 5.9847 |
| | 6 | 1.6771 | 0.5963 | 0.22292 | 4.4859 | 0.13292 | 7.5233 |
| | 7 | 1.8280 | 0.5470 | 0.19869 | 5.0330 | 0.10869 | 9.2004 |
| | 8 | 1.9926 | 0.5019 | 0.18067 | 5.5348 | 0.09067 | 11.028 |
| | 9 | 2.1719 | 0.4604 | 0.16680 | 5.9952 | 0.07680 | 13.021 |
| | 10 | 2.3674 | 0.4224 | 0.15582 | 6.4177 | 0.06582 | 15.193 |
| | 11 | 2.5804 | 0.3875 | 0.14695 | 6.8052 | 0.05695 | 17.560 |
| | 12 | 2.8127 | 0.3555 | 0.13965 | 7.1607 | 0.04965 | 20.141 |
| 9% | 13 | 3.0658 | 0.3262 | 0.13357 | 7.4869 | 0.04357 | 22.953 |
| | 14 | 3.3417 | 0.2992 | 0.12843 | 7.7862 | 0.03843 | 26.019 |
| | 15 | 3.6425 | 0.2745 | 0.12406 | 8.0607 | 0.03406 | 29.361 |
| | 16 | 3.9703 | 0.2519 | 0.12030 | 8.3126 | 0.03030 | 33.003 |
| | 17 | 4.3276 | 0.2311 | 0.11705 | 8.5436 | 0.02705 | 36.974 |
| | 18 | 4.7171 | 0.2120 | 0.11421 | 8.7556 | 0.02421 | 41.301 |
| | 19 | 5.1417 | 0.1945 | 0.11173 | 8.9501 | 0.02173 | 46.018 |
| | 20 | 5.6044 | 0.1784 | 0.10955 | 9.1285 | 0.01955 | 51.160 |
| | 21 | 6.1088 | 0.1637 | 0.10762 | 9.2922 | 0.01762 | 56.765 |
| | 22 | 6.6586 | 0.1502 | 0.10590 | 9.4424 | 0.01590 | 62.873 |
| | 23 | 7.2579 | 0.1378 | 0.10438 | 9.5802 | 0.01438 | 69.532 |
| | 24 | 7.9111 | 0.1264 | 0.10302 | 9.7066 | 0.01302 | 76.790 |
| | 25 | 8.6231 | 0.1160 | 0.10181 | 9.8226 | 0.01181 | 84.701 |

(续)

| i | n | F/P, i, n | P/F, i, n | A/P, i, n | P/A, i, n | A/F, i, n | F/A, i, n |
|---|---|---|---|---|---|---|---|
| 10% | 1 | 1.1000 | 0.9091 | 1.10000 | 0.9091 | 1.00000 | 1.0000 |
| | 2 | 1.2100 | 0.8264 | 0.57619 | 1.7355 | 0.47619 | 2.1000 |
| | 3 | 1.3310 | 0.7513 | 0.40211 | 2.4869 | 0.30211 | 3.3100 |
| | 4 | 1.4641 | 0.6830 | 0.31547 | 3.1699 | 0.21547 | 4.6410 |
| | 5 | 1.6105 | 0.6209 | 0.26380 | 3.7908 | 0.16380 | 6.1051 |
| | 6 | 1.7716 | 0.5645 | 0.22961 | 4.3553 | 0.12961 | 7.7156 |
| | 7 | 1.9487 | 0.5132 | 0.20541 | 4.8684 | 0.10541 | 9.4872 |
| | 8 | 2.1436 | 0.4665 | 0.18744 | 5.3349 | 0.08744 | 11.436 |
| | 9 | 2.3579 | 0.4241 | 0.17364 | 5.7590 | 0.07364 | 13.579 |
| | 10 | 2.5937 | 0.3855 | 0.16275 | 6.1446 | 0.06275 | 15.937 |
| | 11 | 2.8531 | 0.3505 | 0.15396 | 6.4951 | 0.05396 | 18.531 |
| | 12 | 3.1384 | 0.3186 | 0.14676 | 6.8137 | 0.04676 | 21.384 |
| | 13 | 3.4523 | 0.2897 | 0.14078 | 7.1034 | 0.04078 | 24.523 |
| | 14 | 3.7975 | 0.2633 | 0.13575 | 7.3667 | 0.03575 | 27.975 |
| | 15 | 4.1772 | 0.2394 | 0.13147 | 7.6061 | 0.03147 | 31.772 |
| | 16 | 4.5950 | 0.2176 | 0.12782 | 7.8237 | 0.02782 | 35.950 |
| | 17 | 5.0545 | 0.1978 | 0.12466 | 8.0216 | 0.02466 | 40.545 |
| | 18 | 5.5599 | 0.1799 | 0.12193 | 8.2014 | 0.02193 | 45.599 |
| | 19 | 6.1159 | 0.1635 | 0.11955 | 8.3649 | 0.01955 | 51.159 |
| | 20 | 6.7275 | 0.1486 | 0.11746 | 8.5136 | 0.01746 | 57.275 |
| | 21 | 7.4002 | 0.1351 | 0.11562 | 8.6487 | 0.01562 | 64.002 |
| | 22 | 8.1403 | 0.1228 | 0.11401 | 8.7715 | 0.01401 | 71.403 |
| | 23 | 8.9543 | 0.1117 | 0.11257 | 8.8832 | 0.01257 | 79.543 |
| | 24 | 9.8497 | 0.1015 | 0.11130 | 8.9847 | 0.01130 | 88.497 |
| | 25 | 10.835 | 0.0923 | 0.11017 | 9.0770 | 0.01017 | 98.347 |

（续）

| i | n | F/P, i, n | P/F, i, n | A/P, i, n | P/A, i, n | A/F, i, n | F/A, i, n |
| --- | --- | --- | --- | --- | --- | --- | --- |
| | 1 | 1.1200 | 0.8929 | 1.12000 | 0.8929 | 1.00000 | 1.0000 |
| | 2 | 1.2544 | 0.7972 | 0.59170 | 1.6901 | 0.47170 | 2.1200 |
| | 3 | 1.4049 | 0.7118 | 0.41635 | 2.4018 | 0.29635 | 3.3744 |
| | 4 | 1.5735 | 0.6355 | 0.32923 | 3.0373 | 0.20923 | 4.7793 |
| | 5 | 1.7623 | 0.5674 | 0.27741 | 3.6048 | 0.15741 | 6.3528 |
| | 6 | 1.9738 | 0.5066 | 0.24323 | 4.1114 | 0.12323 | 8.1152 |
| | 7 | 2.2107 | 0.4523 | 0.21912 | 4.5638 | 0.09912 | 10.089 |
| | 8 | 2.4760 | 0.4039 | 0.20130 | 4.9676 | 0.08130 | 12.300 |
| | 9 | 2.7731 | 0.3606 | 0.18768 | 5.3282 | 0.06768 | 14.776 |
| | 10 | 3.1058 | 0.3220 | 0.17698 | 5.6505 | 0.05698 | 17.549 |
| | 11 | 3.4785 | 0.2875 | 0.16842 | 5.9377 | 0.04842 | 20.655 |
| | 12 | 3.8960 | 0.2567 | 0.16144 | 6.1944 | 0.04144 | 24.133 |
| 12% | 13 | 4.3635 | 0.2292 | 0.15568 | 6.4235 | 0.03568 | 28.029 |
| | 14 | 4.8871 | 0.2046 | 0.15087 | 6.6282 | 0.03087 | 32.393 |
| | 15 | 5.4736 | 0.1827 | 0.14682 | 6.8109 | 0.02682 | 37.280 |
| | 16 | 6.1304 | 0.1631 | 0.14339 | 6.9740 | 0.02339 | 42.753 |
| | 17 | 6.8660 | 0.1456 | 0.14046 | 7.1196 | 0.02046 | 48.884 |
| | 18 | 7.6900 | 0.1300 | 0.13794 | 7.2497 | 0.01794 | 55.750 |
| | 19 | 8.6128 | 0.1161 | 0.13576 | 7.3658 | 0.01576 | 63.440 |
| | 20 | 9.6463 | 0.1037 | 0.13388 | 7.4694 | 0.01388 | 72.052 |
| | 21 | 10.804 | 0.0926 | 0.13224 | 7.5620 | 0.01224 | 81.699 |
| | 22 | 12.100 | 0.0826 | 0.13081 | 7.6446 | 0.01081 | 92.503 |
| | 23 | 13.552 | 0.0738 | 0.12956 | 7.7184 | 0.00956 | 104.60 |
| | 24 | 15.179 | 0.0659 | 0.12846 | 7.7843 | 0.00846 | 118.16 |
| | 25 | 17.000 | 0.0588 | 0.12750 | 7.8431 | 0.00750 | 133.33 |

（续）

| i | n | F/P, i, n | P/F, i, n | A/P, i, n | P/A, i, n | A/F, i, n | F/A, i, n |
|---|---|---|---|---|---|---|---|
| 15% | 1 | 1.1500 | 0.8696 | 1.15000 | 0.8696 | 1.00000 | 1.0000 |
| | 2 | 1.3225 | 0.7561 | 0.61512 | 1.6257 | 0.46512 | 2.1500 |
| | 3 | 1.5209 | 0.6575 | 0.43798 | 2.2832 | 0.28798 | 3.4725 |
| | 4 | 1.7490 | 0.5718 | 0.35027 | 2.8550 | 0.20027 | 4.9934 |
| | 5 | 2.0114 | 0.4972 | 0.29832 | 3.3522 | 0.14832 | 6.7424 |
| | 6 | 2.3131 | 0.4323 | 0.26424 | 3.7845 | 0.11424 | 8.7537 |
| | 7 | 2.6600 | 0.3759 | 0.24036 | 4.1604 | 0.09036 | 11.067 |
| | 8 | 3.0590 | 0.3269 | 0.22285 | 4.4873 | 0.07285 | 13.727 |
| | 9 | 3.5179 | 0.2843 | 0.20957 | 4.7716 | 0.05957 | 16.786 |
| | 10 | 4.0456 | 0.2472 | 0.19925 | 5.0188 | 0.04925 | 20.304 |
| | 11 | 4.6524 | 0.2149 | 0.19107 | 5.2337 | 0.04107 | 24.349 |
| | 12 | 5.3503 | 0.1869 | 0.18448 | 5.4206 | 0.03448 | 29.002 |
| | 13 | 6.1528 | 0.1625 | 0.17911 | 5.5831 | 0.02911 | 34.352 |
| | 14 | 7.0757 | 0.1413 | 0.17469 | 5.7245 | 0.02469 | 40.505 |
| | 15 | 8.1371 | 0.1229 | 0.17102 | 5.8474 | 0.02102 | 47.580 |
| | 16 | 9.3576 | 0.1069 | 0.16795 | 5.9542 | 0.01795 | 55.717 |
| | 17 | 10.761 | 0.0929 | 0.16537 | 6.0472 | 0.01537 | 65.075 |
| | 18 | 12.375 | 0.0808 | 0.16319 | 6.1280 | 0.01319 | 75.836 |
| | 19 | 14.232 | 0.0703 | 0.16134 | 6.1982 | 0.01134 | 88.212 |
| | 20 | 16.367 | 0.0611 | 0.15976 | 6.2593 | 0.00976 | 102.44 |
| | 21 | 18.822 | 0.0531 | 0.15842 | 6.3125 | 0.00842 | 118.81 |
| | 22 | 21.645 | 0.0462 | 0.15727 | 6.3587 | 0.00727 | 137.63 |
| | 23 | 24.891 | 0.0402 | 0.15628 | 6.3988 | 0.00628 | 159.28 |
| | 24 | 28.625 | 0.0349 | 0.15543 | 6.4338 | 0.00543 | 184.17 |
| | 25 | 32.919 | 0.0304 | 0.15470 | 6.4641 | 0.00470 | 212.79 |

（续）

| i | n | F/P, i, n | P/F, i, n | A/P, i, n | P/A, i, n | A/F, i, n | F/A, i, n |
|---|---|---|---|---|---|---|---|
| | 1 | 1.1800 | 0.8475 | 1.18000 | 0.8475 | 1.00000 | 1.0000 |
| | 2 | 1.3924 | 0.7182 | 0.63872 | 1.5656 | 0.45872 | 2.1800 |
| | 3 | 1.6430 | 0.6086 | 0.45992 | 2.1473 | 0.27992 | 3.5724 |
| | 4 | 1.9388 | 0.5158 | 0.37174 | 2.6901 | 0.19174 | 5.2154 |
| | 5 | 2.2878 | 0.4371 | 0.31578 | 3.1272 | 0.13978 | 7.1542 |
| | 6 | 2.6996 | 0.3704 | 0.28591 | 3.4976 | 0.10591 | 9.4420 |
| | 7 | 3.1855 | 0.3139 | 0.26236 | 3.8115 | 0.08236 | 12.142 |
| | 8 | 3.7589 | 0.2660 | 0.24524 | 4.0776 | 0.06524 | 15.327 |
| | 9 | 4.4355 | 0.2255 | 0.23239 | 4.3030 | 0.05239 | 19.086 |
| | 10 | 5.2338 | 0.1911 | 0.22251 | 4.4941 | 0.04251 | 23.521 |
| | 11 | 6.1759 | 0.1619 | 0.21478 | 4.6560 | 0.03478 | 28.755 |
| | 12 | 7.2876 | 0.1372 | 0.20863 | 4.7932 | 0.02863 | 34.931 |
| 18% | 13 | 8.5994 | 0.1163 | 0.20369 | 4.9095 | 0.02369 | 42.219 |
| | 14 | 10.147 | 0.0985 | 0.19968 | 5.0081 | 0.01968 | 50.818 |
| | 15 | 11.974 | 0.0835 | 0.19640 | 5.0916 | 0.01640 | 60.965 |
| | 16 | 14.129 | 0.0708 | 0.19371 | 5.1624 | 0.01371 | 72.939 |
| | 17 | 16.672 | 0.0600 | 0.19149 | 5.2223 | 0.01149 | 87.068 |
| | 18 | 19.673 | 0.0508 | 0.18964 | 5.2732 | 0.00964 | 103.74 |
| | 19 | 23.214 | 0.0431 | 0.18810 | 5.3162 | 0.00810 | 123.41 |
| | 20 | 27.393 | 0.0365 | 0.18682 | 5.3527 | 0.00682 | 146.63 |
| | 21 | 32.324 | 0.0309 | 0.18575 | 5.3837 | 0.00575 | 174.02 |
| | 22 | 38.142 | 0.0262 | 0.18485 | 5.4099 | 0.00485 | 206.34 |
| | 23 | 45.008 | 0.0222 | 0.18409 | 5.4321 | 0.00409 | 244.49 |
| | 24 | 53.109 | 0.0188 | 0.18345 | 5.4509 | 0.00345 | 289.49 |
| | 25 | 62.669 | 0.0160 | 0.18292 | 5.4669 | 0.00292 | 342.60 |

(续)

| i | n | F/P, i, n | P/F, i, n | A/P, i, n | P/A, i, n | A/F, i, n | F/A, i, n |
|---|---|---|---|---|---|---|---|
| 20% | 1 | 1.2000 | 0.8333 | 1.20000 | 0.8333 | 1.00000 | 1.0000 |
| | 2 | 1.4400 | 0.6944 | 0.65455 | 1.5278 | 0.45455 | 2.2000 |
| | 3 | 1.7280 | 0.5787 | 0.47473 | 2.1065 | 0.24473 | 3.6400 |
| | 4 | 2.0736 | 0.4823 | 0.38629 | 2.5887 | 0.18629 | 5.3680 |
| | 5 | 2.4883 | 0.4019 | 0.33438 | 2.9906 | 0.13438 | 7.4416 |
| | 6 | 2.9860 | 0.3349 | 0.30071 | 3.3255 | 0.10071 | 9.9299 |
| | 7 | 3.5832 | 0.2791 | 0.27742 | 3.6046 | 0.07742 | 12.916 |
| | 8 | 4.2998 | 0.2326 | 0.26061 | 3.8372 | 0.06061 | 16.499 |
| | 9 | 5.1598 | 0.1938 | 0.24808 | 4.0310 | 0.04808 | 20.799 |
| | 10 | 6.1917 | 0.1615 | 0.23852 | 4.1925 | 0.03852 | 25.959 |
| | 11 | 7.4301 | 0.1346 | 0.23110 | 4.3271 | 0.03110 | 32.150 |
| | 12 | 8.9161 | 0.1122 | 0.22526 | 4.4392 | 0.02526 | 39.581 |
| | 13 | 10.699 | 0.0935 | 0.22062 | 4.5327 | 0.02062 | 48.497 |
| | 14 | 12.839 | 0.0779 | 0.21689 | 4.6106 | 0.01689 | 59.196 |
| | 15 | 15.407 | 0.0649 | 0.21388 | 4.6755 | 0.01388 | 72.035 |
| | 16 | 18.488 | 0.0541 | 0.21144 | 4.7296 | 0.01144 | 87.442 |
| | 17 | 22.186 | 0.0451 | 0.20944 | 4.7746 | 0.00944 | 105.93 |
| | 18 | 26.623 | 0.0376 | 0.20781 | 4.8122 | 0.00781 | 128.12 |
| | 19 | 31.948 | 0.0313 | 0.20646 | 4.8435 | 0.00646 | 154.74 |
| | 20 | 38.338 | 0.0261 | 0.20536 | 4.8696 | 0.00536 | 186.69 |
| | 21 | 46.005 | 0.0217 | 0.20444 | 4.8913 | 0.00444 | 225.03 |
| | 22 | 55.206 | 0.0181 | 0.20369 | 4.9094 | 0.00369 | 271.03 |
| | 23 | 66.247 | 0.0151 | 0.20307 | 4.9245 | 0.00307 | 326.24 |
| | 24 | 79.497 | 0.0126 | 0.20255 | 4.9371 | 0.00255 | 392.48 |
| | 25 | 95.396 | 0.0105 | 0.20212 | 4.9476 | 0.00212 | 471.98 |

# 附录D 标准正态分布表

$$\Phi(z) = \int_{-\infty}^{z} \frac{1}{\sqrt{2\pi}} e^{-\frac{u^2}{2}} du = P(Z \leq z)$$

| x | 0.00 | 0.01 | 0.02 | 0.03 | 0.04 | 0.05 | 0.06 | 0.07 | 0.08 | 0.09 |
|---|---|---|---|---|---|---|---|---|---|---|
| 0.0 | 0.5000 | 0.5040 | 0.5080 | 0.5120 | 0.5160 | 0.5199 | 0.5239 | 0.5279 | 0.5319 | 0.5359 |
| 0.1 | 0.5398 | 0.5438 | 0.5478 | 0.5517 | 0.5557 | 0.5596 | 0.5636 | 0.5675 | 0.5714 | 0.5753 |
| 0.2 | 0.5793 | 0.5832 | 0.5871 | 0.5910 | 0.5948 | 0.5987 | 0.6026 | 0.6064 | 0.6103 | 0.6141 |
| 0.3 | 0.6179 | 0.6217 | 0.6255 | 0.6293 | 0.6331 | 0.6368 | 0.6406 | 0.6443 | 0.6480 | 0.6517 |
| 0.4 | 0.6554 | 0.6591 | 0.6628 | 0.6664 | 0.6700 | 0.6736 | 0.6772 | 0.6808 | 0.6844 | 0.6879 |
| 0.5 | 0.6915 | 0.6950 | 0.6985 | 0.7019 | 0.7054 | 0.7088 | 0.7123 | 0.7157 | 0.7190 | 0.7224 |
| 0.6 | 0.7257 | 0.7291 | 0.7324 | 0.7357 | 0.7389 | 0.7422 | 0.7454 | 0.7486 | 0.7517 | 0.7549 |
| 0.7 | 0.7580 | 0.7611 | 0.7642 | 0.7673 | 0.7704 | 0.7734 | 0.7764 | 0.7794 | 0.7823 | 0.7852 |
| 0.8 | 0.7881 | 0.7910 | 0.7939 | 0.7967 | 0.7995 | 0.8023 | 0.8051 | 0.8078 | 0.8106 | 0.8133 |
| 0.9 | 0.8159 | 0.8186 | 0.8212 | 0.8238 | 0.8264 | 0.8289 | 0.8315 | 0.8340 | 0.8365 | 0.8369 |
| 1.0 | 0.8413 | 0.8438 | 0.8461 | 0.8485 | 0.8508 | 0.8531 | 0.8554 | 0.8577 | 0.8599 | 0.8621 |
| 1.1 | 0.8643 | 0.8665 | 0.8686 | 0.8708 | 0.8729 | 0.8749 | 0.8770 | 0.8790 | 0.8810 | 0.8830 |
| 1.2 | 0.8849 | 0.8869 | 0.8888 | 0.8907 | 0.8925 | 0.8944 | 0.8962 | 0.8980 | 0.8997 | 0.9015 |
| 1.3 | 0.9032 | 0.9049 | 0.9066 | 0.9082 | 0.9099 | 0.9115 | 0.9131 | 0.9147 | 0.9162 | 0.9177 |
| 1.4 | 0.9192 | 0.9207 | 0.9222 | 0.9236 | 0.9251 | 0.9265 | 0.9279 | 0.9292 | 0.9306 | 0.9319 |
| 1.5 | 0.9332 | 0.9345 | 0.9357 | 0.9370 | 0.9382 | 0.9394 | 0.9406 | 0.9418 | 0.9429 | 0.9441 |
| 1.6 | 0.9452 | 0.9463 | 0.9474 | 0.9484 | 0.9495 | 0.9505 | 0.9515 | 0.9525 | 0.9535 | 0.9545 |
| 1.7 | 0.9554 | 0.9564 | 0.9573 | 0.9582 | 0.9591 | 0.9599 | 0.9608 | 0.9616 | 0.9625 | 0.9633 |
| 1.8 | 0.9641 | 0.9649 | 0.9656 | 0.9664 | 0.9671 | 0.9678 | 0.9686 | 0.9693 | 0.9699 | 0.9706 |
| 1.9 | 0.9713 | 0.9719 | 0.9726 | 0.9732 | 0.9738 | 0.9744 | 0.9750 | 0.9756 | 0.9761 | 0.9767 |
| 2.0 | 0.9772 | 0.9778 | 0.9783 | 0.9788 | 0.9793 | 0.9798 | 0.9803 | 0.9808 | 0.9812 | 0.9817 |
| 2.1 | 0.9821 | 0.9826 | 0.9830 | 0.9834 | 0.9838 | 0.9842 | 0.9846 | 0.9850 | 0.9854 | 0.9857 |
| 2.2 | 0.9861 | 0.9864 | 0.9868 | 0.9871 | 0.9875 | 0.9878 | 0.9881 | 0.9884 | 0.9887 | 0.9890 |
| 2.3 | 0.9893 | 0.9896 | 0.9898 | 0.9901 | 0.9904 | 0.9906 | 0.9909 | 0.9911 | 0.9913 | 0.9916 |
| 2.4 | 0.9918 | 0.9920 | 0.9922 | 0.9925 | 0.9927 | 0.9929 | 0.9931 | 0.9932 | 0.9934 | 0.9936 |
| 2.5 | 0.9938 | 0.9940 | 0.9941 | 0.9943 | 0.9945 | 0.9946 | 0.9948 | 0.9949 | 0.9951 | 0.9952 |
| 2.6 | 0.9953 | 0.9955 | 0.9956 | 0.9957 | 0.9959 | 0.9960 | 0.9961 | 0.9962 | 0.9963 | 0.9964 |

（续）

| $x$ | 0.00 | 0.01 | 0.02 | 0.03 | 0.04 | 0.05 | 0.06 | 0.07 | 0.08 | 0.09 |
|---|---|---|---|---|---|---|---|---|---|---|
| 2.7 | 0.9965 | 0.9966 | 0.9967 | 0.9968 | 0.9969 | 0.9970 | 0.9971 | 0.9972 | 0.9973 | 0.9974 |
| 2.8 | 0.9974 | 0.9975 | 0.9976 | 0.9977 | 0.9977 | 0.9978 | 0.9979 | 0.9979 | 0.9980 | 0.9981 |
| 2.9 | 0.9981 | 0.9982 | 0.9982 | 0.9983 | 0.9984 | 0.9984 | 0.9985 | 0.9985 | 0.9986 | 0.9986 |
| 3.0 | 0.9987 | 0.9987 | 0.9987 | 0.9988 | 0.9988 | 0.9989 | 0.9989 | 0.9989 | 0.9990 | 0.9990 |
| 3.1 | 0.9990 | 0.9991 | 0.9991 | 0.9991 | 0.9992 | 0.9992 | 0.9992 | 0.9992 | 0.9993 | 0.9993 |
| 3.2 | 0.9993 | 0.9993 | 0.9994 | 0.9994 | 0.9994 | 0.9994 | 0.9994 | 0.9995 | 0.9995 | 0.9995 |
| 3.3 | 0.9995 | 0.9995 | 0.9995 | 0.9996 | 0.9996 | 0.9996 | 0.9996 | 0.9996 | 0.9996 | 0.9997 |
| 3.4 | 0.9997 | 0.9997 | 0.9997 | 0.9997 | 0.9997 | 0.9997 | 0.9997 | 0.9997 | 0.9997 | 0.9998 |
| 3.5 | 0.9998 | 0.9998 | 0.9998 | 0.9998 | 0.9998 | 0.9998 | 0.9998 | 0.9998 | 0.9998 | 0.9998 |
| 3.6 | 0.9998 | 0.9998 | 0.9999 | 0.9999 | 0.9999 | 0.9999 | 0.9999 | 0.9999 | 0.9999 | 0.9999 |
| 3.7 | 0.9999 | 0.9999 | 0.9999 | 0.9999 | 0.9999 | 0.9999 | 0.9999 | 0.9999 | 0.9999 | 0.9999 |
| 3.8 | 0.9999 | 0.9999 | 0.9999 | 0.9999 | 0.9999 | 0.9999 | 0.9999 | 0.9999 | 0.9999 | 0.9999 |
| 3.9 | 1.0000 | 1.0000 | 1.0000 | 1.0000 | 1.0000 | 1.0000 | 1.0000 | 1.0000 | 1.0000 | 1.0000 |
| 4.0 | 1.0000 | 1.0000 | 1.0000 | 1.0000 | 1.0000 | 1.0000 | 1.0000 | 1.0000 | 1.0000 | 1.0000 |

# 参考文献

[1] 国家发展和改革委员会,建设部. 建设项目经济评价方法与参数 [M]. 3版. 北京:中国计划出版社,2006.

[2] 全国咨询工程师(投资)职业资格考试参考教材编写委员会. 项目决策分析与评价 [M]. 4版. 北京:中国计划出版社,2016.

[3] 全国咨询工程师(投资)职业资格考试参考教材编写委员会. 现代咨询方法与实务 [M]. 2版. 北京:中国计划出版社,2016.

[4] 中国注册会计师协会. 会计 [M]. 北京:中国财政经济出版社,2017.

[5] 国家环境保护总局环境工程评估中心. 环境影响评价技术导则与标准汇编 [M]. 北京:中国环境科学出版社,2005.

[6] 国家环境保护总局环境工程评估中心. 环境影响评价相关法律法规汇编 [M]. 北京:中国环境科学出版社,2005.

[7] 《投资项目可行性研究指南》编写组. 投资项目可行性研究指南 [M]. 北京:中国电力出版社,2002.

[8] 吴添祖,虞晓芬,龚建立. 技术经济学概论 [M]. 3版. 北京:高等教育出版社,2010.

[9] 孙薇,李金颖. 技术经济学 [M]. 北京:机械工业出版社,2011.

[10] 王勇,方志达. 项目可行性研究与评估 [M]. 北京:中国建筑工业出版社,2004.

[11] 段立平,陈健. 实用技术经济学 [M]. 北京:高等教育出版社,2004.

[12] 傅家骥,全允桓. 工业技术经济学 [M]. 2版. 北京:清华大学出版社,1991.

[13] 陶树人. 技术经济学 [M]. 北京:经济管理出版社,1999.

[14] 刘长滨. 建筑工程技术经济学 [M]. 3版. 北京:中国建筑工业出版社,2007.

[15] 刘晓君. 技术经济学 [M]. 西安:西北大学出版社,2003.

[16] 白思俊. 现代项目管理 [M]. 升级版. 北京:机械工业出版社,2010.

[17] 刘秋华. 技术经济学 [M]. 3版. 北京:机械工业出版社,2016.

[18] 徐莉,陆菊春,张清. 技术经济学 [M]. 武汉:武汉大学出版社,2003.

[19] 孙怀玉,王子学,宋冀东. 实用技术经济学 [M]. 北京:机械工业出版社,2003.

[20] 布西. 工业投资项目的经济分析 [M]. 陈启申,等译. 北京:机械工业出版社,1985.